高校社科文库
University Social Science Series

教育部高等学校
社会科学发展研究中心

汇集高校哲学社会科学优秀原创学术成果

搭建高校哲学社会科学学术著作出版平台

探索高校哲学社会科学专著出版的新模式

扩大高校哲学社会科学科研成果的影响力

外层空间法专论

Introduction to the Law of Outer Space

李寿平/著
赵 云

光明日报出版社

图书在版编目（CIP）数据

外层空间法专论 / 李寿平，赵云著 . -- 北京：光明日报
出版社，2009.9（2024.6 重印）

（高校社科文库）

ISBN 978 - 7 - 5112 - 0429 - 5

Ⅰ.①外… Ⅱ.①李…②赵… Ⅲ.外层空间—空间法—研
究 Ⅳ.①D999.1

中国版本图书馆 CIP 数据核字（2009）第 174629 号

外层空间法专论
WAICENG KONGJIANFA ZHUANLUN

著　　者：李寿平　赵云

责任编辑：刘　彬　　　　　　　责任校对：刘少锋　占梅英　陆　舟
封面设计：小宝工作室　　　　　　责任印制：曹　净

出版发行：光明日报出版社

地　　址：北京市西城区永安路 106 号，100050

电　　话：010-63169890（咨询），010-63131930（邮购）

传　　真：010-63131930

网　　址：http：//book.gmw.cn

E - mail：gmrbcbs@ gmw.cn

法律顾问：北京市兰台律师事务所龚柳方律师

印　　刷：三河市华东印刷有限公司

装　　订：三河市华东印刷有限公司

本书如有破损、缺页、装订错误，请与本社联系调换，电话：010-63131930

开　　本：165mm×230mm

字　　数：395 千字　　　　　　　印　　张：20

版　　次：2009 年 9 月第 1 版　　　印　　次：2024 年 6 月第 2 次印刷

书　　号：ISBN 978 - 7 - 5112 - 0429 - 5 - 01

定　　价：78.00 元

前　言

　　早在公元前200多年，中国民间就有了"嫦娥奔月"的神话故事，这是人类最早关于空间活动的想象。1957年10月4日前苏联发射人类历史上第一颗人造地球卫星（Sputnik 1）实现了人类航天梦想，开启了人类进入空间时代的大门。半个世纪以来，人类空间技术及空间活动得到了飞速发展。人类从征服地球及其轨道正逐步迈向探测月球、火星的深空探测时代。

　　为规制人类的空间活动，保证外层空间的和平利用与探索，联合国框架下已经确立了包括五个条约和若干国际文件组成的外空法律体系。联合国框架下现行的国际空间法对于促进空间活动的发展，实现人类共同利益及外空的和平探测和利用起到了重要作用。近年来，空间活动开始呈现私营化、商业化、军事化、武器化的发展趋势，但联合国框架下的国际空间法的完善和发展却一直举步维艰。空间活动中所产生的空间知识产权保护、空间环境保护、航天发射服务、国际空间合作、空间活动中的风险规避和保险制度、空间资源开发和利益分配等诸多法律问题，亟待完善的国际法与相应的国内法予以规制。

　　我国自1970年4月24日发射第一颗人造地球卫星以来，2007年10月24日成功发射首颗月球探测卫星嫦娥一号，2008年9月25日实现神州七号载人航天飞行并成功出舱，标志着我国加速跻身空间大国的行列。然而，我国空间法的研究却严重滞后于空间技术的发展，空间法研究领域亟待拓宽，研究深度亟待加强。

　　基于此，本书结合当今空间活动的新发展，不仅系统地阐述现行联合国框架下空间法律制度及其新发展，而且试图对空间活动中亟待解决的诸多法律新问题的法律规制进行前沿性地探索。本书不局限于教材式的编写，而是以专题研究的形式进行探讨。

　　全书共十二章。前六章为外层空间法引论部分，阐述现行联合国框架下空间法律制度及其新发展。后六章是外层空间法专论部分，对空间活动新发展中的法律问题进行专题研究。全书的整体框架由李寿平确定，第一、二、三、四、八章由赵云完成，第五、六、七、九、十一章由李寿平完成，其中第十、十二章由李寿平、赵云共同完成。全书由李寿平统稿。

由于作者分隔京港两地，联系渠道并不畅通，再加上作者的能力有限，本书写作难免会存在诸多不当之处，且有诸多观点系作者学术观点，值得进一步研究。对此，恳请各位学术同仁及读者予以指正。

作者

2009 年 2 月 20 日

CONTENTS 目　录

第一章

外层空间法概述

第一节　外层空间法及其发展

一、外层空间法的概念

人类征服外空的幻想由来已久。第二次世界大战结束以后，随着科学技术的迅速发展，人类加强了对外空的探索和研究。1957 年 10 月 4 日，前苏联成功发射人类历史上第一颗人造地球卫星，这一划时代的事件标志着人类进入外空时代。① 人类活动的范围，也就经历了从陆地到海洋，从海洋到大气层，从大气层再到外层空间的逐步拓展过程。这一事件也标志着冷战时期的两大超级大国美国和前苏联在外层空间激烈竞争的开始。促使两个超级大国探索和利用新阵地的主要推动力是树立国家威望和取得军事优势的欲望。因为对外层空间的控制权，特别是对近地球轨道的控制权，可能为赢得全球军备竞赛提供强大武器。② 1958 年美国成功发射"勘探者一号"卫星。1961 年 4 月 12 日，前苏联宇航员加加林完成载人航天飞行，历时 1 小时 48 分钟。1962 年 2 月 20 日，美国航天员格林驾驶的宇宙飞船也进入了运行轨道。1965 年底，美国的宇宙飞船已能在外空停留长达 14 天之久。1969 年美国宇航员阿姆斯特朗成为第一个踏上月球的人。之后，前苏联的宇宙飞船飞抵金星。1975 年 7 月，美国"阿波罗号"飞船和前苏联"联盟号"飞船进行第一次联合飞行，包括飞船的靠拢结合，以及航天员的互相通过。在接下来的几十年间，世界空间技术突飞猛进，人类在探索和使用外空方面取得了重大成就。

1981 年 4 月，美国率先使用航天飞机"哥伦比亚号"，该航天运载工具可以多次重复使用，具有极高的经济效益。同时，航天运载工具的载重量也已经大大地增强了。航天飞机的成功飞行，在人类利用外空的历史上开辟了新的一章。③

---

① 1957 年 10 月 4 日，前苏联从拜科努尔发射场发射了世界上第一颗人造地球卫星"斯普特尼克 1 号"。

② Marco Pedrazzi，赵海峰著：《国际空间法教程》，黑龙江人民出版社 2006 年版，第 4 页。

③ 邓正来：《王铁崖文选》，中国政法大学出版社 1993 年版，第 140 页。

迄今为止，人造卫星已经广泛使用，在气象观测、遥感、广播通讯、导航等方面给人类带来诸多的便利。空间技术的发展已经被公认为是发展最快、应用最为迅速、最广泛的技术。外空探索能力已经成为评价一国综合国力的一项重要指标。美国前总统肯尼迪曾经说过："谁控制了太空，谁就控制了地球。"

在第一颗人造卫星发射成功后，国际社会立即给予高度重视。1958 年召开的联合国大会就通过一项决议指出，为了保障外空物体的发射完全用于科学及和平目的，应共同研究制定一套监督制度。同年 12 月 13 日，联合国大会再次通过决议，确认外层空间是人类共同利益所在，强调外空只能用于和平目的，并成立了和平利用外层空间特设委员会。1959 年 12 月 12 日将该特设委员会改为常设机构，称为"和平利用外层空间委员会"（简称外空委）。外空委的任务之一就是研究和平利用外空可能产生的法律问题，下设法律小组委员会，负责拟定有关外空活动的条约、协定和其他法律文书草案，提交外空委和联合国大会审议通过。

在联合国主持下，外空委及其法律小组委员会自成立以来一共通过了 5 项有关外空活动的国际公约，分别为：（1）1967 年《关于各国探索和利用外层空间包括月球和其他天体活动所应遵守原则的公约》（简称《外空条约》）。该条约于1966 年 12 月 19 日经联合国大会通过，1967 年 1 月 27 日开放签字，1967 年 10 月 10 日生效；（2）1968 年《营救宇宙航行员、送回宇宙航行员和归还发射到外层空间的物体的协定》（简称《营救协定》）。该协定于 1967 年 12 月 19 日经联合国大会通过，1968 年 4 月 22 日开放签字，1968 年 12 月 3 日生效；（3）1972年《空间物体造成损失的国际责任公约》（简称《责任公约》）。该公约于 1971年 11 月 29 日经联合国大会通过，1972 年 3 月 29 日开放签字，1973 年 10 月 9 日生效。（4）1975 年《关于登记射入外层空间物体的公约》（简称《登记公约》）。该公约于 1974 年 11 月 12 日经联合国大会通过，1975 年 1 月 14 日开放签字，1976 年 9 月 15 日生效；（5）1979 年《指导各国在月球和其他天体上活动的协定》（简称《月球协定》）。该协定于 1979 年 12 月 5 日经联合国大会通过，1979年 12 月 18 日开放签字，1984 年 7 月 11 日生效。

以上公约构建了外空活动的基本法律框架，初步建立了 4 项基本的外空法律制度，即外空营救制度、损害赔偿制度、空间物体登记制度以及月球探测制度。截止到 2006 年 1 月 1 日，以上 5 个国际公约分别有 98、88、83、46 和 12 个缔约国。可见，除了《月球协定》，其他 4 项公约都已经得到国际社会大多数国家的认可。《月球协定》由于本身一些规定，空间大国都没有加入，在实践上意义不大。

除了以上条约外，联合国大会还通过了一系列有关外空活动的决议。这些决议虽然不具有国际法拘束力，属于建议性，但是一旦得到国际社会绝大多数国家的认可和遵行，将会成为国际习惯法规则，成为外层空间法的重要组成部分。这些决议包括：（1）1963 年 12 月 13 日通过的《各国探索和利用外层空间活动的法律原则宣言》（简称 1963 年《宣言》）；（2）1982 年 12 月 10 日通过的《各国利用人造地球卫星进行国际直接电视广播所应遵守的原则》（简称《卫星国际直接电视广播原则》）；（3）1986 年 12 月 3 日通过的《关于从外层空间遥感地球的原则》（简称《遥感原则》）；（4）1992 年 12 月 14 日通过的《关于在外层空间使用核动力源的原则》（简称《核动力源原则》）；（5）1996 年 12 月 13 日通过的《关于开展探索和利用外层空间的国际合作，促进所有国家的福利和利益，并特别要考虑到发展中国家的需要的宣言》（简称《合作宣言》）。

以上这些公约与决议对外空活动的开展具有重要的指导作用，构成了现在外层空间法的主体，确立了人类外空活动的基本法律原则，形成了一个系统的国际法律体系。由此可见，外层空间法作为国际法的一个重要分支，历史并不是太长。外层空间法是一门应用型的法律学科，主要调整人类在外层空间发生的活动以及与外层空间活动有关的法律关系，是规范各国外层空间活动及空间物体和天体法律地位的原则、规则和制度的总称。它是空间国家与非空间国家、发达国家与发展中国家共同制定的。① 随着空间技术的进一步发展，许多新问题还会出现，外层空间法也会在人类外空实践的迅速发展中不断得到补充和完善。

狭义上的外层空间法是指国际空间法，主要调整的是国家间或国家与国际组织间的权利和义务，属于国际法范畴，是国际法的重要分支。自然人和法人在某些国际法领域可以成为国内空间法的主体，但不能成为国际外层空间法的主体。广义上的外层空间法还应包括各国国内制定的调整外空活动的国内法。因此，在这里我们还应涉及到两个不同领域的外层空间法，即国际外层空间法和国内外层空间法。尽管两者有区别，但是我们不能将两者截然分开，因为在实际的运用中，两者往往是紧密结合的。② 在本书的讨论中，除了完全意义上的国际空间法之外，我们还会在不同的章节涉及到国内空间法的讨论。

外层空间法所调整的领域理所当然是整个外层空间，包括月球及其他天体。但是，我们必须注意的是，一些外层空间活动同样涉及到地球表面上的活动。所以，在规范外层空间法概念的时候，不应将调整的地理领域作为限制范围，而应该指向外空活动本身。此外，有关"天体"的概念，在实践中还存在有诸多争

---

① 贺其治、黄惠康著：《外层空间法》，青岛出版社 2000 年版，第 14 页。
② 参见王孔祥："国际外层空间法和国内外层空间法的关系"，载于《中国航天》2006 年第 11 期。

议，至今还没有一个很好的定论。有学者将如何确定天体的学说分为三类：空间论、控制论和功能论。空间论者认为天体包括行星及其卫星，小行星和大流星，但是微小的和较小的流星和彗星则不属于天体。控制论者则认为，天体是不能人为地从其自然轨道上移动的外空的自然物体。功能论者认为天体的判断取决于该外空物体的实际使用领域和作用。①

二、外层空间法的新发展

外层空间法的发展大致经历了三个阶段。第一阶段是 1957 年～1979 年的空间法硬法形成时期。联合国通过了五个国际公约，确立了空间法的基本原则和制度。而这五个公约也已经成为现行外层空间法的核心内容。

第二阶段是 1980 年～1992 年的软法形成时期。1979 年之后没有新的国际公约出现，联合国通过了三项大会决议，进一步完善了外层空间法的法律框架。这三个决议分别是联合国大会 1982 年通过的《各国利用人造地球卫星进行国际直接电视广播所应遵守的原则》、1986 年通过的《关于从外层空间遥感地球的原则》及 1992 年通过的《关于在外层空间使用核动力源的原则》。

第三阶段是 1993 年至今的解释法补充时期。冷战结束后，外层空间活动出现了新的发展趋势。在此阶段，外空活动较为频繁，外空技术得到空前的发展，国际外空合作也达到了一个新的阶段。虽然在国际层面，各国未能达成任何新的国际公约，但是双边或区域性的条约却得到了充分的发展。这些条约涉及的内容相当广泛。同时，国内外空立法也得到了较快的发展，许多国家制定或修订了空间法。目前已经有 20 多个国家制定了国内外空法，履行其在国际条约项下的各项义务，建立国内一整套有关空间活动许可、监管、登记和损害赔偿的制度。联合国在此阶段将工作重点放在促进各国遵守和适用现行的外空条约上，主要通过了三个宣言或决议，即 1996 年的《关于开展探索和利用外层空间的国际合作，促进所有国家的福利和利益并特别要考虑到发展中国家的需要的宣言》（简称《合作宣言》），1999 年的《关于空间和人的发展的维也纳宣言》（简称《维也纳宣言》）以及 2004 年使用"发射国"概念的联大决议。不过必须注意的是，虽然在此阶段各国未能达成新的外空法条约，但是与外空活动有关的双边或多边条约的起草和谈判还是很多的。这包括 1998 年达成、2005 年生效的《有关提供电信资源进行减灾和救助行动的坦佩雷公约》，2001 年的《移动设备国际利益的开普敦公约》及正在制定的《有关空间资产特定事项的议定书》。

现在，随着外空活动的日益增加和商业化趋势的加剧，现有的国际空间法律

---

① 凌岩主编：《国际空间法问题新论》，人民法院出版社 2006 年版，第 12～13 页。

机制受到严重的挑战。外空活动的新发展主要体现在以下几个方面。

首先，卫星发射服务的发展。如今卫星发射已经进入商业化操作的时代。许多国家都已经具有卫星发射能力，打破了原来由俄美两国垄断的局面。如何规范卫星发射市场？如何在公平合理的基础上确保新的发射国加入发射市场？如何实现发射市场自由化？这都是我们必须面对的问题。

其次，电信市场的形成与发展。电信服务是最先实现商业化的市场。现在的电信服务种类繁多，包括手机、无线电视、无线通讯系统、网络，电信市场的前景广阔，世界贸易组织已经将该市场的自由化纳入其贸易体系。如何在确保电信为人类提供多方面便利的同时，确保其竞争的公平性？这是当前急需解决的问题。在电信市场实现有限的自由化之后，出现一些不利的现象，诸如".com"的倒闭以及电信市场的萧条。这些现象是否由于自由化的潮流引起，亦或有其他原因？在世界贸易组织的框架之下实现进一步的自由化是否可取？①

第三，卫星遥感服务的发展。通过卫星遥感技术获得的信息资料可以为被遥感的国家提供多方面的帮助。在探测矿产资源、预防自然灾害、探测军事目标基地等等方面，卫星遥感技术都起着非常重要的作用。联合国大会曾就此问题通过决议，规定卫星遥感地球的原则。但是，在现今复杂的国际社会，发展中国家和发达国家贫富差距拉大。如何确保被遥感的国家以公平合理的价格获取遥感资料？如何确保遥感国能进行必要和合适的遥感活动？如何更好地平衡遥感国和被遥感国之间的利益，保护被遥感国的安全？这是国际空间法面临的挑战。

第四，全球卫星定位系统的发展。一直以来，美国的全球定位系统（GPS）占了统治地位。但是，欧洲方面已经开始了伽利略计划，准备建立自己的卫星定位系统，摆脱一直以来对美国的依赖。中国在积极参与该计划的同时，还准备发展中国自身的相关系统。这一切新的发展都对原有的体系构成极大的挑战，应该在法律上做好准备。

第五，外空试验对传统医药、生物技术和电子产业的影响。外空环境特殊，没有重力作用，能够成为很好的科学实验室。真空对传统医药和生物技术以及电子研究提供极为优越的环境，许多产品能达到前所未有的纯度，其商业前景极为广阔。许多在常态下无法进行的试验在外空可以轻松进行，加速技术和相关产业的迅速发展。但在这些产业迅速发展的表象背后，我们急需对外空产权、知识产权保护等外空法律的灰色地带进行明确，以利于资金的投入和科技的进步。

上面列举的仅仅是外空可能和已经开始的活动，更多的活动还在出现并期待

_____

① 参见赵云著：《电子商务的自由化和法律》，北京大学出版社2005年版。

人们的关注。现有的国际法律体制形成于冷战时期，主要是 20 世纪六七十年代，当时外空活动并不明显，活动的主体还是单纯的国家。但是，近 40 多年来，国际关系发生了很大的变化，科技的进步以及各国经济结构的调整，使外空活动发生了深刻的变化。外空活动与人类生活日益密切，私人实体已经广泛参与到外空活动中，这对传统以国家为主体的外空活动形成了很大的挑战。

在外空商业化进程中，发展中国家与发达国家之间在外空的利益冲突更为明显了，在有关为所有国家谋求福利原则、不得据为己有原则、遵守国际法原则、限制军事化原则、国际责任原则、空间物体登记原则和保护外空环境原则等具体应用方面，各国出现了很大的分歧，在短时间内很难得到彻底的解决。外空活动的日益开展，随之而来的就是核动力源问题、空间碎片问题、空间废弃物问题等等。虽然经过许多轮的国际会谈，但是一直没有得到很好的解决，而外空商业化的浪潮更加剧了各国的分歧。迄今为止，外空领域还没有形成行之有效的争端解决机制，这就成为外空领域潜在的威胁。

第二节　外层空间法的法律渊源

外层空间法的法律渊源是指外层空间法原则、规则和规章制度的表现形式。外层空间法是国际法的一个分支，其渊源与国际法的渊源基本相同，即（1）一般的或特殊的国际条约；（2）国际惯例；（3）法律的一般原则；（4）司法判决与各国最有权威的公法学家的学说。但是，我们也不能忽视联合国大会通过的一些国际法律文件和各国国内有关的外层空间立法，特别是法律和各种行政法规以及规章制度的制定是确保探索和和平利用外层空间的具体指引。

一、国际条约是外层空间法的主要法律渊源

外层空间法的主要渊源是国际条约，这是由外空活动的特点所决定的，这主要指的是前面提到的五个国际公约。这些公约都是在冷战时期达成的，但正是这些公约为外空活动初期提供了基本的法律框架。这些公约至今仍然起着非常重要的作用，其中的 1967 年《外空条约》是当今外层空间法的基石，有许多学者将其称为外层空间法的"外空宪章"①。另外四个国际公约则是《外空条约》某个原则的具体化。作为国际法的一个重要分支，外层空间法的法律渊源还包括《联合国宪章》及相关国际条约，如 1963 年在莫斯科签署的《禁止在大气层、外层空间和水下进行核武器试验条约》② 和 1974 年《关于卫星传送节目信号分布问

---

① 贺其治著：《外层空间法》，法律出版社 1992 年版，第 34 页。
② 该公约 1963 年 8 月 5 日开放供签署，1963 年 10 月 10 日生效。

题的公约》（布鲁塞尔公约）① 等。此外，还有一些是成立多边外空国际组织的公约，主要包括 1971 年在华盛顿达成的《国际通信卫星组织协定》及附件和《国际通信卫星组织业务协定》及附件②，1971 年在莫斯科通过的《关于建立国际宇宙通信组织国际系统和空间通信组织的协定》③，1975 年在巴黎通过的《关于建立欧洲航天局的公约》及附件④，1976 年在开罗达成的《阿拉伯空间通信公司（阿拉伯卫星通信组织）协定》⑤，1976 年在莫斯科通过的《为和平目的探索和利用外层空间的合作协定（国际宇宙协定）》⑥，1976 年在伦敦达成的《国际海事卫星组织公约》及附件和《国际海事卫星组织业务协定》及附件⑦，1982 年在巴黎通过的《建立欧洲通信卫星组织公约》⑧，1983 年在日内瓦通过的《建立欧洲气象卫星组织公约》⑨，以及 1992 年在日内瓦通过的《国际电信联盟章程和公约》⑩ 等。

此外，还有诸多的与空间活动有关的国际条约，例如世界贸易组织中的"服务贸易总协定"就涉及电信服务贸易的内容以及保护与贸易有关的知识产权协定等。这些国际条约虽然没有直接归入空间法的框架，但是与外空活动存在多方面的联系，也可以将其视为外层空间法的法律渊源。

除了上面五个重要的由联合国大会发起和制定的多边和区域性的国际公约之外，作为外层空间法法律渊源的国际条约还应当包括现存的大量用于调整和规范外层空间研究和开发活动、促进国际合作的双边协定。其中有一部分条约调整卫星通讯活动。例如，针对使用长征火箭发射美制卫星的发射服务业务，美国政府与中国政府于 1988 年 12 月 17 日签定了《中华人民共和国和美利坚合众国政府卫星发射责任协议备忘录》和《中华人民共和国政府和美利坚合众国政府卫星技术安全协议备忘录》；1989 年 1 月 26 日，中美两国政府就高轨道卫星发射中的国际贸易问题达成一致，签定了《中华人民共和国政府和美利坚合众国政府商业发射服务国际贸易协议备忘录》；1997 年 10 月 27 日，中美两国政府就低轨道

---

① 该公约 1974 年 5 月 21 日开放供签署，1979 年 8 月 25 日生效。
② 这两个公约与附件于 1971 年 8 月 20 日开放供签署，1973 年 2 月 12 日生效。
③ 该协定于 1971 年 11 月 15 日开放供签署，1972 年 7 月 12 日生效。
④ 该公约于 1975 年 5 月 30 日开放供签署，1980 年 10 月 30 日生效。
⑤ 该协定于 1976 年 4 月 14 日开放供签署，1976 年 7 月 16 日生效。
⑥ 该协定于 1976 年 7 月 13 日开放供签署，1977 年 3 月 25 日生效。
⑦ 该协定于 1976 年 7 月 16 日开放供签署，1976 年 9 月 3 日生效。
⑧ 该公约于 1982 年 7 月 15 日开放供签署，1985 年 9 月 1 日生效。
⑨ 该公约于 1983 年 5 月 24 日开放供签署，1986 年 6 月 19 日生效。
⑩ 该公约于 1992 年 12 月 22 日开放供签署，1994 年 7 月 1 日生效。

卫星发射中的国际贸易问题作了补充修订，达成《关于修改"商业发射服务的国际贸易问题协议备忘录"的协议》。这四个文件为两国政府就有关卫星发射问题提供了基本的法律框架，是当时两国在卫星发射问题上必须遵循的准则。此类双边协定无疑是外层空间法的法律渊源。应该说，许多国际条约或国际惯例都是从双边条约或具体的国际实践中逐渐形成和发展起来的。

二、国际习惯是国际空间法古老的法律渊源

国际习惯是外层空间法的另一渊源。大多数各国遵循的外空规则都在外空条约中得以体现，但是我们不能忽视外空条约中的某些原则已经形成国际习惯法；即便没有参加某项公约，其他国家仍然有义务遵循其中一些规则。这些原则包括和平利用外层空间，外层空间不得据为己有等。有关外层空间法中国际习惯的确定，存在一个问题，即国际实践并不是太多，而且外空活动出现的时间不长。而国际惯例的形成必须具备两个要素：国际实践以及该实践被各国接受为法律。在没有条约规定的领域，国际惯例就是确定国家间权利义务关系的最重要的来源。对于外层空间法而言，参与国家数量较少，相应的国家实践也就不是很多。此时，就有一个问题，默示是否可以成为该有关国家认可并接受的证据？对此，存在不同的看法。一些学者认为，必须存在明示的行为，才能作为国际惯例的确认。但是，更多的学者则认为，外层空间是一个特殊的领地，在许多外空活动中，不需其他国家的事先同意。例如，在遥感活动中，就不需要被遥感国的事先同意，而且这已经成为国际习惯规则。①

此外，一些学者已经表明，国际实践和时间并不是一个问题，只要各国，包括通过联合国决议的形式，都明示或默示认可有关行为，国际实践的多少和时间的长短都不会妨碍国际习惯的认定。② 尽管许多学者至今对那些原则和规则构成国际惯例仍有不同看法，但不可否认的是国际习惯已经是外层空间法一个重要的组成部分。其中比较典型的例子就是外层空间自由探索和利用的原则以及禁止将外层空间据为己有原则。

三、国内法是国际空间法的辅助法律渊源

国内法是外层空间法的辅助法律渊源。美国在 1958 年就制定了国家航空与航天法这一世界上最早的国内外空法，并一直引领外空国内立法的趋势和潮流。

---

① C. Q. Christol, *The Planning of Space Services Using the Geostationary Satellite Orbit* 1985~1988, in the Proceedings of Conferencia Latinoamarican/Transporte Aereo Intemacional y Actividades en el Espacio Ultraterrestre-Latin American Conference/International Air Transport and Activities in Outer Space 30 (Mexico, 1988).

② I. H. Ph. Diederiks-Verschoor, *An Introduction to Space Law*, 11 (Klwer Law International, 2008).

根据 1958 年的法律，美国成立了美国宇航局，旨在推动以政府为主体的空间技术开发。1984 年美国制定了地球遥感商业化法和空间发射法，鼓励对空间技术的商业性开发活动。1986 年又通过了将空间技术纳入专利保护的法案。美国之后又有包括阿根廷、澳大利亚、比利时、巴西、加拿大、法国、德国、英国、日本、俄罗斯等多个国家制定了国内法。例如，日本于 1958 年制定了《宇宙开发委员会设置法》，依据该法成立的委员会，在首相府的领导下，负责计划、审议和决定有关空间技术的各项事务。1978 年日本通过了《宇宙开发政策大纲》，规定了为期 15 年的外空开发计划；1979 年 6 月颁布了《通讯、广播卫星机构法》，1990 年通过新的《宇宙开发政策大纲》，2008 年 5 月通过《日本宇宙基本法》，这些法律和文件的制定和存在为卫星通讯、空间遥感和运输等技术的发展和应用奠定了坚实的法律基础。这些国内立法主要调整四个方面的内容：确立外空活动基本法律制度，管理有关从事外空活动的专门机构，针对特定外空活动进行的法律调整，以及为履行国际条约义务的具体规定。美俄两国作为以前的超级大国和航天大国，其国内外空法律体系较为完善，已经形成了一套外空法律规范体系。国内法的重要性在 1979 年以后更显突出。外空活动发展迅速，出现许多新的发展趋势，但是从 1979 年以来一直没有达成新的条约。许多学者都对原有条约适用中出现的问题提出讨论。此时，国内法适时地起着重要作用，对外空活动通过立法加以规范。这些国内法对于调整外空活动，维护外空探索和利用的健康发展，起着不可或缺的作用。

四、国际空间法的其他辅助法律渊源

联合国的决议、司法判决、外空法的权威著作等都是确定外层空间法律规则的辅助手段，虽不是外层空间法的直接法律渊源，但在实践中可以证明某些外空法原则和制度存在，具有一定的参考价值。这里尤其要指出联合国大会的决议，已经是指导外空活动不可或缺的重要文件。如前所述，联合国大会在有关外空活动领域通过了多项决议，对外空活动均产生了重要影响。同理，1999 年第三次外空大会通过的《空间千年：关于空间与人的发展的维也纳宣言》（《维也纳宣言》）也构成外空法律规范的一部分。应该说，虽然这些决议和宣言，没有法律约束力，但是，这些文件所包含的内容往往都是得到大多数国家认可的，是在长期的空间探索和利用的实践中逐渐形成并获得广泛遵守的。这些文件对于国际空间习惯法的形成起着非常重要的作用。许多学者在论证某一项外空法律原则或规则构成国际习惯法时，往往要参看国际实践，而这些文件正好是一个很好的例证。

第三节　联合国与外层空间法

外空活动的迅速发展及其国际性，要求外空活动的管理和调整工作需要在国际层面上展开，而当时能够承担这项任务的只能是联合国。而联合国也适时地发挥了这方面的作用，对外层空间法的发展起着关键性的作用。① 在第一颗人造卫星发射成功之后的第二年，联合国大会随即成立特别委员会，专门研究加强国际合作，为实现全人类的利益，和平利用外层空间。1957 年 11 月 14 日，联合国大会通过 1148（XII）号决议，希望联合研究一个合适的监测制度，以保证发射通过外层空间的物体应当只用于和平和科学的目的。

1959 年 12 月 12 日，联合国大会通过 1472A（XIV）号决议，将该特别委员会改为一个常设机构，更名为"和平利用外层空间委员会"。而该决议还同时表达了应当为了改善人类的状况和各国的利益探索和利用外层空间，而不论其经济和科技发展的程度如何。在成立时，外空委有 24 个成员国。目前，外空委由包括中国在内的 69 个成员国及若干个观察员国，是联合国机构中最大的委员会之一。联合国维也纳办事处外空司是外空委的秘书处。

根据联合国大会 1472A（XIV）号决议，外空委的宗旨是制定和平利用外空的原则和规章，促进各国在和平利用外空领域的合作，研究与探索和利用与外空有关的科技问题和可能产生的法律问题。外空委的主要职权为：审议（1）联合国、各专门机构及有关和平利用外层空间的其他国际组织的活动和资源；（2）在外空领域，可在联合国主持下妥善进行的国际合作和方案；（3）在联合国范围内进行组织安排，以促进该领域的合作；（4）在实施探测外空计划方面可能产生的法律问题。

1961 年联合国大会通过 1721（XVI）号决议，认为联合国应作为和平利用外层空间国际合作的枢纽和中心点，明确表明外空委应与联合国秘书长合作，充分利用其秘书处的机能与资源并履行下述职权：（1）同与外空问题有关的政府组织及非政府组织保持密切联系；（2）办理各国政府自愿提供的有关外空活动的资料的交换事宜；（3）协助研究促进外空活动国际合作的措施。该项决议还要求联合国秘书长设一公开登记处，登记发射物体进入轨道或越出轨道的国家提供的资料。此外，该决议还希望各国在探索和利用外层空间时要遵守（a）国际法，包括《联合国宪章》，适用于外空及其他天体；（b）外空及所有天体可任由各国依据国际法的规定自由探索和利用，而不得为任何国家所占有。

---

① 　Bin Cheng, *Studies in International Space Law*, 61（London：Clarendron Press, 1997）.

外空委下设两委：科学技术小组委员会和法律小组委员会，由外空委全体成员国组成。外空委及两个小组委员会每年各举行一届会议，审议联合国大会提出的有关外空问题，成员国提出的外空报告和问题。会议一般在上半年举行，以便向下半年召开的联合国大会提交报告、建议和决议案。外空委及其两个小组委员会以协商一致方式作出决定。科技小组委员会主要审议和研究与探索及和平利用外空有关的科技问题，促进空间技术的国际合作和应用问题。① 法律小组委员会专门负责审查、研究和促进外空领域中的国际合作以及负责研究探索和利用外层空间所引起的法律问题，从事逐步制定和编纂外层空间法的工作。外空委则主要审议两个小组委员会的工作报告及不由小组委员会审议的一般性外空问题，就委员会的工作作出决定，并向联合国大会作出报告和建议。联合国外层空间事务司作为外空委和科技小组委员会的秘书处，而联合国法律事务司则作为法律小组委员的秘书处。

1959 年，联合国大会通过一项决议，要求各国在和平利用外层空间的活动中加强国际合作，并强调探索和利用外层空间的活动必须为人类造福，各国不论其经济和科学发展程度如何均能受益。之后，联合国大会又分别在 1961 年和 1962 年通过两项决议，这一切活动都为联合国顺利通过具有历史意义的 1963 年《各国探索和利用外层空间活动的法律原则宣言》铺平了道路。1963 年的宣言已经展现了现在外层空间法的雏形，其中的原则至今仍被认可并广泛应用。

同年，联合国大会通过另一项重要的决议，要求各国不在环地球轨道上放置任何载有核武器或任何其他种类大规模毁灭性武器的物体，不在天体上装置上述武器。该决议的通过与同年生效（生效日仅早于该决议通过一个星期）的一项重要国际条约《禁止在大气层、外层空间和水底进行核武器试验的条约》密切相关。

由此可见，尽管当时还没有专门的外空法律条约调整外层空间的活动，但是联合国已经认识到法律在规制各国外空活动方面的重要性。在此层面上，现存的国际法（国际条约和国际惯例）无疑是填补外层空间法律真空的最好选择。这一做法，同时也表明，外层空间活动受国际法律规范的管辖，是国际法的一个重要组成部分。但是，直至此时，联合国并没有将有关规则强加于各国身上，还是以不具有拘束力的决议形式阐明立场。这些准备工作对于外空条约的订立和通过起着不可忽视的作用。及至今日，这些决议还经常被学者引用，论证外空出现的

---

① 联合国和平利用外层空间委员会，http：//baike. baidu. com/view/464101. html，2008 年 10 月 20 日。

新问题。

　　之后，在外空委的主持下，五项重要的国际条约顺利出台。而正是上述的联合国大会的决议和国际条约支撑起了外层空间法，使其顺理成章地成为国际法的一个重要分支。在近年来，联合国制定外空条约方面的脚步减慢。国际社会政治、经济等多方面的发展使外空条约的通过日益复杂和困难。例如，在外层空间操作领域的条约涉及越来越多的高新技术，技术的日新月异使条约的稳定性问题遇到挑战；外层空间的军事化问题在冷战之后又一次遭遇严峻考验。但是，外空委一直是有关外层空间法发展进行讨论的重要论坛。

　　每年，外空委及其两个小组委员会在维也纳召开会议，审议联合国大会向其提出的问题，以及成员国向其提交的报告和提出的问题。外空委及其两个小组委员会以协商一致的方式进行工作，并向联合国大会提交建议。各成员国参加上述三个会议的代表主要由外交官、空间机构的官员以及与会议议题有关的空间机构科技人员、大学研究人员组成。一般而言，各国空间技术研究与发展业务归口在哪个部门，就由该部门与外交部为主共同组成代表团参加外空科技小组会议；一些研究院和大学则作为支持单位，参加有关议题的学术交流。各国代表在会上发表意见，讨论存在和新出现的外空法律问题。借助这个论坛，各国空间法学者、外交人员、外空科技人员有机会互相交流和沟通，努力营造一个适于外空和平发展的法律环境。

　　外空委还积极加强与联合国其他机构以及有关空间组织的联系和沟通。外空委通过联合国空间应用方案与联合国粮农组织、联合国教科文组织、欧洲空间局、国际宇航联合会、国际空间法学会等机构合作，开展技术和学术交流活动；通过联合国开发计划署援助有关国家发展将空间技术应用于经济和社会发展所需要的技术。联合国大会根据外空委的建议，于 1968 年 8 月在维也纳召开了联合国探索及和平利用外层空间大会（第一次外空大会），于 1982 年 8 月在维也纳召开了第二次外空大会，并于 1999 年 7 月召开了第三次外空大会。①

　　第三次外空大会是第二次外空大会以来联合国主持召开的又一次有关外空的重要国际会议。会议评估了第二次外空大会以来空间科技的重大进展和人类所面临的挑战，为进入新世纪的人类探索和利用外层空间的活动制定了一系列指导原则和行动计划，并为各国政府、有关的国际组织及航天工业界提供了交流和合作的机会。此次会议是在发展中国家发起并积极推动下召开的，是联合国历史上第

---

　　① 联合国和平利用外层空间委员会，http：//baike. baidu. com/view/464101. html，2008 年 10 月 20 日。

一个在不增加额外预算的情况下举行的大型国际会议。而且，会议是第一个由航天工业界作为政府平等伙伴与会的联合国会议，从一个侧面反映了空间商业化和私营化的发展趋势，反映了非政府实体在空间活动中的地位的提高。此外，此次会议还是首次为青年专设论坛的国际会议，表明国际社会对青年一代的重视。①

　　第三次外空大会的最重要成果就是《维也纳宣言》，该文件为进入新世纪的探索及和平利用外空的活动制定了基本原则和行动计划。其中主要包括五项内容：首先，该宣言重申了《联合国宪章》的宗旨和原则，以及各项国际法原则和联合国大会的有关决议，重申探索及利用外层空间的和平目的，强调应防止外层空间军备竞赛；第二，建议联合国大会宣布每年的 10 月 4 日（即人类成功发射第一颗人造卫星的日期）～10 月 10 日（即 1967 年《外空条约》生效的日期）的期间为"世界空间周"，以便每年在国际一级庆祝空间科技可为人类条件改善做出的贡献；第三，确定了应付未来全球挑战的战略，就环境保护与资源管理、利用各种空间应用促进人类安全、发展和福利、提高对空间的科学知识和保护空间环境、增加教育和培训机会并确保公众认识到空间活动的重要性、加强和调整联合国系统的空间活动、促进国际合作等六大领域的行动计划提出了数十项建议；第四，决定设立一项联合国特别自愿基金，用于支持实施第三次外空大会提出的各项建议；第五，建立对第三次外空大会所提建议的实施情况进行评估的机制，即外空会议召开 5 年后（其后则视情况而定）由联合国大会在外空委所进行的筹备工作的基础上，审查和评价第三次外空会议各项建议的执行情况。② 外空委近几年的工作重点就是落实第三次外空大会的各项建议。

　　除了上面提到的外空委的工作外，我们还不能忽视联合国框架下的专门机构，即政府间国际组织。其中有不少是与外空活动紧密相关的。例如国际电信联盟就是一个典型的例子。该组织于 1865 年在巴黎成立，其宗旨在于：维护和扩大国际电信联盟所有成员国之间的合作，以改善及合理使用包括卫星通信在内的各种电信；在电信领域促进并向发展中国家提供技术援助；促进技术设施的发展和最有效运作，以期提高电信服务的效率，增强电信服务的效用，尽可能多地向公众普遍提供电信服务；促进电信服务的利用，以便为和平交往提供便利；为实现这些目标而协调成员国的行动。20 世纪 90 年代以来，国际电信联盟通过召开世界无线电行政会议，对频谱/轨道资源进行必要分配以及实施适当的国际管理

---

① 第三次联合国探索及和平利用外层空间会议，http://www.hebiic.gov.cn/ggjj/6418.html，2008 年 10 月 20 日。

② 联合国文件 A/CONF.184/3，1999 年 7 月 30 日。

制度，对空间技术的无线电通信领域的应用给予了积极的支持。该组织的活动已经是国际电信法以及外空商业化运作中必须谈及的内容。由该组织通过的一些国际条约也对现在人们的生活产生重大影响，例如1998年通过，2005年生效的《利用电信资源减缓灾难和救助活动的公约》，就是利用电信设备和有关资料应对现代社会出现的重大自然灾害的一个重要国际公约。

另一个重要的联合国专门机构是世界气象组织。该组织成立于1873年，1951年成为联合国的一个专门机构。世界气象组织的主要宗旨是：协调世界各国的气象工作；通过国家间的合作建立联络网络，进行气象、水文和其他地球物理的观测，并提供气象服务；促进建立和维持可迅速交换气象资料及有关情报的系统；促进气象观测标准化，保证观测结果与统计资料的统一发布；推进气象学在航空、航运、水事、农业及人类其他活动中的应用；促进实用水文学活动，加深气象服务与水文服务间的密切合作；鼓励开展气象学及其他有关领域的研究。外空法的运用在此主要针对的就是气象卫星的运用以及各国在有关气象服务和科研方面的合作。

自从空间时代开始以来，联合国就致力于扩大和加深各国在空间研究与开发中的国际合作，致力于外层空间法的建立与发展。以上的论述充分表明，联合国在保证人类空间活动的法制化以及各国空间活动的合理协调过程中扮演了枢纽和核心的角色。①

第四节　外层空间法的基本原则

外空法是国际法的一个分支，因此，外空活动首先要遵循国际法的基本原则。至于国际法的基本原则，在一般国际法的教科书中已经有了详尽的论述。国际法基本原则需要符合四项条件：第一，各国公认；第二，具有普遍约束力；第三，构成国际法的基础；第四，具有强行法的性质。具体而言，国际法基本原则的主要内容包括：国家主权平等原则；互不侵犯原则；互不干涉原则；平等互利原则；和平共处原则；民族平等和自决原则；和平解决国际争端原则等。

外层空间法作为国际法的一个分支，国际法的上述基本原则适用于外层空间法；但是作为外层空间法的基本原则，还必须具有自己的特点。而这些基本原则也必须是为各国公认的，并具有普遍约束力，构成外层空间法基础的强行法规范。这些原则构成了外层空间法规则体系中最核心和基础的规范，各国必须绝对遵守并严格执行。

---

① 尹玉海著：《国际空间法论》，中国民主法制出版社2006年版，第33页。

1963 年 12 月 13 日，联合国大会一致通过《各国探索和利用外层空间活动的法律原则宣言》（简称"外空宣言"），宣布了外空活动应该遵守的九项原则。这九项原则在 1967 年《外空条约》中再次得到确认和发展，并以国际条约形式将从事外空活动的各项基本法律原则确定下来，这是国际社会第一次用条约的形式确立了外空活动的基本原则，得到国际社会普遍的赞同和遵守，对外空法的形成起了重要作用。该条约共有 13 个实体条款对外空活动的基本原则作出系统的规定。这些原则为探索和利用外层空间提供了一个基本的法律框架和指引。至于哪些原则已经成为国际习惯法，至今还有不同意见。但是，无论如何，以联合国全体会员国一致通过的决议以及成员国日益增加的国际条约所确立的以下八项原则在外空活动中发挥着越来越重要的作用。

一、探索和利用外层空间，必须为全人类谋福利和利益原则

该原则首先在《外空宣言》的序言和第 1 条中予以确立，《外空宣言》序言确认"和平探索和利用外层空间的进展，关系着全人类的共同利益"，第 1 条再次重申"探索和利用外层空间，必须为全人类谋福利和利益"。《外空条约》第 1 条第 1 款则以国际法的形式，规定了探索和利用外层空间，必须为全人类谋福利和利益原则。此后的《月球协定》第 4 条第 1 款再次确认"月球的探索和利用影响全体人类的事情并应为一切国家谋福利，无论它们的经济或科学发展程度如何。应依照联合国宪章规定，充分注意今世与后代人类的利益以及提高生活水平与促进经济和社会进步和发展的需要。"《月球协定》还规定，月球和其他天体及其自然资源是全人类共同继承遗产。2007 年 3 月 26 日召开的外空委法律小组委员会第 748 次会议上，会议主席在开幕词中也再次强调外层空间的探索和利用应当为了所有国家的利益而进行，而不论其经济或科技发展程度，而且外层空间是全人类的活动领域。该次会议还强调，促进在气候变化、环境保护和粮食安全等方面对外层空间的利用。

从立法精神上讲，任何单方面探索和利用外空，而不顾他国和全人类利益的外空活动，都是违反此项原则的。这样就从法律的层面防止发达国家利用空间技术的优势垄断空间利益。只有在确保所有国家公平分配利益的情况下，才能符合本原则的灰顶。但是，该原则在具体实施中却存在很大的难度。迄今还没有任何一部法律或国际文件，不论是以条约，抑或以联合国大会决议，还是国内法律规范的形式，对如何保护和促进全人类在外空的利益作出明确规定。何谓"全人类利益"？如何实现"全人类利益"？现行的外空条约以及其他外空法律都没有明确条文就上述问题给出明确的答案。

《月球协定》对此问题似乎作出初步的尝试，但是这种尝试也只是将有关问题遗留到以后具体解决。该协定规定，在月球资源的开发即将可行时，为此建立月球资源的国际开发制度，让所有国家公平分享月球和其他天体及其自然资源。如何落实月球资源的国际开发制度，如何在外空商业化的时代实现全人类共同利益，是当前外空法所面临的现实问题，必须认真构建一个可行和可接受的方案。

二、各国在平等的基础上，根据国际法自由探索和利用外层空间及天体原则

《外空宣言》第 2 条规定，"各国都可在平等的基础上，根据国际法自由探索和利用外层空间及天体"，此后的《外空条约》第 1 条第 2 款再次规定"外层空间，包括月球与其他天体在内，应由各国在平等基础上并按国际法自由探索和利用，不得有任何歧视，天体的所有地区均得自由进入"，为各国在平等的基础上根据国际法自由探索和利用外层空间及天体原则提供了明确的国际法依据。

外层空间是对全人类开放的空间，各国均享有在外层空间（包括月球和其他天体）进行科学考察的自由。越来越多的学者认为此条规定的"外空自由"原则已经成为国际习惯法的一部分。从第一颗人造卫星飞越他国领土上空时开始，有关国家一直没有对此行为提出任何异议。

三、外层空间和天体不能通过主权要求、使用或占领、或其他任何方法据为一国所有原则

国际法中的先占原则并不适用于外层空间和天体。《外空宣言》第 3 条和《外空条约》第 2 条都明确规定了外层空间，包括月球与其他天体在内，不得由国家通过提出主权主张，通过使用或占领，或以任何其他方法据为己有。《月球协定》第 11 条则规定，月球及其自然资源均为全人类的共同财产；月球的表面或表面下层或其任何部分或其中的自然资源均不应成为任何国家、政府间或非政府国际组织、国家组织或非政府实体或任何自然人的财产。此外，《国际电信公约》第 33 条也规定，地球静止轨道是有限的自然资源，又是空间的一部分，亦不得被据为己有。

上述规定为本原则提供了明确的国际法基础。外空和其他天体，包括月球和地球静止轨道等，都属于人类共同继承财产。因此，任何国家不得对此主张主权，不得以任何方式占为己有。

四、各国探索和利用外层空间必须遵守国际法原则

这一原则体现在《外空宣言》第 4 条宣告，"各国探索和利用外层空间的活动，必须遵守国际法（包括《联合国宪章》）的规定，以保持国际和平与安全，增进国际合作与了解。"《外空条约》第 3 条也规定本条约各缔约国探索和利用外层空间，包括月球与其他天体在内的活动，应按照国际法（包括《联合国宪章》），

并为了维护国际和平与安全及增进国际合作与谅解而进行。这里所指的国际法，包括了《联合国宪章》的规定。根据国际法的规定，此类探索和利用活动的开展应顾及国际和平与安全及促进国际合作与相互谅解的利益并适当顾及所有其他国家的相互利益。这也是联合国会员国必须遵循的。也正是在此基础上，各国才能开展外空活动，以维护国际和平与安全，促进国际合作与了解。可以说，这也是前面提到的有关国际法的基本原则也同样适用于外空活动的一个具体体现。

五、各国对本国在外层空间的活动负有国际责任原则

国际责任是外层空间法的重要概念之一，在《外空条约》中已经明确规定，不论外空活动是由政府机构或是由非政府团体进行的，缔约国都应对本国的外空活动负国际责任。这种责任不单单是损害发生时需要承担的赔偿责任，而更多的是外空活动过程中，作为发射国或登记国，必须对涉及本国的外空活动承担有关监督、控制等责任。上述《外空条约》的规定在《责任公约》中得到进一步具体化。有关外空责任的问题，将在本书第九章具体探讨。

此外，各国对其发射的物体所造成的损害负有国际上的责任。这里所指的责任主要是指赔偿责任。凡发射或促使发射物体进入外层空间，包括月球与其他天体在内的缔约国以及以其领土或设备供发射物体用的缔约国，对于这种物体或其组成部分在地球上、在大气空间或在外层空间，包括月球与其他天体在内，使另一缔约国或其自然人或法人遭受损害时，应负责任。

六、各国在探索和利用外层空间时应遵守合作和互助的原则

国际合作在外空活动中显得尤为重要。《外空条约》就明确规定，缔约国探索和利用外层空间，包括月球与其他天体在内，应以合作和互助的原则为指导，其在外层空间，包括月球与其他天体在内进行的各种活动，应充分注意所有其他缔约国的相应利益。此外，为了促进在和平探索和利用外层空间方面的国际合作，在外层空间，包括月球与其他天体在内进行活动的各缔约国同意，在最大可能和实际可行的范围内，将这类活动的性质、进行情况、地点和结果通知联合国秘书长，并通告公众和国际科学界。在实践中，各国的合作活动已经展开。首先这体现在越来越多的国际组织和区域性组织已经开始处理专门的外空活动。例如在亚洲已经成立了亚太空间合作组织协调亚太地区的空间活动。此外，在电信领域的合作尤其活跃。多种国际组织已经成立，调整电信活动的不同方面的问题。但是在合作的问题上，不同发达程度的国家如何保障其平等参与外空活动，共享外空资源？发达国家在合作原则中应该承担何种特殊的国际义务？这些问题在现有的外空法律中都没有明确的规定。而这种法律灰色地带的存在，有可能成为发

达国家实施强权主义的借口，造成外空活动中实质的不公平和不合理。值得注意的是，国际空间合作的问题以后在联合国决议中得到具体的体现。有关国际合作的问题，本书将在第十章展开讨论。

七、和平利用外层空间和限制军事化原则

1963 年，联合国大会通过的第 1881（XVIII）号决议，要求各国不要将任何载有核武器或任何其他种类大规模杀伤性武器的物体放置在环绕地球的轨道上，也不要在天体上装置这种武器。该决议的内容在《外空条约》第 4 条得到具体的体现，该条规定"不在环绕地球的轨道上放置任何载有核武器或任何其他种类大规模毁灭性武器的物体，不在天体上装置这种武器，也不以任何其他方式在外层空间设置这种武器。"。应该说，该规定并没有采取"绝对非军事化"的作法，其他类型的武器没有在此规定的禁止范围。《月球协定》第 3 条对此作出更为具体的规定，缔约各国不得在环绕月球的轨道上或飞向或飞绕月球的轨道上，放置载有上述武器的物体，或在月球上或月球内放置或使用此类武器；禁止在月球上建立军事基地、军事装置及防御工事，试验任何类型的武器及举行军事演习。

和平利用外空和限制军事化原则虽得到绝大多数国家的认可，但是在具体应用中却出现分歧。尤其是对其中的一些用语存在不同的理解，例如，"大规模毁灭性武器"包括哪些武器？随着现代军事科学的发展，新型武器层出不穷，激光或太阳能武器、粒子束、大功率微波束等武器是否能在外空使用？"和平目的"又是确切指什么？是否允许以军事手段达到所谓的和平目的？以中国和俄罗斯为代表的国家认为，现行《外空条约》未能禁止大规模杀伤性武器以外的常规武器，外空军事化和武器化正严重威胁着国际社会的和平与安全。在此方面值得关注的是，2008 年 2 月 12 日，中国与俄罗斯在日内瓦共同向裁军谈判会议提交"防止在外空放置武器、对外空物体使用或威胁使用武力条约"草案，提出通过谈判达成条约，防止外空武器化和外空军备竞赛，维护外空的和平与安宁。美国则公开表示，新的具有约束力的军控条约根本不是维护美国及其盟国的长远太空安全利益的有效工具。由此可见，和平利用外空原则虽然得到一致的认可，但是对于其具体的实施，还存在诸多分歧。有关的讨论，将在本书第八章展开。此外，随着各国发射外空物体的日益增加，各国也越来越关注外空资产安全、外空交通安全等问题。

八、保护外空环境原则

该原则也已得到绝大多数国家的认同。在有关的讨论中，有学者认为这是外空活动必须遵守的道德准则。人类探索和利用外层空间的活动不可避免地会对空

间环境造成一定程度的不利影响。外空活动可能以多种方式对环境造成损害。《外空条约》就明确提出，各缔约国对外层空间，包括月球与其他天体在内进行的研究和探索，应避免使它们受到有害污染以及将地球外物质带入而使地球环境发生不利变化，并应在必要时为此目的采取适当措施。空间环境保护问题越来越引起各国政府和国际法学界的关注。当前，空间碎片已成为急需解决的问题。空间碎片包括报废的卫星和其他空间物体、运载火箭的遗弃物以及火箭爆炸或空间物体碰撞后所产生的碎片。随着人类外空活动的迅速发展，空间碎片急剧增加，从而增加了空间碎片与空间物体碰撞的可能性和危险性。据统计，目前围绕地球飞行的 10 公分以上的空间碎片就多达一万多个，迄今已经发生至少三起空间物体碰撞事件：1991 年俄罗斯一颗失效卫星与其本国另一颗卫星相撞；1996 年欧洲航天局的"阿里亚娜"火箭残骸撞断法国侦察卫星的设施；2005 年美国的"雷神"火箭废弃物与我国"长征四号"火箭残骸相撞。现有的《外空条约》以及相关外空法律都没有对减少和清除空间碎片污染的问题作出专门的规定。1967年《外空条约》仅要求发射国避免对外空造成污染以及对地球环境造成不利影响。该条约还没有规定有关发射国是否应当承担清除污染的义务。国际上现有的有关空间碎片的两个文件，即国际法协会 1994 年《保护环境免受控件碎片损害的国际文书》以及 2007 年 6 月 15 日联合国外空委第 50 届会议通过的《空间碎片减缓指南》虽然对于预防、减少和清除空间碎片有相关规定，但都不具有法律约束力。因此，如何实现这一原则，是未来外空法专家和环境法专家需要关注的问题。

第二章

外层空间及其法律地位

第一节　外层空间及其与空气空间的界限

空间分为外层空间和空气空间。外层空间的定义和界限问题与航空活动和空间活动的定义直接相关，涉及空间法的适用领域，故被视为外层空间法的最基本的问题之一。外层空间在自然科学上一般是指地球表面大气层以外的整个宇宙空间。物理学家将大气层分为5层：对流层（海平面至10公里）、平流层（10～40公里）、中间层（40～80公里）、热成层（又称电离层，80～370公里）和外大气层（又称电离层，370公里以上）。地球上空的大气约有75%在对流层内，97%在平流层以下。用严格科学的观点来说，空气空间与外层空间之间不存在明确的界限。

外空划界的问题曾经困扰了外空法学者及科学家相当长的时间。在人类的能力还不能达到外层空间之前，人们还没有意识到该界限的存在或其重要性。根据航空法的基本原则，各国对其领空有管辖权，而最初所指的领空是没有界限的。这也很好理解，在当时的情形下，完全没有必要对领空的高度作出任何规定。出现了外空活动，而且外层空间与空气空间的法律地位不同，这就意味着两者的划界问题非常重要。但是，一直到现在，这个问题还没有得到解决。而外空活动已经如火如荼地展开。尽管划界问题没有成为外空活动发展的障碍，而且在一定程度上被视为是一个不具有重要实际意义的问题。外空委从成立开始，就已经关注该问题。经过这么多年的讨论，还是很难达成共识。① 许多学者认为，外空划界问题并不具有实际意义，以前这些理论的探讨反而阻碍了现实中外空活动的发展。现在应该务实地发展外空法，解决外空活动中出现的实际问题。

事实上，该问题的解决将有助于现代外空商业化及外空旅游所涉及法律框架的建立。例如，20世纪80年代以来，航天飞机的出现引起飞行经历各种高度的空间，类似于宇宙飞船，应该以何种法律来规范其行为？外空委法律小组委员会自1967年开始，已经关注该问题，而且经过多轮会议讨论，但是还是很难达成共识。

---

① 　L. Perek, *Scientific Criteria for the Delimitation of Outer Space*, 5 Journal of Space Law 111～124（1977）.

根据 1966 年法国的建议，法律小组委员会将外层空间的定义和定界问题列入讨论议程。1967 年，法律小组委员会在第六届会议上首次审议了议程项目"与下列方面有关的事项：（a）外层空间的定义和（b）外层空间和天体的利用，包括空间通信涉及的各种问题"。之后的多次会议中，法律小组委员会审议和处理了大量提案，但显然各国未能就与外层空间定义和定界有关的实质性法律问题达成一致。不过，在以下方面达成了共识：将此问题转交科技小组委员会审议；编写和增补有关此问题的背景文件；设立一个工作组，优先审议这个问题；审议关于航空航天物体的问题；完成航空航天物体可能涉及的法律问题调查表；就已收到的对调查表的答复编写综合分析资料，调查表可以作为今后审议这个问题的基础及编制有关外层空间定义和定界问题的历史概要。

在 2007 年第四十六届会议上，法律小组委员会重新召集了外层空间的定义和划界有关事项工作组，小组委员会所有成员均可参加。工作组在讨论的基础上商定：继续着手拟定关于航空航天物体调查表各项答复的分析标准；继续请成员国提交分析标准建议并对调查表作出答复；继续请成员国考虑到航天和航空技术目前和可预见的发展水平，提交有关可能已经存在或正在制定的直接或间接与外层空间的定义和（或）划界有关的本国法规或本国任何做法的资料。此外，工作组继续通过秘书处向联合国各会员国提出两个问题：（1）鉴于当前的航天和航空活动水平以及航天和航空技术的发展，贵国政府是否认为有必要对外层空间进行定义和（或）对空气空间和外层空间进行划界？请说明理由；（2）贵国政府是否认为可以用其他方法解决这一问题？请说明理由。成员国已经陆续向法律小组委员会提交答复。

在划界问题上，各国学者提出不同的理论：功能论和空间论。① 前者认为，要确定一条物理界线是相当困难的，而且是不切实的。两者之间是连续的，不可割断的。无论外空活动还是航空活动，应该根据活动本身的目的和使命或飞行器的功能来决定，并遵循已有的规则。为支持该理论，一些观点已经提出：空间法适用于从地球运行到外空的活动；根据《芝加哥公约》规定的"航空器"，其他飞越大气层以上的航空器应视为"航天飞机"；空气空间延伸至航空器能到达的高度，而外层空间从航天飞机能够飞行的最低点起算，这中间的空间就是过渡空间；所有外空活动在确保陆地国安全的基础上都应该被允许进行。

但更多的学者认为，应该有一条物理上的界限。空间论就是要具体确定一条

---

① Qizhi He, *The Problem of Definition and Delimitation in Outer Space*, 10 Journal of Space Law 157 ~ 163 (1982).

物理界线，即以空间的某种高度来划定外层空间与空气空间，以确定两种不同法律制度使用的范围。主要有以下几种说法：第一，航空器上升最高限度论。现在航空器上升最高的限度大约在 80 公里，而现阶段外空活动一般都在约 120 公里以上的高度进行。在考虑这两个高度的基础上，确定 100 公里作为划分的界线；第二，凡－卡曼线理论。该理论依据航行器械依赖的动力作用，即离心力取代空气作为飞行动力的地方作为划分的界线。最初学者估计该界线在 100 公里左右，但是随着科技的发展，该界线也会发生变化；第三，卫星轨道最低近地点论。即以卫星所在轨道的最低点为界线，该界线大约在 160 公里处；第四，地球重力影响论。以地球重力不存在的地方作为分界点。但是该理论缺乏足够的支持。因为重力的不存在与物体的速度、位置都有关系，因此非常不确定；第五，有效控制论。即以地面国家能够有效控制的高度为界线。但是该理论也遭到许多批评，认为该理论有利于航天大国，与《联合国宪章》中各国平等的原则相违背①第六，分区论。将地面以上的空间划分为不同的层面：外层空间在 240 公里以上，空气空间延伸至 150 公里处，两者之间的空间适用任何国际上接受的规则。但是该学说由于其适用规则的模糊性，因此也没有得到很好的接受。

由此可见，不同的观点都提出了自己认为较为合理的外空划界方法。但是，不可否认的是，上述的观点都仅仅是武断地认为设置一条界限区分两个不同的空间，以便不同的法律适用。至今还没有一条各国都能接受的界限，理论上的探讨还不足以解决此问题。联合国和平利用外空法委员会应该是解决外空划界问题的关键主体，但是，近年来，其关注的核心问题有所转移，而且其之前提出的观点至今仍处于未决状态。

迄今为止，各国学者还继续对划界的标准进行讨论，没有形成各国一致公认的界线。但是海平面 100 公里以上区域的说法似乎更得到一些学者的认可。1976年，阿根廷、比利时和意大利支持海平面 100 公里为界。1979 年，前苏联建议海平面 100 ~ 110 公里以上的区域为外层空间。澳大利亚的 1998 年空间活动法令在 2002 年作出修改时，去除"外层空间"的术语，而代之以"海平面以上 100 公里的区域"。各国对此并没有作出太多的反应。而包括英美等国都认为划分外层空间与空气空间的条件和时机还不成熟，在现阶段无法规定一个高度。由此可见，有关划界问题的讨论，还会继续下去。而外空的定义和界限以及地球静止轨道的法律地位问题还在联合国外空委的议事日程中。

---

① I. H. Ph. Diederiks-Verschoor, *An Introduction to Space Law* 17 ~ 21 (2nd Ed. , Kluwer, 1999) .

第二节　外层空间的法律地位

一、《外空条约》对外层空间法律地位的界定

国家对其领土上空拥有完全的、排他的主权，这是公认的国际法原则。在人类的活动范围还没有延伸到外层空间之前，该原则适用于人类所有空间的活动；即便有关活动扩展到了现在意义上的外层空间，由于没有相应的法律规定，一些国家曾提出主权主张。例如，前苏联就曾对美国高空侦察机的入侵主张过主权。1944 年的《芝加哥国际民用航空公约》就明确规定国家对其上空拥有完全的和排他的主权。自 1957 年第一颗人造卫星发射成功后，人们开始认真思索外层空间的主权问题。一直以来罗马法的"谁有土地，就有土地的上空"这一格言受到了质疑。该格言虽然在空气空间得到确认，但是否还能继续适用于外层空间？国家领空主权无限的学说是否可行？

1957 年以来的国际空间实践则与以上的学说背道而驰。由于地球的公转和自转以及整个太阳系的运动，认为国家主权无限制地延伸到宇宙中去是没有实际意义的。对外空的探索和利用以及数以千计的人造卫星围绕地球运行的事实，都表明外层空间依其性质是难以成为国家主权控制的对象。许多人造卫星发射后，没有任何国家提出领空主权受侵犯的主张，也没有提出抗议。即使曾经主张主权的前苏联，也公开表示国家主权不存在于人造卫星运行的轨道。在这种背景之下，联大 1961 年 12 月 20 日一致通过 1721 号决议，肯定了外层空间由所有国家按照国际法自由探索和使用而不得由任何国家据为己有的原则。1963 年《外空宣言》进一步明确国家对外层空间不享有主权的原则，使之逐渐形成一项公认的国际习惯法规则。①

在此基础上，1967 年《外空条约》对外层空间的法律地位作出更为明确的规定，主要包括三方面的内容：

首先，外空不得据为己有。外层空间，包括月球与其他天体在内，不得由国家通过提出主权主张，通过使用或占领，或以任何其他方法据为己有。探索和利用外层空间应是全人类的事情，关系到全人类共同的利益以及应造福于各国人民。但是有关如何理解"全人类的事情"一词，现实中一直没有得到很好的解答。美国对外关系委员会将"事情"等同于"利益"，这是否妥当？是否能够彻底解决这其中存在的争议？事实表明有关的争议仍然存在。此后随着《月球协定》中有关"人类共同继承遗产"规定的出现，争议更为扩大了。这两个术语

---

① John S. Lewis & Christopher F. Lewis, *A Proposed International Legal Regime for the Era of Private Commercial Utilization of Space*, 37 George Washington International Law Review 751 (2005).

是否等同？在这里必须明确的是，这两个术语还是有区别的。前者适用于探索和利用外层空间的活动，而后者则针对的是月球及其自然资源。《月球协定》的这一规定是《外空条约》有关规定的自然延伸，但是由于《月球条约》还没有得到广泛的接受，因此，在这里我们主要要知道外空不同于其他地球领域，不能适用先占原则。外层空间法不仅禁止各国对外层空间享有主权，而且也禁止各国对外层空间或天体的任何区域享有所有权。

其次，外层空间由各国在平等基础上自由探索和利用，不得有任何歧视。外层空间是对全人类开放的开发范围。天体的所有地区均得自由进入。这种自由包括科学调查的自由，各国应在这类调查方面提供便利并鼓励国际合作。《外空条约》明确了各国在探索和利用外空时，应以合作和互助的原则为指导，而且其进行的各项外空活动要充分考虑其他国家的相应利益。

最后，探索和利用外层空间必须为全人类谋福利和利益，按照国际法，并为了维护国际和平与安全及增进国际合作与谅解而进行。这意味着，技术先进的国家不得仅仅为了自身的利益而利用外层空间，由于多数国家还不具备空间技术和能力，空间大国要对国际社会承担义务，从事外空活动的国家应该为一切国家谋福利和利益。[①] 该规定是第一和第二项内容的进一步延伸。这项内容不仅体现在《外空条约》中，还具体体现在联合国大会之后通过有关各国进行国际合作的决议的有关内容中。由上可见，以上三项内容紧密地结合在一起，构成外层空间及其法律的第一层含义。外空不得据为己有已经是外空法的核心原则之一。许多学者都认为该原则已经成为国际习惯法原则，得到各国的遵守。唯一的一次相反实践就是《波哥大宣言》。

二、外层空间不得占为己有

国际社会对外空不得据为己有原则的具体适用还存在诸多争议。其中最激烈的争论就是：该原则规定的外空不得据为己有（national appropriation）中的"national"一词是否仅指国家的占有？是否还是包括了自然人及其他实体？1980年在美国成立的月球使馆专门出售月球的土地，至今已经向超过300,000人发售月球土地证书。其依据之一就是认为《外空条约》第二条规定的外空不得据为己有原则针对的是国家，而不是自然人或其他私有团体。虽然1979年《月球协定》第11条第3款明确规定"月球的表面或表面下层或其任何部分或其中的自然资源均不应成为任何国家、政府间或非政府国际组织、国家组织或非政府实体或任何自然人的财产"，但该条约并没有得到大多数国家，尤其是航天大国的

---

① 贺其治、黄惠康：《外层空间法》，青岛出版社2000年版，第41页。

认可，因此没有义务承担其项下的义务。此外，该协定明确规定了自然人不得占有外空及其资源，而《外空条约》则无此明确规定，因此，《外空条约》并未禁止自然人或非政府实体占有、出售外空的行为。很有意思的是，2005年中国也有人经美国月球使馆的授权，设立公司出售月球土地证书。① 由此可见，很有必要在此商业化的时代就外空产权问题进行讨论。

从《外空条约》的立法历史看，法国和比利时的代表曾提出就该原则作狭义解释，即仅禁止国家的占有，但是在其签署和批准该条约时，则未再作任何解释，也没有就此原则作任何例外保留。该做法可以从某种程度上认为这两个国家已经不再坚持其原有立场，而遵循当时大多数国家的观点。此外，许多有关空间法的机构都明确表明，外空不得为国家及私人占有。例如，国际空间法学会（International Institute of Space Law）就曾就此点作出决议草案，并于2003年再次发表宣言明确其立场。②

实际上，该原则的理解应该置于《外空条约》的整体框架内。《外空条约》第一条规定各国均可自由进入外层空间，包括月球与其他天体的所有地区。一旦允许自然人占有外空，那么将与第一条有关自由进入天体的规定相违背。而且一旦下述的推理逻辑成立，那么整个《外空条约》的体系将不再存在：如果和平利用外层空间仅仅是国家的责任，那么自然人或私有团体就可以采取行动破坏外空的和平。这种推理显然是不能成立的。《外空条约》第六条有关国家责任的规定中已经表明国家对其自然人和私有团体进行外空活动应该进行监督和授权，且应对其活动承担国际责任。

另外，即便《外空条约》没有明确禁止自然人占有外空，国家作为条约义务的承担者，有责任实际履行条约规定的不得占有外空的义务。自然人或私有团体如果要实施某些涉及条约内容的行为，必须得到国家的许可。没有国家的许可，自然人或私有团体是无法开展相关活动的。国家通过立法许可自然人或私有团体从事某项活动，而此类立法必须符合其先前加入的条约所承担的义务。此外，占有土地属于国家行为，没有国家的先前占有行为也就谈不到自然人的占有；即便自然人已经占有土地，也还需要国家之后的认可行为。③ 无论是国家先

---

① 参见凌岩主编：《国际空间法问题新论》，人民法院出版社2006年11月版，第2~22页。

② Statement by the Board of Directors of the International Institute of Space Law（IISL）on Claims to Property Rights Regarding the Moon and Other Celestial Bodies，http：//www. iafastro – iisl. com/downloads/statement_moon_2004. doc，2008 – 5 – 8.

③ Virgiliu Pop, *Appropriation in Outer Space：the Relationship between Land Ownership and Sovereignty on the Celestial Bodies*, 16 Space Policy，No. 4，275~282（2000）.

前占有或事后认可的行为，都是违反了国家在《外空条约》项下的义务。

况且，一旦允许自然人或私有团体占有外空，意味着只要技术允许，就可以采取有效手段对外空的某些区域宣示权利。在私有团体资金日益雄厚，技术日益进步的今天，这必然会导致一轮抢占外空的战斗。这最终将会导致外空的混乱局面，最终给人类带来灾难。①

因此，外空不得占为己有原则是绝对的，没有任何可以变通的情形。但是，人类可以利用外空及其资源，从中获利。这就类似于我们日常生活的许多情形，虽然我们没有所有权，但是我们可以通过某种形式享有某些物体的使用权和收益权。那么接下来的就是，如何分配收益的问题了。

三、外层空间与"全人类共同继承遗产"

各国在探索和利用外层空间方面分享共同利益。在这一理念的引导下，国际社会宣告外层空间是"全人类的共同领域"。② 一些学者认为这一措辞在功能上和法律上等同于"人类共同继承遗产"之意，③ 后者曾被正式引入月球矿物资源的概念。④ 上述两种措辞的运用恰恰反映了整个国际社会的关注所在。尽管如此，这些措辞的模糊和歧义还是使空间法成为了国际法最缺乏稳定性和清晰性的领域之一。没有任何条约提供关于如何将"人类共同继承遗产"原则在外层空间付诸实施的指导。

实际上，外层空间不是唯一一个使用"人类共同继承遗产"这一概念的领域。在《联合国海洋法公约》中，深海海床资源也被定义为"人类共同继承遗产"。在使用国际深海海床资源以及该用语方面已经确立了一套为广大成员国认

---

① Henri A. Wassenbergh, *Principles of Outer Space Law in Hindsight* 120～121 (Martinnus Nijhoff Publishers, 1991).

② 《关于各国探索和利用包括月球和其他天体在内外层空间活动的原则条约》，1967 年 1 月 27 日，第一条，18 U. S. T. 2410, 610 U. N. T. S. 205 (1967 年 10 月 10 日生效)【以下简称《外空条约》】。

③ 上述两种措辞，因使用于两个目的不同的条约之中，故不能互换使用。B. Mariorsky, A Few Reflections on the Meaning and the Interrelation of "Province of All Mankind" and "Common Heritage of Mankind Notions", 29 *Colloquium on the Law of Outer Space* 58～61 (1986). 然而，《外空条约》中概述的原则——为所有国家谋福利，自由探索和利用，在平等基础上，自由进入，以及不得由任何国家据为己有——组成了"人类共同继承遗产"概念的核心。这两种措辞同样具备以下作用：适用于可开发的空间资源以及保护科技较不发达国家的利益。"人类共同继承遗产"的概念，据其所称，建立了一个法律框架来实现《外空条约》中的宣言。另见 Gijsbertha Cornelia Maria Reijnen, *The United Nations Space Treaties Analyzed* 96 (Kluwer, 1992); Sylvia Maureen Williams, *The Law of Outer Space and Natural Resources*, 36 International Law & Comparative Law Quarterly 142, 145 (1987); Aldo Armando Cocca, *The Advances in International Law through the Law of Outer Space*, 9 Journal of Space Law 13, 16 (1981).

④ 《指导各国在月球和其它天体上之活动的协定》，1979 年 12 月 5 日，第 11 条，U. N. GAOR, Doc. A/RES/34/68【以下简称《月球协定》】。

可的制度。①

对外层空间商业发展而言，缺乏法律而产生的不稳定性是比任何科学技术上的挑战更具难度的主要障碍。② 在探索外层空间资源方面并不存在不可逾越的技术障碍，主要障碍来自于政策、经济和法律。③ "人类共同继承遗产"是外层空间法律体制存在疑问和不确定性的主要原因。这一概念的使用可以回溯到罗马法中公有物（res communis）的理论，这一理论适用于不能被个人、国家甚或几个国家的集合所拥有的公共财产。④ 这一概念后来被适用于南极洲、深海海床和外层空间。⑤ 然而，该概念的现代版本并入了"合理使用"这一附加元素：公共财产仍然不能被拥有，但它可以通过一种适当的方式被用以造福人类。⑥

"人类共同继承遗产"这一概念在现代的应用，一般而言有如下五大要素：该区域不归任何国家所有；各国共同参与该区域的管理；不论各国的参与程度如何，开发该区域资源所获得的利益必须与各国分享；该区域必须专门为和平目的而使用；必须为子孙后代保护该区域。⑦

关于"人类共同继承遗产"原则的具体运用，存在着不同的意见。主要的问题在于该概念以平等的名义要求强制性转让利益，以及这一原则对于私有财产

---

① 《联合国海洋法公约》，1982 年 12 月 10 日，第 156 条，1833 U. N. T. S. 3（1994 年 11 月 16 日生效）【以下简称《海洋法公约》】。

② Ty S. Twibell, *Circumnavigating International Space Law*, 4 ILSA Journal of International & Comparative Law 259（1997）.

③ Richard Berkley, *Space Law Versus Space Utilization: The Inhibition of Private Industry in Outer Space*, 15 Wisconsin International Law Journal 421, 428（1997）.

④ Lea Brilmayer & Natalie Klein, Land and Sea: *Two Sovereignty Regimes in Search of a Common Denominator*, 33 NewYork University Journal of International Law & Politics 703, 706 ~ 707（2001）; L. F. E. Goldie, *A Note on Some Diverse Meaning of The Common Heritage of Mankind*, 10 Syracuse Journal of International & Comparative Law 69, 81（1983）; L. F. E. Goldie, *Title and Use（and Usufruct）An Ancient Distinction Too Oft Forgot*, 79 American Journal of International Law 689（1985）.

⑤ Oscar Schachter, *Philip Jessup's Life and Ideas*, 80 American Journal of International Law 878, 894（1986）; Carl Q. Christol, *The Moon Treaty Enters into Force*, 79 American Journal of International Law 163, 164（1985）.

⑥ Mahdi El-Baghdadi, *The Seabed's Mineral Resources and the Conditions Affecting the Regime to Regulate Their Exploitation*, 26 Journal of World Trade 88（1992）.

⑦ Barbara Ellen Heim, *Exploring the Last Frontiers for Mineral Resources: A Comparison of International Law Regarding the Deep Seabed, Outer Space and Antarctica*, 23 Vanderbilt Journal of Transnational Law 819, 827（1990）; Christopher C. Joyner, *Legal Implications of the Concept of the Common Heritage of Mankind*, 35 International & Comparative Law Quarterly 190（1986）. R. J. Rao, *Recent Trends in International Space law and Policy* 195 ~ 199（V. S. Mani ed. 1997）.

权和国际管理体制产生的法律上的不确定性。① 发达国家和发展中国家②对于这一概念着眼于两个截然不同的视角③：一方将其视作收回投资成本和将利润投入将来的开发活动的需要，另一方则将其视作一个纠正以往不平等和重新分配全球资源和财富的机会。因此，某些学者推断，上述分歧是由公共资源的合理分配与公平分配之间的冲突所造成的。④

许多学者深入探讨了他们对于"人类共同继承遗产"概念的理解。⑤ 在起草《海洋法公约》期间的讨论带来了海底管理局这一管理体制的启用。这一主体在《海洋法公约》几经修改后于 1994 年开始运作。

然而，热烈的讨论并未为适用于外层空间商业化的法律体制带来任何实质性的进展。现有的空间法并未为创设一个促进外层空间商业性开发的有效机制提供任何指导。⑥ 理论上的分析并未得出任何能为各方所接受的结论。⑦ 然而，即便现有的法律地位不明确，由于预见到潜在的利益，各种团体已经针对外层空间商业化着手进行它们自己的计划。例如，《政府间协定》为在现有参加国之间的多国合作提供了一种不受国际法律或管理体制支配的特有模式。⑧ 美国也就外层空间活动签署并实施了一系列双边的伙伴国谅解备忘录。⑨ 由于缺乏清晰的规范和

---

① Kevin V. Cook, *The Discovery of Lunar Water：An Opportunity to Develop a Workable Moon Treaty*, 11 Geo. Int'l. Envtl. Rev. 647, 648 (1999).

② M. C. W. Pinto, *The Developing Countries and the Exploitation of the Deep Seabed*, 15 Columbia Business Law Review 30 (1980).

③ Kelly M. Zullo, *The Need to Clarify the Status of Property Rights in International Space Law*, 90 Geo. Law Journal 2413, 2424～2426 (2002).

④ Christopher M. Petras, "*Space Force Alpha*"：*Military Use of International Space Station and the Concept of* "*Peaceful Purposes*", 53 Air Force Law Review 135, 151～152 (2002)；Michael J. Finch, *Limited Space：Allocating the Geostationary Orbit*, 7 Nw. J. Int'l L. & Bus. 788, 789 (1986).

⑤ Eric Husby, *Sovereignty and Property Rights in Outer Space*, 3 Journal of International Law & Practice 359, 369 (1994)；Heidi Keefe, *Making the Final Frontier Feasible：A Critical Look at the Current Body of Outer Space Law*, 11 Santa Clara Computer & High Technology Law Journal 347 (1995).

⑥ Heidi Keefe, *Making the Final Frontier Feasible：A Critical Look at the Current Body of Outer Space Law*, 11 Santa Clara Computer & High Technology Law Journal 357～358 (1995).

⑦ Brian M. Hoffstadt, *Moving the Heavens：Lunar Mining and the "Common Heritage of Mankind" in the Moon Treaty*, 42UCLA Law Review 575, 581, note 30 (1994).

⑧ Lara L. Manzione, *Multinational Investment in the Space Station：An Outer Space Model for International Cooperation?*, 18 American University International Law Review 507 (2002)；Andrew D. Watson & William G. Schmidt, *Legal Issues Surrounding the International Space Station*, 1 USAFA Journal of Legal Studies 159 (1996).

⑨ A. Farand, *Space Station Cooperation ：Legal Arrangements*, in Outlook on Space Law over the Next 30 Years：Essays Published for the 30th Anniversary of the Outer Space Treaty 153 (G. Lafferanderie & D. Crowther eds., 1997).

制度，这些活动的执行得遵从伙伴国自己的解释。这已经越来越不利于外层空间商业活动的发展。国家可以任意采取行动，而且没有明确的法则来规范它们的活动；这一现状将在开发太空旅行的各国掀起一股"淘金热"，最终带来毁灭性的后果。而发展中国家则将被这场竞逐拒之门外。这种情况既不能为私营实体的参与提供必不可少的可预测和稳定的环境，也不能获得国际上的承认。

由于没有获得一致同意的理论框架来规范外层空间的商业活动，① 各国应当采取实用主义的研究方法来处理问题。简而言之，各国应当为外层空间商业化的目的着手规划一个管理体制。可以设计适当的指导原则来调和各方的利益。虽然一些人会主张上述研究方法是不成熟的，但是通过上述研究方法取得的成效远胜于对该概念要点的不必要的争论。《海洋法公约》就树立了一个好榜样。各国应当遵循同样的步骤，以进一步的探讨和采用为考量，规划一个管理体制。②

在深海海床这一范例的基础上，似乎"人类共同继承遗产"的原则对发展中国家而言，其吸引力已经大打折扣。政治经济条件致使《海洋法公约》作出了重要改动。包含"人类共同继承遗产"概念的条约曾在冷战时期紧张的政治气氛下引发激烈的争论，其主要目的是防止前苏联和美国获得军事上的优势，而不是规划一套支持私营发展的体制。③ 冷战的结束以及多数发展中国家采用市场经济这一途径，将资本主义和自由市场的理念推到了显要地位。④ 经过多年的讨论，多数学者认为"人类共同继承遗产"的原则虽然具有一定的政策意义，但是欠缺受普遍认可的国际法的强制力保障。⑤ 更多人甚至认为这一概念意义寥寥以及缺乏实用价值。⑥ 但许多学者认为维持现有体制和概念更有利于外空法律体制的稳定，不能否认"人类共同继承遗产"的概念在外空法中曾起的作用和所

---

① 《月球协定》迄今只获得很少数国家的批准，发达国家甚至发展中国家都没有成为协约方。《月球协定》中"人类共同继承遗产"的概念无论在过去还是现在都存在不同的理解，发达国家和发展中国家有不同解释。

② Grier C. Raclin, From Ice to Ether: *The Adoption of a Regime to Govern Resource Exploitation in Outer Space*, 7 Nw. J. Int'l L. & Bus. 727, 739 (1986).

③ Ezra J. Reinstein, *Owning Outer Space*, 20 Nw. J. Int'l L. & Bus. 59, 62 (1999).

④ Jonathan I. Charney, *The United States and the Revision of the 1982 Convention on the Law of the Sea*, 23 Ocean Development & International Law 279 (1992).

⑤ Peter Malanczuk, *Actors: States, International Organizations, Private Entities*, in Outlook on Space Law over the Next 30 Years: Essays Published for the 30th Anniversary of the Outer Space Treaty 32 ~33 (G. Lafferanderie & D. Crowther eds., 1997); Arthur W. Blaser, *The Common Heritage in its Infinite Variety: Space Law and the Moon in the 1990s*, 5 Journal of Law & Technology 79, 93 (1990).

⑥ Christopher C. Joyner, *Legal Implications of the Concept of the Common Heritage of Mankind*, 35 International & Comparative Law Quarterly 198 (1986).

具有的意义。

但是，在维护"人类共同继承遗产"概念的同时，自由市场这一原则和途径也在设计深海海床制度中占有重要地位。许多学者认为，靠充分利用深海海床的资源可以从很大程度上使各国生活水平得到有效的改善，因此，设置一套体制的出发点应在于此，而不是纯粹的商业开发目的。① 只要认识到商业开发的好处，所有国家，无论发达与否，就具有了合作和找到合理解决办法的共同基础。本质上，对于外层空间而言，也存在同样的政治经济环境。既然类似的体制适用于深海海床，也可能适用于外层空间的资源开发。因此，目前的焦点是辨识为深海海床所设的成功破解了"人类共同继承遗产"这一困局的法律制度和政治协议，并将其适用到外层空间。这样做比建立新的法律、经济和政治理论更有效率。

第三节　国际空间站的法律地位

一、国际空间站的形成和发展

1971 年和 1973 年前苏联和美国相继发射了空间站。如何界定空间站的法律地位，如何对其进行管辖和控制及处理损害赔偿责任问题，都需要从法律上加以规范。对于"空间站"，迄今还没有一个权威的法律定义，一般是指以探测、研究和开发外层空间为目的的永久性载人或不载人的空间物体群或系统。

国际空间站的设想是 1983 年由美国总统里根首先提出来的，即在国际合作的基础上建造迄今为止最大的载人空间站以对抗前苏联的"和平号"空间站。当时名为国际自由号空间站计划，该计划得到盟国的积极响应，并于 1988 年达成合作协议。但此后，受到政治、经济以及技术等多方面因素的制约，该项目进展缓慢。冷战的结束给美俄双方提供了合作的机会：美国急需俄罗斯丰富的载人航天飞行和管理经验，而俄罗斯急需美国在经济上支持其庞大的航天计划。在此背景之下，以美国为首的空间站合作伙伴于 1993 年正式邀请俄罗斯加盟，在原有两个空间站项目基础上，联合建造国际空间站。美国承担该项目大部分的花费。空间站仍处于组装过程，现已完成，投入全面使用。

1993 年 11 月 1 日，美国航空航天局与俄罗斯宇航局签署协议，决定在"和平号"轨道站的基础上建造一座国际空间站，命名为"阿尔法"。1998 年 1 月 29 日，美国、加拿大、日本、俄罗斯、欧洲航天局的 11 个成员国（比利时、丹麦、法国、德国、意大利、荷兰、挪威、西班牙、瑞典、瑞士和英国）签署了《关

---

① Glenn H. Reynolds, *Outer Space and Peace: Some Thoughts on Structures and Relations*, 59 Tenn. L. Rev. 723, 731 (1992).

于民用国际空间站合作协定》，为建立国际空间站确立了法律框架。该法律文件的签定标志着国际空间站计划正式启动。该国际协定是国际合作中典型的范例，国际空间站是人类历史上迄今为止最大和最复杂的高科技合作项目，而协定本身也是国家政策与有关空间活动相关技术应用之间的有机结合。协定中涉及的一些法律问题是以前的法律文件中所未出现的。由此可以预见，建立和健全有关空间站的法律制度是未来外层空间法发展的一个新领域。

在上述的合作协定签署之后，美国与俄罗斯就合作建设空间站于 1998 年 3 月 7 日达成协议，并签署了有关的一揽子基本文件。根据协议，国际空间站 80% 的建设资金由美国负担，工作语言为英语，并由美国航空航天局牵头，负责从总体上领导和协调计划的实施以及在空间站运行期间发生紧急情况时进行具体指挥。之后，巴西通过与美国航空航天局达成单独的协议，成为国际空间站的合作伙伴。国际空间站作为科学研究和开发外空资源的手段，为人类提供了一个长期在外空轨道上进行对地观测和天文观测的机会。仅就外空微重力这一特殊因素而言，国际空间站就能够给生命科学、生物技术、航天医学、材料科学、流体物理、燃烧科学等研究工作提供一个地球无法提供的优越环境和条件。同时，国际空间站的建成，也为建造太空工厂、太空发电站，进行外空旅游，建立永久性居住区，向外空其他星体移民等载人航天的目标提供了前提条件。

协定首先规定其目的和宗旨，即根据国际法，出于和平目的，就该永久性民用国际空间站的设计、发展、运作以及使用，建立一个长期的国际合作框架。该国际空间站位于低轨道，将用于科学、技术以及商业用途。协定确立了美国在合作框架中的领导地位，美俄两国将提供其丰富的载人航天经验，提供国际空间站建立所需的有关要素。而其他合作伙伴也会根据所列的表提供相应的要素。这些合作伙伴将根据自己提供的要素，享有使用国际空间站并参与其中管理的权利。该合作协定明确规定其将遵守现行的国际外层空间法现存的国际条约（除月球协定外），履行公约义务，遵守包括外空不得占为己有在内现有所有的外空基本原则。该协定更在第二条中言明，该协定的任何部分不会修改或免除各合作方依据上述四个国际条约承担的义务。[①] 但该协定的作用更在于规定合作各方之间的合作框架。其附件列明由各合作方提供的空间站组件。协定第五条第一款规定各合作方分别就其提供的组件各自登记，而欧洲各国则将此责任移交给欧洲航天局，

① Rosanna Sattler, *US Commercial Activities aboard the International Space Station*, 28 Air & Space Law 70 ~ 71（2003）.

由其进行登记。① 必须注意的是，该合作协定所指的合作是指各国航天机构之间的合作，而在具体的合作模式方面，美国航空航天局又与各其他航天局达成了具体的合作备忘录，在具体操作方面，将遵循备忘录的有关规定。

二、国际空间站的管辖权、控制权和所有权问题

就有关管辖权、控制权和所有权的问题，合作协定规定各合作伙伴自行登记各自提供的要素，各合作伙伴就其提供的要素以及在国际空间站上本国的国民保留相应的管辖和控制权。各国就其提供的要素和设备保有所有权。各合作伙伴根据其提供的相应要素，就空间站的设施和资源取得一定的使用权。就此使用权，合作伙伴可以进行交易。未经其他合作伙伴国的事先同意，国际空间站上的设备不得转让给非合作伙伴国或该非合作伙伴国的任何私营团体。任何转让都必须通知其他合作伙伴国。各合作伙伴就有关送往空间站人员的挑选和决定应根据各具体的双边合作备忘录。各合作伙伴还应该达成有关空间站人员的行为准则，并确保各送往空间站的本国国民遵守此行为准则。

根据 1967 年《外空条约》第八条和《登记公约》第二条第二款的规定，各登记国原则上就其登记的组件保有管辖和控制权。但是该做法对于欧洲航天局的使用却会出现问题。欧洲航天局作为政府间组织，不可能像其他主权国家一样，就其登记的组件实际行使管辖权。因此，必须考虑一种可行的方式实现该项原则，或许最简单的做法就是由欧洲航天局的各相关成员国分别行使管辖权。当然具体的解决方案还有待最终确定。如何合理解决该原则的使用对于以后国际空间站的商业化使用会产生极大的影响。空间站是由各合作方政府出资建造，但是欧洲航天局已经决定在其分配到的使用空间站的时间内允许私有企业参与一定的活动。那么应该如何在各成员国间分配收益以及可能出现的责任承担问题，都有待该管辖和控制权的具体确定。

国际空间站的管理模式将建立于多边合作的基础上，实现国际空间站安全、有效和及时的运作。在有关决定方面，采取协商一致的原则。美国通过其航空航天局对其本身项目的管理，以及对空间站的协调和整体项目的管理负责。此外，美国航空航天局还对空间站的整体系统运营，建立安全标准和要求，以及整体项目的设计、执行和协调等事项负责。其他合作伙伴的负责事项主要有：各自项目的管理；各自提供的要素和设备的运营和操作；各自提供的要素安全要求和计划的具体实施和执行；给予美国有关的操作必要的协助。此外，各合作伙伴还应进

---

① Andre Farand, *Commercialization of International Space Station Utilization*; *The European Partner's Viewpoint*, 28 Air & Space Law 85 (2003).

一步采取行动设计和发展其提供的要素，以更好地实现空间站的目的。

各合作伙伴有权使用其航天发射系统进入空间站。而有此类先进发射系统的合作伙伴应当为其他合作伙伴提供有偿的运输服务。此类费用应不存在任何歧视。此外，美国和俄罗斯将提供两个基本的卫星数据接收系统以及地面通讯网络，以操作、控制和运营空间站的要素和设备。其他合作伙伴在一定条件下也可以使用其他系统和网络。各合作伙伴必须确保有关发射系统以及数据接收系统和通讯网络上传递信息数据的保密性。

三、国际空间站中的责任问题

在国际空间站的国际合作中，《责任公约》将仍然得到遵守，各合作伙伴可以就有关可能发生的责任分担问题达成有关协议。但是，该合作协定作出了一项重大的规定，即各合作伙伴及其相关实体之间就对方在相关空间活动中造成的身体损害、财产损失、预期可得利益以及其他直接或间接的损害相互免除责任，以便通过空间站更好地参与探索和使用外层空间的活动。此种互免责任的规定还适用于根据《责任公约》而产生的损害赔偿责任。但是，该规定不适用于以下情形：合作伙伴与其本国实体之间的责任；自然人就其所受的损害提起的求偿责任；故意行为造成的损害赔偿责任；知识产权求偿责任；其他各合作伙伴为延伸适用互免责任的领域。

为鼓励在探索、开发和利用外层空间方面的合作和参与，该合作协定设立了伙伴国和相关实体间广泛的交叉免责制度。第十六条涉及范围足以涵盖所有受保护的空间操作，这些操作包括除恶意的不当行为外所有与空间站操作相关的活动或者行动、自然人伤亡的赔偿请求、伙伴国及其相关实体之间的赔偿请求和知识产权索赔。

为避免不确定性，第十六条阐明，只要损害与受保护的空间操作直接相关，交叉免责制度也适用于《责任公约》中规定的情况。与《责任公约》对比，《政府间协定》定义了"损害"一词，并将发射飞行器的定义分为"运载工具"和"有效载荷"两部分。交叉免责不适用于自然人、国家、生还者或代位求偿人为人身损伤、其他健康损害或死亡所提出的赔偿请求，除非该请求权已转让给伙伴国。当除伙伴国以外的国家获得派出太空人前往空间站并在那里进行实验的机会，责任的免除将同样适用于那些国家。

合作协定进一步规定伙伴国应就任何可能发生的责任以及在因该责任所发生赔偿请求时对该请求的答辩进行及时的磋商。关于发射和返回服务的规定，涉及的伙伴国可以就任何按照《责任公约》规定可能发生的共同责任或者个别责任分摊分别达成协议。

关于交叉免责，我们可以进一步参考发射公司和待发射空间物体的供应商之间的《发射服务协定》。最初的《美国航空航天局（National Aeronautics & Space Administration，即 NASA）发射服务协定》规定，由于各协定方致力于实现对外层空间有意义的探索、开发和利用这一共同目标，各协定方将通过同意一个"无过错，无代位求偿"的内部交叉免责制度来推进这一目标。协议方的内部免责制度延伸到空间操作涉及的其他用户和各个参与层面的承包商以及转包商。

上述规定偏离了《责任公约》中规定的一般原则：各国应当为其发射的外空物体在地球上或对飞行中的航空器造成的损害负责；各国应当按照基于过错的标准为外空造成的损害承担责任。然而，这些条款的存在并非偶然。空间操作所必须承担的高风险要求伙伴国之间紧密合作。交叉免责制度可能是一个消除紧张和保持良好关系的好办法。

空间操作日渐增加的复杂性将进一步彰显国家间紧密合作的必要性。越来越多的国家倾向于通过合作实施航天计划。该合作协定和《发射服务协定》中的交叉免责为空间操作提供了范例。商业空间操作中，不论损失是如何造成的，是否应当归咎于对方的行为，各方当事人都会事先假定后果会发生，并同意在空间操作中不会对任何责任方提出赔偿请求。这一做法已经变得越来越普遍。随着空间实践的增多，我们有必要重新考虑《责任公约》的规则。是否有必要将这一免责制度包括在公约内？如果是的话，那么应当以何种方式规定？

此外，尽管在该合作协定中加入关于责任分摊的单独协定提供了一个灵活的解决方法，它也带有伙伴国不能达成圆满协定的风险。无法达成圆满协定可能会为进一步合作带来负面影响。因此，深入研究这些协定并为其找出适宜的方法或指导方针是明智之举。

四、国际空间站的出入境便利措施

各合作伙伴为实现该协定的目的，应对有关人员和物品的过境提供便利。在人员的移动方面，只要这些人员是为了履行协定所规定的职能，各合作伙伴就应提供便利。对于有关物品的过境方面，各合作伙伴应允许其免税进出境，而不论该物品的原产国。就转移技术数据和材料方面，各国应该采取配合的态度，尽力尽快处理有关请求。有关空间站安全、融合等方面的材料数据转移应不受任何限制。至于为了空间站安全、融合等目的而需要提供的具体的设计、制造和运转数据和相应软件设施的转移，则应根据该相关合作伙伴国内的有关规定作出尽快处理。该伙伴国可以要求采取一定的限制措施，例如特定的安全和保密措施。

五、国际空间站中的知识产权保护问题

合作协定对知识产权的保护问题也作出了明确的规定。其所指的知识产权包

括世界知识产权组织 1967 年《建立世界知识产权组织公约》中的所有权利。在
国际空间站这一地点参与科学实验的科学家和相关人员可以通过与相关当事方订
立合同协议来界定其各自的权利和义务。

该合作协定还涉及其他重要方面的内容。首先，它明确规定了基于所有权、
要素登记的属地原则：对于在国际空间站某特定组成部分进行的一项发明，应当
被视为在此特定部分所登记的伙伴国领土内发生。因此，如果该项发明在日本的
实验室中进行，该专利最初一定在日本提交申请。这一推论是由管辖权原则的适
用和登记国对于其登记的空间站组成部件的控制得来的。这一规定类似于公海的
船旗国法原则。它同时也符合《外空条约》中由射入外层空间物体的登记国保
有对该空间物体的管辖权和控制权的原则。

然而，上述构想并不能影响发明的所有权，也不能阻碍向多个国家提交专利
申请的权利。合作协定进一步规定："如果由不属于登记国国民或者居民的人员
在任何空间站做出了一项发明，考虑到伙伴国不应对该发明的机密适用该国法
律，以免在其他规定专利权秘密保护的伙伴国提交的专利申请含有属于国家机密
或者为国家机密的目的而受保护的内容。"因此，该合作协定中的属地规定仅仅
支持发明开始出现的地点。

合作协定中的属地原则在处理外层空间使用某项专利的问题尤具意义，但它
并未指明专利的应用或者侵害活动受何种法律约束。在一般情况下，一旦一项专
利的适用发生在美国登记的空间物体中，它将会被等同于在美国领土内进行的其
他同类活动。这意味着任何专利的使用行为或者侵害行为将由该空间物体登记伙
伴国的国内法管辖。这一理解也符合关于知识产权保护的一般国内法原则，即其
适用范围及其管辖范围。然而，我们也可以认为，上述活动由专利授予国的法律
约束。这一观点可由该合作协定的相关规定推论而来。根据第 21（4）条，如果
侵害发生于欧洲航天局登记的空间物体，不可能为同一项知识产权的同一侵权向
多个欧洲伙伴国索偿；而在对多个欧洲伙伴国的一项共同侵权提起多个诉讼的情
况下，法院可以暂停诉讼程序，以等候之前提交诉讼的结果；此外，在其中一次
诉讼中满足了损害赔偿之后，受偿方应被禁止在任何待决的或者将来提起的诉讼
中就同一侵权行为再次受偿。

六、国际空间站中的刑事管辖权问题

在空间物体上的人员通常都是为执行特定任务而受过训练的宇航员。在整个
飞行期间，空间物体上的指挥员有权力确保命令的执行和约束其他人员。合作协
定为了维持秩序而规定了空间站上指挥员的权力。但值得注意的是，该协定包含
了一条关于刑事管辖权的规定。考虑到国际空间站的长期性和空间站内宇航员的

国际性和多元文化性，这项规定很有必要。除了对本国国民行使刑事管辖权，该协定第 22 条进一步规定，在飞行轨道内，该刑事管辖权亦适用于另一伙伴国国民如其行为"（a）影响了另一伙伴国国民的生命或者安全，或者（b）发生于另一伙伴国内或者对该伙伴国的飞行要素造成了损害"。如果行为者的所属国在合理的时间内同意另一合作方行使管辖权或没有提供保证对行为者采取任何诉讼行为，该另一合作方可以对该行为者行使刑事管辖权。该协定从各国民法、刑法的适用出发，调整空间站在日常运营中可能出现的各种问题，这些规定表明，未来外空法的发展将逐渐延伸到人们日常生活中，与人们的生活会更加紧密地联系在一起。因此，刑事管辖权显然是基于国际法管辖权中的习惯性原则和保护性原则，这意味着通常适用的是受害者国家的刑法。

除了上述合作协定外，各合作方相互之间还订立了双边合作协定，就双方空间站的合作作出更为详尽的安排。明确各方就其登记注册的部件保留管辖和控制权，对在空间站上属于本国国民的人员享有管辖权。可以说，此类双边协定实际上就是相互之间的合同约定。由于现今对外空的探索还没有到达成熟阶段，这些协定在传统合同法原则的指引下，结合外空的特殊环境，对外空的研究合作及探索工作作出约定，反映各自不同的需求。在新的国际空间条约未能出台之前，这些协定完全可以成为外空法发展的试验，为以后新的发展提供有益的经验。

第四节　地球静止轨道的法律地位

地球静止轨道位于赤道正上方大约 36,000 公里的地方，是一条圆形轨道。发射到这个位置的卫星，将以地球自转的速度同步运转，即绕地球一周需 24 小时，恰好是地球自转一周的时间。由于卫星和地球自转的方向相同，从地面上看，卫星就犹如处于静止状态。从理论上说，在地球静止轨道上安放三颗人造卫星，几乎就能覆盖全球了。第一颗放置在地球静止轨道的人造卫星是美国 1963 年发射的。据专家分析，地球静止轨道可供放置的卫星数量，每个以两度间隔，最多不会超过 180 个。

一些发展中国家担心在他们有需要并有能力使用卫星之前，发达国家会占满静止轨道上所有的位置。此种"星满为患"、"先来先占"的现实引起一些中小国家，尤其是静止轨道下方的赤道国家的不满。1975 年哥伦比亚在联合国大会上第一次提出该上空的地球静止轨道应归该国所有的主张。

1976 年 12 月 3 日，哥伦比亚、刚果、厄瓜多尔、印度尼西亚、肯尼亚、乌干达、扎伊尔和巴西等 8 个赤道国家发表《波哥大宣言》，主张位于他们领土之上的静止同步轨道的各部分属于他们的主权范围。他们认为静止轨道的存在，是因为该位置与地心引力的作用；位于他们领土以上的静止同步轨道是依赖地球重力作用而存在，不属于外层空间，而是赤道地区这 8 个国家领域不可分割的一部分，属于他们的主权范围；在静止轨道上安放卫星，必须事先征得他们的授权和同意。这些赤道国家还进一步提出了以下主张：第一，赤道国家对"地球静止轨道"所主张的主权权利是直接有形的利益，给予其各自国家的公民及国际社会，与少数最发达国家单独享受"地球静止轨道"较大利益的现状完全不同。第二，国家管辖范围以外的区域（海域）上方的"地球静止轨道"应被视为"人类共同继承财产"；而让一个合适的国际机构基于人类的利益加以开发及使用。赤道国家不反对在《国际电信联盟公约》的许可和授权之下，当卫星在通过其管辖下"地球静止轨道"之外的外空时拥有自由通行权；但是常设于赤道国家"地球静止轨道"上的设备应得到有关赤道国家的事先的并且明示的授权，而在管辖范围内运行相关设备必须遵循有管辖权国家的法律制度。第三，赤道国家不容忍"地球静止轨道"上现存人造地球卫星的现状，也没有默示地授予前述已存在于该处的卫星任何的使用该"地球静止轨道"的权利，除非得到有权实施主权于该处之国家的明示授权。①

　　该宣言遭到了大多数国家的反对和抵制，认为违反了外空条约有关外空不得据为己有的原则；静止轨道分配使用之前和之后，都不构成轨道道位为某特定国家所有。其他反对理由还包括如下：首先，地球静止轨道和其他轨道一样，都是由整个地球的引力，这包括所有国家的土地和海洋的引力，而不是一个或几个国家的引力造成的。静止轨道与其下方的土地没有直接关系。任何国家都不能对地球静止轨道和其他轨道提出任何排他性的主权要求；其次，尽管目前各国没有就外层空间的定义和界限达成共识，但如果允许某些国家对卫星的最低轨道或更高轨道行使主权，将严重违反外空法有关外层空间的自由探索和利用以及外层空间不得占有这两项基本原则；再次，地球静止轨道是有限的自然资源，但肯定是在外层空间，因此不受任何国家主权管辖；最后，在地球静止轨道上放置卫星或其他形式的利用并不能构成对该轨道的占有和所有权的依据。《国际电信公约》已经明确规定，地球静止轨道上位置的分配不赋予任何持久的优先权或占有，静止轨道的使用应遵守《外空条约》所规定的基本原则和制度。从更深层次的角度分析，该宣言的目的在于要求各国对外空及其资源的公平合理使用。因此，该宣言不能作为外空不得据为己有原则的例外或相反实践存在。该事件同时也反映了人们对国家主权所及高度问题的思索，这又回到前面的外层空间划界

---

① 参见《波哥大宣言》，载于王铁崖、田如萱主编：《国际法资料汇编》，法律出版社 1986 年版。

问题。

联合国外空委就地球静止轨道的法律地位问题也展开了深入的讨论，但至今为止，还没有形成一项各方都能接受的主张。外空委的科技小组委员会于1985年4月22日作了《在地球静止轨道上更密集地停放卫星的可行性研究报告》。该报告明确指出："运营中的地球静止轨道，不应当被视为是圆形的，而应是一个环绕地球的三维立体空间形状。当前保持相对静止的地球静止卫星，实际上是在30公里范围内的区域内变化其位置，同时在边界至赤道南北约150公里的带状区域内活动。沿着地球静止轨道的东西方向，经度为正负0.1的典型范围内保持相对的静止状态。"① 由此可见，位于地球静止轨道的卫星实际上还是会在不同区域内移动，其所谓的静止也只是相对。该可行性研究报告的这一成果表明，地球静止卫星存在于该轨道上并不能造成实际的"占有"。因而从技术的角度出发间接论证了地球静止轨道并不会因为卫星的存在而为该卫星所属国所占有或所有，从而尽力消除一些国家的忧虑。

一些发展中国家强烈要求确保该轨道的公平合理的分配以及发展中国家应该享有相应优先权利。在有关地球静止轨道的分配问题上，国际电信联盟起着至关重要的作用。从1973年开始，国际无线电协调委员会就被授权对地球静止轨道上卫星的合理部署事宜进行协调工作。但同样有国家认为，国际电信联盟不应介入有关地球静止轨道法律地位的讨论，该事项完全属于联合国外空委的权限范围。但是不论如何，绝大多数国家都已经认同国际电信联盟在地球静止轨道的使用方面发挥的作用。

国际电信联盟为实现其成立宗旨，承担的两项职责就是：分配无线电频谱，分配无线电频率和登记分配的无线电频率及地球静止轨道上任何相关的轨道位置，以避免不同国家电台之间发生有害的干扰；协调为消除不同国家无线电台之间的有害干扰所做的努力，并更好地将无线电频谱和地球静止轨道用于无线电通信服务。国际电信联盟早于1973年就已经宣称，地球静止轨道和频率是有限的自然资源，它们的开发和使用必须遵循有效和经济的原则，并适当考虑各个国家的具体要求和技术上的能力。其宪法性文件就明确规定："在使用无线电服务频率时，成员国应当谨记无线电频率及有关轨道，包括静止卫星轨道，是有限的自然资源，而且必须合理、有效和节约使用，因此国家或国家集团应平等地使用这些轨道和频率，并考虑到发展中国家的特殊需要和特殊国家的地理形势。"从

---

① K. – H. Bockstiegel & Marietta Benko, *Space Law: Basic Legal Documents*, 9 (Dordrecht/London: Martinus Nijhoff, 1990)

1973 年开始，国际电信联盟的国际无线电协调委员会就被授权不仅对无线电频率中的无线电利用，而且对地球静止轨道上卫星的合理部署进行协调工作。而国际频率登记委员会则负责对在轨的地球静止卫星进行登记。此外，国际电信联盟的无线电通讯部门所属的六个研究组，其中第 1 研究组编拟在以地球静止卫星和非地球静止卫星操作的地球站与 100 兆赫至 100 千兆赫频率范围内地面站之间的协调技术有关的建议草案。第 4 研究组就要考虑地球静止轨道使用频率的各种技术因素，以作为固定卫星网络技术协调所涉过程的一部分。第 7 研究组则对正在或能够利用地球静止轨道的有关无线电通信服务进行研究。① 但无论如何，各国还没有就有关问题达成一致看法。可以预见，有关地球静止轨道法律地位的讨论还将继续下去。

一般来说，绝大多数国家都已经认同地球静止轨道属于外层空间。有关外层空间法律地位的规定应当适用于地球静止轨道。但是由于前面提到的地球静止轨道所处的特殊位置和潜在价值，为避免冲突，有必要由一个权威机构进行协调。而这种权威机构的合适选择就是国际电信联盟。联合国外空委在处理有关地球静止轨道的问题时，必须与国际电信联盟的步伐协调一致。

---

① 这些无线电通信服务包括如下：（a）空间作业服务是一种支助性服务，其主要目的是为使用包括地球静止卫星轨道在内的各种轨道上卫星的任何空间服务的跟踪、遥测和控制功能提供便利。尽管空间作业功能往往是在空间站所动作的分配范围内提供的，但无线电条例仍为"空间作业"指定了一些特定的分配范围；（b）地球探测卫星服务包括用于收集有关地球及地球现象的资料的卫星。这种资料是通过来自地球表面平台或其低气层的平台中的无线电电池传播，或通过空间有源或无源遥感获得的；（c）气象卫星服务是地球探测卫星服务的子集，许多观察和数据传输技术在气象学和地球资源研究方面是通用的。气象卫星的目标和其他地球探测卫星的目标不同，而且除了在地球探测卫星服务分配中进行一些传感功能外，气象卫星是在为其服用专门分配的频带内动作的；（d）空间研究服务卫星的建造是为了满足科学研究的特殊需要，其他空间研究卫星（包括近地和深空研究卫星）与其相应的地球站之间数据中继的需要以及新技术实验检测的需要。许多空间研究服务卫星都进行载人或无人试验，目的在于提高非空间研究服务频带中通信技术的水平。空间研究服务卫星参数的设计一般是为了最大限度地扩大实验的灵活性，因此这类参数往往因卫星的不同而有很大的差异；（e）射电天文学服务是对极低功率电平进行测量的无源服务。它非常容易受到来自卫星的杂散和邻近频带发射的有害干扰。为了研究空间辐射，使用了 1.5 兆赫和 350 千兆赫的频带，因为当前的研究是集中于这些频带的；（f）标准频率和时间信号服务研究使用包括地球静止卫星在内的卫星传播标准频率和时间信号。通过卫星的时间传送显示了时间传送的潜在能力，其精度可达几毫微秒，其准确度可达 50 毫微秒左右。

第三章

外层空间法中的营救制度

第一节　引　言

《营救宇宙航行员、送回宇宙航行员和归还发射到外层空间的物体的协定》（简称《营救协定》）是紧随 1967 年《外空条约》订立的。其实，有关该制度的讨论则早在 1959 年就已经在联合国和平利用外层空间委员会展开，但是之后由于美国和前苏联展开外空竞赛，接连发射卫星，而那时还没有任何法律原则来规制这些活动，因此当时的紧急任务就是先制定一项原则性文件。因此，该问题因外空委的讨论议题转向有关外空活动基本原则而被搁浅。

前苏联对于该协定的顺利通过起了很大的作用。外空探索和载人航天是具有相当风险的活动。前苏联在外空试验和登月活动中发生多次失败并造成航天员死亡的事故，其中较大的事故有 1962 年 9 月前苏联的一颗人造卫星残骸落到美国威斯康辛州。1965 年 12 月一颗卫星落到西班牙境内。当时前苏联在外空活动中有关营救宇航员等方面的技术和资源还落后于美国，急需第三国在搜寻航天器、营救宇航员等方面提供援助。而美国同样在外空试验和探索中出现多次失事和造成死亡的事件，如 1960 年卫星残骸落到古巴，1962 年落到南非，1967 年落到委内瑞拉。1970 年 4 月，美国宇宙飞船"阿波罗十三号"失事后，前苏联曾给予协助。这类事故将随着外空活动的日益频繁而逐渐增加。因此，非常有必要在国际社会建立一套援救制度。①

此种援救制度除了对空间物体的援救，更重要的还涉及对航天员的援救。在这方面，也已经多次出现重大的伤亡事故。1967 年 1 月 27 日，美国的"阿波罗一号"飞船在卡纳维拉尔角基地进行模拟发射时，乘员舱因电路起火，3 名宇航员因此丧生；3 个月后，前苏联的"联盟号"飞船在完成外空飞行返回地球时，因减速的降落伞未能打开而坠毁，宇航员也不幸身亡。前苏联的"联盟十一号"飞船在 4 年之后的飞行中，由于飞船密封舱出现故障，导致空气从飞船逸出，最

---

① 徐冬根：《从"神舟"五号成功发射看外层空间法发射趋势》，载于《法学》2003 年第 11 期，第 28 ~ 29 页。

终造成 3 名宇航员窒息而死。1986 年 1 月 28 日，"挑战者"号航天飞船在起飞 1 分钟后，突然发生爆炸，导致飞船上 7 名宇航员全部遇难。①

更为近期的就是美国"哥伦比亚"号航天飞机于 2003 年 2 月 1 日发生的空难。"哥伦比亚"号航天飞机重返大气层时，在空中解体，机上 7 名宇航员全部遇难。据事后美国宇航局的分析，如果一切顺利，美国宇航局还是可以采取有关措施进行营救的。最可能的一种方案是组织 4 名宇航员乘坐"阿特兰蒂斯"号航天飞机上天，救出"哥伦比亚"号机组人员。"阿特兰蒂斯"号原定 3 月 1 日升空，但工程师们说，如果加紧准备，这架航天飞机最快可以提前到 2 月 11 日或 12 日发射，并在 24 小时内飞抵"哥伦比亚"号附近轨道。之后，两架航天飞机可以相距 15 米至 27 米并列飞行，并由"阿特兰蒂斯"号上的宇航员在绳系状态下进行太空行走，将同事们从"哥伦比亚"号中救出。"哥伦比亚"号航天飞机最终可通过遥控重返大气层，坠落海中。另一种方案是让"哥伦比亚"号上的宇航员自行太空行走，利用隔热材料等填补机翼上的孔洞。不过，相对于发射"阿特兰蒂斯"号而言，这种办法成功概率更小。根据调查得出的初步结论，"哥伦比亚"号解体主要就是由其左翼隔热瓦受到损伤并形成孔洞，导致超高温气体进入造成的。

除了以上宇航员未能成功获救的事实之外，还有成功获救的例子。例如，1970 年 4 月 11 日，美国将"阿波罗 13 号"飞船发射升空，进行计划中的第 3 次登月飞行。在飞行中，服务舱中的 2 号储氧箱发生爆炸。美国将"阿波罗 13 号"未能登月的消息，及时通报给了全世界各国家，并紧急请求有关国家给予救援。包括前苏联在内的 13 个国家提供了救援舰船和飞机，布在美国军舰未能顾及的海域内等候。"阿波罗 13 号"飞船登月虽然失败了，但依靠人类的智慧和毅力，却奇迹般地将航天员营救回来。所以，航天界称这次飞行是"一次成功的失败"。

以上的一系列事实都充分说明了外空活动存在的高风险性，除了对航天飞行和探索等外空活动作出周密的规划和准备外，还必须对有可能发生的故障等航天事故作出充分的评估和善后工作。例如我国在"神舟五号"载人飞船发射之前，就对航天员的援救措施作出了精心安排，事先出动了包括交通部南海救援局"德鲲"号在内的我国海上应急搜救船队。②

航天活动的高风险性除了外空活动本身的因素外，还由于一些客观与外在的

① 江伟钰、陈方林：《国际法案例精解——案例教学与应用》，华东理工大学出版社 2004 年版，第 143～144 页。

② 徐冬根：《从"神舟"五号成功发射看外层空间法发射趋势》，载于《法学》2003 年第 11 期，第 29 页。

因素。空间碎片的存在就是造成外空事故的重要原因之一。空间碎片涉及到技术、法律等多方面的问题。联合国外空委已经将空间碎片问题作为一个重要议题进行讨论，如何界定空间碎片的法律地位以及如何减少空间碎片等问题都在讨论之中，至今还没有一个明确和权威的答案。但空间碎片问题确实随时都在威胁着外空活动的进展。例如，1996 年 7 月 24 日，欧洲航天局"阿利亚娜"火箭的残骸撞断法国一颗正在工作的电子侦察卫星的重力梯度稳定杆，导致后者翻滚失效。① 这一切说明，外空活动的高风险性决定了意外事件和事故可能随时出现，必须要建立一套有效的机制确保外空活动中宇航员的生命、安全、健康等得到有效的保障，空间物体的有效运营、搜寻和归还。

1963 年《外空宣言》早就有关援救宇航员的问题作出原则性规定。其第七条规定："凡登记把物体射入外层空间的国家，对该物体及所载人员在外层空间期间，仍保持管理及控制权。射入外层空间的物体及其组成部分的所有权，不因其通过外层空间或返回地球，而受影响。这些物体或组成部分若在登记国国境外被发现，应送还登记国。但在送还之前，根据要求，登记国应提出证明资料。"第九条则规定："各国应将宇宙航行员视为人类派往外层空间的使节。在他们如因意外事故、遇难于外国领土或公海紧急降落时，各国应向他们提供一切可能的援救措施。紧急降落的宇宙航行员，应安全迅速地交还给登记国。"而 1967 年《外空条约》则基本上借鉴了上面《外空宣言》的规定，就有关援救制度作出了具有法律约束力的规定。

《外空条约》第五条和第八条的规定是《营救协定》的基础。《外空条约》第五条将宇航员视为"人类在外层空间的使者"，规定宇航员如遇意外事故、危难或在另一缔约国领土上或公海上以及不属任何国家管辖的其他任何地方紧急降落时，应给予他们一切可能的协助；宇航员降落后，应将他们安全和迅速地送回航天器的登记国。② 该协定就是外空条约该条规定的具体化。这不仅仅是各缔约国在外空活动中应有的相互协助，更是人道主义原则的体现。《营救协定》有五个条款作出了实质性的规定，具体规定了有关国家之间的权利义务关系。第一到第四条规定了有关宇宙飞船人员的营救和归还问题。第五条专门解决有关空间物体或其组成部分的归还问题。

《外空条约》第八条则要求缔约国将发射的物体或组成部分交回该物体的登记国。《营救协定》将上述原则具体化，同样也是规定上述两种情形：载人航天飞

---

① 凌岩主编：《国际空间法问题新论》，人民法院出版社 2006 年版，第 114 页。

② Glenn H. Reynolds & Robert P. Merges, *Outer Space: Problems of Law and Policy* 194 (1989).

行中宇航员的营救；任何航天飞行中物体及组成部分的寻找和归还。该协定的达成还有赖于前苏联的努力。在航天员回到地球之后寻找和营救方面，前苏联相对美国较为落后，更需第三国在此方面提供协助，因此一直努力寻求达成该公约。

《营救协定》的起草，当时的两个超级大国，尤其是前苏联，起了主导作用。前苏联最先向联合国大会和联合国外空委提出制定有关宇航员营救的国际公约的重要性和必要性。之后，包括美国、奥地利、加拿大、阿根廷、黎巴嫩和墨西哥等国家都参与了《营救协定》的起草和制定过程。经过多年的讨论，《营救协定》终于在 1967 年 12 月 19 日联合国大会上一致通过。该协定于 1968 年 12 月 3 日生效，截至 2007 年 1 月 1 日，已有 89 个成员国，以及 24 个签署国。另外还有一个国际组织，即欧洲航天局，表示接受协定的权利和义务。所有的航天大国都已经加入该协定。

第二节　外层空间法的营救制度及其新发展

一、《营救协定》的法律框架

1968 年《营救协定》由序文和 10 条组成。序文部分强调了 1967 年《外空条约》在本协定制定过程中的重要作用，尤其是其中第五条和第八条中关于宇航员救助的原则的规定。

该协定从人道角度出发，专门制定了有关援救宇航员及送还宇航员和空间物体的问题。该协定的制定主要针对两方面的问题。其一，针对载人航天飞船上的宇宙飞船人员。宇宙飞船人员如遇到意外事故、遇难和紧急的或非预定的降落而出现在其他国家管辖的区域内，需要该有关国家的帮助。其二，针对航天飞船及其组成部分，而不论其是否载人。此类空间物体返回地球，并落在其所属国管辖区域之外的时候，可能需要其他国家的协助。该协定关于以上两个问题的规定体现了外空条约中有关和平利用外空中国际合作的精神。这些内容在《营救协定》前面五个条款中就已经作出明确规定。在第六条中专门针对"发射当局"的概念作出明确界定。

《营救协定》另外四条仅仅是就包括签字、批准、生效、存档、修正以及退出等程序性问题作出惯常的规定。该协定没有就缔约国之间就协定的解释及适用可能产生的争议解决等其他问题作出规定。

二、《营救协定》中的"发射当局"

根据《营救协定》的规定，发射当局不仅是宇宙飞船人员和空间物体归还的对象，也是相关缔约国有关信息的通报对象。

《营救协定》第六条界定了"发射当局"的概念，即对发射负责的国家，或是对发射负责的国际政府间组织。这条规定出现在《营救协定》有关缔约国义务的五条实质性规定之后，对这一重要术语"发射当局"作出解释的。发射当局不仅仅指国家—发射国，还包括对发射负责的国际政府间组织。例如欧洲航天局（European Space Agency，简称 ESA）就是一个典型的例子，其成员均系外空条约的成员国，并明确声明接受该协定的约束。当然，对于发射当局的完整理解，还必须结合有关"发射国"定义的讨论。在制定该协定时，一些西方国家代表建议将协定的适用延伸到一些积极参与外空活动的国际组织。对此，前苏联作出退让，接受建议。必须注意的是，非政府间组织还不能成为该协定的成员，此类国际政府间组织必须是明确宣布接受该协定，而且该组织大多数成员是协定和外空条约的缔约国。

根据《营救协定》的规定，宇宙飞行人员和空间物体或其组成部分应交还发射当局。而发射当局的概念并没有出现在外空条约中，根据《外空条约》，有关人员和物体应送还空间物体或航空器的登记国。这里是否存在矛盾之处？发射当局概念的界定早于《责任公约》和《登记公约》有关"发射国"概念的出现。因此在理解发射当局的具体含义时，必须依据《外空条约》和《营救协定》的立法意图，努力协调两者之间的差异。可以肯定的是，发射当局不等同于发射国。除了有关国际政府间组织，在谈及国家时，空间物体的登记国肯定是对发射负责的国家，也就必然属于发射当局。但是，如果谈及《责任公约》及《登记公约》中有关发射国的概念，其他类型的发射国是否也应属于发射当局？该问题应该说还是悬而未决。《营救协定》本身并没有给予明确的答案，不同的学者仍然有不同的看法。

三、《营救协定》中的"宇宙飞船人员"

《营救协定》在其标题和文本中分别采用了两个不同的词汇来描述营救的对象。协定的标题使用"宇宙飞行员（astronaut）"，而文本则使用了"宇宙飞船人员（personnel of spacecraft）"。许多学者都认为文本中的用语要广于标题所涵盖的范围，也就是说，宇宙飞船人员不仅包括了宇宙飞行员，还包括宇宙飞船上的其他工作人员，例如在飞船上执行任务的科学家等。

《外空条约》赋予宇宙飞行员非常高的法律地位，称之为"人类的使者"。这在探索外空、发挥人类的潜能等方面，确实体现了宇宙飞行员的重要作用。当然，宇宙飞行员在享受极高待遇的同时，也要遵守国际法和有关的国内法，承担一定的义务。但是至于这方面义务的规定，总的说来还是相当模糊的，这需要在以后的讨论和立法活动中进行进一步的明确。当然我们也看到一些行为守则的出现，例如国际空间站就有有关人员行为守则。正是基于宇航员的崇高法律地位，《外空条约》明确规定了营救对象是宇航员。

但是，1968 年《营救协定》却将营救对象规定为宇宙飞船人员，并规定了当宇宙飞船人员在公海、在不属于任何国家管辖的其他任何地方发生意外、处于灾难状态、进行紧急或非预定的降落时，缔约国营救的步骤。根据该协定的规定，各缔约国有义务对发生意外、处于灾难状态或者紧急降落的外空飞行器人员进行营救。① 值得注意的是，在该协定正文中出现的字眼是"宇宙飞船人员"，而不是"宇航员"。

那么，《营救协定》中的"宇宙飞船人员"与《外空条约》中的"宇宙飞行员"是否同一概念？《外空条约》第五条规定，各国应将宇航员视为人类的使者，当他们在外空遇意外事故、危难或在另一缔约国领土上或公海上以及不属任何国家管辖的其他任何地方紧急降落时，应受到营救和交还给宇宙飞行器的登记国。而《营救协定》将该规定进一步具体化，只是将"宇航员"一词改为"宇宙飞船人员"。显然，《营救协定》的立法意图中"宇宙飞船人员"肯定包括宇航员，但是否包括除宇航员外的其他人员，从条约的条文中无法考证。

随着空间技术和空间活动的发展，外空游客、空间任务专家是否可以界定为"宇宙飞船人员"而成为营救对象，现行营救制度亟待进一步发展。

对于外空游客，一些学者认为外空游客既不是宇航员，也不是宇宙飞船人员。如果他们在旅游的同时，还承担一定的任务，等同于任务专家（mission specialists，如外空工程师或者科学家），那么对于《营救协定》的适用就不会有什么争议了。② 例如首位外空游客 Tito 同时也是工作人员的助手，他在外空飞行器内度过了 6 天，协助执行包括搬运补给物资和进行科学试验在内的各项任务，③ 在此情形下，对于《营救协定》的适用应该不存在任何问题。

但是，这只是一个特例。当商业化的太空旅游开始之际，外空游客一般不会为所有国家的利益起任何直接作用。外空游客进入外空的根本目的不在于探索外空，不在于实现人类共同的利益，而在于实现个人的享受。在此种情形下，如果将此类人员也称为"人类的使者"似乎不合适；而且在任何意义上，他们都不

---

① David Tan, *Towards a New Regime for the Protection of Outer Space as the "Province of All Mankind"*, 25 Yale Journal of International Law158（2000）; Ty S. Twibell, *Space Law: Legal Constraints on Commercialization and Development of Outer Space*, 65 UMKC Law Review 595（1997）.

② Yasuaki Hashimoto, *The Space Plane and International Space Law*, http：//www. spacefuture. com/pr/archive/the_ space_ plane_ and_ international, 2004 年 10 月 11 日浏览。

③ Jim Banke, *Space Tourist Pays His Full Fare*, http：//www. msnbc. com/news/509288. asp, 2001 年 1 月 2 日浏览。

属于"人类在外层空间的使者"。因此，对外空游客适用《营救协定》存在着障碍。但是《营救协定》的出发点在于人道主义角度的考虑，如果一旦出现事故、遇难时，仅对前述的宇宙飞船人员进行营救，而不对太空游客施以援助之手，是不合协定的出发点。应该说，人道主义的考虑应当仍然同样适用于外空游客的营救。那么应该如何理解太空游客在营救协定中的地位呢？

应该说，《营救协定》达成的时候，空间活动还处于起步阶段，当时仅有两个空间国家，而且卫星发射失败的情况还屡见不鲜，对于太空旅游只是认为是一种梦想。协定的谈判过程中，就有代表提出该协定只是临时性的，一旦空间活动的商业化出现了，各成员国必须就此重新达成新的条约。因此，当时《营救协定》的达成，针对宇宙飞船人员的营救问题，而没有包括其他人员。

但是，太空游客地位的不确定无疑会对潜在的太空旅游市场非常不利。因此，应当找出应对发生意外、处于灾难状态或者紧急降落的外空游客进行营救这一问题的解决方法。有两种方法是显而易见的：一是制定一个与《营救协定》作出类似规定的新协定；二是将现有的《营救协定》扩大适用于外空游客。考虑到营救宇航员和外空游客的相似措施，第二种方法也许更为合理。

当我们进一步去看1979年《月球协定》的时候，似乎从中我们能看到其中的答案。《月球协定》第十条规定，缔约各国应采取一切实际可行的措施，以保护在月球上的人的生命和健康。为此目的，缔约各国应视在月球上的任何人为《外空条约》第五条所称的宇宙飞行员，并视其为《营救协定》所称宇宙飞船人员的一部分。虽然《月球协定》的规定仅指月球上的人，似乎同样的逻辑可以适用于营救协定有关外空游客地位的探讨。在没有新条约出现的情况下，似乎这也只能是最好的解决办法。

在这一方面，美国2004年《商业外空发射修正法案》和国际空间站《政府间合作协定》提供了有用的经验。上述两套法律文件采用了不同的方法。2004年法案对参与外空飞行的两种人员作出了清楚的定义。它为"机舱人员"和"外空飞行参与者"作出了定义，并修改了现有的商业外空立法，在目前已经包括的与之关系密切的"有效载荷"一词之余加入了上述用语。① 根据该法案的规定，"机舱人员"指的是"被许可人或者权利受让人的任何雇员，或被许可人或者权利受让人的承包人或转包人。机舱人员在该雇佣关系存续期间从事直接与发

---

① *Recent Development*：*Commercialization of Space Commercial Space Launch Amendments Act of* 2004，17 Harvard Journal of Law & Technology 627（Spring 2004）.

射、重返大气层或者载人发射运载器或返航运载器的其他操作相关的活动"①。
"外空飞行参与者"指的是"由发射运载器或者返航运载器运载的不属于工作人员的个人"②。所以，外空游客显然被视为外空飞行参与者。这是一个可以直接区分"机舱人员"和"外空游客"的办法。然而，这一方法并不能有效地解决《营救公约》提出的保护外空游客的问题。

1998 年国际空间站《政府间合作协定》和《营救协定》一样，也将"机舱人员"定义为合资格的人员。③ 但国际空间站《政府间合作协定》进一步在"受保护的外空操作"这一标题下规定了所有参与外层空间活动的个人活动。④ 这一广泛的规定有效地解决了前面所说的难题：国际空间站《政府间合作协定》涵盖了无论是在驾驶空间物体、在进行实验还是仅仅为游玩而乘坐外空飞行器的所有个人。通过涵盖任何驾驶空间物体、进行实验或是游览观光的个人，这一方法对将《营救协定》推广适用于外空游客有着指导意义。⑤

在受到必要保护的同时，外空游客作为外空飞行器的旅客也应当在飞行期间遵守规则，维持良好的秩序。基本上，他们的权利和义务受行使管辖权和控制权的国家（亦即重复适用运载器的登记国）的限制。为了保证飞行器上所有人员的安全和利益，指挥员在整个飞行过程中应当拥有独一无二的权力，游客们不论什么国籍都要听从指挥员的指挥。

四、《营救协定》中缔约国的义务

针对宇宙飞船人员及空间物体的营救和归还问题，《营救协定》对缔约方设定了三方面的义务。通知的义务、营救的义务以及归还的义务。⑥《营救协定》第一到第四条就航天员的营救和归还作出规定。

《营救协定》规定了缔约国的三项义务：首先，有关通知的义务。《营救协定》第一条规定了缔约国最低限度的通知义务。缔约国在获悉或发现空间物体或其组成部分返回地球，或宇宙飞船人员，在其管辖的区域、在公海、在不属任何国家管辖的其他任何地方，发生意外，处于灾难状态，进行紧急或非预定的降落时，要立即通知发射当局和联合国秘书长。如果不能判明或不能立即通知发射当

---

① H. R. 3752, 108th Congress (2004), Art. 3 (b) (2).

② H. R. 3752, 108th Congress (2004), Art. 3 (b) (9).

③ 国际空间站《政府间协定》第 11 条第 (1) 款。

④ 国际空间站《政府间协定》第 16 条第 (2) 款 (f) 项。

⑤ Lara L. Manzione, *Multinational Investment in the Space Station: An Outer Space Model for International Cooperation*, 18 American University International Law Review 521 (2002).

⑥ C. Q. Christol, *The Modern International Law of Outer Space* 152 (1982).

局的，应立即动用其所拥有的一切适用的通信手段公开通报，传播这个信息。①
该国对飞船人员采取的措施和所取得的结果，也应通知发射当局和联合国秘书
长。如缔约国有理由认为在其管辖的区域内出现的或在其他地方保护着的空间物
体或其组成部分，就其性质来说，是危险的和有害的时候，则可通知发射当局在
该缔约国的领导和监督下，立即采取有效措施，消除可能造成危害的危险。

　　该条规定明确了通知的对象为发射当局和联合国秘书长。通知的时间限制为
"即时"，此规定虽不具有确定性，但考虑到实际情形，缔约国应秉承诚信原则
进行通知，不应有任何延误。通知的范围较广，包括采取的措施和所取得的结果
等。地点方面包括了缔约国所管辖的区域、公海或不属于任何国家管辖的地方。

　　该项义务的规定是缔约国有关通知的最低义务，该条存在的问题是：针对缔
约国对于其管辖区域内或不属任何国家管辖的任何地方发生的事件的通知义务；
那么缔约国对于其发现的在其他国家管辖范围内发生的事件是否承担通知义务
呢？一些技术发达的国家可能早于降落国获知降落事件，此时，该先发现的国家
是否有这方面的义务？《营救协定》并没有规定该缔约国的义务，但是，该缔约
国从人道主义的角度出发，应有此人道义务，应该对此事件作出及时的反应，包
括通知相关当事方。

　　该项义务中有关空间物体有害和危险性的规定，缔约国可通知发射当局立即
采取有效措施。但是，如果某空间物体是有害的和危险的，作为最了解空间物体
性质的当事方，发射当局是否有义务及时通知有关国家和联合国秘书长？如果单
纯将空间物体的有害性判断留给有关缔约国，似乎并不是一个最好的解决方式。
但是营救协定显然没有对该问题给出一个很好的解决方案，并没有规定这方面的
义务。

　　第二，营救的义务。《营救协定》将营救的义务分为两种情况，即在缔约国
管辖的区域内；公海、南极洲和其他不属任何国家管辖的区域。《营救协定》第
二条规定，飞船人员降落在缔约国管辖的区域内，该国应立即采取一切可能的措
施营救飞船人员，给予他们一切必要的帮助，并将所采取的措施和结果通知发射
当局和联合国秘书长。发射当局如果能帮助有效寻找和营救，应与该缔约国合作
进行寻找和营救工作。认识到该缔约国主权对其领土的主权，该条又同时规定，
这项合作进行寻找和营救的工作，从该缔约国的主权角度出发，应在其领导和监
督下开展，在两者之间密切磋商下进行。

　　至于有关营救费用的承担问题，《营救协定》没有明确规定发射当局承担寻

----

① 贺其治：《外层空间法》，法律出版社1992年版，第80~81页。

找和营救工作的费用。或许从营救的人道主义角度出发，该协定期待各营救方自行承担有关的费用。在实践中情况又是如何呢？一般也都是由相关方协商解决，而没有明确的规则。该做法也是可以理解的，飞船人员不是物体，任何国家，自然人都有人道主义的义务去援助，营救其他人类，这种工作不是拿金钱来衡量的。

如果事件发生在公海、南极洲或其他不属国家管辖的任何地方，应该如何解决问题？《营救协定》第三条规定，如获悉或发现飞船人员在不属任何国家管辖的地方降落，力所能及的缔约国，均应协助寻找和营救这些人员，保证他们迅速得救。这项规定与公海及南极洲上可能进行的营救活动有关。《营救协定》这一条规定并没有规定缔约国有义务开展工作，但是缔约国在力所能及的范围内应协助寻找和营救这些人员。非发射当局提供"协助寻找和营救"的服务很大程度上具有资源的性质。① 该规定针对"力所能及的缔约国"，在公海，主要指那些有航海能力的国家。当然不属国家管辖的其他地方还包括外层空间本身，那么此类缔约国主要就是指那些有航天能力的国家。

第三，归还的义务。同前面一样，有关归还义务涉及的领域及包括缔约国管辖区域，还包括不属于任何国家管辖的区域。就归还的时间和方式而言，《营救协定》的规定较为灵活，仅为"安全的"和"即时的"。从具体情形看，也只能如此规定，不可能再有一个更为清晰的时间和方式的规定。事实上，有关宇宙飞船人员归还的方式和程序往往是通过相关国家外交谈判的方式得以解决的。

《营救协定》第四条进一步规定了宇宙飞船人员的交还问题：缔约国有义务确保宇宙飞船人员的安全并立即将其交还给发射当局的代表。而按《外空条约》第五条的规定，要求将宇宙飞船人员送还给"航天器的登记国"。这里就存在两个不同的概念："发射当局"和"航天器的登记国"。有关"发射当局"的概念，在前面已经进行讨论，既包括国家，也包括国际组织。而这里"登记国"的理解应该就是对发射负责的国家，这样才能与《营救协定》第六条中有关"发射当局"的概念相吻合。当然正如前文所提到的，此种讨论还在进展中。

应该说，纯粹从本条的有关规定看，还是很清楚的，主要在于与其他条约的规定的协调问题。但是在实践中本协定的适用，还会涉及到一个问题，即此项归还义务是否是绝对的，还是存在例外情形。例如，如果宇宙飞船人员提出政治避难，该缔约国是如何处理？是否可以给予有关人员政治难民的身份？该问题的解决主要还是依赖于一般国际法关于难民及其他问题的原则规定。根据国际法的基

---

① 邵津：《国际法》，北京大学出版社 2000 年版，第 181 页。

本理论，如果归还有关人员会使其可能面临酷刑、生命受到威胁或人权受严重侵犯的时候，该缔约国有权拒绝归还有关人员，赋予该人员难民保护。

《营救协定》第五条则专门解决空间物体或其组成部分的归还问题。根据《外空条约》的规定，空间物体或其组成部分不会因为其所处位置而改变其所有权所属。因此，如果空间物体或其组成部分在发射当局管辖的区域外发现，该发现空间物体或其组成部分的缔约国应通知发射当局和联合国秘书长。应在发射当局的要求和协助下，采取保护措施并将发现的空间物体或其组成部分归还给该发射当局的代表，或交给这些代表支配。与前面营救宇宙飞船人员不同的是，《营救协定》第五条还明确规定有关缔约国履行保护和归还空间物体或组成部分义务所花费的费用，应由发射当局承担和支付。而且，空间物体或其组成部分的归还必须是应发射当局的请求，而且提供有关证明材料表明该物体的所有权归属。在此意义上来说，如果发射当局没有提出归还的请求，有关缔约国则不存在此方面的义务。从另一方面来说，发射当局要求归还的空间物体或其组成部分一般是由于这些物体存在的价值或出于其他方面的考虑。

《营救协定》第五条第四款规定有关发射当局立即采取措施消除可能造成危害的危险，这一规定对很多国家都有意义：一旦发生危险，协定成员国就可以要求发射当局采取措施消除危险，因此这也是许多国家加入该协定的原因之一。但是，该款规定的前提是，缔约国如果有理由认为空间物体或其组成部分的性质是危险的和有害的。该前提似乎还是不太合理或者该规定还有必要补充：发射当局对自己发射的空间物体了解更清楚，更容易确定是否会造成危险，一旦出现有关情形时，发射当局应该承担义务，主动并立即告知缔约国和联合国秘书长有关该空间物体及其组成部分的情况，而不是任由缔约国自己判断是否存在危险。

五、结论

《营救协定》是所有五项《外空公约》中最少引起争议的公约，其缔约国的数目仅次于《外空条约》。这项协定的达成符合所有国家，尤其是空间大国、进行或准备进行载人航天飞行的国家的利益。从这方面来说，一些学者批评该协定更多保护空间大国利益，对于非空间国的意义不是太大。该看法不尽正确。该协定从人道主义角度出发给予宇宙飞船人员救助。航天活动本身具有极大的风险，宇宙飞船人员及航空器有可能降落在地球上任何一个角落，给当地可能造成一定的损害，或者航空器本身存在危险性，需要采取紧急措施，协定就明确要求发射当局立即采取措施消除危险，这对于非航天国是很重要的，这在之后有关损害责任的承担方面也有一定意义。在科技迅速发展的时代，越来越多的国家参与或正在准备参与航天活动，《营救协定》对于非航天国的潜在作用和重大意义也是可想而知的。

　　《营救协定》从人道主义角度出发，并很好地结合国家主权原则，达到两者的平衡。这种做法也是很值得提倡的。① 这是外层空间法中国际援救制度体系构建和实施的出发点，也是其最终目的。建立外层空间援救制度对于促进人类探索及和平利用外层空间具有极为重要的现实意义。但是，该协定达成的历史背景还是很特别的，当时只有两个超级大国有航天能力，处于航天初期的航天事故也频繁发生，而今航天技术高度发达，太空旅游也已成为现实，《营救协定》的地位以及其适用范围等都备受挑战，我们必须采取批判的态度研究该协定并讨论其发展的前景。

---

　　① N. Jasentuliyana, *Regulation of Space Salvage Operations*: *Possibilities for the Future*, 22 Journal of Space Law 5～21 (1994).

第四章

外层空间法中的登记制度

第一节 《登记公约》中的登记制度

为了确保外空活动有序开展，加强各国在外空活动中的协调与合作，很有必要就空间物体的发射和运营形成系统和规范的信息情报体系。外空物体的登记制度无疑能够满足这一方面的最低需求。正如《海洋法》中船舶的登记制度，不仅能实现对船舶的有效管理和控制，还能确保各国在海洋上自由有序地展开活动，承担可能的责任。将外空的登记制度提升到一国战略的角度，尤其显得更为重要了。早在1961年12月20日，联合国大会就通过了1721（XVI）号决议，其中的第二部分就提到"1. 请凡发射物体进入轨道或超越轨道之国家迅速经由秘书长向和平利用外层空间委员会提供信息，以便登记；2. 请秘书长设一公开登记处，登录依照上文第一段提供之信息"。因此可以说，外空物体的登记活动其实已经在有关《外空公约》出现之前已经存在，由位于维也纳联合国总部的联合国秘书处的外空事务办公室接受有关登记申请并建立和保存国际登记册。但当时还没有形成一项系统的和法律上的义务。

联合国大会1975年通过的《关于登记射入外层空间物体的公约》（下文简称《登记公约》）是和平利用外层空间委员会下属的法律小组委员会在完善外空立法方面成功迈出的重要一步。应该说这也是外空物体的登记成为发射国的法律义务的第一项文件，该点可以在公约的序言中清楚看出，"盼望在强制的基础上设置一个由联合国秘书长保持的射入外层空间物体的总登记册。"该公约具体规定射入外层空间物体登记的详细规则。正如一位荷兰知名的空间法学家所指出的，有关登记空间物体的要求能起到以下两个作用："首先，一个有序的、能提供完整信息的登记手续可以减少大规模杀伤性武器被偷偷射入轨道的可能性，并且能够减少各国对此存在的疑虑；其次，没有国际登记制度，就不可能识别造成损害的航天器，则更无从谈起责任的承担问题。"①

---

① I. H. Ph. Diederiks-Verschoor, *An Introduction to Space Law* 44（Kluwer Law International, 3rd Ed., 2008）.

《登记公约》包含 12 个条款，是对 1967 年《外空条约》第 8 条作出的具体规定。① 作为一项重要的国际条约，《登记公约》不仅仅是国际法原则的具体体现，而且是各国在制定行政法律规范方面作出的国际性努力。

各国学者们都对《登记公约》在外空的使用及产生的效果作了深入的探讨。《登记公约》存在 30 年的历史已经清楚表明了其在外空法律体系中的重要地位。根据《登记公约》第 10 条的规定，对公约的审查应当包含在联合国大会议程中，以审查修订的必要性。在《登记公约》生效整整 10 年，即 1986 年的时候，联合国大会经过讨论，认为没有修订的必要。② 至今，该公约仍然没有作出任何修订。

《外空条约》第 8 条规定空间物体的登记国应对该物体及其所载人员保有管辖权和控制权。该条的规定非常原则，不具有任何可操作性。如何登记，向谁登记，以及需要登记哪些内容等等，都不能得到答案。《登记公约》将该条进一步具体化，在强制的基础上设置一个由联合国秘书长保持的射入外层空间物体总登记册。该登记制度也有助于辨认空间物体，有助于管理探索和利用外层空间的国际法的实行和发展。该公约除了建立国际登记制度外，还规定各国应该建立本国国内的登记制度。"发射国在发射一个外空物体进入或越出地球轨道时，应以登入其所须保持的适当登记册的方式登记该外空物体。每一发射国应将其设置此种登记册情事通知联合国秘书长。"由此可见，发射国在有关国内登记方面存在建立国内外空物体登记册，对本国发射的外空物体进行登记，并通知联合国秘书长的义务。

登记国是将空间物体登入其登记册的发射国。在上述国内登记的基础上，《登记公约》还进一步规定了国际登记制度的有关内容。尤其在出现两个或两个以上发射国的情形下，应该如何确定登记？如果存在两个或两个以上的发射国，则应共同决定由其中一国登记该空间物体，并不得妨碍各发射国间就空间物体及其上人员的管辖和控制问题所缔结的或日后缔结的适当协定。登记册的内容项目和保持登记册的条件由相关登记国决定。由此可见，外空物体的管辖权和控制权并没有绝对地与登记国联系在一起。在一些情形下，允许通过协议形式将两者分离。

除了上述国家的登记之外，公约还规定了国际组织的问题。从事外空活动的

---

① 该条规定，凡本条约缔约国为射入外层空间物体的登记国，对于该物体及其所载人员，当其在外层空间或在某一天体上时，应保有管辖权和控制权。

② M. Bourely, *Is It Necessary to Re-Negotiate the Convention on Registration?*, Proceedings 30th Colloquium on the Law of Outer Space, Bangalore, 1988, p. 231.

政府间国际组织可以成为公约的会员国。但要满足另外两个条件，即声明接受公约规定的权利和义务，以及该国际组织的多数会员国须为《登记公约》和《外空条约》的缔约国。因此，根据《登记公约》的规定，此类国际组织也应该建立自身的空间物体登记册或者至少将此工作授权某会员国执行。在实践中，国际组织往往不能实际有效行使对外空物体的管辖权，因此还必须就有关管辖和控制权作出妥善的安排。此时，国际组织可以安排某一或某些国家来行使管辖和控制权。而这些行使管辖和控制权的国家本身有可能还不是《登记公约》的会员国。但是由于该国际组织作为公约会员国所承担的义务，这些会员国也必须承担相应的义务。

登记国应在切实可行的范围内尽速向联合国秘书长提供有关登入其登记册的每一个空间物体的下列情报：发射国或多数发射国的国名；空间物体的适当标志或其登记号码；发射的日期和地域或地点；基本的轨道参数（包括交点周期、倾斜角、远地点、近地点）以及空间物体的一般功能。登记国应随时向联合国秘书长提供有关其登记册内所载空间物体的其他情报。登记国应在切实可行的最大限度内，尽速将之前曾提送情报的原在地球轨道内但现已不复在地球轨道内的空间物体通知联合国秘书长。上述有关"尽速"、"切实可行的最大限度"的用语表明在实际的登记工作中，发射国有关登记的责任并没有明确的时间限制，只是一个道义上的责任。此外，有关"空间物体的一般功能"的登记，相当模糊，给予发射国很大自由裁量的空间。这或许在当时是出于希望大多数国家能够加入该公约，不会产生太大分歧的原因。在没有完善的外空法律的情况下，急需出台公约在一定程度上规范外空活动，从这个角度来说，《登记公约》确实起到了这方面的作用。公约进一步规定，联合国秘书长应保留一份登记册，记录以上提供的情报。该登记册所载情报应充分公开，听任查阅。

该公约建立了一套强制性的登记制度，但是在实施过程中并不太令人满意。除了前面提到的用语问题，许多学者都对其中用语的含糊性提出质疑。例如，如何理解"切实可行"？多长的时间可以视为"尽速"？另一个严重的缺陷在于，该公约不能有效制裁那些不能及时提供相关信息的发射国。发射国可以自行决定何时登记，登记哪些内容等等。这样就造成了登记制度的混乱局面。

第二节　登记制度的现状及其新发展

随着空间活动的与日俱增和全球化的趋势，特别是对空间活动私有化的关注，对公约的继续适用提出了严峻的挑战。因此，有必要认真审视《登记公约》并针对空间活动的发展对其作出相应的修订。《登记公约》第 10 条规定，在公约生效 5 年以后的任何时期，如经缔约各国 1/3 请求并征得多数缔约国的同意，应即召开缔约国会议审查《登记公约》。因此，在现阶段对公约开展相应的研究是很有意义的。这些研究将会成为未来联合国大会对该公约进一步讨论的强有力的支持和基础。本节就试图从上述的考虑出发，对该公约作出评论并指出可能需要修订的领域。

一、《登记公约》中有关概念的澄清

效法《空间物体所造成损害的国际责任公约》，《登记公约》给"发射国"、"空间物体"、"登记国"等重要概念作出定义。但是这些定义并没有很好地解释上述概念的内涵和外延，反而引发了各国学者激烈的讨论。

（一）发射国

根据《登记公约》第 1 条的规定，"发射国"是指一个发射或促使发射外空物体的国家；或者一个从其领土上或设备发射外空物体的国家。许多学者认为该定义含糊不清，是外空商业化发展的主要障碍。对发射国作出合适的定义对认定《外空条约》和《责任公约》下国家行为的国家责任至关重要。①

由这一定义引出的问题主要包括：对促使发射国的正确理解；对《外空条约》第 8 条的应用；在所有权转移情况下如何确定发射国；一个私有实体和国家之间的关系等等。现有定义不能很好地回答空间活动商业化和私有化过程中出现的新问题。商业化是外层空间不可避免的发展趋势，因此澄清发射国的概念迫在眉睫。和平利用外层空间委员会的法律委员会就该问题设立了一个工作组。该工作组在 2002 年提交了报告，反映了各国政府在这一问题上讨论的最初结果。②

1. 空间物体所有权转移与发射国的确定

转移在轨卫星所有权的做法并不是一件新鲜的事件。1997 年香港回归时，"亚卫一号"的登记国就由英国转为中国。在这次所有权转移中，不存在任何问题。因为根据《登记公约》的规定，中国作为原始发射地点本身就是发射国。但是当卫星卖给一个如《登记公约》所定义的非原始发射国家时，问题就出现了。《责任公约》规定只有发射国需要承担责任；该新的国家（卫星受让国），根据《登记公约》，就是非发射国，因此就不承担任何责任。这将造成不公平的结果。所有权转移后，空间物体受新国家的司法管辖和控制，但这个新国家

---

① K. H. Bockstiegel, *The Term "Launching State" in International Space Law*', Proceedings 36ᵗʰ Colloquium on the Law of Outer Space, Isreal, 1994, pp. 80 ~ 83.

② K. U. Schrogl and C. Davis, *A New Look at the "Launching State"*: The Result of the UNCOPUOS Legal Subcommittee Working Group "Review of the Concept of the Launching State" 2000 ~ 2002', Proceedings 44ᵗʰ Colloquium on the Law of Outer Space, Huston, 2002, pp. 286 – 301.

对空间物体所造成的损害却不必承担责任；而这种结果仅仅是因为它不是原始发射国。而那些原始发射国则要为他们没有控制且无能力防止的损害负责。因此，为解决这一问题，发射国的定义应延伸为：发射国不一定为原始发射国。对于其他可能的发射国的进一步定义在下文有关"登记国"的讨论中进一步阐述。

2. 私有实体的介入与发射国

空间运营的私有化早已不是一个新话题了。私有实体包括国际组织、跨国公司乃至个人。这些私有实体正在不断介入卫星发射活动。就国际组织而言，该公约的适用并不存在太大的问题，国际组织本身就能代表所有相关国家的共同意志。该国际组织可以声明其接受公约中规定的权利和义务。如果没有作出声明，我们可以通过查看其章程以确定其在某些活动中的法人资格（即所谓的人格）。事实上，即使国际组织有能力作为一个实际的登记国，许多情形下，它也没有能力行使真正的管辖权，而由具体的国家来实施具体的管辖行为，因为管辖是一个拥有主权的国家典型的、根本的特权。①

当其他私有实体介入时，情况就不同了。国家并不一定清楚了解这些实体的详细运营情况，而且要求国家对众多私有实体的各种活动进行控制也是不太现实的。因此，当该私有实体的发射活动造成损害时，由其所属国家而不是直接介入运营的该私有实体来承担可能的责任，这是否合理呢？换言之，在私有发射活动中，当国家不是控制发射的实体时，将承担责任的实体仍限制为国家是否适当？

发射国应对所有私有实体或政府发射到空间的物体负责，② 这是国际空间法的基本原则。国家要对此类活动负责的理由就在于私有实体成立需要在相关国家登记注册。一个公司要在一个国家内登记，该国要验证这个实体的合法性并为其未来的运营颁发许可，公司的活动要受政府的监督。因此，为避免不必要的责任，国家需要加强其登记制度及完善颁发商业许可的程序。正如一些国家立法所规定的，国家应维持本国对空间物体的登记制度，而不论其是由政府或私有实体发射或购买的。③ 和平利用外层空间委员会工作组针对此提出了一项建议，即要求有关国家通过国家立法及行政程序来批准并持续监督本国国民在外层

① F. G. von der Dunk, *The Illogical Link: Launching, Liability and Leasing*, Proceedings 35th Colloquium on the Law of Outer Space, Graz, 1993, p. 351.

② D. L. Willson, *An Army View of Neutrality in Space: Legal Options for Space Negation*, Air Force Law Review, Vol. 50, 2001, p. 191.

③ 例如，根据香港《外空条例》（第523章）第9节规定行政长官应保留空间物体的登记记录。

空间的活动。① 因此，国家在通过批准、监督和许可私有企业经营发射服务方面的有关法律时应本着善意的原则，确定责任主体，规定赔偿方式，使国际责任能得到切实落实。② 该建议对非政府组织也应同样适用，该组织的登记国应当成为责任承担国。

3. 对"促使"的理解

《登记公约》并没有对"促使发射国"作出明确的界定。事实上，对于"促使发射国"存在很多争论。很明显，从《登记公约》的措辞看，发射行为与促使行为是有区别的。促使发射国是代表积极主动发射空间物体国家进行发射行为的国家。有建议认为一国要成为"促使发射国"，其在要求发射卫星时至少要积极介入，或至少促进某一特殊空间物体的发射足以认定其已经"促使"发射。③ 那么什么才是"积极介入"？在实践中也很难断定。但是，许多学者都认为，如果仅仅提供空间物体本身的行为不会被认为"促使"；促使发射的行为要求促使发射国积极地和实质性地参与发射活动。④ 在科技高度发达、经济社会走向全球化的社会中，一个成品往往由全球各地生产的部件组装而成，有时很难确定产品的所有权问题。因此，十分有必要确定什么是促使发射的行为以及认定法律责任的情形。⑤

应该认识到，"促使发射国"本身就是发射国的一种。但是空间物体的发射涉及多道程序，从物体的制造到最终的登记整个过程，介入的国家往往很多，这时又该如何确定"促使发射国"？有建议认为，一个国家如果被认定为发射国，该国要积极地且实质性地参与发射活动。⑥ 因此要界定"促使发射国"，就必须

① 参见 2002 年 4 月 2 日到 12 日在维也纳召开的和平利用外层空间委员会法律委员会第 41 次会议所作的报告：工作组就"有关'发射国'概念的审查"该第九项议题的结论部分，联合国 2002 年 4 月 19 日第 A/AC. 105/787 号文件，附件四，附录第 10 节。

② M. Williams, 'Perceptions on the Definition of a "launching State" and Space Debris Risks', Proceedings 44th Colloquium on the Law of Outer Space, Huston, 2002, p. 285.

③ K. H. Bockstiegel, The Terms Appropriate State 'and Launching State' in the Space Treaties-Indicators of State Responsibility and Liability for State and Private Space Activities', Proceedings 34th Colloquium on the Law of Outer Space, 1992, p. 15.

④ Frankle and Steptoe, Legal Considerations Affecting Commercial Space Launches from International Territory', Proceedings of the Workshop on "Legal Framework for Commercial Launch and Associated Activities", Bremen, January, 2000 (Project 2001), p. 67.

⑤ C. Q. Christol, Nuclear Power Sources (NPS) for Space Objects: A New Challenge for International Law', Proceedings 35th Colloquium on the Law of Outer Space, 1993, p. 250.

⑥ A. Kerrest, Remarks on the Notion of Launching State', Proceedings 41st Colloquium on the Law of Outer Space, 1999, p. 310.

对"积极地且实质性地参与"作出明确定义。否则,"发射国"的定义问题还是没有得到解决。

4.《外空条约》第8条的适用

考虑到对"发射国"作出明确定义的难度,有学者建议出现非原始发射国的情形时,可以适用《外空条约》第8条的规定作为补充。这一建议,虽然试图将非原始发射国纳入责任机制,弥补由于对"发射国"定义的不足,但是这与通常法律上的做法却互相矛盾。《登记公约》是对《外空条约》第8条的深入阐释,其目的就在于澄清且充实该条,各国学者已经就该点达成广泛的共识。① 从这种意义上来说,《登记公约》是一个特别法,《外空条约》这一被认为是外层空间的宪法性文件,就是一般法。根据法理学,当一般法和特别法之间有冲突时,优先适用特别法。只有当所涉事由在特别法范围之外,才应适用一般法。

非原始发射国的出现源于空间物体所有权转移,这种做法在起草《登记公约》时不存在而且在当时也是不可能的。公约特别规定了发射国的范围,很显然,该范围已落后于现今的做法。现在的任务就是要修订公约,而不是退回到60年代制定的《外空条约》。《外空条约》仅作出一些原则性规定,其适用还需要进行深入解释。对于《外空条约》的原则性规定,一些学者很容易将其当作万能药,在适用中任其解释,断章取义。但这样却会阻碍空间法的发展。无论法律阐述得多么详尽,仍然会有疏漏,关键是要补充和完善现有规定和机制。

(二) 空间物体

对于"空间物体"的定义,各国学者也提出了诸多的意见。②

首先,公约中所指的"空间物体"是否包括在外空发射的物体?对于在外空建造或发射的飞船或卫星是否属于"空间物体"的问题至今还没有达成共识。③ 本书作者认为,发射活动的地点并不能改变空间物体的性质。有关地域的考虑只在空间物体在某发射国的领域内发射时才有意义。但是,发射地点可能是公海、南极洲及外空等国家主权范围之外的地方。确认从这些地点发射的物体可能比确认从某特定发射国发射的物体的难度大,但登记则是解决的一个办法。进行预先登记能有效地监控相应的发射活动。

---

① F. Kosmo, *The Commercialization of Space: A Regulatory Scheme that Promotes Commercial Ventures and International Responsibility*', Southern California Law Review, Vol. 61, May, 1988, p. 1069.

② I. H. Ph. Diederiks-Verschoor, *An Introduction to Space Law* 44 (Kluwer Law International, 3rd Ed., 2008).

③ V. Kopal, *Some Remarks on Issues Relating to Legal Definitions of "Space Object", "Space Debris" and "Astronaut"'*, American Institute of Aeronautics and Astronautics, Inc., 1994, p. 1.

其次，公约规定国家必须将不再存留于空间的物体通告联合国秘书长。① 但是，该规定没有就空间碎片的地位作出规定。② 原始发射国是否继续对由原空间物体产生的空间碎片所造成的损害继续负责呢？ 如果空间碎片可以识别，这个问题就容易解决。一般而言，一旦某个空间物体停止运行，原始发射国应采取措施来防止损害的发生；在发生损害时，这些国家应继续承担责任。而且，基于其原先发射的行为，该原始发射国对该空间物体有基本的认识，并且拥有必要的技术来避免或减轻损害的发生。延续原始发射国的国际责任反过来也能促使原始发射国在开始原始发射活动时更为谨慎。

但是，当不能识别空间碎片时，情况就变得困难了。因为在此种情况下，很难确定索赔的对象、方式等。③ 显然，公约没有预料到这种情形，确信空间物体经过登记后，就能彻底解决该物体的识别问题，从而方便索赔。④ 因此解决这个问题十分重要。当不能识别造成损害的物体时，或许可以在公约中规定一些索赔的指导原则，以方便确认或直接采取实用的方式进行赔偿。⑤ 这一点将在后文中有关登记所需提供的文件中作进一步的阐释。

最后，当一个空间物体是由在不同国家登记的部件组成时，问题就产生了：如何将物体作为整体来识别呢？外空法律体系不存在任何强制性的指导原则。解决这一问题要靠各国合作。发射国应预先同意登记国根据公约将整个组合物作为一个新的空间物体登记。⑥ 一个很好的例子就是国际空间站的建设。这将在下文关于发射国之间的合作部分作深入讨论。

（三）空间碎片与空间物体

空间碎片的定位、定性以及责任问题一直困扰空间法学界。究其根源，还在于现有的国际公约没有对空间碎片作出明确的界定。国际上也至今没有就空间碎片形成一个各国可接受的定义。根据联合国外空委 2007 年 6 月通过的《空间碎

① G. H. Reynolds and R. P. Merges, *Outer Space: Problems of Law and Policy*, 1989, p. 195.

② C. D. Williams, *Space: The Cluttered Frontier*, Journal of Air Law & Commerce, Vol. 60, 1995, p. 1148.

③ P. T. Limperis, *Orbital Debris and the Spacefaring Nations: International Law Methods for Prevention and Reduction of Debris, and Liability Regimes for Damage Caused by Debris*, Arizona Journal of International and Comparative Law, Vol. 15, Winter, 1998, p. 338.

④ C. D. Williams, *Space: The Cluttered Frontier*, Journal of Air Law & Commerce, Vol. 60, 1995, p. 1163.

⑤ L. R. Roberts, *Orbital Debris: Another Pollution Problem for the International Legal Community*, Florida Journal of International Law, Vol. 11, 1997, p. 622.

⑥ A. Gorbiel, *Large Space Structures: The Need for a Special Treaty Regulation*, Proceedings 26th Colloquium on the Law of Outer Space, Lausanne, 1984, pp. 247~250.

片减缓指南》，空间碎片是指在地球轨道上或再入到大气层的已经失效的一切人造物体（包括它们的碎块和部件）。① 空间碎片主要来自空间物体的爆炸和碰撞。这些爆炸和碰撞可能是意外引起（例如由于空间物体中不同气体的混合造成爆炸），也可能是故意的行为（空间活动国家政府为防止军事卫星上的技术泄漏而炸毁空间物体）。空间碎片不限于废弃的卫星碎片或残余，还包括空间物体运载工具的残余以及空间物体碰撞的产物等。许多学者都认为空间碎片包括四类：废弃的有效负载（包括不再运作或受控制的卫星）、运作的碎片（主要指在运载工具上使用并在卫星进入轨道前脱落的物体）、分裂的碎片（这是占绝大多数的碎片）以及微粒。空间碎片还可以区分为三种：直径超过 10 厘米的大碎片、直径在 10 厘米和 1 毫米之间的中等碎片、直径小于 1 毫米的小碎片。②

据统计，截止到 2007 年 7 月 16 日，可跟踪观测物体统计数据为在轨物体总数 12202 个（其中有效载荷 3270 个，空间碎片 8910 个）。大部分在低地轨道上，而且直径在大约 10 厘米以上；而不能跟踪的碎片有几百万个。当然现在的技术完全可以跟踪直径小于 10 厘米的碎片，但工作量会过大。空间碎片可能造成的危险、碰撞造成的损害以及其他潜在风险（对于环境的损害以及科学信息资料的损害等）不需多言。我们主要从法律角度来讨论空间碎片。

迄今为止，还没有国际条约直接对空间碎片的问题作出规定，而各国有关空间碎片的国内立法或政策性规定也很少。我们只能对国际国内的有关规定进行分析，探讨空间碎片的问题。

空间碎片是否属于空间物体？

空间碎片的问题第一次于 1994 年列入联合国外空委议事日程。但是法律小组的讨论却一直非常不顺利。这种现象不仅仅发生于"空间碎片"，还存在于其他空间法术语的解释（或定义、描述）。国际条约虽然没有规定空间碎片，但是"空间物体"的定义与空间碎片密切相关。③ 现在各国学者还存在许多分歧：空间碎片是否属于空间物体？一些学者认为空间物体的定义不清楚，不能确定空间碎片是否属于空间物体。但是这些学者只是仅就公约没有明确规定空间碎片的情况作陈述，认为这样的情况是空间法不确定的因素；他们都没有明确否认空间碎

① 联合国文件 A/62/20：《和平利用外层空间委员会的报告》（附件：《和平利用外层空间委员会空间碎片减缓指南》），http：//www. unoosa. org/pdf/gadocs/A_ 62_ 20C. pdf，2008 年 7 月 16 日浏览。

② P. T. Limperis, *Orbital Debris and the Spacefaring Nations*：*International Law Methods for Prevention and Reduction of Debris*, *and Liability Regimes for Damage Caused by Debris*, Arizona Journal of International and Comparative Law, Vol. 15, Winter, 1998, p. 322.

③ Christopher D. Williams, *Space*：*The Cluttered Frontier*, 60 Journal of Air Law & Commerce 1147 (1995).

片不属于空间物体或提出理由来否认。而现在有许多学者认为，空间碎片属于空间物体。欧洲空间法中心也持此态度。他们对空间碎片的具体情形作出分析。

《责任公约》及《登记公约》规定空间物体包括空间物体的组成部分、物体的运载工具和运载工具的部件。在英文原文的解读中，难免会存在两种理解：后者"部件"是否也包含空间物体组成部分的部件，而不仅仅是运载工具的部件？① 但是，无论如何理解，空间物体的组成部分应该也可以视为包括一些部件。②

如果将空间碎片排除出空间物体的范畴，可能会与公约的宗旨与目的相违背。在序言中，缔约国考虑到空间物体会造成损害，确认继续建立规则保证赔偿的最终实现。往往空间物体在国家控制之内，发生损害的几率相对较少。而空间碎片，尤其是国家废弃不用的，往往有更高的损害概率。如果将空间碎片排除，那么公约的效力和作用将大打折扣。1978 年前苏联的空间物体落入加拿大境内，也可以说是空间碎片，但是加拿大仍依据《责任公约》提出请求。③当然，最终的赔偿并没有提及该公约，但不能否认该公约在实际的操作中起了很大的作用。

当然，在具体的确定空间碎片方面可能会存在一些问题，但是随着科技的发展，这些问题也会得到解决，而不能成为空间碎片定性的障碍。在 2003 年联合国与韩国政府组织的会议上也提到一些措施可以帮助解决此方面的问题，如加强登记注册工作，信息交流，预警机制等。

2. 国际条约和相关国内法对空间碎片的认定

（1）国际条约对空间碎片的认定

即使空间物体不包括空间碎片，也可以从其他公约条款中找到一些依据。而这些规定，无论空间碎片是否属于空间物体，均可适用。1967 年《外空条约》第 6 条规定外空活动应经有关缔约国批准并受其不断的监督，要求国家对包括非政府团体进行的所有外空活动负国际责任。也就是说，缔约国在发射物体后，应持续对该物体进行监督和控制，对以后发生的事件承担国际责任。考虑到空间活动可能对环境的影响，第 9 条规定，缔约国应避免使地球环境发生不利变化，并

① Richard Berkley, *Space Law versus Space Utilization*：*The Inhibition of Private Industry in Outer Space*, 15 Wisconsin International Law Journal 440（1997）.

② Delbert D. Smith, *The Technical*, *Legal*, *and Business Risks of Orbital Debris*, 6 New York University Environmental Law Journal 55（1997）.

③ B. Schwartz & M. L. Berlin, *After the Fall*：*An Analysis of Canadian Legal Claims for Damage Caused by Cosmos* 954, 27 McGill Law Journal 676（1982）；A. F. Cohen, *Cosmos 954 and the International Law of Satellite Accidents*, 10 Yale Journal of International Law 80（1984）.

应在必要时为此目的采取适当措施。环境保护已经成为当今世界的主题之一。这同样适用于外空。这从各种会议讨论和规范性文件的出台可以看出,以前主要是从责任损害赔偿出发,现在谈的更多的是如何采取预防措施,避免发生危害环境的事件。但是即便如此,仍然不能免除有关国家的国际责任。此类国际责任仍然应该采用公约中类似的规定。《外空条约》第 11 条还进一步规定缔约国应在最大可能和实际可行的范围内,将外空活动的性质、进行情况、地点和结果通知联合国秘书长,并通告公众和国际科学界。尽管以上三条规定是否可以直接适用于空间碎片尚无定论,但我们至少可以从《外空条约》的宗旨和目的,尤其是第 9 条有关不得对他国外空活动产生有害干扰等规定中,得到有关解决空间碎片的指引。①

《营救协定》同样有类似规定。第 5 条规定空间物体的返还:缔约国如果认为空间物体或其组成部分是危险和有害的,可通知发射当局在其领导和监督之下,立即采取有效措施,消除可能造成危害的危险。该条的规定说明发射当局有采取措施消除危险的义务,针对的是返回地球的空间物体或组成部分,没有涉及空间碎片。但是我们也可以从公约的主旨得出推论,一旦能确定空间物体的所有权,相关发射当局对空间物体造成的损害承担责任。②

《责任公约》除了有关"空间物体"概念有些模糊之外,对"损害"一词的规定也有不明确之处。③ 该词的界定没有包括环境损害。所以由于空间碎片造成的环境损害,缔约国不承担责任,除非造成的损害在相关缔约国管辖权范围之内。而且公约并没有具体规定损害赔偿的标准。④ 此外,该公约规定的过失责任原则在适用中也会出现问题。例如,如何确定造成损害的碎片的所有权?如何确定发生损害的发生经过?过失责任中谨慎义务的程度如何?等等。

空间碎片是否还有所有权?一般而言,空间碎片为发射国废弃,应该是放弃其所有权,但是,我们不能想当然。在某些情形下,发射国可能还希望保有其所有权,其中理由包括避免技术泄漏等。例如在 1978 年前苏联的实践中,卫星已经坠毁,但是前苏联仍然希望加拿大归还其碎片。《营救协定》亦规定空间物体或其组成部分应在发射当局的要求下归还给该发射当局的代表或交给这些代表支

① Christopher D. Williams, *Space: The Cluttered Frontier*, 60 Journal of Air Law & Commerce 1157 (1995).

② Jennifer M. Seymour, *Containing the Cosmic Crisis: A Proposal for Curbing the Perils of Space Debris*, 10 Georgetown International Environmental Law Review 899 ~ 900 (1998).

③ 参见《责任公约》第 1 条。

④ Carl Q. Christol, *International Liability for Damage Caused by Space Objects*, 74 American Journal of International Law 357 ~ 358 (1980).

配。由此可见，所有权问题是比较复杂的。① 虽然依据《登记公约》，登记国要将不复在地球轨道的空间物体通知联合国秘书长，但这并不意味着登记国已经放弃其所有权，有关所有权的放弃，必须以相关国家的声明为准。但此声明并不能免除由该碎片可能造成损害的责任。如果某国希望减少或清除碎片，必须经该登记国的同意，或至少进行协商和通告。

为了解决上述公约中出现的所有权界定问题，《登记公约》要求发射国向联合国秘书长登记注册。而且在第 4 条规定，登记国应在切实可行的最大限度内，尽速将其前曾提送情报的原在地球轨道内但现在不复在地球轨道内的空间物体通知联合国秘书长。但是该规定还是会出现一些问题：空间物体不再运作，甚或已经发生碰撞，但如果仍然在地球轨道内，发射国就没有通知的义务。这显然是不合理的。

以上公约要求发射国对其发射的空间物体承担国际责任，并且为此目的，要求发射国之一成为登记国。《登记公约》第 6 条还规定，缔约国，尤其拥有空间监视和跟踪设备的国家，应在可行的最大限度内，在公允和合理的条件下协助辨认造成损害或可能具有危险性或毒性的空间物体。这些规定一定程度上解决了可跟踪的空间物体造成的损害责任问题，但是许多损害是由未被跟踪的空间碎片造成的。前面的论述已经认为空间碎片也属于空间物体的一部分，因此，《责任公约》亦应适用于空间碎片。但是《责任公约》不能很好地适用于未被跟踪的空间碎片。该公约的适用基于造成损害的空间碎片能够确认其发射国，但如果发射国不能确定，那么责任问题就无从谈起。②

（2）相关国内法对空间碎片的认定

美国在国内外空法的制定方面处于世界领先位置，不过至今还没有制定有关空间碎片的正式法律和政策。而且美国也多次强烈反对联合国制定有关空间碎片的规范，原因之一就是美国本身是空间碎片的主要产生国之一，一旦有相关规范，美国首当其冲会承担很大责任。尽管如此，美国还是制定了一些调整外空活动的国内法规条例，其中一些规定与空间碎片问题有一定的联系。

美国 2006 年 8 月 31 日发布《国家航天政策》取代之前 1996 年的版本，③ 但新的版本还是继续以前的路线，努力将政府和非政府团体在外空活动中产生的空

---

① Kenneth Schwetje, *Liability and Space Debris*, in K. H. American Journal of International Law 357 ~ 358 (1980). Bockstiegel (ed.), *Environmental Aspects of Activities in Outer Space* 37 (1988).

② Lucinda R. Roberts, *Orbital Debris: Another Pollution Problem for the International Legal Community*, 11 Florida Journal of International Law 622 (1997).

③ White House Fact Sheet, Presidential Directive on National Space Policy (19 September 1996).

间碎片降到最少，以保护空间环境。该文件更进一步要求各部门机构在发射、促使发射、操作航天器以及在空间进行试验测试的时候，要结合空间活动使命及节省费用的要求，继续遵循《美国政府空间碎片减轻实践标准》；在联邦通讯委员会主席的协调之下，商务部和交通部的秘书处在各自批准航天项目时，要继续考虑空间碎片的问题；美国在国际领域要继续鼓励外国和国际组织在减轻空间碎片问题上制定法规政策，并互相合作交流在空间碎片方面的研究信息以及进一步改进减轻空间碎片的实践。

实践中，交通部通过其商业航天运输办公室对商业航天企业进行包括审批在内的管理活动。① 审批中要考虑的因素之一就是航天使命的计划和安全程序。在办法许可之后，该办公室还要继续监督具体活动遵循许可的要求和条件。联邦通讯委员会调整卫星通讯活动；而商务部的国家海洋气象局则调整卫星遥感活动。上述部门并没有制定具体的条例规范空间碎片问题，但根据美国《国家航天政策》，这些部门在具体审批活动中一般会考虑诸如空间物体频波干扰等问题，以确保空间安全。

美国《商业空间发射法令》也对私营团体发射服务作出具体的要求，其中规定交通部有权力要求发射能保护公众的健康和安全、财产安全、国家安全以及美国的外国政策利益。这些要求可以在具体的审批过程中实现。

美国国家航天局是具体承担空间碎片减轻任务的唯一的联邦机构。美国有关处理空间碎片问题的政策规定主要是 1995 年 8 月发布的《美国国家航天局限制空间碎片的指引和评估程序》。② 该指引规定了政府在外空活动中必须遵守的减少空间碎片的要求，但是现在许多商业性机构在进行空间活动中也往往参考这些规定。该文件要求每一个空间项目都必须对产生空间碎片的可能性进行正式评估；建议空间项目：在使命结束后耗尽空间物体上的能源；将使命完成后空间物体在轨道的时间限制为 25 年或将其调整到其他轨道清除；限制正常空间活动中空间碎片的产生；限制现有空间碎片或流星体的不利后果；限制使命结束后清除余下的空间物体部件重新进入轨道的危险。

至于责任赔偿方面，或许可以参见《美国联邦法典第 49 篇 – 运输》第 701 章第 70112 ~ 70113 节的规定。概括地说，发射许可证持有人或受让人应取得第三方责任保险或证明其经济能力，足以补偿可能提出的损失额。对于因发射活动

---

① Stephanie Lee-Miller, *Licensing and Regulating U. S. Commercial Space Launches*, 4 Journal of Law & Technology 45（1989）.

② National Aeronautics & Space Administration, *NASA Safety Standard*: *Guidelines and Assessment Procedures for Limiting Orbital Debris A – 1 & A – 2*（August 1995）.

造成死亡、人身损害、财产损害或损失超过 5 亿美元的，或者金额在保险金或经济能力证明总额之上，超过 15 亿美元的损失额，由美国政府承担。①

俄罗斯联邦 1993 年《空间活动法》第 4 条第 2 段第 6 项规定，为了保证战略和生态安全，在俄罗斯联邦内禁止使外层空间受到有害污染可能导致环境发生不利变化，包括在外层空间故意毁坏空间物体。在该法有关损害责任一条，大致采用了《责任公约》的规定，但是必须注意，该法明确规定俄罗斯只对直接损害进行赔偿。俄罗斯同样要求第三方责任险，并以此保险额为限承担责任。但是如果不足以赔偿时，该私营发射方亦应以其财产承担责任。②

澳大利亚 1998 年《空间活动法》第 4 部分对空间物体的损害责任作出规定，内容没有脱离开《责任公约》的影子。但是该法具体规定了包括赔偿诉讼时效在内的程序问题。③ 英国规定私营发射方要向政府因其行为引起的损害赔偿承担责任。④ 英国没有法律强制规定责任险，但是政府可以将此作为发放许可证的条件之一。

（四）登记国

"登记国"一词主要出现在《登记公约》中。例如，在《责任公约》中规定，发射国而非登记国要对可能出现的损害负责。许多学者得出的结论认为登记国就等同于发射国或发射国之一。因此有必要确定《登记公约》给"登记国"下定义的目的：使用该词的唯一目的就仅仅是要求一个国家登记空间物体吗？从其他条约没有使用该词的事实中，我们或许可以得出一个积极的答案："登记国"一词与某空间物体的地位、状态或其运行后果无关；而"发射国"的概念才是关键。由此可见，登记的行为本身并不是确认某空间物体所属国的标准，虽然事实上经常会发生登记国由于其登记的行为使空间物体自动具有该登记国"国籍"的情形。⑤

但是上面的这种理解也会产生一些问题。登记国是对空间物体有着充分控制权和管辖权的国家吗？在买卖空间物体并不普遍的情况下可能是这样。发射国之间可以协商哪一国作为登记国进行登记，并由该登记国对空间物体行使管辖和控制权。因此，发射国之间的协议就可以解决登记的问题。但是当空间物体所有权转移给一个非发射国时，就会导致控制权的转移。根据《登记公约》，作为一个

① *Commercial Space Launch Act* 1984 （US）, Section 70112.

② *Law of the Russian Federation on Space Activities*, Article 30.

③ *Space Activities Act* 1998 （Cth）, Sections 47 and 48.

④ *Outer Space Act* 1986 （UK）, Section 10 （1）.

⑤ B. Cheng, *Space Objects and their Various Connecting Factors*, in G. L. Laferranderie and D. Crowther （Eds.）, Outlook on Space Law over the Next 30 Years 205 （1997）.

非发射国，该受让方既不能成为登记国，又不能根据《责任公约》承担责任，这种状况是极其荒谬的。

一些学者认为，在所有权转移给非发射国，而第三方进行索赔的情况下，原发射国在向第三方进行赔偿后，可以向该非发射国索赔。但是这种复杂重复的程序反而会导致混乱的局面，增加了不必要的过程。因此《登记公约》在进一步修改时，应将登记国的范围延伸至真正拥有所有权的国家。这样公约就能适应新的发展。一个可能的解决方案是在公约对"登记国"的定义后面加一句话：对于非原始发射国来说，登记国指对空间物体保持管辖和控制的国家。在公约中可以具体规定确定是否保持"管辖和控制"的几项因素，例如从空间物体运营中直接获得商业利益，达成转让协定，限制再转让权的行使等等。

二、现有登记制度存在的问题

公约的有关规定是空间物体登记制度走向程式化、正规化的第一步。对公约存在的一些问题，早在 1984 年就有学者提出修改意见。但是至今联合国大会还没有采取任何措施。下面就针对已经发现的一些问题展开阐述并对现有登记制度作深入评论。

（一）登记的信息亟待完备和及时

《登记公约》第 4 条规定了登记时应向联合国秘书长提供的五项情报。该条款由于核动力源的使用而受到质疑。核动力源的使用带有高度风险，如何安全使用核动力源的问题引起了学者的关注。1992 年通过了有关安全使用核动力源的决议——《关于在外层空间使用核动力源的原则》。决议规定，任何发射载有核动力源的空间物体的国家在该空间物体发生故障而产生放射性物质重返地球的危险时，应及时通知有关国家；还应以同样的频率将最新的资料提供给联合国秘书长。[1] 根据和平利用外层空间委员会有关文件，[2]《登记公约》并没有强制性要求任何国家提供载有核动力源的空间物体的信息，虽然各国可自愿提供。[3] 由此，有学者认为，尽管 1992 年的核动力源原则不具有强制执行力，不具有变更原有条约的能力，[4] 但是联合国决议的内容经常得到各国的遵守和支持，成为现代国际法的渊源之一，所以，该原则确实为《登记公约》增加了一项登记时应

---

① 《关于在外层空间使用核动力源的原则》原则 5。

② 参见 1989 年 4 月 26 日联合国第 A/AC. 105/430 号文件，第 17 页。

③ J. C. Clayton, *Nuclear Power Sources for Outer Space*: *Political*, *Technical and Legal Considerations*, Proceedings 31st Colloquium on the Law of Outer Space, 287 (1989).

④ M. Hoskova, *The Notification Principle in the 1992 NPS Resolution*, Proceedings 35th Colloquium on the Law of Outer Space, 308～309 (Graz, 1993).

提供的情报。

因此，登记时是否要提供使用核动力源的信息？这一问题实际上又涉及到应否提供空间物体上带有武器系统的信息，空间物体的目的和功用等等。例如，公约规定空间物体的"一般功用"要披露，但是各国对一般功用存在不同的理解，根据实际情况作出对己有利的解释，这样就有可能隐藏诸如依法执行任务的军事卫星身份之类的敏感信息。① 此外，《登记公约》的登记信息能帮助确定某发射的物体为何物，但是却不能帮助确定该空间物体的所处方位。②

上述问题的产生主要在于国家不愿意披露与军事目的、间谍等有关的信息。目前尚未找到更好的解决办法。但是无论如何，《登记公约》中的条款应进一步重申和平利用外层空间的原则；至少该项原则在公约中的重申能起一个安全阀的作用，从法律或道义上防止违反该原则的行为出现。有人可能认为增加新的要求在现实中并不可行，但是这个新增的要求可以作为潜在的防范措施，可以经常提醒潜在发射国履行其和平利用外空的义务。

另外一个须指出的问题是提供信息的时间。公约使用了"尽可能快"一词。这是一个很主观的标准，发射国可以将其解释为发射后的几个星期或几个月甚至更长的时间。许多学者都批评了该用语的含混不清。有人提议应设定通报的明确期限：在核动力源发射后的两个小时内应向联合国秘书长汇报，在其他卫星发射后 24 小时内要通报。③ 该建议规定了相当严格的期限，但是在现实中是否行得通还是很值得怀疑。在具体期限的确定时，应当考虑到因某些合法原因或意外情况而允许延长期限。一些其他建议则较为宽松，如要求将"尽可能快"变为"应立即通知联合国秘书长"。④ 所以在决定通报的合理期限时，应考虑上述这些建议，然后再划定一个适当的界限。这对加强《登记公约》的可操作性将大有裨益。

（二）《登记公约》执行机制亟待完善

《登记公约》作为一个重要的国际条约，要求成员国严格履行公约中规定的义务。这一点对于《登记公约》及其他空间法条约都是一样的。但事实是

---

① R. A. Ramey, *Armed Conflict on the Frontier：The Law of War in Space*, 48 Air Force Law Review, 93（2000）.

② R. Moenter, *The International Space Station：Legal Framework and Current Status*, 64 Journal of Air Law and Commerce, 1044（Fall, 1999）.

③ E. R. Finch, Jr., Heavenly Junk II：*Recent Developments in Space Debris*, 8 Air & Space Law, 9（1994）.

④ N. Jasentuliyana（ed.）, *Maintaining Outer Space for Peaceful Uses*, *Proceedings of a Symposium held at the Hague*, 111～120（1984）.

《登记公约》通常缺乏有力的执行机制。这种现象就与一些保护知识产权的条约一样。但是随着世界贸易组织知识产权协议（TRIPs）的通过，这些知识产权条约被纳入世界贸易组织框架内，该组织的争端解决机制也同样适用于知识产权协议，因此，有力的强制措施已具备，这就为推行知识产权的有关规则提供了强有力的支持。由于《登记公约》执行机制上的缺陷，使该公约大打折扣。

鉴于空间法条约没有完善执行机制的事实，或许可以在公约中通过补充条款来规定如何处理强制执行问题，包括临时措施的规定、禁令、损害及其他惩罚。和平利用外层空间委员会、联合国秘书长或其他有关机构应当有权在相应情况下要求某些物体和某些信息的强制登记。

（三）《登记公约》的普遍适用性有待加强

目前，《登记公约》只有 46 个成员国，适用的国家相对《外空条约》少了很多。因此就引出了一个问题：《登记公约》中的条款是否构成习惯法？即公约是否适用于非成员国家？这个问题的解决对公约的履行相当重要。值得注意的是，早在 1961 年，联合国大会就要求发射国及时向和平利用外层空间委员会提供信息以便登记。但是直到 1975 年《登记公约》生效后，登记和提供相关信息才变为一项法律义务。

认定习惯法，应满足两个条件：通例和法律确信。针对这两个条件，《登记公约》中的条款构成习惯法是很令人怀疑的。与《外空条约》的 98 个成员国相比，《登记公约》的成员国要少得多。更为重要的是，即使在 46 个成员国中，也有一些国家不愿意提供敏感性的信息，还有一些国家完全依具体情况自主决定提供信息的时间。一些国家经常延迟登记或根本不登记。因此，在登记问题上各国做法大相径庭。

这种状况与习惯法的要求截然相反：习惯法要求各国普遍接受某规则为法律，并且意识形态不同和政治分歧的绝大多数国家都承认该项规则具有强制执行力。[①] 因此，著名国际法学者劳特派特很早就作出如下评论："假定在这里我们面对的是由惯例产生出的新的国际法，那么重要的不是参与其创立的国家数目及存在期限的长短，重要的是这些国家对于这些规则的接受程度。"[②] 因此，空间法中一旦存在着习惯法，则不论这些国家对这些法律规范是否明示同意或暗示同

---

① M. N. Shaw, *International Law*, 97（Cambridge University Press, 4th ed., 1997）.

② H. Lauterpacht, *Sovereignty over Submarine Areas*, British Yearbook of International Law, 376 & 394 （1950）.

意，都必须严格遵守这些规范。① 至今各国达成共识的有关空间法中的习惯法主要是 1967 年《外空条约》中规定的一些基本原则。所有积极参与外空活动的国家都已经从实践和心理上接受这些原则为强行性规范；即使是未加入公约的国家也基本上采取了相同的做法。② 在参考各国的实践之后，我们不难得出结论：《登记公约》中的条款没有满足习惯法的要求，不构成习惯法。因此，国际社会应进一步努力扩大《登记公约》的普遍适用性。

（四）《登记公约》中的国际合作条款有待完善

发射国之间的友好合作对于卫星成功的发射至关重要。正如公约所规定的，在共同发射的情况下，各方之间须达成协议以确定哪个国家为登记国。③ 这种合作在以后的阶段还应当延续。如公约所规定的，发射国不仅应当共同决定登记国，还要对造成的损害负连带责任。因此，国家之间的互相协调对解决上述问题十分关键。

就此而言，国际空间站项目为国家之间的合作树立了一个很好的典范。1988年参与空间站项目的国家达成了《政府间协议》。随着俄罗斯的加入，该 1988 年协议被一个新的协议所取代。《政府间协议》提供了一个长期的国际合作框架，包括如何详细设计、发展并运营该用于和平目的的载人民事空间站。④《政府间协议》的第 5 条规定了登记的问题，即适用管辖权和控制权原则来确定登记国。⑤ 协议还确立了国家之间清晰的责任机制，这就为将来解决争议提供了法律框架。该协议对空间站的良好运营提供了很好的基础。由此可见，在所有其他发射活动前，所有发射国应当达成协议，规定详细的登记安排、责任承担等，以免后期争议的发生。

对于未登记的空间物体，订立协定也具有特别的意义。援引达成的协定，就

---

① 这实际上是《国际法院规约》第 38 条有关国际惯例的重申。具体参见 P. Malanczuk, Akehurst's Modern Introduction to International Law, 44（Routledge, 7th ed.，1997）.

② P. Malanczuk, *Space Law as a Branch of International Law*, Netherlands Yearbook of International Law, 147（1995）. 这类原则主要包括和平探索和利用外层空间的自由；禁止将外层空间占为己有的原则等。

③ 《登记公约》第 6 条。有关该条的讨论，参见 M. Lachs, *The Law of Outer Space*, *An Experience in Contemporary Law Making*, 70（Sijthoff Leiden, 1972）.

④ 加拿大政府、欧洲航天局成员国政府、日本政府、俄罗斯联邦政府、美国政府之间有关民事国际空间站合作协议，1998 年 1 月 29 日。参见 K. F. Nagel, *Das neue Regierun sab kommenuber die Internationale Raum Station*, German Journal of Air and Space Law, Vol. 47, 149～163（1998）.

⑤ 该条款规定，（1）根据《登记公约》第 2 条，各合作方应将其附件中提供的飞行器部件登记为空间物体；欧洲各成员国将此责任转由欧洲航天局行使；（2）根据《外空条约》第 7 条和《登记公约》第 2 条，各合作方应保留对依该条第 1 段登记的部件以及在空间站上本国国民的管辖权和控制权；行使管辖权和控制权要依据本协议，谅解备忘录以及包括程序规则在内的执行安排协议等有关条款的规定。

不难识别该未登记物体，即使没有任何一个国家是登记国，由该物体引起的责任也可以在发射国之间很好地协调。而且，发射国之间达成有关国家保险和安全要求的协议，还可以很好地解决后期的赔偿问题。

《登记公约》是空间法立法史上的一个重要条约。公约的生效有助于澄清识别外层空间物体的棘手问题，且促进和平利用外层空间的国际法的发展和应用。但是正如空间法学者所主张的，如果公约规定更详尽、明确且具有更多的强制执行力，那么该公约就能更加完善。空间活动的新发展对《登记公约》提出了新要求。空间商业化的浪潮急切要求《登记公约》能适应新形势，作出相应的调整。① 在这种迅速变化的国际背景下，对公约展开研究探讨就变得更有意义了。此类深入而有建设性的探讨，必然会有助于未来和平利用外层空间委员会的工作和《登记公约》在现实中的适用。

---

① See L. Perek, *The 1976 Registration Convention*, 47 German Journal of Air and Space Law, 351～360 (1998).

第五章

外层空间法中的责任制度

国际法律责任也称国际责任，它是指国际责任主体对其国际不法行为或损害行为所应承担的法律后果。因此，空间法中的法律责任是指空间法主体违背空间法项下的国际义务应承担的法律后果。在现行的国际法体系中，空间法上的法律责任制度主要是指空间活动中空间物体造成损害的责任制度。

空间活动中空间物体造成的损害包括三种类型：第一种是空间物体对本国或本国自然人或法人的财产或人身造成的损害；第二种是空间物体对他国或他国自然人或法人的财产或人身造成的损害；第三种是空间物体造成空间环境损害。但空间活动中空间物体造成损害的责任只包括空间物体造成人身、财产损害的赔偿责任和空间物体造成空间环境损害的国际责任。空间活动中空间物体造成损害的责任制度包括两个层次：各国的国内立法主要解决空间物体对本国或本国自然人或法人的财产或人身造成的损害赔偿问题；同时，也解决外国人或法人通过当地救济办法向本国求偿的相关制度。国际空间法主要确立空间物体对他国或他国自然人或法人的财产或人身造成损害的赔偿责任制度及空间物体造成空间环境损害的国际责任制度，解决国家间通过外交、国际司法途径实现空间损害责任及相关程序问题。

第一节 联合国框架下有关空间物体造成损害的赔偿责任国际立法

空间物体造成损害的赔偿制度主要体现在《关于各国探索和利用外层空间包括月球与其他天体活动所应遵守原则的条约》（以下简称《外空条约》）、《空间物体所造成损害的国际责任公约》（以下简称《责任公约》）及相关国际文件中。

一、联合国框架下空间物体造成损害的赔偿制度的形成及其发展

任何法律制度都应包含关于违背其规定义务的责任制度，没有责任制度的"法"就不是真正意义上的"法"。作为国际空间法的重要组成部分，空间物体造成损害的赔偿责任制度对于增强国际空间法的"刚性"因素具有十分重要的意义。

空间物体造成损害的赔偿责任问题一直是国际社会关注的主要问题之一。早

在联合国和平利用外层空间委员会法律小组委员会（以下简称法律小组委员会）成立之初，该问题就已经提出。1962 年 5 月 28 日法律小组委员会第一次会议上，美国就对此问题的立法提出立一个书面草案①。当时由于前苏联的反对，小组委员会对此草案没有进行审议。此后，比利时、匈牙利分别在 1963 年和 1964 年向法律小组委员会提交了新的草案②。这三个文件逐步成为了法律小组委员会讨论的重点。尽管联合国外空委员会法律小组委员会对此没有达成一致态度，但是这些国家的提议促进了相关国家对此问题的重视，也直接促成了联合国大会 1963 年 12 月 3 日通过的《各国探索和利用外层空间活动的法律原则宣言》（以下简称《外空宣言》）在第 5 条和第 8 条分别对国家责任和赔偿责任问题进行了约定。

1963 年联合国大会通过的《各国探索和利用外层空间活动的法律原则宣言》第 5 条和第 8 条分别明确了空间活动的国际责任和赔偿责任原则。该《宣言》一方面宣告，各国对本国不管政府部门或非政府部门在外层空间的活动，以及对保证本国的活动遵守本宣言所规定的原则，均负有国际责任。国际组织在外层空间从事活动时，应由该国际组织及其成员国承担遵守本宣言所规定原则的责任；另一方面规定，向外层空间发射物体的国家或向外层空间发射物体的发起国家，以及被利用其国土或设施向外层空间发射物体的国家，对其所发射的物体或组成部分在地球、天空或外层空间造成外国、外国的自然人或法人损害时，应负有国际责任。

1966 年通过的《外空条约》第一次以法律的形式明确了空间活动国际责任和国际赔偿责任的原则。《外空条约》第 6 条规定，缔约国对本国在外层空间，包括月球与其他天体在内的活动应负国家责任，不论这类活动是由政府机构或是非政府团体进行的。它应负国家责任保证本国的活动符合本条约的规定。《外空条约》第 7 条则进一步明确，凡发射或促使发射物体进入外层空间，包括月球与其他天体在内的缔约国，以及以其领土或设备供发射物体用的缔约国，对于这种物体或其组成部分在地球上、大气空间或外层空间，包括月球与其他天体在内，使另一缔约国或其自然人遭受损害时，应负国际赔偿责任。

《外空条约》通过以后，法律小组委员会及国际社会许多国家开始集中关注空间物体造成损害问题。1967 年联合国《外空条约》在第 6 条和第 7 条对于空

---

① 联合国文件：A/AC. 105/C. 2/L. 4。

② 联合国文件：A/AC. 105/C. 2/L. 7；联合国文件：A/AC. 105/C. 2/L. 10。

间物体造成损害的赔偿责任制度的建立确立了原则性的规则。① 正是由于这些规定是原则性的，对于赔偿制度的具体规定，如赔偿范围、赔偿标准、归责原则及相关责任机制等，亟待新的条约或协议来解决。

1967 年 12 月 19 日，联合国大会要求外空委员会制定责任公约草案，为此，法律小组委员会立即开展草拟工作，并在 1970 年 6 月成立了一个起草小组。1971 年 6 月，法律小组委员会终于通过了《责任公约》草案。其后在外空委通过后由联大一委提交联大于 1971 年 11 月 29 日通过。《责任公约》在 1972 年 9 月 1 日收到第五个批准国的批准书后正式生效。联合国框架下的空间物体造成损害的赔偿责任制度体系确立后，至今没有得到修正和完善。

二、联合国框架下的空间物体造成损害的赔偿责任制度

在《外空宣言》和《外空条约》确立的损害赔偿原则的指导下，《责任公约》对空间物体造成涉外损害的责任主体、求偿主体、赔偿范围和标准、归责原则及赔偿程序等问题进行了规定。

（一）空间物体造成涉外损害的责任主体和求偿主体

1. 空间物体造成涉外损害的责任主体

《外空宣言》第 8 条和《外空条约》第 7 条都明确规定了"凡发射或促使发射物体进入外层空间以及以其领土或设备供发射物体用的缔约国"对其空间物体造成涉外损害应承担国际责任。根据《责任公约》第 1 条第 3 款关于"发射国"的定义，上述"缔约国"显然就是指空间物体的发射国。② 《责任公约》第 2、3、4、5 条进一步明确了空间物体造成涉外损害的责任主体是空间物体的发射国。

《责任公约》第 2、3 条明确了一国空间物体对地球表面或飞行中的飞机造成损害和在地球表面以外的地方对他国空间物体和人员造成损害时的责任主体是该

---

① 《外空条约》第六条规定："本条约各缔约国对本国在外层空间，包括月球与其他天体在内的活动应负国际责任，不论这类活动是由政府机构或是由非政府团体进行的。它并应负国际责任保证本国的活动符合本条约的规定。非政府团体在外层空间，包括月球与其他天体在内的活动，应经本条约有关缔约国批准并受其不断的监督。一个国际组织在外层空间，包括月球与其他天体在内进行活动时，遵守本条约的责任应由该国际组织和参加该国际组织的本条约各缔约国共同承担。"第七条规定："凡发射或促使发射物体进入外层空间，包括月球与其他天体在内的缔约国，以及以其领土或设备供发射物体用的缔约国，对于这种物体或其组成部分在地球上、在大气空间或在外层空间，包括月球与其他天体在内，使另一缔约国或其自然人或法人遭受损害时，应负国际责任。"

② 《责任公约》第一条第三款规定："'发射国'是指：（1）发射或促使发射空间物体的国家；（2）从其领土或设施发射空间物体的国家；'空间物体'，包括空间物体的组成部分、物体的运载工具和运载工具的部件"。

空间物体的发射国。①《责任公约》第四条也规定了一国空间物体对他国空间物体或人员造成的损害从而对第三国或第三国的自然人和法人造成损害时的责任主体是上述两个空间物体的发射国。②

《责任公约》第四、五条及第二十二条规定了共同责任主体的情况。第四条是在一国空间物体对他国空间物体或人员造成的损害从而对第三国或第三国的自然人和法人造成损害时，上述两个空间物体的发射国应对第三国共同承担赔偿责任。第五条则规定两个或两个以上的国家共同发射空间物体对外造成损害时，所有的发射国应共同承担赔偿责任。第二十二条主要是规定了国际组织发射空间物体造成涉外损害时，该国际组织及其成员国是共同的责任主体，只是要求受害国在求偿过程中按照第二十二条规定的顺序进行。③

随着空间活动的发展，空间物体所有权的转移导致责任主体面临新的挑战。在国际空间商业实践中，当一个空间物体从发射国转移给非原始发射国，在法理上，该非原始发射国当然应对该空间物体造成损害承担责任。但是从现行的《责任公约》来看，承担空间物体造成损害的责任主体必须是发射国，而该非原始发射国则可以因其不是发射国而不承担责任。在国际实践中，尽管转移国与被转移国一般会通过协议来明确双方的责任范围，但是该协定仅对合同双方有效，对于受损害的求偿方来说，它无权依据该协定直接向被转移方提出求偿。

2. 空间物体造成涉外损害的求偿主体

《责任公约》对于空间物体造成涉外损害的求偿主体进行了详细的分类。根据该条的规定，直接遭受损害的国家当然是求偿主体，直接遭受损害的自然人或法人也具有求偿主体资格。直接遭受损害的国家不仅包括国家财产遭受损害的国家，也包括其国民或法人的人身或财产遭受损害的国家，即国籍国。此外，自然人或法人所遭受的损害的发生地国和自然人或法人的居所地所在国在第八条规定的条件下具有求偿资格。

---

① 《责任公约》第二条规定："发射国对其空间物体在地球表面，或给飞行中的飞机造成损害，应负有赔偿的绝对责任。"第三条规定："任一发射国的空间物体在地球表面以外的其他地方，对另一发射国的空间物体，或其所载人员或财产造成损害时，只有损害是因前者的过失或其负责人员的过失而造成的条件下，该国才对损害负有责任。"

② 《责任公约》第四条规定："任一发射国的空间物体在地球表面以外的其他地方，对另一发射国的空间物体，或其所载人员或财产造成损害，并因此对第三国，或第三国的自然人或法人造成损害时，前两国应在下述范围内共同和单独对第三国负责：……"

③ 《责任公约》第二十二条规定："……若国际政府间组织根据本公约的规定对损害负有责任，该组织及其成员国中的本公约缔约国，应承担共同及个别责任；但：……"。

（二）空间物体造成涉外损害的责任范围和赔偿标准

1. 空间物体造成涉外损害的责任范围

《责任公约》第一条对于赔偿对象和第二、三条对于赔偿的地理范围进行了明确的界定。根据《责任公约》第一条的规定，空间物体造成损害的赔偿对象是"生命丧失，身体受伤或健康的其他损害；国家、自然人、法人的财产，或国际政府间组织的财产受损失或损害"。显然，《责任公约》所规定的赔偿对象仅限于人身伤害和财产损害，对于他国或他国自然人、法人的权利损害并没有包含在赔偿范围之内。

同时，从《责任公约》第一、二、三条的规定及相关国际法的一般理论与实践来看，即使是空间物体造成损害的赔偿对象是人身伤害和财产损害，其赔偿的范围也是有明确的限制。

一方面，从《责任公约》第二、三条的规定来看，《责任公约》所赔偿的"损害"具体是指地球表面造成的人身伤害和财产损害、空气空间造成损害的飞机、地球表面以外的他国空间物体或其所载人员或财产造成的损害。显然，空间物体对于空气空间飞机以外的损害，如环境损害，《责任公约》并没有将其列入赔偿范围。此外，外层空间除空间物体及其人员和财产外的其他天体，例如月球资源，也被排除在《责任公约》的赔偿范围以外。

尽管有人认为，由于《责任公约》第十二条规定了"恢复原状"的赔偿方式，① 因此，其认为对环境的清理和恢复也应包含在赔偿之内，从而认为《责任公约》的赔偿范围包括对空气空间的环境损害。② 但我们认为这种推论是不能成立的。因为《责任公约》对于赔偿范围是以具体列举的方式明确赔偿对象，没有列举出来的当然不能作为赔偿对象，除非缔约方有明确一致的修正。况且，第十二条规定的赔偿方式"把损害恢复到未发生前原有状态"仅仅是可以作为环境损害的赔偿方式，但并非是仅适用于环境损害。

当然，《责任公约》中的赔偿对象"损害"没有包含环境损害确实是一个缺陷，这与现行的国家实践和国际空间法的发展也是不一致的。在核动力卫星"宇宙954号"事件中，前苏联和加拿大之间关于赔偿问题的解决，就已经说明相关国家对于空间物体造成空气空间环境损害是予以赔偿的。1992年通过的《关于

---

① 《责任公约》第十二条规定："发射国根据本公约负责偿付的损害赔偿额，应按国际法、公正合理的原则来确定，以使对损害所作的赔偿，能保证提出赔偿要求的自然人或法人、国家或国际组织把损害恢复到未发生前的原有状态"。

② 参见贺其治：《空间活动的损害赔偿制度》，载于《国际法和空间法论文集》，中国空间法学会整理，第95页。

在外层空间使用核动力源的原则》进一步表明，国际社会对于空间物体造成的损害赔偿应包括生态、环境达成了一致。尽管有学者过度评价该《原则》"权威解释"作用，① 但我们认为该《原则》毕竟是一个政治性的国际文件，不具有法律上的约束力，尚不具有对《责任公约》进行解释或补充的功能。

另一方面，从现行的国际法和国际实践来看，《责任公约》所赔偿的人身伤害和财产损害应限于直接损害。尽管《责任公约》对此未作明确的规定，但现行的国际实践对此基本达成共识。在国际司法实践中，最典型的案例就是"亚拉巴马案，当时日内瓦的仲裁庭，在裁决以前自发作出声明中告知各当事方，法官们决不考虑关于间接损失的索赔要求。但是在所有的国际争端中总是严格地遵守这条原则的。就我们所知，除德国——美国混合索赔委员会以外，凡属仲裁员定性为间接损害的案件，没有一次判给过赔偿。"② 在 1938 年和 1941 年的"特雷尔冶炼厂案"（Trail Smelter Abitration Case）中，仲裁法庭仅接受了美国关于遭受的物质损害赔偿请求，对于间接损害，法庭予以拒绝，认为美国提出的商业损失、农作物减少等损失过于间接、太遥远。③

《责任公约》所规定的直接损害主要是指空间物体对他国空间物体或人员和财产造成的直接损害。此外，《责任公约》还规定了一个例外，即任一发射国的空间物体对另一发射国的空间物体，或其所载人员或财产造成损害，并因此对第三国，或第三国的自然人或法人造成损害时，两个发射国对此间接损害也应该承担赔偿责任。

2. 空间物体造成涉外损害的赔偿标准

解决空间物体造成涉外损害的赔偿标准问题，关键是要解决空间物体造成涉外损害的赔偿应适用的准据法。《责任公约》第十二条对此仅仅规定："发射国根据本公约负责偿付的损害赔偿额，应按国际法公正合理的原则来确定，以使对损害所作的赔偿，能保证提出赔偿要求的自然人或法人、国家或国际组织把损害恢复到未发生前的原有状态。"

从上述规定来看，发射国对外赔偿的金额的确定是根据国际法的一般法律原则来确定，即公正合理原则。赔偿标准是把损害恢复到未发生前的原有状态，即

① Louise La Fayette: the Concept of Environmental Damadge in International Liability Regimes in Environmental Damadge in International and Comparative Law, edited by Michael Bowman and Alan Boyle, Oxford University Press, 2002, p. 173.

② A. Hauriou, les dommages indirects dans les arbitrage internationaux, 转引自《国际法委员会年鉴》（1989 年），第二卷第一部分，第 27 ~ 28 页。

③ Trail Smelter Arbitration（U. S. A. v Canada）（1938 ~ 1941）9 I. L. R. 315

恢复原状。然而，《责任公约》及现行的相关国际法对"公正合理原则"和"恢复原状"并没有明确界定。

但结合"公正合理原则"和"恢复原状"标准，《责任公约》关于赔偿标准的立法旨意是比较明确的，即尽可能恢复原状，不能恢复时进行等值赔偿。等值赔偿原则也是现行国际法关于不法行为国家责任赔偿标准之一，得到国际实践的一致承认。如英国国际法学者伊格尔顿就认为，"在恢复原状不可能或不够时，通常的赔偿标准是赔钱。……通常说估计的赔偿金目的只是为了支付所受的损失，因此其性质是赔偿性质而不是惩罚性质……"① 在"卢亚塔尼亚案"中，仲裁长埃德温·B·帕克也明确表示，"……对赔偿金用惩戒性、惩罚性的词来修饰是不恰当的。赔偿金的概念是补偿、赔偿所受的损失，法院确定的对不法行为的赔偿。"②

上述论述也表明，等值赔偿是支付一笔金钱以取代或结合恢复原状，以达到消除非法行为的一切法律或物质后果的一种赔偿方式。一般来说，等值赔偿适合于赔偿能按金钱估价的损害，其意图是要取代受害方由于国际不法行为而被全部或部分剥夺的任何物质或非物质利益，赔偿国际不法行为造成的一切经济上能估价的损害，也仅限于这些损害，因此，等值赔偿的性质是赔偿作用，不含有惩罚的成分。③

而且，从《责任公约》的规定来看，公约对于赔偿的最高限额没有明确的规定。这与当前海上、航空和核能事故引起的损害赔偿都规定最高赔偿限额的通行做法是不一致的。④ 尽管美国曾经提出过愿意接受 5 亿美元的最高赔偿限额，但最后又撤回了这一主张。因此，空间物体造成涉外损害的赔偿数额是没有最高限额的，可以按照实际损失要求等值赔偿。

（三）空间物体造成涉外损害的归责原则

《责任公约》对空间物体造成涉外损害规定了两种归责原则。空间物体对地球表面或飞行中的飞机造成损害适用绝对责任原则，对地球表面以外造成的损害

---

① C. Eagleton, "*The responsibility of states in international law*", New York 1928, p. 189.
英国著名的国际法学家布朗利也认为，"在因侵入而破坏主权或其他非物质损失的情况下，付钱的作用或多或少是提供'金钱补偿'，可是将这种付钱说成'惩罚赔偿金'是没有好处的。给予赔偿的目的是提供习惯上所承认的补偿（recompens）", Brownlie, "system of the law of nations：States Responsibility", Part 1 (Oxford Clarendon Press 1983, p. 223).

② 联合国出版物：《国际仲裁裁决报告》，第 7 卷，第 39 页。

③ 李寿平著：《现代国际责任法律制度》，武汉大学出版社 2003 年版。

④ 规定最高赔偿限额的有 1957 年的布鲁塞尔《船舶所有人责任限制国际公约》、1976 年伦敦《还是赔偿责任限制公约》、1952 年罗马《关于外国航空器对地面（水面）上第三人造成损害的公约》等等。

适用过失责任原则。

1. 空间物体造成涉外损害的绝对责任

《外空宣言》第八条和《外空条约》第七条规定了发射国对其空间物体在地球、空气空间或外层空间所造成的损害负有国际法上的赔偿责任，但都没有明确此类责任的归责原则。考虑到在空间活动中，一般受害者是不具备此类知识和能力来防备空间物体的损害，也不具备此类知识来证明空间活动的过失，因此，《责任公约》第二条就明确规定了发射国对其空间物体对地球表面或飞行中的飞机造成损害负有绝对责任。

也就是说，只要空间物体对地球表面或飞行中的飞机造成损害，不论发射国是否具有过失，发射国对此都应承担赔偿责任。只有出现《责任公约》第六条中的情形，发射国才可以免除责任，即发射国若证明，全部或部分是因为要求赔偿国，或其所代表的自然人或法人的重大疏忽，或因为它（他）采取行动或不采取行动蓄意造成损害时，该发射国对损害的绝对责任，应依证明的程度予以免除。但是发射国如果因为进行不符合国际法，特别是不符合联合国宪章及关于各国探索和利用外层空间包括月球与其他天体活动所应遵守原则的条约的活动而造成损害，其责任绝不能予以免除。

2. 空间物体造成涉外损害的过失责任

所谓"过失责任原则"是指过失作为责任的主要依据和根本要素。根据《责任公约》第三、四条规定，在以下两种情况下，适用过失责任原则。第一种情况是空间物体在地球表面以外的其他地方对另一发射国的空间物体，或其所载人员或财产造成损害，根据过失来确立责任；第二种情况是在地球表面以外的其他地方对第三国的空间物体，或其所载人员或财产造成损害，也是根据过失来判断责任。

在"过失责任原则"下，发射国承担责任的条件不仅要求受害国证明其受到的损害具有可赔性，还必须证明发射国对此损害的产生具有过失。当然如何判断过失的成立，现行的国际法没有明确的规定。法学界对此也众说纷纭，归纳起来有两种观点：第一种观点就是主观过失说。该学说认为，过失就是指行为人具有的一种应受非难的心理状态，过失并不包括行为人的外部行为，因而过失与行为的违法性是两个不同的归责要件；另一种观点则是客观过失说。该学说认为，应从某种客观的行为标准来判断行为的有无过失，过失并非在于行为人的主观心理态度具有应受非难性，而在于行为应受非难性，行为人的行为若不符合某种行为标准即为过失。客观过失说又可分为以下几种学说：一是违反义务说。该学说认为凡违反了事先存在的法定义务或某种法定的注意义务即为过失；二是不符合合理人的行为标准的行为，此观点认为，行为人不符合一个合理人的行为标准，或不符合法律为保护他人免受不合理的危险而订立的标准即为过失；三是对权利的侵害，任何人侵害他人的法定权利并造成损害即为过失。客观过失说认为，过失与行为的违法性应合二为一，成为一个归责要件。①

在国内法中，无论是主观过失说还是客观过失说都有其合理性。但在国际法中，由于国际法主体主要是国家或国际组织等，他们是法律上虚拟的"人"，其主观心理状态是难以确认的，因此，在国际法上采用主观过失说来解释过失显然是很困难的，在国际实践中也是很难确认的。② 因此，在国际法上，只要行为违背国际义务，就可认定为具有过失。

（四）空间物体造成涉外损害的求偿途径

对于空间物体造成涉外损害的求偿，《责任公约》规定了两种途径：一种途径是由受害国或其自然人或法人使用当地救济办法通过发射国的法院、行政法庭或机关向发射国提出求偿；另一种是受害国通过外交或类似于仲裁途径直接向发射国求偿。

《责任公约》第十一条规定，任何受害国或受害的自然人或法人都有权利直接向发射国的法院、行政法庭或机关提出求偿请求。③《责任公约》第九条规定了受害国家通过外交途径解决责任争端的途径，第十四条则规定了类似于仲裁的途径解决责任争端。

更为重要的是《责任公约》第十一条排除了国家提供外交保护需其国民用尽当地救济原则的限制。根据一般国际法，一国向另一国就其国民遭受另一国的损害提出外交保护，需该国民用尽当地一切救济办法，《责任公约》第十一条第一款排除了这一限制条件。④

根据《责任公约》第九条的规定，外交途径是由求偿国向发射国提出，如果要求赔偿国若与发射国无外交关系，可请另一国代其向发射国提出赔偿要求，或以其他方式代表其在本公约内的所有利益。要求赔偿国也可通过联合国秘书长提出赔偿要求，但要以要求赔偿国与发射国均系联合国会员国为条件。

根据《责任公约》第十四条的规定，如果求偿通过外交谈判未获得解决，

① 王利明主编：《民法——侵权行为法》，中国人民大学出版社1993年版，第152页。
② 李寿平著：《现代国际责任法律制度》，武汉大学出版社2003年版。
③ 《责任公约》第十一条第二款规定："本公约不妨碍一国，或其可能代表的自然人或法人向发射国的法院、行政法庭或机关提出赔偿要求。若一国已在发射国的法院、行政法庭或机关提出了赔偿损害的要求，就不得根据本公约或其他对有关各国均有约束力的国际协定，为同一损害再提出赔偿要求。"
④ 《责任公约》第十一条第一款规定："根据本公约向发射国提出赔偿损害要求，无须等到要求赔偿国，或其代表的自然人或法人可能有的一切当地补救办法用完后才提出。"

有关各方应于任一方提出请求时，成立要求赔偿委员会。对于赔偿委员会作出的裁决的效力，《责任公约》第十九条规定，若各方同意，委员会的决定应是最终的，并具有约束力；否则委员会应提出最终的建议性裁决，由各方认真加以考虑。从此可以看出，本公约中的赔偿委员会解决争端机制类似于调解的性质。然而，从赔偿委员会解决争端的程序来看，这种赔偿委员会机制具有一种临时的仲裁解决方式。

第二节　空间物体造成空间环境损害的国际责任

在现行的国际实践中，空间物体造成空间环境损害主要是空间碎片造成空间环境损害，因此，在此主要论述空间碎片造成空间环境损害的国际责任。

一、空间碎片造成空间环境污染的国际责任的性质

国际责任主要包括因国际不法行为而产生的一般国际责任及因国际法不加禁止行为造成损害所产生的国际赔偿责任两类。根据现行的国际责任的理论，一般国际责任产生的原因主要是因为国家的国际不法行为，因此其归责原则采用过错责任原则。而国际赔偿责任产生的原因主要是国家的行为造成了实质性损害后果，因此其归责原则将主要采用严格责任原则。①

空间碎片造成的空间环境污染具有特殊性，一方面，空间碎片造成环境污染的对象是特殊的，即静止轨道，该区域属于人类共同财产，类似于公海，不属于任何国家的主权管辖范围；②另一方面，空间碎片造成的空间环境污染的概念是特殊的，与传统的环境污染的概念不同，空间碎片造成的空间环境污染就是指静止轨道存在大量的空间碎片从而导致静止轨道的构成发生变化，影响了静止轨道的正常利用的现象。因此，空间环境污染产生国际责任的主要原因包括两个方面：一是外空滞留空间碎片；另一类则是空间碎片对他国的财产或人身造成损害。

根据上述关于外空污染国际责任的原因，空间碎片造成环境污染似乎产生两类不同性质的国际责任，即如果空间碎片仅仅只是造成空间环境污染，则产生空间环境污染致害国的一般国际责任。如果空间碎片造成的空间环境污染使他国的财产或人身受到损害，则产生空间环境污染致害国的国际赔偿责任。但根据联合国国际法委员会《国际法不加禁止行为引起有害后果的国际责任条款草案》的规定，国际赔偿责任的重要特征就是其归责原则适用严格责任原则。从1971年

---

①　参见李寿平著：《现代国际责任法律制度》，武汉大学出版社2003年版，第42～65页。
②　参见梁西主编：《国际法》（修订第二版），武汉大学出版社2000年版，第240～244页。

的《损害赔偿公约》的规定来看，空间物体在地球表面以外或其他地方对其他国家的空间物体或其所载的人员造成损害，只有在致害国存在过失时才承担国际责任。很显然，空间碎片对他国的财产或人身造成损害而产生的国际责任的性质显然不属于国际赔偿责任。

由于空间碎片造成空间环境污染的特殊性，空间碎片造成环境污染所产生的国际责任的性质属于一般国际责任。其原因是由于违背国际义务，只是其违背的是国际习惯法义务。

二、空间碎片造成空间环境污染的国际责任的构成要件

一般国际责任的构成要件主要包括两个因素：（一）行为违背该责任主体的国际义务；（二）行为可以归责于国际责任主体。探讨空间碎片造成空间环境污染的国际责任的构成要件，以下几个问题需要进一步明确：

第一，空间碎片造成空间环境污染的行为的归责性，即空间碎片造成空间环境污染的国际责任的责任主体问题。根据国际宇航科学院的资料显示，当前在近地轨道上已经注册的空间物体有 8600 个，其中仍处于有效工作状态的只有 500个左右，还有可以观测到的非注册性的空间飞行物体近 1000 个。[1] 至于其他的空间碎片，其数量则更是难以估量。外空如此多的空间碎片，已经构成了严重的空间环境污染问题。这种空间环境污染所产生的国际责任究竟应归责于哪一个主体呢？

由于要将这些空间碎片具体归属到某一个国家是不可能的，因此，将目前的空间环境污染的国际责任归责到某一具体的国家或国际组织也是不现实的。对此，现行的国际空间法也没有明确的规定，仅有《外空条约》第六条、七条及《损害赔偿公约》第二、三条和第四、五条规定了空间实体发射国应对其发射的空间实体造成的损害承担责任。由于空间碎片的所属主体无法确定，因此，该规则的适用性显然是十分有限的。

实际上，空间碎片是外空活动国从事外空活动而留下的太空垃圾，空间环境污染问题的形成是由于这些空间碎片经过长时间的积累，在这些空间碎片无法辨认主体的情况下，将空间碎片造成的污染环境的行为认定为所有外空活动国的共同侵害行为是比较合理的，因此，如果将现行的空间污染归责于国际社会已经从事过或正在从事外空活动的全体国家，那么，所有从事过或正在从事外空活动的国家都是这些空间碎片造成外空环境污染的责任主体。

第二，空间碎片造成空间环境污染的国际责任的客观构成要件是外空活动国在空间留下空间碎片的行为违背了其应承担的国际义务。静止轨道是人类的共同

---

① 转引自尹玉海：《空间碎片与近地轨道环境污染的法律协调》，载于《中国航天》2001 年第 7 期。

财产，是一种有限的自然资源，随着外空活动国留下的空间碎片的日益增多，静止轨道的可利用的空间日益减少，这侵犯了尚未利用或尚无能力利用静止轨道的国家的利益。况且，《外空条约》等一系列的国际条约都明确规定，外空活动不得携带核武器或其他毁灭性武器到静止轨道，外空活动应避免空间遭受污染，并避免地球以外的物体使地球环境发生不利的变化，因此，空间碎片污染空间环境违背了国际条约的义务。

第三，空间碎片造成空间环境污染的国际责任的主观构成要件是外空活动国具有过失。根据《损害赔偿公约》的规定，空间实体产生别国人员或财产的损害而产生的赔偿责任的条件之一就是空间实体发射国具有过失。如果空间碎片仅仅停留在空间，对空间造成污染，但并没有对别国产生实际损害的后果，依据上述分析，国际责任仍然成立。该种国际责任产生的主观方面仍然是过失，这种过失所表现的是空间活动当事国客观上违背了"适当注意"的义务和相关条约的义务。

三、空间碎片造成空间环境污染的国际责任的实现

空间碎片造成空间环境污染的国际责任的实现问题是国际责任领域一个独特而又亟待解决的问题，这主要表现在以下几个方面：

第一，空间碎片造成空间环境污染的国际责任方式具有独特性。由于空间碎片造成的空间环境污染具有特殊性：一方面，空间碎片造成的空间污染可能并不对任何国家或个人产生损害，因此，此时的国际责任方式中也就不存在等值赔偿和惩罚性赔偿等方式；另一方面，由于空间碎片污染的对象是任何国家都不能主张主权的静止轨道，在空间碎片污染了空间但不损害别国财产或人身的情况下，道歉等责任方式也是不适用的。同时，由于国家和平利用和探索外层空间活动是国际法不加禁止的，甚至是国际社会鼓励的科技探索行为，因此，保证不再犯的责任方式在空间碎片造成空间环境污染的国际责任中也难以适用。

在空间碎片造成空间环境污染但尚未产生实际性的损害后果的情况下，恢复原状是此类国际责任最主要的责任方式。数以万计的空间碎片对于外空的环境及人类进一步探索和利用外空产生了十分不利的影响，因此，要求已经或正在从事太空活动的国家承担共同的责任，共同研究开发新技术尽快清扫空间碎片，恢复外空清洁的原状。另一方面，这些已经或正在从事太空活动的发达国家应承担共同责任研究开发新技术避免新的空间碎片对空间的环境污染。

当然，如果空间碎片造成空间污染且对别国也产生实际损害，那么等值赔偿、道歉等一般国际责任方式都是可以适用的。而且，由于此时的国际责任产生的主观要件包括致害国的过失，因此，保证不再犯的责任方式也是空间碎片造成损害的国际责任方式。

第二，空间碎片造成空间环境污染的国际责任的实现途径具有独特性。外层空间不属于任何国家的主权范围，它属于人类的共同继承财产，因此，空间碎片造成外空的环境污染后，求偿主体究竟如何确定？

在空间碎片对别国造成实际性的损害后果的情况下，受害国作为求偿主体是没有异议的。但当空间碎片仅仅造成空间环境污染的情况下，有哪一个机构代表全人类向这些产生空间碎片的国家主张责任呢？这是国际社会急需解决的问题，否则，要求外空活动当事国共同研究开发新技术清扫空间碎片和研究开发技术预防外空污染都将成为空话。

在目前的公海、南极、北极、外空及国际海底等领域的环境保护中，只有在国际海底区域资源管理中，设立了国际海底管理局来代表全人类对国际海底资源进行统一管理，该机构当然可以在国际海底资源受到损害时代表全人类作为求偿主体在国际海洋法庭进行求偿。对于外空的管理，联合国外空委员会一直在积极地组织，但联合国外空委员会要作为代表全人类的利益在外空受到空间碎片污染时成为求偿的主体，其法理依据和法律依据还是有待于进一步完善。因为联合国外空委员会在1959年成立时所确立的宗旨和职能表明，该机构仅仅是一个审议机构和国际协调机构，且在国际法上也不具有独立的国际法律人格，属于联合国大会的下属分支机构。且联合国外空委员会的普遍性也有待进一步加强。

因此，在全球尚未建立一个既具有执行力又具有专门性的国际组织来代表全人类利益对某一全球公域的环境损害提出赔偿要求的情况下，在联合国框架下成立一个类似于国际海底管理局的机构来作为代表全人类利益对外空的环境损害提出求偿的主体，这显然不失为一个次优的选择。当然，即使是成立一个类似于国际海底管理局的外空管理机构也非易事，需要国际社会广泛、持久地协调和努力，在此情况下，联合国大会理所当然要挑此重担，督促国际社会加强国际合作，共同承担消除空间碎片所造成的外空环境污染的责任，共同承担在未来的外空活动中预防空间碎片滞留外空和污染外空的责任。

四、空间环境损害国际责任的主体

一般而言，根据现行国际空间法的相关规定，空间环境损害国际责任的责任主体是发射国。即《外空条约》第7条和《责任公约》第1条对"发射国"均进行了定义。此外，联合国外空委法律小组委员会第四次会议1968年报告进一步对发射国也进行了解释，确定"发射国"的7项标准是：（1）为发射外空物体提供领土者；（2）为发射外空物体提供设备者；（3）对外空物体的轨道或弹道实行控制者；（4）外空物体为其所有或占有者；（5）促使发射外空物体者；（6）参加外空物体之发射者；（7）外空物体的登记者。

但是，随着空间活动的商业化和私营化进程，空间环境损害的国际责任主体也发生了如下新变化。首先，空间活动的国际合作使同一次发射行为可能产生多个"发射国"，从而可能使空间环境损害的国际责任主体出现多元化趋势。根据《责任公约》第5条关于"两个或两个以上的国家共同发射空间物体时，对所造成的任何损害应共同及单独承担责任"的规定，以及"发射国在赔偿损害后，有权向共同参加发射的其他国家要求补偿。参加共同发射的国家应缔结协定，据所负的共同及个别责任分摊财政义务。但这种协定，不得妨碍受害国向承担共同及个别责任的发射国的任何一国或全体，索取根据本条约的规定应予偿付的全部赔偿的权力"的规定，参加共同发射的国家，应依据其所缔结的协定来约定有关空间环境损害国际责任的具体分摊比例和方法；其次，空间活动的商业化、私营化使空间活动的主体不再仅限于国家和国际组织，企业开始成为空间活动的重要主体。这样，便产生了作为发射行为人的企业是否应对其空间活动所产生的外层空间环境损害承担国际责任的问题。根据《外空条约》和《责任公约》的规定，发射国是从实质发射的角度来定义的，即无论发射者的私人机构属于何种国籍，只要符合该公约中构成"发射国"的条件的缔约国，就应承担因此所造成的国家赔偿责任。但是，从现行国际空间法的相关规定来看，尚缺乏有关各责任主体的地位和相互之间责任分摊的规定。①

五、承担空间环境损害国际责任的方式

如前所述，由于空间环境损害的对象是近地轨道或静止轨道及以外部分，该区域属于人类共同财产，而不属于任何国家的主权管辖范围，并且空间环境损害是通过放射性污染、生态污染、化学性污染以及空间碎片导致近地轨道或静止轨道的构成发生变化而影响近地轨道或静止轨道的正常利用及功能性航天物体的正常运行的形态表现出来的。因此，空间环境损害责任的承担方式，既不适合采用传统损害赔偿责任、赔礼道歉责任方式，也由于和平探索和利用外层空间活动是国际法不加禁止的甚至是国际社会鼓励的科技探索行为，因此，也不适合采用保证不再犯的责任方式。

结合空间环境损害的表现形态主要是放射性污染、生态污染、化学性污染以及空间碎片污染的特点，我们认为，采取预防措施和恢复原状是空间环境损害责任的主要责任方式。即空间环境损害责任的责任人应采取有效措施恢复外层空间原状，并通过研究开发新技术，预防产生新的外层空间环境损害。

---

① 李寿平：《试论空间环境损害的国际责任》，《空间法评论》（第一卷），哈尔滨工业大学出版社2006年版，第88页。

第六章

规范月球和其他天体上活动的法律制度

第一节 《月球协定》的出台

一、月球资源是未来人类探测和利用的珍贵资源

月球的自然资源独特且丰富，它包括太阳能、氦的同位素氦－3 和其他多种有用元素。据测算，每年到达月球的太阳光辐射能量约为 12 万亿千瓦，按太阳能发电装置的光电转化率为 20％ 计算，则每平方米太阳能电池每小时可发电 2.7 度。以氘和氦－3 为原料，进行受控核聚变发电，每年只需 100 多吨氦－3，就能满足地球的能源需求。据科学家初步估算，月球上的氦－3 储量达 100 万至 500 万吨，能够满足人类上万年的需求。月球表面的不同岩石富含硅、铝、钾、磷、铀、钍和稀土元素。据初步估算，月岩中的稀土元素达 225 亿吨至 450 亿吨，铀元素达 50 亿吨。月球还可能是人类探测更遥远天体和宇宙空间的理想平台。月球表面的地质构造比地球表面稳定得多，这使其成为架设天体望远镜和遥感器的极好场所。同时，月球没有大气层，设置在月球上的观测系统能比地面同样的系统更清晰地对天体进行观测。

前苏联自 1968 年 9 月起多次发射无人登月探测器，在月球巡游考察，采集月岩样品并自动返回地球。美国也自 1969 年派宇航员乘"阿波罗"宇宙飞船首次登月后，先后六次派宇航员登月采集岩样和土壤样品带回地球。美苏的登月行动掀起了人类探测月球的第一次高潮，此后 1990 年 1 月 24 日，日本向月球发射了"谬斯－A"月球探测器，成为世界上第三个探测月球的国家。

21 世纪初期，空间活动国家再次掀起了探测和利用月球的高潮并取得了明显的成效。2007 年 9 月 14 日，日本"月亮女神"绕月探测卫星搭乘 H2A－13 火箭，从日本南部种子岛宇宙中心升空，开始了它为期一年的探月之旅。2007 年 10 月 24 日，我国在西昌卫星发射中心用"长征三号"甲运载火箭将"嫦娥一号"卫星成功送入太空。"嫦娥一号"是我国自主研制的第一颗月球探测卫星，它的发射成功，标志着我国实施绕月探测工程迈出重要一步。2008 年 10 月 22 日，印度的探月卫星"月船一号"发射升空。韩国也准备 2020 年发射探月轨道卫星，2025 年发射探月着陆器。美国探月计划更是宏大，2005 年 9 月 19 日，

NASA 正式宣布了重返月球的计划，美国宇航员将在 2018 年，最迟 2020 年搭乘目前新型"载人探测飞船"再次登陆月球。整个登月过程将分 6 步完成：第一，大型火箭将装有着陆器的载物舱发送到地球轨道，"载人探索飞船"随即通过小型火箭上天；第二，飞船在近地轨道与载物舱对接，并由载物舱的第二级火箭将它们送往环月球轨道；第三，4 名宇航员乘着陆器在月球轨道上空与飞船脱离，降落到月球表面，飞船仍留在轨道上；第四，宇航员在月球进行探索后乘着陆器的飞行舱返回停留在轨道上的飞船；第五，飞船抛弃着陆器飞行舱，开始返回地球；第六，飞船通过降落伞和气囊在地球表面着陆。①

人类探测和利用月球离不开国际法律规范的规制。早在人类探月之初，国际社会就已经意识到了规范月球资源法律地位的国际法规范的重要性，启动了联合国框架下关于《月球协定》的国际立法进程。

二、《月球协定》的出台

关于形成月球和其他天体的特殊国际法律体系的早期想法是基于对从事月球岩样收集的自然人或法人的国内管辖权问题。这种管辖权的行使是否可能导致对探测区域的财产权的主张？特别是在 1969 年美国宇航员从月球带回岩样后。其他有价值、商业性的和有形的自然资源将可能被开发。国际社会充分意识到了建立月球制度的重要性。

1969 年，阿根廷、法国、波兰就曾努力通过联合国外空委员会形成一套规则，来管理人类在月球和其他天体的行为，包括管理来源于月球和其他天体上的物资的法律制度。此后，阿根廷在 1970 年 6 月 23 日向联合国外空委法律小组提交了一份"关于使用月球及其他天体的自然资源的活动的原则协定草案"②，并在 1970 年 7 月 3 日第一个向联合国外空委员会提出建立月球和其他天体国际法律制度的建议。③

1971 年 6 月的第 26 届联合国大会上，前苏联提出将"拟定关于月球的国际条约"问题列入联大议程，并提交了一个包括 15 个条款的条约草案，明确提出自然人和法人不能对月球表面或其表面下的底土提出财产主张。1971 年 11 月 29 日，联合国大会通过决议，请外空委及法律小组优先审议拟定国际月球条约草案问题并向第 27 届联大报告。④

---

① 美国探月计划，http://www.cnsa.gov.cn/n615708/n984628/n984635/72108.html，2009 年 2 月 4 日浏览。

② 联合国文件 A/AC. 105/C. 2/L. 21，1970 年 6 月 23 日。

③ 联合国文件 A/AC. 105/C. 2/L. 71 及附件一，1970 年 7 月 3 日。

④ 联合国文件 A/RES/2779，1971 年 11 月 29 日。

实质性的进展是外空委法律小组在 1972 年成立了一个专门工作组审议此问题。美国在 1972 年 5 月向工作组提交了一份工作文件，提出"天体"包括地球以外的一切自然天体，"月球及其他天体"包括环绕或飞向或飞绕天体的轨道，以及"月球及其他天体的自然资源应属于全人类共同继承财产"原则。工作组也向法律小组提交了一份包括序言和 21 个条款的条约草案。在 1972 年~1977 年期间，外空委法律小组考虑了 27 个有关自然资源的文本，15 个有关协议范围的报告及 19 个相关国家提交其行为的信息报告。

在早期的讨论中，保加利亚在组织相关国家的报告方面起了重要的作用，因此，该国在 1972 年提交了一个"有关月球的条约草案"。1974 年，保加利亚又提出了一个详细的草案。对此，相关协商国家主要对三个问题没有达成一致：条约的范围、关于预先提供飞往月球的任务的情报、月球的自然资源。直到 1978 年奥地利提出了一份新的工作文件，对重大争议条款作了折衷处理。

1979 年 4 月，外空委法律小组最终形成了月球协定草案，经外空委审核后提交联合国大会审议。联合国大会 1979 年 12 月 5 日没有投票通过了月球协定，名为《指导各国在月球和其他天体上活动的协定》。该协定于 1979 年 12 月 18 日开放签字，1984 年 7 月 11 日生效。截止到 2008 年 1 月 1 日，月球协定有 13 个缔约国，4 个签署国。①

第二节　《月球协定》确立的探测和利用月球及其他天体的法律制度

《月球协定》作为目前人类探测和利用月球及其他天体的唯一的专门条约，对于指导国际社会探测和利用月球及其他天体活动具有十分重要的借鉴作用。根据《月球协定》的规定，《月球协定》关于月球的条款适用于太阳系内地球以外的其他天体，但如对任何此类天体已有现已生效的特定法律原则不在此限。"月球"包括环绕月球的轨道或其他飞向或飞绕月球的轨道，但不包括自然到达地球表面的地球外物质。因此，《月球协定》不仅包括月球本身，也包括太阳系内地球以外的其他天体及月球轨道。

一、《月球协定》确立的探测和利用月球及其他天体活动的基本原则

根据《月球协定》第 2 条的规定，"月球上的一切活动，包括其探索和利用在内，应按照国际法，尤其是《联合国宪章》的规定，考虑到 1970 年 10 月 24

---

① 联合国有关空间法的条约和原则，http：//www. unoosa. org/oosa/en/SpaceLaw/treaties. html，2009 年 2 月 4 日浏览。

日大会通过的《关于各国依〈联合国宪章〉建立友好关系和合作的国际法原则宣言》，顾及维持国际和平与安全及促进国际合作与相互谅解的利益并适当顾及所有其他缔约国的相应利益予以进行。"探测和利用月球及其他天体活动必须依据国际法，特别是《联合国宪章》、《国际法原则宣言》的相关规定。因此，结合《联合国宪章》、《国际法原则宣言》、《外空条约》的规定，《月球协定》确立了探测和利用月球及其他天体的基本原则可以概括为：为和平目的探测和利用月球及其他天体原则；自由探测和利用月球及其他天体原则；探测和利用月球及其他天体的国际合作原则；全人类共同利益原则。

（一）为和平目的探测和利用月球及其他天体原则

《月球协定》在其序言中就明确"切望不使月球成为国际冲突的场所"，在第 3 条中更是明确规定"月球应供全体缔约国专为和平目的而加以利用"。该条款实际是重申《外空条约》及《外空宣言》中的和平利用与探测外层空间原则。为此，《月球协定》进一步规定了四项禁止行为：第一，禁止在月球上使用武力或以武力相威胁，或从事任何其他敌对行为或以敌对行为相威胁；第二，禁止利用月球对地球、月球、宇宙飞行器或人造外空物体的人员实施任何此类行为或从事任何此类威胁；第三，禁止在环绕月球的轨道上或飞向或飞绕月球的轨道上，放置载有核武器或任何其他种类的大规模毁灭性武器的物体，或在月球上或月球内放置或使用此类武器；第四，禁止在月球上建立军事基地、军事装置及防御工事，试验任何类型的武器及举行军事演习。但不禁止为科学研究或为任何其他和平目的而使用军事人员，也不禁止使用为和平探索和利用月球所必要的任何装备或设备。

上述规定表明：一方面，《月球协定》为和平目的探测和利用月球及其他天体原则不仅是《外空条约》及《外空宣言》中的和平利用与探测外层空间原则的体现，也是《联合国宪章》和《国际法原则宣言》中不得使用武力或武力相威胁原则的体现。

另一方面，《月球协定》也是《外空条约》第 4 条在月球及其他天体上适用的体现，且《月球协定》对月球及其他天体非军事化的规定比《外空条约》更加严格和彻底。《外空条约》第 4 条仅仅是禁止在月球上建立军事基地、军事装置及防御工事，试验任何类型的武器及举行军事演习，并不明确排除在环绕月球的轨道上或飞向或飞绕月球的轨道上，放置载有核武器或任何其他种类的大规模毁灭性武器的物体，或在月球上或月球内放置或使用此类武器，更没有禁止在月球上使用武力或以武力相威胁，或从事任何其他敌对行为或以敌对行为相威胁。而《月球协定》四项禁令却明确包含了上述规定。

（二）自由探测和利用月球及其他天体原则

《外空宣言》第 2 条规定"各国都可在平等的基础上，根据国际法自由探索和利用外层空间和天体"，《外空条约》第 1 条第 2、3 款重申了"自由探测和利用外空原则"。根据该条约，"外层空间，包括月球与其他天体在内，应由各国在平等基础上并按国际法自由探索和利用，不得有任何歧视，天体的所有地区均得自由进入。""对外层空间，包括月球与其他天体在内，应有科学调查的自由，各国应在这类调查方面便利并鼓励国际合作。"显然，自由探测和利用外空原则不仅适用于人类在外空的活动，也适用于人类在月球和其他天体上的活动。

在《外空宣言》和《外空条约》的指导下，《月球协定》第 6 条规定，所有缔约各国都享有不受任何种类的歧视，在平等基础上，并按照国际法的规定在月球上从事科学研究的自由。为此，缔约各国为促进本协定各项规定的实施而进行科学研究时，应有权在月球上采集并移走矿物和其他物质的标本。发动采集此类标本的缔约各国可保留其处置权，并可为科学目的而使用这些标本。缔约各国应顾到宜否将此类标本的一部分供给感兴趣的其他缔约国和国际科学界作科学研究之用。缔约各国在进行科学研究时，也可使用适当数量的月球矿物和其他物质以支援它们的任务。该条还规定，缔约各国同意于派遣人员前往月球或在其上建立装置时，在实际可行的范围内宜尽量交换科学和其他人员。

根据该条的规定，在现行的国际法框架下，各缔约国有自由在月球及天体上从事科学研究的权利，但采集和处置月球及天体上的矿物及其他物质的标本只能是为科学研究之用。显然，商业性的开发和利用月球及其他天体的资源是排除在本条之外。

《月球协定》第 8 条进一步规定，缔约各国可在月球的表面或表面之下的任何地点进行其探索和利用的活动，但须遵守本条约的其他规定。缔约各国还特别可以在月球上降落及从月球发射外空物体，可以将它们的人员、外空运载器、装备、设施、站所和装置放置在月球的表面或表面之下的任何地点。人员、外空运载器、装备、设施、站所和装置可在月球表面或表面之下自由移动或自由被移动。缔约各国依据本条第 1 款和第 2 款进行的活动不应妨碍其他缔约国在月球上的活动。发生此种妨碍时有关缔约各国应依照第 15 条第 2 款和第 3 款规定进行协商。

该条实际上对缔约国自由探测和利用外层空间的活动进行了原则性的列举，即缔约国可以自由地在月球及其他天体上发射空间物体，在月球及其他天体上放置人员及设备等。但该条对于何谓"探测"和"利用"，并没有给予明确的具体标准和解释。

《月球协定》第9条则更进一步规定，缔约各国可在月球上建立配置人员及不配置人员的站所。建立站所的缔约国应只使用为站所进行业务所需要的地区，并应立即将该站所的位置和目的通知联合国秘书长。以后每隔一年该缔约国应同样将站所是否继续使用，及其目的有无变更通知秘书长。设置站所应不妨碍依照本协定及《关于各国探索和利用外层空间包括月球与其他天体活动所应遵守原则的条约》第1条规定在月球上进行活动的其他缔约国的人员、运载器和设备自由进入月球所有地区。

该条规定各缔约国可以利用月球及其他天体的土地建立站所，但是不得将其占有的站所土地据为己有。而且，从《月球协定》的规定来看，该协定实际上是通过列举的方式界定各缔约国自由探测和利用月球及其他天体的行为，各缔约国的探测和利用自由并不是绝对的。一方面，各缔约国探测和利用月球及其他天体的自由不得损害别国的自由；另一方面，在国际法的约束下，各国探测和利用月球及其他资源只能在《月球协定》的框架下进行。

（三）探测和利用月球及其他天体的国际合作原则

联合国大会1966年12月通过的《关于各国探索和利用外层空间包括月球和其他天体在内活动的原则条约》第1条就明确规定："对外层空间，包括月球与其他天体在内，应有科学调查的自由，各国应在这类调查方面便利并鼓励国际合作。"《外空宣言》第4条也规定，各国探索和利用外层空间的活动，必须遵守国际法（包括《联合国宪章》）的规定，以保持国际和平与安全，增进国际合作与了解。《外空条约》第9条更明确规定，本条约各缔约国探索和利用外层空间，包括月球与其他天体在内，应以合作和互助的原则为指导，其在外层空间，包括月球与其他天体在内进行的各种活动，应充分注意本条约所有其他缔约国的相应利益。

基于此，《月球协定》第2条规定，月球上的一切活动，包括其探索和利用在内，应按照国际法，尤其是《联合国宪章》的规定，考虑到1970年10月24日大会通过的《关于各国依〈联合国宪章〉建立友好关系和合作的国际法原则宣言》，顾及维持国际和平与安全及促进国际合作与相互谅解的利益并适当顾及所有其他缔约国的相应利益予以进行。第4条第2款更进一步规定，缔约各国应遵循合作和互助原则从事一切有关探索和利用月球的活动。按照本协定进行的国际合作，应尽量扩大范围，并可在多边基础、双边基础上或通过政府间国际组织进行。这些规定是《外空条约》和《外空宣言》及相关文件的具体体现，为缔约国探测和利用月球及其他天体进行国际合作提供了明确的法律规定。

为此，《月球协定》对于互通情报及营救两项国际合作事项进行了进一步约束。根据第 5 条规定，缔约各国应在实际可行的范围内尽量将它们在探索和利用月球方面的活动告知联合国秘书长以及公众和国际科学界。每次飞往月球的任务的时间、目的、位置、轨道参数和期间的情报应在发射后立即公布，而关于每次任务的结果，包括科学结果在内的情报则应在完成任务时公布。如果一次飞行任务的期间超过六十天，应将任务进行情况的情报，包括科学结果在内，每隔三十天公布一次。如飞行任务超过六个月，则在六个月以后，只需将这方面的重要补充情报予以公布。如一个缔约国获知另一缔约国计划同时在月球上的同一区域、环绕月球的同一轨道、飞向或飞绕月球的同一轨道进行活动时，应立即将其自己进行活动的时间和计划通知该缔约国。缔约各国在进行本协定所规定的活动时，应将其在外层空间，包括月球在内所发现的可能危及人类生命或健康的任何现象以及任何有机生命迹象，通知联合国秘书长、公众和国际科学界。第 11 条第 6 款也规定了缔约国有义务在实际可行的范围内尽量将它们在月球上发现的任何自然资源告知联合国秘书长以及公众和国际科学界。

此外，第 13 条还规定，一个缔约国获悉并非其本国所发射的外空物体在月球上坠毁、强迫着陆或其他非出自本意的着陆时，应迅速通知发射该物体的缔约国和联合国秘书长。

《月球协定》设计了相对比较具体的互通情报的国际合作机制。首先，明确了互通情报的对象，即告知联合国秘书长以及公众和国际科学界；其次，明确了情报的范围，即每次飞往月球的任务的时间、目的、位置、轨道参数，月球在内所发现的可能危及人类生命或健康的任何现象以及任何有机生命迹象，以及发现非本国空间物体在月球及其他天体遇难等信息；最后，规定了通报情报的义务主体，即任何缔约国都有迅速通报情况的义务。

探测和利用月球活动中的国际合作形式还包括缔约国在保护人的生命和健康方面的国际合作。早在 1971 年前苏联提出《月球协定》草案时就提出要"采取一切可行的措施来保护在月球上的人的生命和健康"①。《月球协定》采纳了前苏联的提议，在第 10 条明确规定，缔约各国应采取一切实际可行的措施，以保护在月球上的人的生命和健康。为此目的，缔约各国应视在月球上的任何人为《关于各国探索和利用外层空间包括月球和其他天体活动所应遵守原则的条约》第 5 条所称的宇宙航行员，并视其为营救宇宙航行员、送回宇宙航行员和归还发射到外层空间的物体的协定所称外空飞行器人员的一部分。同时，缔约各国应以其站所、装置、运载器及其他设备供月球上遭难人员避难之用。

---

① 联合国文件 A/8391，附件，第 7 条，1971 年 6 月 4 日。

第 12 条更进一步规定，缔约各国如遇足以威胁人命的紧急情况时，可使用其他缔约国在月球上的装备、运载器、装置、设施或供应品。此种使用应迅速通知联合国秘书长或有关缔约国。

这实际上是现行空间法中的营救制度在月球制度中的发展。首先，根据该规定，《月球协定》中的营救对象包括所有的人，即所有的人在月球遇难都应视为宇航员得到营救；其次，根据该规定，《营救协定》中的归还程序在月球营救制度中也适用；再次，该协定还规定了缔约国在营救中使用他国设备和设施的权利；最后，也规定了所有缔约国向联合国秘书长和有关缔约国迅速通知相关情报的义务。

（四）全人类共同利益原则

《外空条约》所确立的"共同利益原则"在《月球协定》中得到了很好的体现。《月球协定》第 4 条规定，月球的探索和利用应是全体人类的事情并应为一切国家谋福利，不问它们的经济或科学发展程度如何。应依照《联合国宪章》规定，充分注意今世与后代人类的利益以及提高生活水平与促进经济和社会进步和发展的需要。

《月球协定》之所以确立月球的探索和利用应是全体人类的事情，主要是基于该协定第 11 条明确规定"月球及其自然资源均为全体人类的共同财产"，因此，该协定进一步要求月球不得由国家依据主权要求，通过利用或占领，或以任何其他方法据为己有。月球的表面或表面下层或其任何部分或其中的自然资源均不应成为任何国家、政府间或非政府国际组织、国家组织或非政府实体或任何自然人的财产。在月球表面或表面下层，包括与月球表面或表面下层相连接的构造物在内，安置人员、外空运载器、装备设施、站所和装置，不应视为对月球或其任何领域的表面或表面下层取得所有权。

基于月球资源是全人类共同财产，因此，《月球协定》进一步试图在月球自然资源的开发即将可行时，建立指导此种开发的国际制度，其中包括适当程序在内。该国际机制的宗旨是有秩序地和安全地开发月球的自然资源；对这些资源作合理的管理；扩大使用这些资源的机会；所有缔约国应公平分享这些资源所带来的惠益，而且应当对发展中国家的利益和需要，以及各个直接或间接对探索月球作出贡献的国家所作的努力，给予特别的照顾。

尽管《月球协定》在《外空条约》的指导下确立了探测和利用月球及其他天体为全人类共同利益原则，也明确了在此原则指导下任何缔约国不得对月球及其他天体主张主权，更明确了月球资源是人类共同继承财产，但是对于人类共同利益制度的国际构建，该协定并没有明确规定。

二、《月球协定》确立的月球及其他天体资源的国际开发制度

（一）《月球协定》确立月球及其资源是人类共同继承财产

《月球协定》第 11 条明确规定月球及其自然资源均为全体人类的共同财产。对于何谓"人类共同继承财产"，人类共同继承财产的法律性质和国际管理机制，以前的国际法没有明确规定。

"人类共同继承财产"的概念是马尔他驻联合国大使帕多在 1967 年 8 月 17 日在联合国大会第 22 次会议上提出的。他认为有必要宣布海底和海床是人类共同继承财产，他还进一步解释要制定一条约来执行该概念。① 他的提议在 1970 年 12 月 17 日联合国大会通过决议承认了海底和洋床及其资源是人类共同继承财产。② 就在联合国海洋法会议讨论制定条约来执行该概念时，阿根廷在 1970 年联合国外空委员会法律小组审议《月球协定》时将"人类共同继承财产"概念引入国际空间法，提出月球及其他天体的资源是人类共同继承财产。③

该提议遭到了前苏联的反对，他们首先从技术和法律上来反对，认为没有"人类共同继承财产"的概念，特别是"继承财产（heritage）"是一个哲学概念，在苏联民法中没有此规定，很难让苏联人民接受此概念。他们还认为此概念与"全人类共同事情"相违背，"全人类共同事情"意味着天体是为地球上所有国家共同利用，但并不是共同拥有所有权。④

美国尽管接受阿根廷建议的概念"人类共同继承财产"，但主张"月球及其他天体的资源应该是（shall be）人类共同继承财产。"美国考虑到日后的太阳系的开发及其他行星资源的开发，反对在从月球及其他天体获得资源成为商业性可能时所有国家将分享利益。⑤

1979 年的《月球协定》明确"月球及其自然资源均为全体人类的共同财产"，因此，月球不得由国家依据主权要求，通过利用或占领，或以任何其他方法据为己有，缔约各国有权在平等基础上和按照国际法和本协定的规定探索和利用月球，不得有任何性质的歧视。月球的表面或表面下层或其任何部分或其中的自然资源均不应成为任何国家、政府间或非政府国际组织、国家组织或非政府实体或任何自然人的财产。在月球表面或表面下层，包括与月球表面或表面下层相

---

① G. Weissberg, *International Law Meets the Short-Term National Interest*: *The Maltese Proposal on the Seabed and Ocean Floor*, 19 International and Comparative Law Quarterly (1969), p. 41.

② 联合国文件 A/RES. 2749（XXV），1970 年 12 月 17 日。

③ 联合国文件 A/AC. 105/C. 2/L. 21，1970 年 6 月 23 日。

④ 联合国文件 A/AC. 105/C. 2（XI）/working paper，1973 年 3 月 28 日。

⑤ S. N. Hosenball, Current Issue of Space Law Before the United Nations, 2 Journal of Space Law (1974)

连接的构造物在内，安置人员、外空运载器、装备设施、站所和装置，不应视为对月球或其任何领域的表面或表面下层取得所有权。

（二）《月球协定》确立月球及其他天体资源的国际开发制度

为进一步落实和执行"人类共同继承财产原则"，该协定进一步规定缔约各国承诺一俟月球自然资源的开发即将可行时，建立指导此种开发的国际制度，其中包括适当程序在内。至于如何建立国际制度，将由联合国大会审议决定。但是《月球协定》还是原则性地规定了即将建立的国际制度的主要宗旨应为：有秩序地和安全地开发月球的自然资源；对这些资源作合理的管理；扩大使用这些资源的机会；所有缔约国应公平分享这些资源所带来的惠益，而且应当对发展中国家的利益和需要，以及各个直接或间接对探索月球作出贡献的国家所作的努力，给予特别的照顾。

根据《月球协定》第 18 条规定，本协定生效后十年，联合国大会应在临时议程内列入审查本协定的问题，以便参照本协定过去的实施情况，审议是否需加修正。但在本协定生效五年后的任何时候，作为协定保存人的联合国秘书长，经本协定三分之一的缔约国提出要求，并经多数缔约国同意，即应召开缔约国会议，以审查本协定。审查会议还应按照第十一条第 1 款所述原则，并且在特别考虑到任何有关的技术发展的情况下，审议执行第十一条第 5 款的各项规定的问题。该协定自 1984 年生效以来，联合国大会至今对此没有采取任何行动，国际制度的构建仍处于国际社会的探索之中。

（三）几点评价

尽管《月球协定》确立了"人类共同继承财产原则"，并明确建立资源公平分享的国际制度管理来管理开发其资源，但是，《月球协定》毕竟只有 18 个缔约国，其作为国际条约的普遍性是不充分的，那么，其确立的"人类共同继承财产原则"是否能成为当今人类探测和利用月球及其他天体的法律原则？

"人类共同继承财产"作为一个法律概念，不仅出现在海洋法中，也出现在外层空间法中，这表明这概念不仅适用于海洋法，而且可以适用于其他法律领域，尽管它在具体适用上可以因适用领域的情况和条件的差别而有所不同。[1] 在 1959 年的《南极条约》序言中也提及"全人类的利益"、"全人类进步的利益"。特别在该条约的修改日期前，已经有人明确提出，南极的法律制度的修改可能都要以"人类共同继承财产"的原则为基础。在 1978 年联合国贸发会议的政府间

---

[1] 王铁崖：《论人类的共同继承财产的概念》，载于《王铁崖文集》，中国政法大学出版社 2003 年版，第 69 页。

专家小组向联合国提交的关于技术转让的国际行为法典会议的报告中，也声称"相信技术是世界人类继承财产的一部分，而且一切国家都有权引进技术。"①

不可否认，"人类共同继承财产原则"目前主要适用于海洋法和外层空间法。尽管从该原则的适用的国际实践来看，实际上，"人类共同继承财产"很难构成国际习惯法。

根据《国际法院规约》第 38 条，"国际习惯，作为通例之证明而接受为法律者。"显然，国际习惯的产生首先要是一个法律确信，其次是国际社会的一贯实践。

"人类共同继承财产"作为一项法律信念，这是没有异议的。早在 1967 年帕多提出"人类共同继承财产"时就说明了该概念包含四方面的内容：不得占为己有、遵守联合国的原则、为全人类共同利益及为和平目的。这就表明，该概念就是以一个负有特定含义和内容的法律信念提出的。

1970 年 12 月 17 日联合国大会通过的第 2749 号决议《关于各国管辖范围以外海床洋底与下层土壤的原则宣言》和第 2750 号决议第一次在国际文件中明确："各国管辖范围以外海床洋底与下层土壤，以及该地域之资源，为全人类共同继承财产"。尽管联合国大会的决议是建议性质，不具有法律的约束力，却并不意味着它们不具有任何法律效力。特别是第 2749 号决议，对于新的国际法原则和规则的形成和确定具有一定的作用，这决议的本身可以表现为各国的法律信念。②

因此说，"人类共同继承财产"的提出就是一个法律确信，是作为一个法律信念而提出的。

在该法律信念提出后，现行的国家实践很难证明国际社会有对该法律信念的一贯实践。尽管有人认为，如果联合国大会的决议得到一致通过或绝大多数国家的赞成，在这种情况下，决议可以说成是各国的实践，至少是各国实践的一个主要因素。而联合国大会第 2749 号决议以 118 票赞成，0 票反对，14 票弃权的事实就表明，"人类共同继承财产"的国家一致实践，从而认定"人类共同继承财产原则"构成了国际习惯法。

不可否认，《联合国海洋法公约》提出的"人类共同继承财产原则"及其海底资源开发国际制度的建立，确实表明在海洋法中，"人类共同继承财产"作为法律信念而提出，也由国家的一贯实践，因此，"人类共同继承财产原则"不仅

---

① 转引自凯文尼格：《人类的共同继承遗产——一个政治口号还是一个国际法的关键概念》，载于《法律与国家》，第 24 卷，第 18 页。
② 王铁崖：《论人类的共同继承财产的概念》，载于《王铁崖文集》，中国政法大学出版社 2003 年版，第 89 页。

构成了海洋法中的习惯规则，也被《联合国海洋法公约》法典化、成文化。

在外层空间法中，虽然在《月球协定》中以法律信念予以提出，但是与之相适用的国际开发制度至今没有确立，在其他国际实践中也没有得到体现。特别是《月球协定》缔约国数目之少更进一步表明国际社会对此法律信念在国际实践中的怀疑态度，因此，"人类共同继承财产原则"要成为国际空间法的习惯规则显然亟待国际社会的共同努力。

三、《月球协定》框架下的责任制度和争端解决机制

（一）《月球协定》框架下的责任制度

《月球协定》下的责任制度规定在第14条。根据该条的规定，本协定缔约各国对于本国在月球上的各种活动应负国际责任，不论这类活动是由政府机构或非政府团体所进行的，并应负国际责任保证本国活动的进行符合本协定所载的各项规定。缔约各国应保证它们所管辖的非政府团体只有在该缔约国的管辖和不断监督下方可在月球上从事各种活动。缔约各国承认，由于在月球上的活动的增加，除关于各国探索和利用外层空间包括月球与其他天体活动所应遵守原则的条约和空间物体所造成损害的国际责任公约内的条款以外或许需要有关在月球上引起的损害赔偿责任的细节办法。对任何此类办法的拟订均应依照本协定第十八条所规定的程序。

《外空条约》第6、7条实际上已经规定了其有关空间活动的责任制度适用于月球及其他天体上的活动，因此，《月球协定》第14条的规定实际就是《外空条约》的重申。尽管该协定规定了可以依据第18条在联合国大会基础上对有关月球上引起的损害赔偿责任进行协商修订，但至今没有任何行动。

（二）《月球协定》框架下的争端解决机制

在《月球协定》框架下，缔约国间涉及协定条款的解释和执行的任何争议，应先通过协商方式予以解决。该协定第15条规定，每一缔约国得查明其他缔约国从事探索及利用月球的活动确是符合本协定的规定。为此目的，在月球上的一切外空运载器、装备、设施、站所和装置应对其他缔约国开放。这些缔约国应于合理期间事先发出所计划的参观通知，以便举行适当协商和采取最大限度的预防措施，以保证安全和避免干扰被参观设备的正常操作。为实行本条，任何一个缔约国可使用其自己的手段，亦可在任何其他缔约国的全面或局部协助下，或经由联合国体制内的适当国际程序，遵照宪章的规定采取行动。

一个缔约国如有理由相信另一缔约国未能履行依照本协定所负的义务或相信另一缔约国妨害其在本协定规定下所享有的权利时，可要求与该国举行协商。接获此种要求的缔约国应立即开始协商，不得迟延。任何其他缔约国如提出要求，

应有权参加协商。每一参加此等磋商的缔约国，应对任何争议寻求可以互相接受的解决办法，并应体念所有缔约国的权利和利益。上项磋商结果应通知联合国秘书长，并由秘书长将所获情报转送一切有关缔约国。

如果磋商结果未能导致一项可以互相接受而又适当顾及所有缔约国权利和利益的解决办法，有关各国应采取一切措施，以他们所选择的并且适合争端的情况和性质的其他和平方法解决这项争端。如果在开展协商方面发生困难或协商结果未能导致一项可以互相接受的解决办法，任何缔约国可无需征求任何其他有关缔约国的同意要求联合国秘书长协助解决争端。一个缔约国如果没有同另一有关缔约国保持外交关系，则应自行选择由其自己出面参加协商或经由另外的缔约国或秘书长作为中间人参加协商。

和平解决国际争端是《月球协定》依据《联合国宪章》确立的争端解决原则。其确立的国际协商制度应该是缔约国间采取司法或仲裁方式解决国际争端的前提。根据协定的规定，缔约国间的协商具有强制性，只要一国请求，其协商程序就应该启动。而且，该协定所规定的协商方式相对比较灵活。

第三节 《月球协定》实施的困境及其前景

一、《月球协定》实施的困境

根据《月球协定》第 19 条第 3 款，该协定应在五国政府交存批准书后第三十天生效。1984 年 7 月 11 日自奥地利批准该协定，该协定正式生效，现有缔约国 13 个，签署国 4 个。[1] 在联合国框架下，该条约的普遍性显然是十分有限的。其尴尬与当年《联合国海洋法公约》十分相似。

《月球协定》通过后在 1982 年得到了许多国家的响应，得到了法国、澳大利亚、印度等 11 个国家的签署。但此后的批准程序却并不令人满意。美国、前苏联等国家基于对未来天体资源开发的顾虑，一直影响着《月球协定》的普遍实施。

前苏联学者就认为，国际法是不同时期、不同经济社会结构的法律文化相互作用的产物，然而，该协定却反映的是立法阶层国家的价值。[2] 具体来说，前苏联主要是对《月球协定》第 11 条有关月球资源是人类共同财产原则及其相关制

---

[1] 《月球协定》批准国先后有：菲律宾、乌拉圭、智利、荷兰、奥地利、巴基斯坦、澳大利亚、墨西哥、摩洛哥、哈萨克斯坦、比利时、秘鲁、黎巴嫩，现有签署国有：法国、危地马拉、印度、罗马尼亚。

[2] Y. M. 克洛索夫，《国际空间法规则及原则与国际法一般规则及原则的关系》，载于 1974 年《第 16 届外层空间法大会论文集》。

度的不能接受。一方面，其拒绝将人类共同继承财产原则适用于月球及其资源。在 1970 年 12 月 17 日联合国大会表决通过第 2749 号决议时，前苏联及其盟国就投了弃权票。认为将此原则适用于月球及其资源不符合空间法基本原则，是对国际法整体的修订，包括对维护国家至关重要和合法利益的国家主权原则的修订；① 另一方面，前苏联对《月球协定》第 11 条第 5 款建立未来的国际机制和适当程序影响适用人类共同继承财产原则带来利益的公平分配存有疑虑。1976 年，外空委法律小组的前苏联代表就评论，要建立一个国际讨论机构来决定是否开发月球资源，如果这被决定是可能的，召开会议建立一个国际法律机制才是恰当的。② 然而，前苏联认为后来 1979 年的协定条文将此适当程序视为超国家的机构，与国际法的核心特征不符。

美国在《月球协定》的起草中起了领导性作用。美国国务院在 1980 年表示，美国将考虑《月球协定》，因为其为约束政府现在或未来在月球或其他空间的活动提供了最好的框架。其参众两院举行了意见听证会来听取有关该协定的意见。

支持国家和私营实体从事开发活动权利的美国国务院依仗该协定第 1 条。美国律师协会国际法委员会对该协定的仔细审查得出结论，国家开发月球资源的权利在 1967 年《外空条约》第 1 条就已经得到承认，甚至可能在之前就已经存在。国家在月球获取资源的权利属于《月球协定》第 1 条中的"探测"和"利用"的范畴。③ 该律师协会在 1980 年 4 月提出建议美国签署并通过该协定。但有学者建议，只有在该协定所设计的国际法律机制和适当程序没有建立前，这种开发的权利才是被许可的。尽管如此，基于对《月球协定》及海洋法协定中人类共同继承财产原则的疑虑，美国在 1982 年还是没有通过《月球协定》。

由于对《月球协定》第 11 条确立的人类共同继承财产原则及其指导下国际法律机制和适当程序的疑虑，该协定至今只有 13 个缔约国。这与《联合国海洋法公约》的实施有着惊人的相似。经过 168 个国家长达 9 年的谈判，1982 年签署的《联合国海洋法公约》截止到 1991 年 11 月 24 日也只有 51 个国家和实体批准了该公约。④ 主要原因就是欧美发达国家，特别是美国、德国和英国等，对该公约第十一部分的异议，即对人类共同继承财产原则的异议，使该公约的实施一直不能得到普遍批准。直到 1994 年 7 月 28 日第 48 届联合国大会通过的《关于执

---

① Y. M. 克洛索夫，《空间探索的法律和政治考量》，载于《国际事务》（莫斯科）1979 年 3 月，第 88 页。

② 联合国文件 A/AC. 105/C. 2/SR. 246，1976 年 8 月 3 日。

③ Carl Q. Christol, The Modern International Law of Outer Space, Pergamon Press, p. 316.

④ 梁西：《国际法》（修订第二版），武汉大学出版社 2000 年版，第 212～213 页。

行 1982 年 12 月 10 日〈联合国海洋法公约〉第十一部分的协定和决议》，对公约第十一部分进行修正，该公约才得到广泛批准和实施。

显然，《联合国海洋法公约》实施的历史和经验，对于《月球协定》的实施和发展不能不说有一定的借鉴。

二、《月球协定》的前景

由于《月球协定》第 1 条将其管辖的范围扩展到了地球以外的太阳系内其他天体，导致美国等空间强国担心其未来探测和利用火星等其他天体的活动受到该协定的限制，同时，《月球协定》第 11 条有关人类共同继承财产原则下国际机制对现行空间强国探测和利用月球及其他天体的利益的公平分享，因此，《月球协定》至今没有得到国际社会的普遍批准。

而现行的《外空条约》对于人类探测和利用月球及其他天体活动仅仅只是规定了一些基本原则，即人类探测和利用外空活动的原则适用于人类探测和利用月球及其他天体活动，此外，只是在第 12 条规定了，在月球与其他天体上的一切站所、设施、装备和航天器，应在对等的基础上对本条约其他缔约国的代表开放。这些代表应将所计划的参观，在合理的时间内提前通知，以便进行适当的磋商和采取最大限度的预防措施，以保证安全并避免干扰所要参观的设备的正常运行。

对于月球及其他天体资源的开发与利用是否属于"探测和利用"的范畴，对于月球及其他天体资源开发和利用的法律机制的确立，对于月球及其他天体资源的国际管理等等，《外空条约》并没有明确解决。

随着人类开发和利用月球及其他天体资源活动的深入，目前有能力开发月球及其他天体资源的国家几乎都不是《月球协定》的缔约国，因此，亟待相应的国际法来规范日益发展的开发和利用月球及其他天体资源活动。

基于此，要么修正现行的《月球协定》以获得国际社会的广泛接受，要么重新制定新的国际条约，从而满足人类开发和利用月球资源活动的需要。自 1979 年以来，在规范空间活动的国际立法方面，国际社会几乎没有任何实质性的进展，因此，要重新制定一个规范人类开发和利用月球及其他天体活动的国际条约，其前景并不乐观。

根据《月球协定》第 18 条的规定，该协定的修正需要在本协定生效时年后由联合国大会审议决定。自 1994 年至今，国际社会对此没有采取任何行动。实际上，只要国际社会对该协定第 11 条有关国际法律机制和适当程序予以具体明确，充分尊重各空间活动国家的利益，尊重发展中国家的利益，国际社会对该协定总体来说还是可以接受的。

《联合国海洋法公约》第 11 部分的修正及其 15 年来的国际实践，在人类共同继承财产的国际管理方面，有成功的经验也有通过实践后得到的教训。随着人类深空探测活动的进一步发展，对月球资源开发的日益需求，美国、俄罗斯、日本、印度及中国等具有月球探测能力的国家在此方面应该作出更大的努力，在联合国框架下尽快推动《月球协定》修正程序的启动。

第七章

外层空间法中的环境保护制度

第一节　空间环境损害及其产生的原因

一、空间环境损害与一般环境损害

空间环境损害，是指因人类探测和利用外层空间资源的活动所造成的外层空间环境污染，并导致外层空间环境恶化，对外空环境可持续利用产生现实威胁的现象。

与传统的环境损害相比，空间环境损害具有如下特点：其一，空间环境损害的对象具有特殊性。与一般环境损害的对象是公私财产、人的生命或身体健康以及环境利益相反，空间环境损害的对象是近地轨道或静止轨道及以外部分，该区域属于人类共同财产，类似于公海，不属于任何国家的主权管辖范围；①　其二，空间环境损害的表现形态具有特殊性。一般环境损害具体表现为大气污染、水污染、土壤污染、噪声、振动、地面下沉、恶臭、日照妨害等环境污染和破坏。与此相反，空间环境损害的表现形态包括空间物体在外层空间引起的放射性污染、生态污染以及化学性污染，也包括空间碎片的存在而导致近地轨道或静止轨道的构成发生变化，影响了近地轨道或静止轨道的正常利用及功能性航天物体的正常运行。

二、空间环境损害产生的原因

空间环境损害产生的原因主要包括人类发射活动中核动力源的使用、人类空间活动产生的空间碎片。

（一）核动力源的使用

迄今为止，人类航天活动主要使用化学能源，燃烧化学推进剂推动火箭和航天器飞行。与化学能源不同的是，核能源是指通过核裂变或核聚变反应所产生的能量。目前，能付诸实用的核能源是核裂变反应。单位质量核裂变物质产生的能量是化学能源的数百万倍。利用核能源推动火箭和航天器飞行，可以极大减少为

---

① 梁西：《国际法》（修订第二版），武汉大学出版社 2000 年版，第 240～244 页。

达到一定速度所需消耗的物质。因此，人类自 1961 年开始在外空物体上使用核动力源提供能量。目前，在外空广泛使用的核动力源主要有以下两种方式：一是太空核推进。即利用核裂变反应释放出的能量，直接加热工作介质，使介质通过喷管膨胀后高速喷出，产生反作用推力；或者通过热电转换将核反应产生的能量转换成电能，再用电能加速带电粒子高速喷射，产生反作用推力。二是太空核电源。即利用核反应产生的热或者放射性同位素产生的热，通过热电转换系统变为电能，向火箭或航天器提供所需电力。太空核电源，包括核反应堆电源和放射性同位素电源，均已在航天器中多次应用。①

但是在航天活动中所使用的核动力设施将产生大量的核粒子，这些核粒子对于航天物体可能产生致命的损害，对空间环境产生放射性的污染。② 其放射性尘埃广泛弥散于空间，不仅可能引起高空环境结构的改变，而且还可能导致在轨道上运行卫星上的电子设施的破坏。因此，核动力源也是外空活动中致使外空环境损害的一个重要原因。正因为如此，太空核动力安全一直是国际社会共同关心的问题。

（二）空间碎片

空间碎片是分布在人造地球卫星利用的环绕地球轨道上已丧失功能的空间物体。在性质上，空间碎片可分为自然成因的宇宙尘和人为空间碎片。人为空间碎片即人类空间活动而产生的空间碎片，是指人类在太阳系空间，尤其是地球外层空间的太空探索活动产生、遗弃的碎片和颗粒物质，也称太空垃圾，主要由报废的空间装置、失效的载荷、火箭残骸、绝热防护材料、分离装置以及因碰撞、风化产生的碎屑物质组成。③

空间碎片主要来源于：（1）失效的有效载荷。失效的有效载荷曾经是使用中的有效载荷，但后来用户对之失去控制，其中大部分是已失效的卫星和空间探测器。（2）运营碎片。运营碎片是指那些在发射和飞行过程中使用过的，但目前仍滞留在外层空间的物体。大部分是发射设备或载人飞行过程中宇航员有意无意地抛入外层空间的物品。（3）碎裂物。空间物体遇到爆炸、碰撞和至今未能知道的一些原因而碎裂就会产生碎裂物。此碎裂物比失效的有效载荷和运营碎片对使用中的有效载荷威胁更大。碎裂物比运营碎片数量多得多，而且速度快，一

① 朱毅麟：《美国太空核动力计划重开张——"普罗米修斯"计划一瞥》《国际太空》2004 年 9 月号第 26 页。

② 李寿平：《试论空间环境损害的国际责任》，《空间法评论》（第一卷），哈尔滨工业大学出版社 2006 年版第 83 页。

③ 李春来：《空间碎片与空间环境》，《第四纪研究》2002 年第 6 期，第 540～551 页。

般无法跟踪。（4）微粒物质。微粒物质大小不一，在 1～100 微米之间，是由许多微粒和气体等物质组成。这类空间碎片产生于固体燃料火箭发动机、轨道物体的外壳以及载人航天器表层。①

空间碎片给外空环境带来的危害主要体现在如下三方面：

第一，空间碎片会在近地轨道形成一条空间碎屑层，阻止人类进入太空。如果人类不能防患于未然，严格控制空间碎片，则人类的太空探索和研究将不得不被迫停止，并将遭受永远被禁锢在地球摇篮之中的恶果。

连锁碰撞会使空间碎片的问题变得非常严重。碰撞与连锁碰撞无法解决，就会污染近地轨道，对外层空间环境造成破坏。体积较大的空间碎片，即使在寿命到期的时候，依然会对人类构成威胁。如 1997 年 1 月 22 日，一个火箭的燃料储罐再入大气层时没有完全烧毁，陨落在美国的得克萨斯州，带来极为严重的后果。②

第二，空间碎片与运营中的航天器和有效载荷发生碰撞造成航天器和有效载荷损毁。近年来，已多次发生空间碎片与卫星和其他航天器的碰撞事件。如 1991 年 12 月底，俄罗斯一颗失效卫星"宇宙 1934 号"撞上了本国另一颗卫星"宇宙 926 号"释放出来的大碎片，使前者一分为二，后者零碎到无法跟踪；1996 年 7 月 24 日，一块欧洲航天局"阿丽亚娜"火箭的残骸，以每秒 14 公里的相对速度撞断了法国一颗正在工作的电子侦察卫星的重力梯度稳定杆，使后者翻滚失效；2005 年 1 月 17 日，在太空中飞行了 31 年的美国"雷神"火箭废弃物，和中国 6 年前发射的"长征四号"火箭残骸，以每秒 5.73 公里的相对速度相撞，"长征四号"火箭残骸的近地点轨道下降了 14 公里，美国火箭废弃物一分为四。③

第三，空间碎片相互之间碰撞可能产生更多的碎片。一次剧烈的碰撞可能产生 1 万颗直径大小为 1 厘米的微粒和 100 万颗直径大小为 1 毫米的微粒以及成千上万颗粒子。空间碎片相互碰撞是一个频繁发生的过程。由于空间碎片存在于近地轨道（与卫星在同一轨道），有可能造成近地轨道某一区域由于空间碎片过于密集而不可用。空间碎片的危害已经很明显，很严重，亟需从技术方面、法律方面对其进行防治。

目前，世界上许多航天国家都在统一认识，共同采取大量减缓措施，限制新的空间碎片产生。与此同时，各国还投入了大量的人力、财力开展航天器对空间

---

① 薛富兴：《防止外层空间环境的恶化》，载《中国航天》1992 年第 2 期。
② 苏武：《太空垃圾：让人类面临环保新问题》，载《环境教育》。
③ 苏武：《太空垃圾：让人类面临环保新问题》，载《环境教育》。

碎片防护技术的研究工作。①

三、空间环境损害现状及其发展趋势

以 1957 年前苏联成功发射第一颗人造卫星为开端，人类空间时代历史掀开了崭新一页。时至今日，人类航天活动得到了突飞猛进的发展。人类不仅发明了携带科学仪器的卫星，而且还发明了载人宇宙飞船，并在外层空间设站进行科学研究。人类的这种外层空间的技术和活动，一方面促进世界各国经济建设和社会进步，另一方面却使外层空间环境遭受前所未有的污染。这些污染不仅包括化学污染、生物污染和电磁干扰、核放射污染等空间污染，而且还包括空间碎片污染。

据统计，1957 年至今，已有 20 多个国家和国际组织先后进行了 6000 次航天发射与飞行，送入外层空间的物体超过 26000 个，其中大约仍有 1/3 遗留外层在空间沿轨道飞行。目前，可在地面观测并测定其轨道的太空物体超过 10000 个，其中仅有 6% 是仍在工作的航天器，其余为空间碎片。小尺度空间碎片的数量比可观测空间物体的数量更多，大于 1 厘米的空间碎片数量已超过了 11 万个，大于 1 毫米的空间碎片超过了 3500 万个，空间碎片的总质量已经超过 450 万公斤。② 不仅如此，随着航天活动中核动力源的广泛使用，太空核动力给人类环境造成的污染和破坏也与日俱增。如在 1961～1998 年期间，美国在 25 个航天器上共使用了 43 台放射性同位素温差发电器，包括导航、通信、气象等应用卫星和月球、行星探测器。③ 但美国至 1979 年 7 月已发射的 21 个外空物体上所使用放射性同位素能源系统之中，有三个因失效而坠入大西洋、南太平洋或在返回大气层时被烧毁。④ 前苏联的核动力卫星"宇宙 954 号"（COMOS - 954）和"宇宙 1402 号"（COMOS - 1402）也分别于 1978 年和 1984 年发生故障和坠毁；1978 年 1 月 24 日，前苏联的 5 吨重的"宇宙 954 号"核动力海洋观测卫星脱离轨道，在再入轨过程中解体，坠毁在加拿大北部，500 多块带有高辐射放射性碎片撒落在 800 公里长的加拿大的领土上，带来极为严重的后果。

这样，人类在不断开展航天活动的同时，因广泛使用核动力源而导致的核污

---

① 罗丽、赵杰：《国内外与空间碎片有关的空间环境保护立法研究》，《空间碎片研究》2007 年第 2 期，第 30～40 页。

② 李春来：《空间碎片与空间环境》，《第四纪研究》2002 年第 6 期，第 540～551 页。

③ 朱毅麟：《美国太空核动力计划重开张——"普罗米修斯"计划一瞥》，《国际太空》2004 年 9 月号，第 28 页。

④ I. H. Ph. Diederiks - Verschoor, *An Introduction to Space Law*, Kluwer Law and Taxation publishers, Deventer, 1993, p. 95.

染，以及所产生的空间碎片而造成的外空环境污染损害，正在不断扩大。因此，为有效控制空间活动引起的环境问题，尽快采取措施，进一步完善空间环境保护制度已成为必要。

第二节　现行的空间环境保护制度及其完善

一、现行空间环境保护的法律渊源

现行国际法中并无关于保护外层空间环境的专门性条款。目前，有关规范空间环境保护的国际法律制度，主要有以下法律渊源。

（一）国际条约是空间环境保护法的主要渊源

20 世纪 60 年代以来通过的一系列关于和平探索和利用外空的国际条约是当前规范空间环境保护的主要法律渊源。在现行的国际条约中，涉及空间环境保护的主要有：

第一，1963 年通过的《禁止在大气层、外层空间和水下进行核武器实验条约》（简称《部分禁止核实验条约》）是最早的关于外空环境保护的国际条约。该条约第 1 条明确规定："缔约各国保证在其管辖或控制下的下列任何地方禁止、防止并且不进行任何核武器实验爆炸或其他任何核爆炸：在大气层；在它的范围以外，包括外层空间……"该条通过禁止在外空进行核试验来减少外层空间环境的核污染。

第二，1967 年 10 月 10 日生效的《关于各国探索和利用外层空间包括月球与其他天体活动所应遵守原则的条约》（简称《外空条约》）是空间环境保护的宪法性条约。

《外空条约》是第一个规定各国从事外层空间活动的基本法律原则的普遍性多边国际条约，是外层空间的基础性条约。《外空条约》由序言和正文 17 条组成，被公认为外空宪章。《外空条约》确立了共同利益原则（第 1 条第 1 款）、依照国际法自由探索和利用原则（第 1 条第 2 款、第 3 款）、不得据为己有原则（第 2 条）、非军事化原则（第 4 条）、援助航天员原则（第 5 条）、外空物体登记原则（第 8 条）、国家责任和赔偿原则（第 6 条）、国际合作原则（第 9 条）等。

其中，《外空条约》第 4 条关于"本条约各缔约国承诺不在环绕地球的轨道上放置任何载有核武器或任何其他种类大规模毁灭性武器的物体，不在天体上装置这种武器，也不以任何其他方式在外层空间设置这种武器"的规定，第 9 条关于"各缔约国对外层空间，包括月球与其他天体在内进行的研究和探索，应避免使它们受到有害污染以及将地球外物质带入而使地球环境发生不利变化，并应在必要时为此目的采取适当措施。如果本条约某一缔约国有理由认为，该国或其国民在外层空间，包括月球与其他天体在内计划进行的活动或实验可能对其他缔约国和平探索和利用外层空间，包括月球与其他天体在内的活动产生有害干扰时，则该缔约国在开始进行任何这种活动或实验之前，应进行适当的国际磋商"的规定，对于外层空间环境保护具有重要意义。

《外空条约》第9条确定了保护空间环境原则。由于人类探索和利用外层空间的活动是从地球表面经过空气空间进入外层空间的，因此，相关环境保护涉及整个空间，包括地球、空气空间和外层空间的环境保护问题，这对于避免外层空间和地球环境受到有害污染具有重要意义。①

但是，该条约第9条的规定对环境保护仍有一定局限性。其一，该条款采用"有害污染"、"环境的不利变化"及"必要时"等模糊描述方法，条约本身对此缺乏明确释义，也无相应国际文件对此解释。其二，该条款将产生"有害污染"的范围仅限于对外空和其他天体的研究和探索活动方面，对开发行为尚未进行规制，因而不利于控制因开发活动所产生的有害污染。其三，该条款对于空间环境损害责任构成、责任方式以及责任实现途径等没有进行任何具有操作性、强制性规定，因此，仍不利于空间环境保护。如该条款虽然规定了"适当的国际磋商"制度，但是并未明确磋商的性质和相关程序。该条款因缺乏具体操作性和法律约束力，也使这种国际磋商停留在文字上。其四，该条约虽然规定了"发射或促使发射物体进入外层空间，包括月球与其他天体在内的缔约国，以及以其领土或设备供发射物体用的缔约国，对于这种物体或其组成部分在地球上、在大气空间或在外层空间，包括月球与其他天体在内，使另一缔约国或其自然人或法人遭受损害时，应负国际责任"，但是没有涉及到对自然环境造成的损害的国际责任，特别是对于不属于任何主权管辖范围内的地球表面及其大气环境和外层空间及其他天体环境的损害赔偿责任。这样显然不利于有效控制以空间碎片污染为主要问题的外层空间活动引起的环境污染问题。②

第三，1972年《空间物体所造成损失的国际责任公约》（简称《责任公约》）对空间环境损害责任具有适用性，也是空间环境保护法的渊源。

《责任公约》共有28个条款，对1967年《外空条约》的规定进行了补充。该公约试图对所有可能在外层空间发生的损害进行规定，不仅包括碰撞和故障发生的可能性及其后果，也包括如何辨别索赔的损失类型。在空间环境污染的国际

---

① 贺其治、黄惠：《外层空间法》，青岛出版社2004年版，第47页。
② 李寿平：《空间活动的新发展与〈外空条约〉》，《中国空间立法与国际空间条约研讨会论文集》2007年第13页；凌岩主编：《国际空间法问题新论》，人民法院出版社2006年版，第230页。

责任方面，该条约进行了间接规定。如《责任公约》第 2 条规定："发射国对其空间物体在地球表面或给飞行中的飞机造成损害，应负赔偿的绝对责任。"第 3 条规定："任一发射国的空间物体在地球表面以外的其他地方，对另一发射国的空间物体，或其所载人员或财产造成损害时，只有损害是因前者的过失或其负责人员的过失而造成的条件下，该国才对损害负有责任。"

但是，伴随空间活动的频繁化和商业化趋势，该公约在空间环境损害保护方面依然具有一定局限性。其一，《责任公约》第 1 条虽然规定"空间物体"包括空间物体的组成部分、物体的运载工具和运载工具的部件，但是因其用语模糊不清而产生了适用不明的弊端。即空间物体是否包括空间碎片？在空间物体内部或者附着于其上的物件或部件是否属于空间物体？因此，亟待厘清空间物体概念的内涵和外延。① 其二，《责任公约》第 1 条将"损害"概念界定为"生命丧失、身体受伤或健康的其他损害；国家、自然人、法人的财产，或国际政府间组织的财产受损失或损害"，显而易见，对于空间环境、不在一国管辖权之下的区域的损害，与外空条约一样，依然未明确规定，也不利于空间环境保护。其三，《责任公约》中尚未规定有关对空间碎片的预防措施，而是规定空间物体所造成损害的事后补救措施。这种规定没有密切结合空间碎片的事后消除极其困难的特点，不利于事前预防空间碎片的产生。

第四，1974 年通过的《关于登记射入外层空间物体的公约》（简称《登记公约》）规定了有关强制性的射入外层空间物体的登记制度，目的在于帮助缔约国辨认外空物体。其中第 4 条明确规定，每一登记国应在切实可行的范围内尽速向联合国秘书长供给有关登入其登记册的每一个外空物体的有关发射国或多数发射国的国名、外空物体的适当标志或其登记号码、发射日期和地域或地点、基本的轨道参数、外空物体的一般功能等情报。这种要求缔约国履行的强制性登记义务的规定，有利于帮助缔约国辨认外空物体。此外，《登记公约》第 1 条进一步明确了《责任公约》中规定的空间物体，将"外空物体"定义为"一个外空物体的组成部分以及外空物体的发射载器及其零件"。

但是《登记公约》仍存在如下缺陷。其一，《登记公约》要求登记国提供的有关登记情报内容存在一定局限性。即《登记公约》仅要求发射国就"外空物体的一般功能"进行登记，但未规定对空间物体所使用的燃料、数量、化学物质和放射性物质以及其他可能对空间环境具有潜在污染危险的物质类型和数量等进

---

① 赵云：《试论外空〈责任公约〉及其完善》，《中国空间立法与国际空间条约研讨会论文集》2007 年，第 7 页。

行登记，也没有要求对报废后以及爆炸分裂后分裂碎片进行登记。其二，《登记公约》规定登记内容包括"基本的轨道参数"。这也就意味着《登记公约》主要关注有固定轨道参数的卫星，而未要求有变化轨道参数的卫星进行登记或通知。

这样，《登记公约》在登记内容上所存在的这种登记内容不详尽、条款强制性不高等缺陷，使相关登记尚不能明确空间碎片的来源，因而无法有效遏制空间碎片问题，致使许多运营碎片、微粒物质等空间碎片在外空中大量存在。

第五，1979 年通过的《关于各国在月球和其他天体上活动的协定》（简称《月球协定》）是月球环境保护的主要法律渊源。

《月球协定》第 7 条明确规定："缔约各国在探索和利用月球时，应采取措施防止月球环境的现有平衡遭到破坏。不论这种破坏，是由于在月球环境中导致不利变化，还是由于引入环境外物质使其受到有害污染，或由于其他方式而产生。缔约各国也应采取措施防止地球环境由于引入地球外物质或由于其他方式而受到有害影响。"这是对《外空条约》第 8 条内容的扩展，再次明确了保护外空环境的必要性。

但是《月球协定》的这种规定依然存在如下不足之处。其一，《月球协定》第 7 条的"引入地球物质"并未涉及空间碎片问题。尚须通过扩大解释方法，才能将空间碎片纳入此范围之内。其二，《月球协定》第 11 条第 1 款关于"月球及其自然资源均为全体人类的共同继承财产"的规定，因被认为有碍于人类对于外空、其他天体的探索与开发之嫌而遭到空间大国的普遍反对。因此，与其他关于外空活动的条约相比，签订此条约的国家甚少。截至 2007 年 1 月 1 日，《月球协定》的批准国仅有 13 个，签字国仅有 4 个。① 这样，《月球协定》的效力甚微，因而其对与外空活动有关的环境保护的作用也受到限制。

第六，1968 年通过的《营救宇宙航行员、送回宇宙航行员和归还射入外层空间的物体的协定》对各缔约国承担的营救义务和归还义务进行了具体规定，对外层空间法的发展起到了推动作用。其第 5 条关于"如果缔约国有理由认为在其管辖的区域内出现的或在其他地方保护着的空间物体或其组成部分，就其性质来说，是危险的和有害的时候，则可通知发射当局在该缔约国的领导和监督下，立即采取有效措施消除可能造成危害的危险"的规定，对外空环境保护也有积极作用。

---

① 参见 ST/SPACE/11/Rev.1/Add.1/Rev.1。批准国有澳大利亚、奥地利、比利时、智利、哈萨克斯坦、黎巴嫩、墨西哥、摩洛哥、荷兰、巴基斯坦、秘鲁、菲律宾、乌拉圭，签字国有法国、危地马拉、印度、罗马尼亚。

（二）联合国框架下通过的国际文件

联合国大会及国际社会通过的一系列决议、宣言中有关外层空间环境保护规定的法律文件，也是当前规范空间环境保护的重要法律渊源。

1. 1961 年 12 月 20 日联合国通过的 1712（ⅩⅥ）号决议《外空和平使用的国际合作》

该决议明确规定联合国外空委应该与政府间和非政府间的空间机构保持紧密的联系，研究和寻求各国和组织在外层空间研究和开发中的国际合作形式，而国际合作是空间环境保护的主要手段。

2. 联合国和平利用外层空间委员会于 2007 年 6 月通过的《空间碎片减缓指南》和机构间空间碎片协调委员会通过的《IADC 空间碎片减缓指南》

这些文件明确提出了成员国要采取具体措施减缓空间碎片，并提出了具体的空间碎片减缓措施。

3. 1972 年联合国人类环境会议通过的《人类环境宣言》和《人类环境行动计划》所确立的环境保护原则，在空间环境保护中也有一定的借鉴意义。

第 21 条原则规定各国"有义务使其管辖范围内或控制下的活动不对其他国家的环境和任何国家管辖范围以外的地区造成损害"。这一原则被视为是对现有国际习惯法的反映。其中有关禁止对他国环境和任何国家管辖范围以外地区的环境造成污染损害原则，已被《外空条约》第 9 条所吸收。①

4. 1986 年 12 月 3 日通过的《关于从外层空间遥感地球的原则》的决议

该决议由 15 条原则组成，其中关于"遥感应促进保护地球自然环境及人类免受自然灾害的侵袭"等原则，对外层空间环境保护具有积极指导意义。

5. 1992 年联合国大会以第 47/68（1992）号决议通过的《关于在外层空间利用核动力源的原则》

该原则明确了在外空适用核动力源的条件，建议核动力源在外层空间的使用应限于用非核动力源无法合理执行的航天任务，并明确载有核动力源的空间物体的设计和使用应可靠地确保放射性材料不会显著地污染外层空间。

6. 1992 年 6 月联合国环境与发展大会通过的《21 世纪议程》和《里约环境与发展宣言》中的环境保护理念及基本原则

《里约环境与发展宣言》宣布了环境与发展问题的 27 条原则，明确了人类可持续发展理念，确立了在全球环境退还问题上各国负有"共同但有区别的责任"。

7. 1999 年 7 月 19 日～30 日联合国第三次外空会议通过的《空间千年：关于

---

① 凌岩主编：《国际空间法问题新论》，人民法院出版社 2006 年版，第 234 页。

空间和人类发展维也纳宣言》（简称《维也纳宣言》）和《关于 21 世纪利用外层空间的行动计划》

《维也纳宣言》为进入新世纪的人类探索与和平利用外空的活动规定了基本原则和行动计划，重申人类探索和利用外层空间的和平目的，强调应防止外层空间军备竞赛。

上述这些有关外层空间环境保护规定的法律文件，虽然并不直接产生法律约束力，但因其反映了国际社会的共同的或协商一致的共识，因此，从某种程度而言，这些法律文件也是空间环境保护法的国际习惯法渊源。①

（三）国际习惯是空间环境保护的古老法律渊源

作为在国际交往中经反复实践逐渐形成的不成文的行为规则的国际习惯，是国际法的主要渊源。

国际习惯法中关于环境保护的一般原则，最早产生于 1941 年的"特雷尔冶炼厂仲裁案"。作为国际法上第一起跨国环境损害赔偿案件，美加仲裁法庭在第一次审理此案时所确立的任何一个国家均无权以造成他国领土损害方式使用或允许他人使用自己的领土的原则，已成为约束跨国环境损害责任的国际习惯法。

再如 1992 年联合国大会第 47/68（1992）号决议规定，发射载有核动力源的空间物体的任何国家在该空间物体发生故障而产生发射性物质重返地球的危险时，应及时通知有关国家。该原则在国际实践中被多次适用。如俄罗斯在火星 96 探测器发射之前向联合国秘书长通报了该探测器使用核动力源的情况。当该探测器失灵坠入大气层时，俄罗斯按照该原则的要求及时通知了有关国家。此外，美国发射使用了 35 公斤的铈-238 的二氧化物作为燃料的卡西尼亚火星探测器时，也向联合国秘书长报告了相关情况。这些反复的实践，使不具有法律约束力的原则性规定逐渐成为国际习惯，从而成为国际法渊源。②

（四）相关国际司法裁决是空间环境保护的辅助法律渊源

尽管国际裁决不是国际法的直接渊源，但是国际法院、常设国际法院及常设国际仲裁法院在相关的司法裁决中通过的一些原则、规则，对空间环境损害责任的确立具有积极作用，也是空间环境保护法的一个重要的辅助性渊源。如 1949 年国际法院的"科孚海峡案"、1957 年的常设仲裁法院"拉努湖仲裁案"及 1974 年国际法院"核试验案"所确立的不损害国外环境责任原则等，对于如何

---

① 李寿平：《空间碎片造成空间环境污染的国际责任》，载《河北法学》2006 年第 12 期，第 161 页。高升等：《论国际空间法对空间环境保护的法律规制》，载《前沿》，2006 年第 6 期，第 150 页。
② 高升等：《论国际空间法对空间环境保护的法律规制》，载《前沿》，2006 年第 6 期，第 150 页。

确立空间环境损害的国际责任具有十分重要的指导作用。

（五）部分国际组织和部分国家有关空间环境保护的立法也是空间环境保护的辅助法律渊源

在规制空间碎片造成空间环境污染的国际责任的法律渊源中，空间大国如美国、俄罗斯、日本、瑞典、澳大利亚等国颁布的国内空间法有关空间碎片减缓标准、规则，以及一些国际组织制定的协调组织间成员关于空间碎片的相关规则，如欧洲空间局制定的一些关于空间碎片减缓规则，均对规制空间环境保护具有重要借鉴意义，因而也是规制空间环境保护的重要国际法辅助性渊源。①

1. 欧盟

1998 年 1 月 13 日《理事会和欧洲议会协商会议关于〈欧盟与空间：培育应用、市场和工业竞争〉的决议》第 18 条规定："鼓励委员会在欧洲空间局的帮助下，对空间碎片污染的辨认、监督和消除这些方面的国际规则草案进行定案。"1999 年 7 月 19 日欧盟理事会《关于新一代卫星导航服务系统（伽利略系统）技术设计阶段的决议》第 3 条规定："以卫星为基础的定位和导航技术几乎在所有领域都日益重要，在航空、水运、陆运等各种形式的基础设施建设中尤为重要。卫星导航有能力为交通基础设施的有效利用作出重要贡献，提高安全性，减少环境污染，建立一个完整的运输体系，这对一个统一市场至关重要。"2000 年 5 月 18 日，欧洲议会《关于委员会工作文件〈欧洲统一空间行动计划〉的决议》第 17 条规定："号召委员会，在欧洲空间局和成员国密切合作中，为理事会和议会草拟欧洲地球观测计划和环境监测服务计划；认为欧洲空间局《生命星球》计划能够用作基础。"这些规定，对于规制空间碎片，保护空间环境具有积极作用。

2. 独联体

独联体于 1991 年 12 月 30 日签署的《共同探索和利用外层空间的协议》第 10 条明确规定："缔约各国不能作出会使空间复合体功能紊乱（难于正常工作）和让空间基础设施着陆于其领土的决定或行动。"这种要求独联体国家保障其卫星等航天器安全的规制，有利于减少空间碎片，实现保护外层空间环境的目的。

3. 美国

美国自 1958 年的《关于航天和外层空间研究法》开始，相继制定了 1962 年的《关于卫星通讯法》，1984 年的《关于航天商业发射法》和《关于商业性地

---

① 李寿平：《空间碎片造成空间环境污染的国际责任》，载《河北法学》2006 年第 12 期，第 161 页。

球遥感法》等一系列空间法。在规制空间碎片方面，美国宇航局于 1981 年发表了第一个正式报告。此后，在美国政府的支持下，还成立了一个各个部门之间的协调机构。1988 年美国总统里根在制定新的国家航天政策时，对有关空间碎片污染外层空间环境问题给予高度关注。在 2001 年的"卫星使用者需求审查"（Satellite User Requirement Survey 2001）中指出："卫星申请应包括参考框架、重力场、地点和运动变化、相关试验、精密轨道限制、质量控制、航天飞机样式、技术比较。"① 美国的这些对卫星申请文件的严格要求有利于保障卫星在运行中的安全，减少空间碎片的产生。

此外，美国在 2006 年制定的《新的国家航空航天政策》的第 11 条中，明确规定了有关轨道碎片的防治问题。即"轨道碎片对天服务和运行的连续可靠使用以及对空间和地面的人员和财产安全构成威胁。美国应寻求最大限度地减少政府和非政府空间活动所产生的轨道碎片，以为后人保护空间环境。为此目的：部门和机构应依照任务要求和高效费比原则，在采购和运行航天器、发射服务和在空间开展试验和实验的过程中，继续遵守《美国政府轨道碎片减缓标准办法》；商务部长和运输部长应与联邦通信委员会主席协调，继续通过其各自的许可证办理办法解决轨道碎片问题；以及美国应在国际论坛上取得领导地位，以鼓励外国和国际机构采取旨在最大限度地减少碎片的政策和办法，并应在有关碎片研究和更好的碎片减缓办法的确定的信息交流上开展合作。"②

4. 俄罗斯联邦

1993 年 10 月 6 日生效的《俄罗斯联邦空间活动法》第 4 条不仅在其第 1 款中明确规定了"航天活动应有安全保险，包括环境保护"的原则，而且还在其第 2 款中明确规定："为了保证战略和生态安全，在俄罗斯联邦内禁止：（1）将核武器和其他任何大规模杀伤性武器送入地球轨道，或在外层空间部署；（2）在外层空间试验核武器和其他大规模毁灭性武器；（3）使外层空间受到有害污染可能导致环境发生不利变化，包括在外层空间故意毁坏物体。"

《俄罗斯航空航天局章程》第 33 条明确规定："进行俄罗斯联邦空间物体的登记，向联合国递交关于发射俄罗斯航天器的资料"，第 34 条明确规定："参加用于建造和营造空间技术装备的标准，以及关于保证在生产、试验和运营民用空

---

① "Satellite applications included reference frame, gravity field, station positionand motion, relativity tests, precision orbit determination （POD）, puality control （Q/C） for stations, spacecraft modeling, and technique intercomparisons." Satellite User Repuirement Survey （2001） of NASA.

② 各国关注美国国家航天政策新动向，http：//www. cast. ac. cn/CastCn/Show. asp？ ArticleID = 17300，2008 年 4 月 6 日浏览。

间技术装备中安全要求的规范性文件的制定"。

此外,《关于空间活动许可证发放条例》第 5 条第 8 款也明确规定,为获得许可证,申请人要向俄罗斯空间局提交有关"证明空间活动安全(包括生态安全和防燃防爆)和空间技术装置可靠"的文件。

空间碎片的登记注册是未来轨道环境状况分析的重要依据,可供注册的空间物体的基本依据是卫星的残片和火箭爆炸产生的碎片。因此,保证空间碎片数量减少的根本方法就是减少空间物体爆炸的几率。俄罗斯联邦通过上述相关法律规范,明确规定有关空间物体登记制度、预防空间活动安全等,对于减少空间碎片、保护外空环境具有积极意义。

5. 乌克兰

《乌克兰空间活动法》第 8 条在关于乌克兰空间活动的规则中明确规定:"监测和控制空间发射和飞行的安全,以及空间技术装备的运行;在空间活动过程中保护周围环境。"第 9 条关于在空间活动中的禁止与限制的规制中明确规定,在乌克兰开展空间活动要禁止"用任何方式将核武器或所有其他形式大规模毁灭性武器送入轨道或太空中部署,以及此类武器的在轨试验",以及禁止"对造成人类牺牲的、巨大物资损失或对环境造成巨大损害的个别空间物体"等。这些规定都有利于空间环境保护。

6. 澳大利亚

1998 年 12 月 21 日通过的澳大利亚《空间活动及相关目的法》对空间活动引起的损害责任规则、空间物体登记制度等进行了明确规定。其中,第 18 条规定:"就发射设施而言,条约中规定的发射标准应符合;就运载器而言,条约中规定的发射标准应符合。"第 67 条规定:"发射或返回的责任方承担空间物体对第三方造成损害的赔偿责任。"第 68 条规定:"除了赔偿在地球上或对飞行的飞机造成的损害外,空间物体发射或返回的责任方还承担空间物体造成的任何损害的赔偿责任:(a)对由第三方发射或运营的空间物体造成的损害;(b)对第三方或第三方在这个空间物体上的财产造成的损害,由责任方或相关方引起的损害。"

此外,澳大利亚于 2001 年 6 月 28 日频布的《2001 年空间活动法》第二部分关于"空间许可证"的规定中,明确规定有关发射设施和发射工具的紧急计划包括"在发射设施上或附近发生了阻碍或可能阻碍其正常的运转,或危害公共健康或公共安全,或对财产造成了实质性的损害的情况";第五部分关于海外发射空间物体的回收的权限中,明确规定回收人应有有效回收环境计划。

澳大利亚上述空间法律规范对运载器的发射标准、损害赔偿责任、申请文件数据等明确规定，对保障有效载荷的安全性、减少空间碎片的产生、保护空间环境具有积极作用。

7. 英国

1986 年英国的《外层空间法》第 5 条明确规定了有关许可证持有人的发射行为应该符合的条件，即"防止对外层空间、地球环境造成任何不利影响；避免干扰其他为和平目的进行的探索和利用外层空间的活动"等。英国的《外层空间法》通过对许可证发放行为进行严格规制，起到了保障外空环境的作用。

8. 阿根廷

阿根廷《关于建立射入外层空间物体国家登记册》的第 125/95 号法令，其第 6 条规定："预防外层空间，包括其他天体污染，应采取的预防措施。特别是在空间物体寿命到期时，是否提供改变轨道设置的机械装置。"阿根廷法律主要针对即将到期的有效载荷。如前所述，即将失效的有效载荷极易产生空间碎片，该法令规定了变轨等制度，有利于减少空间碎片的产生。①

二、空间环境保护的基本原则

《外空条约》第 9 条确定了保护空间环境原则。根据其规定，该原则具体包括：避免空间污染原则、保护空间环境的国际磋商原则和共同但有区别责任原则。

1. 避免空间污染原则

避免空间污染原则，是指对外层空间，包括月球与其他天体在内进行的研究和探索，应避免使它们受到有害污染以及将地球外物质带入而使地球环境发生不利变化，并应在必要时为此目的采取适当措施。

2. 保护空间环境的国际磋商原则

保护空间环境的国际磋商原则，是指如果《外空条约》的某一缔约国有理由认为该国或其国民在外层空间，包括月球与其他天体在内计划进行的活动或实验可能对其他缔约国和平探索和利用外层空间，包括月球与其他天体在内的活动产生有害干扰时，则该缔约国在开始进行任何这种活动或实验之前，应进行适当的国际磋商。

根据人类探索和利用外层空间的活动是从地球表面出发经过空气空间进入外层空间的这一特点，与人类探索和利用外层空间活动相关的环境保护，应具体包括地球、空气空间和外层空间的环境保护问题。因此，《外空条约》所确立的保护空间环境原则，明确了人类探索和利用外层空间活动应当避免空间污染，并在

---

① 尹玉海：《国际空间立法概览》，中国民主法制出版社 2005 年版，第 54 页。

探索和利用外层空间活动中有可能对其他缔约国产生有害干扰时，应就有关保护空间环境问题进行国际磋商。这些规定对有效避免外层空间污染和地球环境遭受损害等，具有重要意义。

3. 共同但有区别责任原则

共同但有区别责任原则，是指由于地球的整体性和导致全球环境退化的各种因素，各国对保护全球环境负有共同的但又是有区别的责任。这一原则最初确立于 1992 年的联合国环境与发展大会所通过的《里约宣言》。《里约宣言》第 7 条明确规定："各国应当本着全球伙伴精神，为保存、保护和恢复地球生态系统的健康和完整进行合作。鉴于导致全球环境退化的各种不同因素，各国负有共同的但是又有差别的责任。发达国家承认，鉴于他们的社会给全球环境带来的压力，以及他们所掌握的技术和财力资源，他们在追求可持续发展的国际努力中负有责任。"共同但有区别责任原则已在《联合国气候变化框架公约》等一系列国际环境法律文件中得到了体现。这一原则是发达国家和发展中国家在处理全球性环境问题时应遵循的基本准则。

我们认为，这一基本原则同样是保护空间环境的重要组成部分。即在空间环境保护问题上，同样应确立"共同但有区别责任"的空间环境保护基本原则。空间环境保护，是和平利用外空原则和人类共同继承财产原则的必然要求。但是目前，外空环境保护的技术和能力不仅主要由少数几个空间强国掌握，而且，造成外层空间污染的主要加害方也是几个主要空间强国。因此，他们的外层空间活动给外空环境带来的压力，以及他们所掌握的技术和财力资源，决定他们在追求可持续发展的国际努力中负有责任。然而，随着中国等发展中国家参与空间活动，空间强国即以空间环境保护为名要求所有空间活动参与国共同承担同等的保护空间环境的责任。显然这是不公平的，也是违反共同但有区别的责任原则的。

三、空间碎片减缓的国际机制与国内机制

正如联合国外空委 1999 年发表的《空间碎片技术报告》所指出的那样，"今天的人造空间碎片对地球轨道上一般的无人航天器并未构成威胁，但是随着碎片数量增长，导致潜在破坏的碰撞的可能性也在增长。因此，今天采取某些碎片减缓措施是向着为后代保护太空环境而迈出的慎重而必要的一步。"因此，明确有关空间碎片减缓的国际机制和国内机制，是非常必要的。

（一）空间碎片减缓的国际机制

1. 2002 年 10 月 15 日机构间空间碎片协调委员会制定的《IADC 空间碎片减缓指南》

首先，《IADC 空间碎片减缓指南》在明确减缓空间碎片的重要意义的基础上，

还明确了其适用对象，即可应用于航天器和将进入地球轨道的轨道级（本文件定义为空间系统）的计划、设计和运营。鼓励有关组织使用本《IADC 空间碎片减缓指南》来编制自己的标准，以便应用于对计划中的空间系统提出任务要求。

其次，《IADC 空间碎片减缓指南》详细规定了空间碎片减缓措施，主要包括：

（1）消能。即将空间系统所储存的全部能源释放以减少解体的机会。典型的消能措施包括排放剩余的推进剂、蓄电池放电和释放压力容器。消能是空间系统额定任务的一部分，因此，只有消能完成以后，空间系统寿命才终止。

（2）离轨。故意地或强制地使空间系统再入地球大气层，通常用推进系统产生减速力。

（3）变轨。空间系统运营寿命结束时故意改变其轨道，一般是把空间系统送入一条预期不会有危害的轨道。

（4）解体。任何产生碎片并被释放到地球轨道上的事件。①推进剂、火工品等化学能或热能引起的爆炸；②内部压力增加引起的破裂；③内部或外部物体碰撞产生的解体。不过，本定义不包括下面两事件：①载入时因空气动力引起的解体；②空间系统由于老化和退化产生的漆片等碎片。

机构间空间碎片协调委员会（IADC）所拟定的这套减缓指南，反映了若干国家和国际组织形成的一系列现行做法、标准、规则和手册中的减缓措施基本内容。

2. 联合国《空间碎片减缓指南》

联合国空间碎片工作组在科学和技术小组委员会的第四十三届会议期间即 2006 年 2 月 23 日至 27 日举行了非正式会议，工作组收到 A/AC. 105/2005/CRP. 18 号文件，其中载有工作组在 2005 年 6 月会议上拟定的空间碎片减缓文件初稿，在非正式会议的讨论过程中，工作组审查了空间碎片减缓文件初稿（CRP. 18），并提出了一份修订稿，刊载于 A/AC. 105/2005/CRP. 19 号文件。在 2006 年 2 月 28 日举行的会议上，经工作组进一步审查后达成协商一致性文本，通过了《空间碎片减缓指南修订草案》，并于 2007 年正式通过了《空间碎片减缓指南》。

首先，《空间碎片减缓指南》明确了减缓空间碎片的定义。即根据该文件的规定，空间碎片系指地球轨道上的或重返大气层的所有不起作用的人造物体，包括其残块和组件。由于碎片的总数不断增加，发生有可能导致潜在损害的碰撞概率也将随之增加。此外，如果碎片在重返地球大气层后继续存在，那么还会发生对地面造成损害的危险。因此，立即执行一些适当的碎片减缓措施被认为是有助于为子孙后代维护空间环境的审慎而必要的步骤。

其次，《空间碎片减缓指南》对空间碎片减缓措施进行了分类，具体包括两大类：一类是近期内减少生成具有潜在危害性的空间碎片；另一类是从长远上限制此类碎片的生成。前一类措施包括减少产生与飞行任务有关的空间碎片和避免解体。后一类措施涉及寿终程序，从航天器运行区域中清除退役的航天器和运载火箭的轨道级。

最后，《空间碎片减缓指南》指出，在航天器和运载火箭轨道级的任务规划、设计、制造和操作（发射、运行和处置）阶段，应考虑以下指南：

指南1：限制在正常运作期间释放碎片

空间系统应当设计成不在正常运行中释放碎片。

指南2：最大限度地减少操作阶段可能发生的解体

航天器和运载火箭轨道级的设计应当避免可能导致意外解体的故障模式。如果检测到将会导致发生此类故障的状况，则应部署并执行进行处置和钝化的措施，以避免解体。

指南3：限制轨道中意外碰撞的可能性

在航天器和运载火箭轨道级的设计和任务规划期间，应当评估并限制系统在发射阶段和轨道寿命期内发生意外碰撞的概率。如果现有的轨道数据表明可能会发生碰撞，则应考虑调整发射时间或者进行在轨机动。

指南4：避免故意自毁和其他有害活动

由于碰撞风险的增加可能会对空间操作造成威胁，应当避免任何在轨航天器和运载火箭轨道级的故意自毁和可产生长期存在碎片的其他有害活动。如果有必要进行有意解体，则应在足够低的高空进行，以缩短所产生残块的轨道寿命。

指南5：最大限度地降低剩存能源导致的任务后解体的可能性

为了限制意外解体对其他航天器和运载火箭轨道级所造成的危险，所有随载储存能源，凡不再需要进行任务操作或任务后处置的，均应作耗尽或安全处理。

指南6：限制航天器和运载火箭轨道级在任务结束后长期存在于LEO区域

对于已经结束轨道操作阶段而穿越LEO区域的航天器和运载火箭轨道级，应当在可控制的情况下将其从轨道中清除。如果这不可能，则应进行在轨处置，以避免它们在LEO区域长期存在。

在对从LEO区域清除物体的可能方法作决定时，应予以适当注意，确保那些持续存在而到达地球表面的碎片不会对人员或财产造成不应有的危险，包括有害物质所造成的环境污染。

指南7：限制航天器和运载火箭轨道级在任务结束后对LEO区域的长期干扰

（二）空间碎片减缓国家机制的构建

1. 构建空间碎片减缓国家机制是国家履行国际义务的必然要求

2002年4月第20届IADC会议正式通过了《IADC空间碎片减缓指南》，共有 11 个国家的航天局签署此文件。《指南》要求各国制定政策保证在今后的航天活动中能够有效地控制空间碎片的大量产生。要求"一个组织在规划和运行空间系统时，从任务需求分析和定义阶段开始就应采取系统性行动，通过将空间碎片减缓措施引入空间系统的寿命周期来减少对轨道环境的不利影响"。

此后，联合国外空委科技小组委员会在 2004 年 12 月也决定成立"空间碎片工作组"，负责起草联合国外空委的《空间碎片减缓指南》文件，并于 2007 年 2 月联合国外空委第 44 次科技小组委员会会议通过了由"空间碎片工作组"提交的《空间碎片减缓指南》。会议决议指出："认识到当前的空间碎片环境对地球轨道上航天器构成了危险。……立即执行一些适当的碎片减缓措施被认为是有助于为子孙后代维护空间环境的审慎而必要的步骤。"① 2007 年 6 月外空委通过了联合国外空委科技小组委员会提交的《空间碎片减缓指南》。《指南》明确要求："会员国和国际组织应通过国家机制或其各自的有关机制，自愿采取措施，确保通过空间碎片减缓做法最大限度内执行这些准则。"②

尽管《指南》并不具有法律约束力，但具有广泛的政治影响力。有些国家已经根据《指南》通过本国机制自愿实施了空间碎片减缓措施。作为负责任的航天大国，中国也应该响应《指南》的要求，尽快建立国家机制减缓空间碎片。因此，建立我国空间碎片减缓国家机制具有十分重要的现实意义。

同时，构建空间碎片减缓国家机制也是国家履行国际习惯义务的要求。空间碎片减缓已经成为了国际空间活动中的一项国际习惯法规范。根据《国际法院规约》第 38 条的规定，国际习惯的构成要件主要包括两方面：一是普遍接受为法律，二是国家的多次实践。很显然，在当今的国际空间实践中，几乎所有国家都将减缓空间碎片作为一项法律义务。减缓空间碎片在许多国家的大多数空间活动中被多次实践。

一方面，空间活动国家都承认减缓空间碎片是一项法律义务。联合国外空委员会通过《空间碎片减缓指南》后，世界上大多数国家通过官方表示遵守《指南》规定的义务，这表明世界上主要国家已经认识到了减缓空间碎片的义务。

---

① 联合国文件 A/AC. 105/890："2007 年 2 月 12 日至 23 日在维也纳举行的科学和技术小组委员会第四十四届会议报告"，http：//www. unoosa. org/pdf/reports/ac105/AC105_ 890C. pdf，2008 年 7 月 12 日浏览。

② 联合国文件 A/62/20：《和平利用外层空间委员会的报告》（附件：《和平利用外层空间委员会空间碎片减缓指南》），http：//www. unoosa. org/pdf/gadocs/A_ 62_ 20C. pdf，2008 年 7 月 16 日浏览。

2005 年 12 月 8 日通过的联合国大会 60/99 号决议，再次表明国际社会对减缓空间碎片的义务的认同。①

另一方面，国际社会的减缓空间碎片的国际实践也已经形成。由 12 个国家组成的机构间空间碎片协调委员会通过的《IADC 空间碎片减缓指南》就是国家履行减缓空间碎片义务的国家实践。此外，各国有关减缓空间碎片的国家立法充分表明，减缓空间碎片的国家实践最终表明了空间碎片减缓国际习惯法的形成。如美国从 1981 年起就有了空间碎片减缓政策。

因此，随着空间碎片减缓的国际习惯法规范的逐步形成，作为一个新兴的和负责任的空间大国，中国有义务采取措施减缓空间碎片，而建立空间碎片减缓国家机制是实现和履行这一国际习惯法规范的重要措施和重要保障。

2. 我国空间碎片减缓国家机制的现状及其存在的问题

对于何谓空间碎片减缓国家机制，如何确立国家机制及国家机制的内容，现行的国际法没有明确的规定，现行的国际空间条约也没有具体要求。根据现有已经确立国家机制的相关国家实践来看，空间碎片减缓国家机制主要从两方面来建设：

一方面，要建立空间碎片管理的国家行政机制，机构建设是国家机制的核心。有力、高效、科学的机构是空间碎片管理的执行和监督保障。当前主要空间大国都有管理空间碎片机构，这些机构的主要任务是执行国家管理空间碎片的政策及其监督实施。如美国 NASA、商务和运输部及联邦电信委员会、俄罗斯航空航天局等，在其国内空间法中都明确了其管理空间活动的职权，当然包括对空间碎片的管理和监控。

另一方面，完备的空间碎片减缓国家机制需要完备、系统的法律及规章制度予以保障。空间碎片减缓的国内立法要求将《指南》转化为国内法，或将其转化为国内政策，至少要将其转化为国内行业标准，让各项减缓标准在国内得到实施。如美国空间碎片减缓的法律制度就包括：1958 年的《国家航空与航天法》、2006 年的国家空间政策及 2001 年 2 月的《美国政府轨道碎片减缓标准操作规范和限制轨道碎片的指南和评估程序》等等。

作为 IADC 成员国及世界上的航天大国，我国积极参与了 IADC 和外空委的《指南》等国际文件的编制工作，同时也启动了空间碎片减缓的国家机制建设工作。

在空间碎片减缓国家机制建设中，我国已经启动了空间碎片减缓相关法律及

① 2005 年 12 月 8 日通过的联合国大会 60/99 号决议第 27 段：大会认识到成员国更多地关注空间物体与空间碎片相撞问题是很重要，大会号召空间活动国家对此问题进行持续不断的研究，大会同意通过国际合作扩大适当可行的在未来空间活动中将空间碎片的影响降至最低的战略。

119

管理体系建设。首先，在国家航天局的统一领导下编制了《空间碎片行动计划（2006～2010年）》，将空间碎片减缓工作的意义从政策层面提升到了空间环境保护的高度；其次，在"十五"期间我国就已经开始着手制定体现我国国情和特点的空间碎片减缓标准。《国防科技工业标准体系表》中就规划了部分空间碎片技术标准项目。2005年7月，我国正式发布了航天行业标准QJ3221《空间碎片减缓要求》。当然，该《要求》也是一个指南性的标准；再次，在2006年完成了《空间碎片标准框架体系表》（第一版）的编制工作，该《体系表》将空间碎片有关标准分为通用标准、管理标准和技术标准三个层面，又规划了响应标准预期的级别：如国际标准、国家标准、行业标准及企业标准①；最后，国防科工局正组织推动国家空间立法及《空间活动管理条例》等立法工作，通过国家法律、法规来推动空间碎片减缓。

从世界各国建设空间碎片减缓国家机制的国家实践来看，我国空间碎片减缓国家机制建设在以下方面亟待完善：

第一，空间碎片减缓法律、政策体系建设有待进一步完善。尽管我国原国防科技工业委员会在空间碎片减缓方面制定了一些政策性标准，但是其法律、政策体系建设的局限性是十分明显的。

一方面，法律、政策体系建设层次低。从现有的法律、政策现状来看，空间活动的管理尚停留在行政法规阶段，没有一部专门的空间法，这与中国空间大国的地位是不相称的。在空间碎片管理方面，甚至最低层的行政法规都没有，仅仅只有不具有法律约束力且政策约束力也很弱的几个文件。如国家航天局编制《空间碎片行动计划（2006～2010年）》仅仅是一个宣言性质的政府蓝皮书，没有赋予任何机构或个人权利和义务。从国家层面来说，国务院或全国人大等机构对此没有任何文件、政策或法律来管理空间碎片减缓措施。

另一方面，法律、政策体系建设完备性差。法律、法规是确定空间碎片减缓基本原则、管理机构及其职权、法律责任的基础，政策是为进一步实施和落实法律义务并完善法律法规的手段。从我国现行的法律、政策体系建设来看，法律法规层次上缺乏全国人大颁布的法律和地方人大颁布的法规，也缺乏国务院或其部门颁布的法规。现行颁布的政策也不完备，缺乏具有强制力的标准体系，也缺乏具有约束力的管理政策。

第二，空间活动管理机构体系建设有待进一步完善。

空间活动是一项高风险、高科技、高投入的活动，需要政府的管理和监督。

---

① 张文祥：《空间环境保护研究工作进展》，载于《空间碎片研究》2007年第7期，第43页。

各国建立其空间活动管理机构来加强对其本国或其私人实体的空间活动的管理也是《外空条约》第 6 条的客观要求①。

各国空间活动管理机构体系的构建都不一样。如美国空间活动的管理机构就包括美国航空航天局（NASA）、联邦通信委员会、运输部、商务部、国务院等机构。NASA 负责民用空间活动的协调，参与空间活动的国际合作。联邦通信委员会负责卫星用户的频谱的分配。运输部负责发射许可。每个部门都有机构负责空间碎片的管理，包括减缓措施的落实。

我国现行的空间活动管理机构有国防科工局、国家航天局、总装备部。从它们各自的法定职权来说，国防科工局继承的原国防科工委的法定职权是"拟订核、航天、航空、船舶、兵器工业的生产和技术政策、发展规划、实施行业管理；研究拟订国防科技工业和军转民发展的方针、政策和法律、法规；制定国防科技工业及行业管理规章"；国家航天局的职权也是"负责研究拟定国家航天政策和法规；负责研究制定国家航天发展规划、计划和行业标准"②。由此可以看出，两个机构的职权是重叠的。特别是从空间碎片减缓的管理角度来说，其职权更是重叠的。如空间碎片减缓标准的制定既属于国防科工局"制定国防科技工业及行业管理规章"的范畴，也属于国家航天局"制定国家航天发展规划、计划和行业标准"的范畴。而事实上，国家航天局仅仅只行使组织协调政府和国际组织间航天活动方面的交流与合作等职能。

因此，如何构建一个科学的空间活动管理体系是建立我国空间碎片减缓国家机制的当务之急。

3. 我国空间碎片减缓国家机制的构建

空间碎片减缓国家机制的建设首先需要法律机制，然后需要机构来保障与组织实施。我国空间碎片减缓国家机制的构建也应从这两个方面来逐步推行。

一方面，构建完善科学的空间碎片减缓法律规章制度体系。为此，首先，要尽快制定并出台《中华人民共和国空间法》。早在 1958 年，美国就制定了《航天与航空法》。此后，瑞典于 1982 年制定了《空间活动法》，英国在 1986 年制定了《外层空间法》，俄罗斯联邦于 1993 年通过了《空间活动法》，南非于 1993

---

① 《外空条约》第 6 条规定："本条约各缔约国对本国在外层空间，包括月球与其他天体在内的活动应负国际责任，不论这类活动是由政府机构或是由非政府团体进行的。它并应负国际责任保证本国的活动符合本条约的规定。非政府团体在外层空间，包括月球与其他天体在内的活动，应经本条约有关缔约国批准并受其不断的监督。一个国际组织在外层空间，包括月球与其他天体在内进行活动时，遵守本条约的责任应由该国际组织和参加该国际组织的本条约各缔约国共同承担。"

② "国家航天局的主要职能"，http://www.cnsa.gov.cn/n615708/n620168/n620175/index.html，2008 年 7 月 12 日浏览

年制定了《空间事务法》（1995 年修订），乌克兰于 1996 年制定了《空间活动法》，澳大利亚于 1998 年制定了《空间活动法》（2001 年和 2002 年修订），日本在 1969 年制定了《国家宇宙事业开发团法》。这些国家的空间立法不仅推动了本国空间活动与空间事业的发展，也保证了本国空间活动的规范性。

随着我国空间技术和空间活动的飞速发展，制定我国《空间法》已势在必行。《空间法》的制定不仅有助于推动我国空间技术的持续发展，也有助于推动我国空间活动合法有序地发展。

我国《空间法》的出台对于空间碎片减缓国家机制建设来说，更具有重要的意义。一方面，《空间法》是建立完善空间法律制度和空间碎片减缓法律体系的指导性法律和根本法；另一方面，《空间法》也是厘清我国空间活动管理机构权限，特别是空间碎片减缓管理机构权限，建立科学有效的管理机制的必然要求和法律依据。

然而，立法是一个复杂的程序，需要很长时间来实施。因此，抓紧制定并出台《中华人民共和国空间碎片减缓国家标准》来实施《指南》，在条件成熟时再制定政策推行国家标准，最后形成法律，包括制定《空间法》，这应为紧迫而又现实可行的选择。

其次，在空间碎片减缓的国家立法中，空间碎片减缓程序规则和评估规则等规则亟待进一步完善，这些程序规则是实现标准规则的重要基础。在各国减缓空间碎片的国内立法实践中，大多明确制定了相关程序和评估规则。如美国于 2001 年制定了《美国政府轨道碎片减缓标准操作规范》，于 2007 年又制定了《NASA 有关限制空间碎片的程序文件》来明确减缓空间碎片的标准规程。在减缓空间碎片的评估方面，制定了《NASA 计划和项目的概率风险评估（PRA）程序》及《限制轨道碎片的指南和评估程序》等一系列文件。ESA 也制定了《欧洲空间碎片减缓行为规则》及《ESA 机构项目的空间碎片减缓要求》。此外，俄罗斯也制定了《空间系统人造近地空间污染减缓一般要求（俄联邦国家标准)》。

最后，在空间碎片减缓国内法律制度的构建中，确立空间碎片产生及损害的预警机制和应急机制也是十分必要的。空间碎片产生及损害的预警机制和应急机制是规范空间活动，预防空间碎片产生和及时处理空间污染事件的法律与政策机制，各国在相关标准体系及相关空间立法中都着力于建立有效的预警机制和应急机制。

预警机制的建立主要包括建立空间碎片监测预警机构，对国家空间活动中产生的空间碎片进行长期监测编目，当其发生状态变化时，及时提供分析报告，对可能危及人类的空间物体的再入和碰撞事件进行监测预报，对空间碎片产生的可能性进行评估等制度。应急机制则主要包括空间碎片产生紧急事件的应急处理和空间碎片减缓工作紧急事件的处理等制度。

另一方面，厘清国家空间碎片减缓管理机构的权责，确立科学的空间碎片减缓管理机制。

在当今主要空间大国中，基本上是实现空间活动管理机构和空间碎片管理机构的统一。而空间活动管理体制大致有两种类型：一种类型是美国管理模式，即分散管理模式。如 NASA 负责管理、商务和运输部负责管理、联邦电信委员会负责管理，其中军用空间活动则由国防部负责管理。同样，相关空间活动产生的空间碎片的管理由相关部门管理。

另一种类型就是统一管理模式，即俄罗斯空间活动管理模式。根据《俄罗斯联邦空间活动法》的规定，1992 年 2 月俄罗斯总统叶利钦下令建立俄罗斯航天局，它是民用航天活动的管理执行机构，其任务是领导全俄为科学和国民经济服务的航天活动。以国防与安全为目的的空间活动则由国防部负责。但是，1998年 1 月 20 日，叶利钦总统再次签发命令，将研制、生产导弹和军用航天设备的军事航天工业移交文职的俄罗斯航天局管理，而国防部将作为用户方起作用，其目的是使航天工业获得最大的经济效益。其中包括将俄罗斯军事航天活动管理权和 38 家军工企业和 21 家控股公司交俄罗斯航天局管理。从此，俄罗斯航天局成为集军事航天、民用航天和商业航天于一身的航天管理机构。①

从上述国家实践来看，厘清空间碎片减缓国家管理机构体制的关键是厘清我国空间活动管理机构体制。由于我国《空间法》没有出台，甚至没有一部空间活动管理的行政法规，因此，我国空间活动管理机构及其职权一直都模糊不清。

事实上，我国行使空间活动管理的原机构主要是原国防科技工业委员会和解放军总装备部，其中国防科技工业委员会管理民用空间活动，而解放军总装备部负责管理国防与安全有关的空间活动。但两者行使空间活动管理的法律依据并不充分，特别是我国政府在 2007 年进行了大部制机构改革后，原来的国防科技工业委员会与原信息工业部及国务院相关部门合并成工业与信息化部，国防科技工业委员会相关职能当然由新的工业与信息化部承接，但其并没有为空间活动与空间碎片的管理提供更充分的法律依据。正因为如此，我国空间活动管理机构及其职权，权责不清所造成的管理工作障碍十分明显。

因此，要确立科学的空间碎片减缓管理机制，我国必须加快空间立法进程，通过法律形式明确国家空间活动与空间碎片减缓管理机构的权责及其工作任务，为构建科学的空间碎片减缓国家机制提供制度和机构保障。

---

① 石卫平、何继伟：《俄罗斯航天发展战略与管理体制的调整》，载于《中国航天》2000 年 12 期。

第八章

外空资源开发与利用制度

第一节　卫星直播电视广播制度

一、《各国利用人造地球卫星进行国际直接广播所应遵守的原则》的出台

位于地球赤道上空近地轨道的通讯卫星可以覆盖地球表面约 1/3 的区域，通过该卫星直接向用户播发电视信号，而用户可以直接用家庭天线设备接受或通过集体接收后再转发，这就是现在要讨论的卫星电视直播问题。所谓卫星直播电视广播，是指通过卫星将电视广播直接传送到地面电视机，而不需要通过地面电视接收站的电视广播。卫星直播活动与地球静止轨道的运用紧密联系在一起，利用地球静止轨道的同步静止特性，以及大气中电离层对不同频率电磁波的不同的反射能力，对地面进行广播和通讯传输活动，用户可以直接用很小的家庭天线设备进行接收，也可以通过集体接收后再转收。

1962 年 7 月 11 日，人造卫星首次播送全球电视，美国人可以看到从欧洲现场播出的电视节目。20 世纪 90 年代，美国在数字视频压缩技术上取得突破性进展，提升了卫星电视直播的商业价值。2004 年，美国直播电视节目的订户已经达到 2400 万。目前，在东半球与地球同步卫星轨道上发送电视广播信号的卫星不少于 70 颗，以平均每颗卫星同时传送 5 套不加密的免费收看的节目来计算，则有 350 套节目正在播放，这些节目包括了影视、娱乐、商业广告、新闻报道、时事评论、财经动态、体育、科技等。

卫星直播的出现，不仅带来了通讯的革命，而且大大促进了国际社会的文化交流，但是也带来一系列问题。对于外空技术发达的西方国家，很早就已经开始评估利用卫星直播进入其他国家市场的可行性，尤其是这些国家的电影电视节目等文化产品进入他国从而获取利润。而第三世界国家，一方面希望利用先进技术创建本国的大众媒介传播体系，实现本国传媒技术跳跃性的发展，另一方面这些国家又普遍存在顾虑，即这些技术为西方国家控制，这些国家利用技术上的优势对发展中国家的政治、经济、社会造成不正当的干预，这样反而会对本国文化及经济的发展不利。

在 1977 年的世界无线电大会上，中国获得了 3 个轨道位置，35 个波束和 55

个频道的资源权益，但是一直未进入大规模的实施阶段。1993 年 10 月 5 日，我国国务院颁布了《卫星电视广播地面接收设施管理规定》第 129 号令，随即，当时的广播电视部为配合 129 号令而制定了第 11 号令的实施细则。2001 年，我国国务院批复了《中国广播电视卫星直播系统可行性论证报告》，批准鑫诺卫星通信有限公司的"鑫诺 2 号"卫星作为我国第一颗广播电视直播卫星并进入研制阶段。2004 年，同意法国"中星 9 号"卫星作为中国第一代广播电视直播卫星系统用星，并与"鑫诺 2 号"卫星互为备份星。

1972 年以来，联合国外空委、国际电信联盟和联合国教科文组织等机构都对卫星直播涉及的法律问题进行讨论。国际电信联盟于 1971 年首次分配卫星电波波段，并通过"428A 号规范"，规定"在设计太空站提供卫星传播服务时，必须力求使用各种足资运用的技术，在最大可能范围内，减少太空站在提供卫星传播服务时，将电波辐射至其他国家领土，除非卫星使用国事前已经就此与被溢波国取得协议"。该协议中有关"事先协议"对以后的讨论和文件起着重要的作用。

联合国教科文组织于 1972 年 10 月通过一项《关于利用卫星进行电视广播的指导原则宣言》，认为使用卫星直播的主导原则是促进信息自由流通、改善与推动教育与文化交流，所以要求各国在传送电波至其他国家之前，彼此应先作协商。之后，前苏联提议签订条约，专就卫星的内容设定限制，禁止在未取得相关国家事先同意的情况下，将卫星讯号传送到该国。

同年，联合国大会以 101：1 的票数通过一项决议，禁止各国在事先没有取得相关国家同意之前，利用卫星直播对这些国家传送电视讯号，禁止卫星直播煽动战争。同时，该决议确认制定法律原则和缔结国际公约的必要性，并要求尽快着手制定法律原则工作。对此决议唯一投了反对票的是美国，美国政府提出的反对理由主要有二：第一，美国宪法禁止政府限制其公民接收或传播的自由，无论这些限制来自法律或条约，而且接收或传播的范围无论是国内或国际。第二，美国是一些国家公民接收真实讯息的渠道，如果容许这些国家的政府有权决定不接收来自境外的电视讯号，将会危及这些国家公民获取信息的权利。①

由于各国立场观点的不一致，很难在短期之内达成一项公约。1977 年，联合国外空委法律小组委员会提出了关于利用卫星进行电视广播的原则草案，案文 12 条。当时讨论的中心问题是，利用人造卫星向特定的另一国家进行直接电视广播，是否需要同该国达成有关协议。该草案直接推动了《各国利用人造地球卫

---

① 卫星直播与国际法，http：//www.tvcn.org/appl/492.html，2007 年 10 月 5 日。

星进行国际直接广播所应遵守的原则》的出台。

二、联合国框架下利用人造地球卫星进行国际直接广播的基本原则

1982 年 12 月 10 日第 37 届联合国大会通过 37/92 号决议,批准并接受了巴西等 20 国提出的卫星国际直接电视广播原则①。该决议的发起国包括非洲、亚洲和拉丁美洲的 17 个国家以及罗马尼亚。后以 107 票赞成、13 票反对、13 票弃权通过。投反对票的国家包括美国、日本、以色列以及 10 个西欧国家。尽管该决议没能就事先同意、有些传播内容的禁止以及国家有权采取行动阻挡其认为不适当的传播等三项原则达成一致意见,但其所包含的九项原则对卫星直播活动起到了积极的指导作用。

第一,明确了人造地球卫星进行国际直接广播的宗旨和目标。卫星直播旨在促进文化和科学领域情报和知识的自由传播和相互交流,提高所有人民的生活质量,促进所有国家和人民之间的相互了解,加强友好关系与合作,以维护国际和平与安全。

第二,明确了卫星直播所须遵循的国际法主要有《联合国宪章》、《外空条约》、《国际电信公约》及其无线电规则的有关条款,以及关于各国之间友好关系与合作及关于人权的国际文书的有关条款。该原则的规定充分体现了国际电信联盟所发挥的重要作用。虽然该组织的规范并不具有法律拘束力,但是却能很好地协调有关频率的使用,提高其使用效率。就卫星直播问题方面,国际电信联盟曾与联合国外空委协商采取有关行动:其一,为使"国际电信联盟"会员国有平等使用专门的卫星传播波段,分配给每个国家一个波段。但指出会员国登记配用的频率,并不具有该频率永久使用权。其二,"国际电信联盟"还分期完成了全球的直播卫星传播计划。将全球分为三个区:亚洲和澳洲为第一区;美洲为第二区;欧洲和非洲为第三区。其三,"国际电信联盟"还通过了 470V 条款,要求直播卫星要装设器材,以备遵循"国际电信联盟"的规范,确保其电波传输能通过遥控立即中断。②

第三,规定了所有国家均有同等权利使用直播卫星,并在各自的管辖范围内有效使用直播卫星。

第四,明确了鼓励地区或国际层次的合作,尤其应考虑到发展中国家利用卫星直播以加速本国发展的需要。

第五,明确在人造地球卫星进行国际直接广播中和平解决争端,再次强调

---

① D. I. Fisher, *Prior Consent to International Direct Satellite Broadcasting* 45 ~ 46 (1990).

② 卫星直播与国际法,http://www.tvcn.org/app1/492.html,2007 年 10 月 5 日。

《外空条约》第 6 条的内容，规定各国应对其本身或其管辖范围内所从事的卫星直播活动承担国际责任。

并明确同一卫星直播范围的任何广播国或接受国有要求协商的权利和迅速与之协商的义务。

第六，在知识产权保护方面，各国同意关于国际版权的有相关规定适用于卫星直播，应在双边和多边的基础上进行合作缔结适当协定保障版权和有关权利。

第七，通知与照会：拟议设立或授权设立卫星直播服务的国家应将此意图立即通知收视国，同时应尽量将这些活动的性质通知联合国秘书长。后者在接到通知后，应立即有效地转告联合国各有关专门机构以及公众和国际科学界。

上面原则并没有就有关争议作出突破性的规定，并没有解决卫星直播电视广播中存在的主要问题：国家主权和消息自由、事先同意原则。该决议只是在一定程度上体现了尊重国家主权原则，将外空法公约中存在的可适用于卫星直播问题的部分进行归纳总结并作出原则性的规定。也正因为该决议本身的原则性规定和不具有拘束力的性质，较多国家愿意接受并得以大多数的票数通过。

对于国家主权和消息自由问题，中国政府认为，卫星直播的目的是为了促进和发展国家之间以及各国人民之间的相互了解、合作和友好关系，以利于维护世界和平和安全，因此必须在尊重国家主权和不干涉他国内政等公认的国际法基本原则的基础上进行卫星直播活动。任何片面地强调信息自由而不尊重国家主权及其利益的做法都是不允许的，可能会带来不利的后果。①

对于事先同意原则，中国政府则认为，卫星直播必须由广播国和接受国进行协商并达成协议、安排。此种协议和安排不仅包括国际电信联盟有关文件规定的技术性协议和安排，还包括设计接受国权益的非技术性协议和安排。②

既然不存在有约束力的法律调整卫星直播问题，那么应该如何解决非法卫星直播的问题呢？从 1969 年以来，联合国外空委就开始讨论"反对未经准许的广播"问题，但是一直未能达成任何协议。结合有关国际法理论和实践，可以看出各国一般采取以下几种方法对付非法卫星直播问题。第一，毁坏卫星的正常反射系统或使其停止运作；第二，对非法广播采用相同频率进行干扰；第三，在国内采取立法措施，限制外国直播节目，或对家用接收天线的生产与销售进行直接控制，从而达到限制接受的目的。③

① United Nations Doc. A/AC.105/PV.232, 24 March 1982, 31~32.

② United Nations Doc. A/AC.105/PV.223, 20 June 1981.

③ Carl Q. Christol, *The Modern International Law of Outer Space* 623 (New York: Pergamon Press, 1982).

第二节　卫星遥感地球法律制度

一、卫星遥感地球及其所涉国际法问题

遥感是指利用运行中的航空器或航天器观察和探测地球物体和现象的性质，分析和决定此种物体和现象的状况的一种空间科技方法。其包括卫星遥感和航空遥感两类。卫星遥感地球是通过卫星上的传感器接收各种地物发出的信息，并将这些信息传递到地面接收站，转译为相关的数据和资料，以便研究和监控地球的资源及其环境条件。有关学者将遥感卫星分为被动和主动两类。前者带有光学探测仪，只观察被感测物体发射的射线；而后者带有雷达探测仪，向被感测物体发出射线并测量该物体反射或散射回来的能量。①"遥感活动"是指"遥感空间系统、原始数据收集和储存站的操作，以及处理、解释和散发处理过的数据的活动"。遥感可应用的研究领域十分广阔，主要包括：陆地水资源调查、土地资源调查、植被资源调查、地质测绘、自然灾害预测、海洋勘察、考古调查、环境监测、气象预报和规划管理等。

人类掌握遥感技术的时间并不长，1957 年第一颗人造卫星升上太空，标志着人类进入太空时代，直到 1968 年美国阿波罗—8 宇宙飞行器发送回第一个地球影像，人类才逐步进入遥感时代，并开始以全新的视角来重新认识自己赖以生存的地球。此后遥感技术的发展主要是基于军事方面的原因，遥感活动也主要由国家来进行，主要航天大国相继研制出各种以对地观测为目的的遥感卫星，但随着时间的推移，遥感活动的商业化和私营化趋势不断加强。目前，由于遥感在自然资源勘探和开发、自然灾害监测、环境保护等诸多方面具有其他技术手段无法比拟的优势，其仍然处于飞速发展的进程之中。同时，随着计算机技术、光电技术和航天技术的不断发展，遥感正在进入一个能快速、及时提供多种对地观测海量数据的新阶段及各种应用研究的新领域，并在更广泛的领域里发挥更大的作用。

近年来，我国的遥感技术得到很大的发展，并应用于越来越广的领域。遥感技术及资料的重要性已经得到越来越多的认同。迄今为止，我国已经多次成功发射了返回式卫星，为资源、环境研究和国民经济建设提供了宝贵的空间图像数据，在我国国防建设中也起到了不可替代的作用。我国自行研制和发射了包括太阳和地球同步轨道在内的气象卫星。气象卫星数据已在气象研究、天气形势分析和天气预报中广为使用，实现了业务化运行。1999 年 10 月我国第一颗以陆地资

---

① 　Ram Jakhu, *International Law Governing the Acquisition and Dissemination of Satellite Imagery*, 29 Journal of Space Law 65（2003）.

源和环境为主要观测目标的中巴地球资源卫星发射成功，结束了我国没有较高空间分辨率传输型资源卫星的历史，已在资源调查和环境监测方面实际应用，并逐步发挥效益。我国还发射了第一颗海洋卫星，为我国海洋环境和海洋资源的研究提供了及时可靠的数据。我国还先后建立了国家遥感中心、国家卫星气象中心、中国资源卫星应用中心、卫星海洋应用中心和中国遥感卫星地面接收站等国家级遥感应用机构。同时，国务院各部委及省市地方纷纷建立了160多个省市级遥感应用机构。这些遥感应用机构广泛地开展气象预报、国土普查、作物估产、森林调查、地质找矿、海洋预报、环境保护、灾害监测、城市规划和地图测绘等遥感业务，并且与全球遥感卫星、通信卫星和定位导航卫星相配合，为国家经济建设和社会主义现代化建设提供多方面的信息服务。更为重要的是我国已经建立两大遥感系统。一是国家级基本资源与环境遥感动态信息服务体系的完成，标志着我国第一个资源环境领域的大型空间信息系统，也是全球最大规模的一个空间信息系统的成功建立；二是国家级遥感、地理信息系统及全球定位系统的建立，使我国成为世界上少数具有国家级遥感信息服务体系的国家之一。①

卫星遥感技术给人类的生产和生活带来诸多好处，现在已经广泛应用于资源勘探、环境监测、气象预报、自然灾害预测、海洋勘察等诸多方面。但是另一方面，遥感技术的运用也带来一些国际法方面的问题。遥感活动是否会侵犯被遥感国对自然资源的主权或其他权利？对一国或其资源进行遥感，是否需要有被遥感国的事先同意？遥感国是否在发布和利用有关遥感资料时受到一些限制，能否公开发表或自由转让给第三国？被遥感国在获取遥感资料的时候享有哪些权利？遥感资料的收集、保管、散发等是否应置于国际管理或监督之下？② 国际间关于遥感问题的争议主要集中于发达国家与发展中国家之间。发展中国家在国家领土主权和国家隐私权的基础上，提出遥感数据和信息的获取和散发可能会损害被感测国的国家利益，因此，对一国领土进行遥感必须经过其事先同意，且被感测国应享有优先获取对其领土进行遥感所得的原始的和经过分析以后的遥感数据，以及控制这些数据向第三方进行散发的权利。发达国家则主张遥感国无须经过被感测国的同意即可进行遥感，且可对遥感所得的数据和信息进行自由散发。还有少数国家持折衷立场，如前苏联主张"对分辨率高、涉及军事和重大经济利益的资料进行散发时，应加以限制"。

① 王晓海：《新世纪卫星遥感技术的应用与发展》，http://www. knowsky. com/7581. html，2007 年 10 月 5 日。

② P. Haanappel, *The Law and Policy of Air Space and Outer Space: A Comparative Approach* 160（Kluwer, 2003）.

发展中国家之所以提出上述主张，是由于其缺乏遥感技术和设施，以及在经济实力等方面远远落后于发达国家，使其不能在遥感活动乃至其他外层空间的活动中同发达国家进行有效的竞争，而往往处于劣势，因而更需要依赖国际法和联合国以保护自身利益。与之相反，发达国家垄断遥感技术，利用其掌握的遥感数据和信息，在与发展中国家的经济和贸易往来中决定其投资的方向和策略，往往大获其利。此外，发达国家也在军事和国防等方面从遥感活动中受益。因此，在外空委员会法律小组委员会的谈判中，反对遥感活动自由化的国家提出了三个主张：一是关于遥感活动的事先准许，即遥感国在对被感测国的领土进行遥感时，必须在遥感活动之前取得被感测国的同意；二是被感测国享有对其领土进行遥感所得数据的优先获取权；三是被感测国对关于其领土的遥感数据能否对第三方散发拥有控制权和决定权。这三个问题也是国际遥感活动中各国产生争议的最关键的问题。

从 1976 年开始，联合国外空委法律小组委员会就专门设立遥感工作组研究相关的法律问题。同年 5 月该委员会制定了"五条原则草案"，1977 年增加了 6 条。1978 年法律小组委员会提出了一份 17 条原则草案，其中涉及的主要法律问题有：对一国及其自然资源进行遥感是否需要取得该被遥感国的同意？卫星遥感取得的有关被遥感国的数据和资料是否可以自由转让给第三国？被遥感国对于遥感数据和资料的取得是否享有优先权？从事卫星遥感是否需要事先通知被遥感国和联合国秘书长？遥感国对其本国的政府机构或非政府实体进行的遥感活动是否应承担国际责任？对于这些问题，都涉及到如何平衡国家领土主权、自由利用外空与信息自由三者之间的关系。各国对此存在很大的分歧，因此不能就该份原则草案达成协议。

首先，对于主权问题，发展中国家认为，国家对其自然资源享有不可剥夺的永久主权，早在 1962 年《关于自然资源之永久主权宣言》中就已被确定为国际法原则，该原则理所应当适用于遥感活动；国家有权采取国际法认可的一切措施，防止未经许可从空间遥感其资源。在对遥感活动所涉问题进行协商的过程中，巴西和阿根廷联合向联合国外空委员会法律小组委员会提交了一份法律草案，提出如果遥感国对被感测国进行遥感，必须取得被感测国的事先同意。

该草案提出后遭到了大多数国家的反对，原因涉及法律、可操作性等方面。美国是该草案最主要的反对国，认为该草案与《外层空间条约》中国家可以自由探索和利用外层空间的原则不符；且国家的遥感活动是否符合国际法的规定，应当基于遥感活动是在外层空间进行的这一原则之上进行判断，而不是被感测物体处于地球表面。因此，国家自由进行遥感活动属于《外层空间条约》规定的国家利用外层空间的自由，而不应当受到被感测国领土主权的限制。蒙古、前苏联等国家则持相对缓和的态度，认为参与遥感活动应尊重被遥感国自然资源的主权，但并不必须取得被遥感国的同意。

该草案遭到反对的另一个原因是现实中操作难度太大。如果被感测国不允许遥感国对其领土进行遥感，那么遥感国就必须在遥感时避开该国家。但遥感卫星监测的范围通常极为广泛，往往超过了遥感国自身的领土范围。若要使卫星在遥感过程中区分国家的边界，只对本国的领土进行遥感，必然要投入更多的技术力量和资金，这就会为遥感国增加额外的负担，造成资源的严重浪费，也会阻碍遥感技术的进一步发展。更重要的是，即使不考虑技术和费用等因素，如果各国只对本国的领土进行遥感，就有可能导致原本能够发现的在他国领土之上发生的自然灾害却没有发现，从而导致该国遭受原本可以避免的损失。此外，依照各国的领土范围来进行遥感也不利于对地球生态环境的整体保护。总之，如果按照国家的领土疆界来划分遥感的范围，会使人类失去原本应当获得的诸多利益，造成严重的资源浪费。

此外，遥感事先经过被感测国同意的要求也会因为无法得到实际和有效的保障而难以实现。试想，通常站在被感测国立场的发展中国家如果要防止他国在未经其同意的情况下对其领土进行遥感，就必须对遥感国的卫星或者其他遥感装置进行监测，否则即使其领土被他国进行遥感，被感测国也可能毫不知情。而发展中国家基本上都没有足够的技术水平和相应的设备去实现这一目的，这就会使该规定成为一纸空文。

其次，对于遥感所获数据资料的散发问题，各国也持有不同看法。发展中国家主张严格限制散发。被遥感国在任何第三方之前应及时和不受歧视地获得有关其领土的原始数据和分析过的资料。例如墨西哥就提出，实行遥感地球的国家未经被遥感国的同意，不得传播后者自然资源的资料或结果的结论。而发达国家则极力反对此等严格的限制，坚持自由传播的主张。

再次，关于遥感数据的优先获取权，从目前的情况来看，大多数发展中国家并不具备进行遥感的技术和设备，更谈不上把遥感获取的原始数据转换为其所需的可用的数据形式。前苏联和拉美国家在联合国外空委员会的谈判中提出，被感测国应当享有对其领土进行遥感所得数据的优先获取权。也就是说，被感测国可以优于第三方获得对其领土进行遥感所得的数据。同时，遥感国必须对被感测国提供技术上的支持，以使这些原始数据转换成被感测国可以利用的信息。

但是，该提案的反对国认为，赋予被感测国遥感数据的优先获取权，实质上是对其他国家获取遥感数据的歧视性待遇，违背了联合国《世界人权宣言》第

19 条所规定的"通过任何方法，且不分国界以寻求、接受和传播消息"的自由。

最后，有关由于卫星遥感活动所引起的国际责任问题，发达国家和发展中国家之间同样存在严重的分歧。发展中国家认为各国应对其从事的遥感活动负所有责任。例如巴西、乌拉圭、希腊等国提出，遥感国应对传播任何不利于被遥感国的数据和资料承担国际责任，不论是否是由政府或者非政府实体行使的。但发达国家则认为，各国只对其在外空的活动，而不对其地面活动，尤其是非政府实体进行的地面活动负责。

二、联合国框架下卫星遥感地球的基本原则

1968 年在维也纳召开的联合国和平利用外层空间大会第一次讨论了与遥感有关的国际法律和政治等问题。从 1973 年开始，联合国外空委员会法律小组委员会着手构建关于遥感活动的国际法。但是，由于各国的利益不同，遥感技术以及国家实力的差距悬殊，导致各国的立场差异很大；且因为各国对国际法以及国家主权基本问题的理解上存在分歧，在国家遥感活动中发达国家和发展中国家之间存在着难以调和的矛盾，因此建立统一的国际遥感法律制度绝非易事。

依据在国际遥感活动中的基本立场可将各国大致划分为两个集团：一方是具有遥感能力的发达国家，另一方则是缺乏遥感技术和设备的发展中国家。在对国际遥感的各种问题进行协商的过程中，发达国家通常站在遥感国的立场，而发展中国家一般则从被感测国的角度进行考虑。两个集团之间的分歧实际上体现了《外层空间条约》中国家可以自由探索和利用外层空间的理念，与已经得到国际社会广泛认可的国家领土主权原则之间的冲突。

经过 10 年的工作，各国终于在 1986 年 12 月 3 日举行的联合国大会上协商一致通过遥感原则，即《关于从外层空间遥感地球的原则》。① 《关于从外层空间遥感地球的原则》对从外层空间遥感地球作出了 15 项原则规定，主要包括以下几个方面：

第一，遥感活动应为所有国家谋福利和利益。进行遥感活动应遵守国际法，尊重所有国家和人民对其财富和自然资源享有完全和永久主权的原则，同时应适当顾及其他国家及其管辖下的实体依照国际法享有的权利和利益。这种活动的进行不得损害被遥感国的合法权利和利益。遥感国应对其活动承担国际责任，并确保此类活动的实施符合这些原则和国际法规范。任何争端应通过既定的和平解

---

① Frans G. von der Dunk, *Private Enterprise and Public Interest in the European 'Spacescape': Towards Harmonized National Space Legislation for Private Space Activities in Europe* 44～45 (1998).

决争端程序予以解决。可以说，该决议回避了事先同意原则的争执，采取了较为折衷的措辞，规定了"协商"制度，给予遥感国相当的自由度。从事遥感应在一定情况下进行协商；遥感国可以请求协商，被遥感国也可因其领土被遥感而提出协商。同样，该有关规定对有关国际责任的问题，也是采取相当折衷的态度，充分考虑了发展中国家和发达国家双方的立场和观点。

第二，进行遥感活动的国家以及联合国和联合国系统内有关机构都应促进遥感活动方面的国际合作，包括技术援助和协调。遥感国应向其他国家提供参与其事的机会。每项这种参与都应基于公平和彼此接受的条件。参加遥感活动的国家应按照彼此同意的条件向其他有兴趣的国家提供技术援助。为促进和加强国际合作，遥感国经请求应与被遥感国举行协商，以提供参与机会和增进双方由此得到的惠益。

第三，被遥感国管辖下领土的原始数据和处理过的数据已经制就，该国即可以在不受歧视的基础上依照合理费用条件取得这些数据。被遥感国还可以按照同样基础和条件取得任何参与遥感活动的国家所拥有的关于其管辖下领土的分析过的资料，在这方面，应特别考虑到发展中国家的需要和利益。

第四，遥感应促进保护人类免受自然灾害侵袭。参加遥感活动并确定拥有的处理过的数据和分析过的资料对受到自然灾害侵袭或很可能受到即将发生的自然灾害侵袭的国家也许有助益的国家，应尽快将这种数据和资料送交有关国家。

除了以上四项主要内容之外，该决议还有其他内容值得关注。该决议对"遥感"作出界定，即"为了改善自然资源管理、土地利用和环境保护的目的，利用被感测物体所发射、反射或衍射的电磁波的性质从空间感测地球表面"[1]。这就确定了所调整的对象和目的。该决议还将有关数据资料分为三类：原始数据、处理过的数据、分析过的数据。而在原则十一和原则十二中，对于这三类数据实行不同的待遇。首先，在自然灾害的情形下，遥感国应尽快将其拥有的处理过的数据和分析过的资料送交受自然灾害侵袭或有可能受自然灾害侵袭的国家；其次，被遥感国在不受歧视的基础上获得原始数据和处理过的数据；以同样基础和条件取得分析过的资料。因此在分析这两项原则的使用时，要非常关注有关的用语和区别。

此外，该决议还非常关注发展中国家的问题。首先，一个总的原则就是遥感活动必须特别考虑到发展中国家的需要。[2] 在此基础上，该决议又具体在两种情

---

① 《遥感原则》原则一（a）。

② 《遥感原则》原则二。

形下对发展中国家的"优惠待遇"作出列举。第一，在获取有关数据资料时，要特别考虑发展中国家的需要和利益。① 第二，在促进和加强国际合作时，也要照顾到发展中国家的需要，提供参与机会和增进由此得到的惠益。②

该决议仅仅是就一些原则问题的规定，不具有法律约束力。除此之外，国际社会没有达成任何得到各国普遍接受的关于遥感活动的国际法规则。近年来，美国、俄罗斯、加拿大等国相继在 2002 年、2003 年、2005 年制定了国内遥感法，这些法律确立的规则无疑将对国际遥感规则的形成和发展产生重要影响。

三、对联合国框架下现行卫星遥感地球制度的评价

第一，联合国框架下现行的卫星遥感制度并不具有国际法的约束力。《关于从外层空间遥感地球的原则》是世界各国共同寻找解决遥感活动所产生争端的努力的结果，在一定程度上有利于缓解国际遥感活动中所产生的冲突，具有一定的积极意义。但是，从国际法的角度上讲，只有国际条约或国际公约，而且必须在经过国家的接受、批准或者加入之后，才能产生法律拘束力；或者得到大多数国家承认的国际惯例，并在广泛的实践的基础之上形成国际习惯，才能对各国产生法律拘束力。而《关于从外层空间遥感地球的原则》并不是国际条约或国际公约，也没有经过各国的接受、批准或加入等程序，且国际遥感活动所涉及到的各种问题，如进行遥感是否需经被感测国同意、遥感国是否可以对遥感数据随意散发等，并没有形成得到国际社会普遍认可的做法，因此也谈不上是具有法律拘束力的国际习惯。故《关于从外层空间遥感地球的原则》并不具有强制性法律效力，只是联合国外空委员会对解决国际遥感活动的争端作出的一个决议而已，相当于对该问题的一个建议。

由于《原则》并不具有法律拘束力，不能有效地赋予国家强制性的法律义务，故遥感国或被感测国也不会因为违反其规定而承担任何法律责任。所以，即使在国际遥感活动中出现了某些国家的行为违反了该《原则》的情形，其他国家也不能援引《原则》的规定与其进行有效的对抗。所以有学者认为，《关于从外层空间遥感地球的原则》通常只是为发展中国家的被感测国提供一种形式上或者文字上的法律保护，并不能为其带来任何实质性的利益。

第二，联合国框架下现行的卫星遥感制度创新性不强。《关于从外层空间遥感地球的原则》共有 15 条，其中有 5 条规定几乎是对已有关于外层空间活动的国际条约或国际公约的重述或者照搬，尤其是《外层空间条约》。

---

① 《遥感原则》原则十二。
② 《遥感原则》原则十三。

国际海洋法是在各国争夺海上霸权的基础之上形成的，其基本理念是国家管辖范围之外的任何海域都是无主物或者共有物。这是因为在国际法的原则中，国家不得对其不能实行有效控制和管辖的区域主张领土主权。如1958年通过的《公海公约》规定，公海是"向任何国家开放的"。该公约规定了沿海国和内陆国均享有在公海上的航行、捕鱼、铺设海底电缆和管道以及飞行等自由。但是各国在公海上的自由和权利也要受到一定的限制，其中最重要的一点即不能对其他国家的权益造成损害，如国家不得利用公海对他国的领土进行观测和侦查等。《联合国海洋法公约》第七部分也对国家在公海上的自由作出了规定。与《公海公约》相同，《联合国海洋法公约》规定，任何国家主张对公海享有主权都是无效的，且国家在公海上的行动不得对沿海国的主权或其他利益造成损害。在这一点上，《外层空间条约》和《公海公约》以及《联合国海洋法公约》的相关规定是一致的，即国家虽然有探索和利用外层空间的自由，但不能对相关的国家造成损害。

《关于从外层空间遥感地球的原则》作出了类似的规定。其第四条规定，国家可以在平等的基础之上自由探索和利用外层空间，但必须尊重其他国家和人民对其自然资源享有的完全和永久的主权，适当顾及其他国家及其管辖下的实体依照国际法享有的利益和权利。第四条规定是《关于从外层空间遥感地球的原则》的一项核心内容。从表面上看，该规定与《外层空间条约》等之前就已存在的国际条约和国际公约的规定相一致，符合国际空间法的理念和原则，但如果对其进行深入的分析，就会发现《关于从外层空间遥感地球的原则》在制定的理念和基础上存在缺陷。

《原则》的这一规定仅仅是简单地效仿《外层空间条约》、《公海公约》及《联合国海洋法公约》中的立法理念和方式，但却忽略了国际遥感活动与其他的外层空间活动或者公海上的活动之间的区别。而这种区别却关系到该《原则》是否能发挥其作用，以及国际遥感活动中的问题能不能得到有效解决。

第三，联合国框架下现行的卫星遥感制度有待进一步完善。如《原则》第一条为遥感下了定义，即以"改进自然资源管理、土地利用以及保护环境"为目的而对地球表面进行的感知。该规定虽然默示地排除了以军事为目的而进行的遥感活动，却没有明确指出以经济活动为目的的遥感活动是否属于其规定的范围之内。从目前的实际情况来看，为经济或者商业目的而进行的遥感活动日趋频繁，遥感活动的商业化趋势也越来越明显，而这也是导致国际间遥感活动产生冲突的重要原因之一。因为发展中国家担心如果发达国家利用对其领土进行感测所获取的数据和信息，在与发展中国家进行自然资源开发或其他商业和贸易往来的过程中，就会在策略上获取先机，使整个商业和贸易往来处于不公平的状态，必然会对发展中国家的利益造成损害。因此，对以经济为目的而进行的遥感活动加以规制，是解决遥感活动的国际冲突的重要措施。而如果不把这些遥感活动包括在《原则》之内，那么《原则》存在的价值就会大打折扣。

《原则》第四条规定，国家可以在平等的基础之上自由探索和利用外层空间，但必须尊重其他国家和人民对其自然资源享有的完全和永久的主权，适当顾及其他国家及其管辖下的实体依照国际法享有的利益和权利。但《原则》的这一规定没有明确被感测国的自然资源主权是否包括遥感数据的所有权、优先取得权以及控制该数据的散发的权利，或者当遥感国自由探索和利用外层空间的权力同被感测国的自然资源和领土主权相冲突的时候如何解决的问题。也就是说，尊重国家的固有领土主权这一已得到国际社会广泛承认的原则，是否赋予了被感测国对在其领土上获取的遥感数据进行控制的权利；以及如果被感测国不能阻止其他国家对其领土进行遥感或者控制这些数据的散发，是否是对被感测国国家和人民利益的损害。这些问题在《原则》中都未能得到明确的解决，但这恰恰是国际遥感活动中各国产生争议和分歧的关键所在。

第三节　外层空间核动力源的使用制度

与和平使用外空原则息息相关的就是核动力源的使用。核动力源由于体积小、寿命长等特性，对于外空活动的成功开展尤为重要。自 1961 年起，核动力源（NPS）就已被用于为空间物体提供能源①，并从此被视为许多空间活动所专用或必不可少的能源。核动力源在外层空间的应用主要为航天器的子系统（如海拔高度控制、通讯和指令系统）以及航天器上的各种仪器供应电力。目前应用于外层空间的核动力源有两种，即同位素源（isotopic source）和核反应堆（nuclear reactor）。②

在 20 世纪 60 年代中期，美国的政府和工业界开始寻找比化学火箭发动机更为廉价和可靠的替代品。当时，除了美国的 Rover 计划可以与前苏联在外层空间取得的核能科技成果相抗衡外，没有其他团体能在运载航天器用的核能火箭推动器这一领域成功展示自己的实力。

---

① 于 1961 年 6 月 29 日发射的导航卫星 Transit 4A 是世界上首枚核动力卫星。当时，有些人认为外层空间和核能是两个相伴共生的事物。

② D. Tan, *Towards a New Regime for the Protection of Outer Space as the "Province of All Mankind"*, 25 Yale Journal of International Law 149 (Winter 2000).

《外空条约》本身没有绝对禁止核动力源的使用，只要求不在绕地球轨道防止任何携带核武器或任何其他类型大规模毁灭性武器的实体，不在天体配备核武器，也不以任何其他方式在外层空间布置这种武器。同时，外空条约也不禁止使用为和平探索月球和其他天体所必需的任何器材设备。因此，核动力源的使用较为普遍。然而，应用核动力源的固有风险也颇为引人关注。① 前苏联的核动力卫星 Cosmos 954 号于 1978 年 1 月 24 日在加拿大境内坠毁，造成严重放射性污染的事件就是说明上述风险及其灾难性后果的经典实例。② 这一事件引发了关于为规管外层空间核动力源的使用创设一个国际性技术框架的讨论。③ 经过多年的审议，1992 年联合国关于安全使用核动力源的决议（the UN Resolution on the safe use of NPS，简称《核动力源原则》）最终获得通过。④ 该决议为核动力源的安全应用和评估列出了 11 条原则。在考虑到国家活动中涉及在外层空间使用核动力源这一事实的同时，该决议也规定了某些限制，以保证核动力源的安全使用。该决议旨在促进对人类和"生物圈"的保护，使其免受核辐射的危害。⑤

根据原则第 11 条的规定，上述原则应当在获得正式通过后的两年内进行审核。然而时至今日，人们并未对上述原则进行过任何修订。有见于现代科技的迅速发展和政治氛围的巨大变化，现在是时候重新审视施行了逾 10 年的《核动力源原则》了。

一、1992 年《核动力源原则》及其存在的问题

1992 年《核动力源原则》适用于在外层空间为各种空间物体提供可产生用于非推进用途电力的核动力源。由于涉及核动力源，该决议只将核燃料的使用纳入考虑范围⑥。原则 1 为核动力源设立了一个具有自由度的框架：国际条约和习

---

① R. I. R. Abeyratne, *The Use of Nuclear Power Sources in Outer Space and Its Effect on Environmental Protection*, 25 Journal of Space Law 17 (1997).

② 该卫星是为海洋勘查而设计的，并由富含铀－235 同位素的铀反应堆所产生的动力推动。欲了解更多关于这一问题的论述，详见 B. Schwartz & M. L. Berlin, *After the Fall: An Analysis of Canadian Legal Claims for Damage Caused by Cosmos 954*, 27 McGill Law Journal 6767 (1982); A. F. Cohen, *Cosmos 954 and the International Law of Satellite Accidents*, 10 Yale Journal of International Law 80 (1984).

③ M. Benko & K. Schrogl (eds.), *International Space Law in the Making: Current Issues in the UN Committee on the Peaceful Uses of Outer Space* 19 ~ 21 (1993).

④ *Principles Relevant to the Use of Nuclear Sources in Outer Space* （《关于在外层空间使用核能的原则》），UN G. A. Resolution A/Res/47/68 (December 14, 1992); GAOR, 47th Session, Supp. No. 20, UN Doc. A/47/20 (1992).

⑤ 原则 3 第 1.1 条。

⑥ R. Dusek, *Lost in Space?: The Legal Feasibility of Nuclear Waste Disposal in Outer Space*, 48 William and Mary Environmental Law and Policy Review 213 (Fall 1997).

惯对于核动力源的规管仍属有效。现有的决议是在特定活动中对上述规则作出的进一步声明。原则 2 对适用于该决议的各种术语作出定义。这样有助于澄清"发射国（Launching State）"和"发射……的国家（State Launching）"两个容易混淆的概念。原则 3 为核动力源的安全使用提供了指引和标准。该原则是此决议的精要。① 核动力源的应用范围仅限于那些只有运用核能源才能操作的空间任务。而且，对核动力源的应用必须以一种合理的方式来进行。根据原则 3 所规定的安全使用标准，原则 4 中规定了安全评估的责任。原则 5 和原则 6 则分别规定了重新进入通知规则和各成员国间对附加信息的互相查询的规则。接下来的 4 项原则就向成员国提供了协助、责任承担、法律责任与赔偿及争端解决等问题作出的规定。②

具体而言，该文件主要包括以下内容：

第一，安全使用的准则和标准。为尽量减少空间放射性物质的数量和所设的危险，核动力源的使用应限于非核动力源无法合理执行的航天任务。其中的准则和标准分为三个方面：关于放射性防护和核安全的一般目标；核反应堆；放射性同位素发电机。对核动力卫星拥有管辖和控制权的国家在发射前应依据上述列明的标准和准则进行彻底和全面的安全评价，并在发射前公布这一安全评价的结果，同时在可行的范围内说明打算进行发射的大约时间，并通知联合国秘书长，各国如何能够在发射前尽早获得这种安全评价结果。

第二，重返时的通知。发射载有核动力源的空间物体的任何国家在该空间物体发生故障而产生放射性物质重返地球的危险时，应及时通知有关国家，通知内容包括系统参数和核动力源的放射危险性的资料。这份资料也应当送交给联合国秘书长。

第三，责任和赔偿。各国应为本国在外层空间涉及使用核动力源的活动承担国际责任。发射国根据《外空条约》第 7 条和《责任公约》承担国际赔偿责任。具体应承担的损害赔偿，应按照国际法和公平合理的原则确定，以便提供的损害赔偿使以其名义提出索赔的自然人或法人、国家或国际组织能够恢复至损害发生前的状态。

《核动力源原则》为某些受局限的情况下对核动力源的使用提供了指导性的基本法律原则。由于使用核动力源必然带来高风险，此决议存在的必要性是显而

---

① R. A. Ramey, *Armed Conflict on the Final Frontier: The Law of War in Space*, 48 Air Force Law Review 116 (2000).

② 关于《原则》的进一步论述，见 I. H. Ph. Diederiks-Verschoor, *An Introduction to Space Law*, 108 ~ 109 (Kluwer, 2nd ed., 1999 年)。

易见的。这也为限制性使用核动力源提供了合理依据，明确规定核动力源不可为产生推进动力的目的而使用。随着强大武器管制拥护者和环境保护论者的出现，上述规定满足了 20 世纪 90 年代早期的需要。① 然而，随着空间技术的发展和人们探索外层空间热情的增长，核动力源的使用再度成为极具争议性的话题。美国国家宇航局（NASA）已经重新着手执行其建造核动力推进火箭的计划②并将其推广至对原子能发电的应用，为空间探测器和行星探测车供电。③ 名为 Nuclear Systems Initiative 的计划则尝试开发安全可靠的核动力和推进系统。④ "9·11 事件"发生后不久，美国国家宇航局也于 2002 年初发表声明，宣布其有意重新研究在外层空间使用核动力源的问题。⑤ 这一声明一方面提倡核动力源用于非推进动力以外的目的，另一方面又与反恐战争紧密相关。如今的这一局面已与 1994 年时截然不同，也不可与《核动力源原则》获得通过后的两年甚至更长一段时间后的情况作同日语。鉴于科技的进步和现实的要求，《核动力源原则》亟待修改并作出进一步调整。

二、1992 年《核动力源原则》面临的新挑战

早在《核动力源原则》获得通过以前，众多的学者认识到对核动力源的合法使用提供一套指导规则的必要性。经过多年的研究审议，《核动力源原则》终于顺利通过。尽管如此，关于《核动力源原则》优缺点的评价从未间断过。概言之，《核动力源原则》为涉及使用核动力源的各种空间活动提供了一个平台。该套原则可被视为历史上在有关解决核动力源使用问题方面向前迈出的一大步。鉴于核动力源这一事物敏感的性质，我们应当首先确立一套原则，有聊胜于无。然而，即便早在通过《核动力源原则》之际，人们应该已认识到进一步的修订是必不可少的。出于种种原因，人们预计中的修订至今尚未得以施行。但是，由于美国提出将核动力源用于推进以及其他用途的计划，《核动力源原则》的修订势在必行。由于面临新的挑战，是时候研究上述原则并对其作出修改了。

---

① 美国科学家联盟（Federation of American Scientists）和前苏联的科学家于 1988 年提议颁布禁令，徒劳地想要禁止在人造卫星环地轨道的范围以内启用核反应堆；但这一禁令允许核反应堆用于空间探索。

② P. Pae, *NASA Seeks ＄1 Billion for Nuclear Propulsion Plan*, Los Angeles Times, 2002 年 2 月 7 日，第 112 页。

③ *The Return of Space Nuclear Reactors*, *Secrecy News from the FAS Project on Government Secrecy*, Vol. 2002，第 11 期，http：//cndyorks. gn/apc. org, 2002－1－31。

④ *NASA Administrator Honaorable Sean Okeefe*, *NASA Biography of Okeefe*, http：//www. nasa. gov/bios/okeefe. html, 2003－8－7。

⑤ K. Grossman, *Plutonium in Space*（Again！）, *Global Network Against Weapons and Nuclear Power in Space*, Covert Action Quarterly, No. 73, Summer 2002.

（一）《核动力源原则》适用范围亟待明确

《核动力源原则》的适用范围十分明确。如前所述，核动力源的应用应当仅限于非为用作推进动力的目的。根据某些学者的分析，《核动力源原则》并不涉及在包括月球在内的天体上对核动力源的使用。① 但在实践中，对核动力源的使用可以贯穿空间物体自进入外层空间前②到进入外层空间后的各个阶段，其使用范围并不仅仅局限于外层空间活动之中；核动力源也会被用作推进动力，并不仅仅用于发电。几位美国国家宇航局的要员曾经公开表示，将核动力用于空间运输的想法值得重视。他们的意见表明，如果通过多方面的努力和推广获得大家对这一想法的接受和支持，使用核动力将会成为未来的星际活动的选择之一。③ 之前，关于禁止为推进目的使用核动力源的"禁忌"就站不住脚了。

美国一方在此方面作出了努力，推动其想法的实现。他们提出了相当多的理论依据支持其想法，以对抗仍坚持限制性使用核动力源主张的人士。欧洲航天局（European Space Agency，简称 ESA），作为对限制性使用核动力主张的主要支持者，正致力于研究开发更加安全的能源，以推进火箭并为空间探测器和行星探测车供能；如太阳能推进、"太阳帆"的运用和其他着重于利用最新的高效太阳能电池发电的太阳能技术等。④ 尽管如此，许多团体还是已经开始研究如何在更广泛的空间活动中使用核动力源。美国国家航天局的 Glenn 研究中心已经派出不同的工作小组，在克利夫兰、俄亥俄以及位于马里兰州劳雷尔的约翰·霍普金斯大学（John Hopkins University）应用物理实验室对利用高等放射性同位素发电推进进行外行星探索的技术进行了测评。⑤

有些人或许会援引 1963 年《禁止在大气层、外层空间和水下进行核武器试验条约》中宣布任何核武器试爆或者任何其他形式的核爆炸违法的条款⑥，作为反对将核裂变用作空间推进手段的证据。⑦ 不过，这一条文直接规定禁止以爆炸的方式应用核动力源，但并不禁止以爆炸以外的方式利用核动力。而且，该条约主要涉及核武器，并非核动力在一般空间活动中的使用。

---

① N. Jasentuliyana, *An Assessment of the United Nations Principles on the Use of Nuclear Power Sources in Outer Space*, Proceedings 36th Colloquium on the Law of Outer Space 316 (Graz, 1993).

② 美国已经发射了约 24 个使用钚原子能发电机的航天器。

③ G. Clark, *Will Nuclear Power Pull Humans on Mars?*, 2004 – 1 – 3.

④ *New Solar Cells with Record Efficiency*, ESA Press Information Note No. 0794.

⑤ L. David, *NASA to Seek Nuclear-Powered Spaceflight Alternatives*, http：//cndyorks. gn. apc. org, 2002 – 2 – 1。

⑥ 于 1963 年 8 月 5 日通过，14 U. S. T. 1313，480 U. N. T. 43（于 1963 年 10 月 10 日生效）。

⑦ G. H. Reynold & R. P Mergers, *Outer Space：Problems of Law and Policy* 61（2nd. ed., 1997）.

核动力源使用的讨论还在继续，有关结论还没有达成。但是，实际上各国已经开始使用核动力源。因此，如果我们现在还将主要精力放在理论探讨上，那么就会本末倒置。关于扩大核动力源使用是否可行的理论性争论意义寥寥，或者起码会使我们脱离原有的规管方向。我们必须针对现有的具体情形，讨论如何合理使用的问题。摆在我们面前只有两条出路：要么外层空间被非法殖民化；要么改变现有法律规范核动力源的使用。① 就政治的层面而言，正确的态度当然应该是为安全合法地使用核动力源构建一个适当的法律框架，并为核动力源在空间操作（包括供热、供电或者作为推进动力）、星际旅行、天体上、人造卫星环地轨道之内或者之外、地球表面发射航天器等各种场合的使用提供指引。这是实现有秩序地使用核动力源的实用方法。该方法也代表了实证主义在空间法领域的发展。为核动力源的广泛应用而建立的法律框架应设置一个安全阀，并提供在各种情况下防止非法使用核动力源的预防性措施。

有见于正在进行的热烈讨论和科技的发展，此时，我们亟需确认扩大核动力源应用的可能领域。为推进的目的应用核动力源是一个有发展前景的领域。核能推进可以采用从低推力核电推进到高推力核热能推进多种不同形式，也可采用电能或者热能的"脉冲核能"推进。支持这一应用的理由包括在空间操作中使用充足的能源可以大大缩短操作所需的时间。实际上，宇航员本身正是使用核能执行空间任务的热心支持者之一。限制或禁止核动力源在空间作为核能推动的使用将会增加相关空间活动的开支，拖长完成任务的时间，从而加重宇航员所担负的压力和焦虑。核能推进比其他任何传统的化学推进更高效；它的推进剂里程是化学推进的两倍。如果仅使用浓缩铀，就会降低空间操作的效率并带来其他不便。核动力源的其他优点还包括：可以产生人造重力和核热能火箭具有循环再用的潜力。某些空间任务虽然可以使用非核动力源操作，但这样的操作并不具备核动力源的优点。美国洛斯阿拉莫斯国家实验室（Los Alamos National Laboratory）的空间科学探索中心（Center for Space Science and Exploration）有信心地宣布，空间核能活动的未来将以核电推进（Nuclear Electrical Propulsion，简称 NEP）为中心，至少在未来执行涉及轻载荷的长期任务时会如此。②

然而，将核动力源的使用范围扩大到人造卫星环地轨道或近地区域的做法是否明智，仍有待观察与评估。核能在卫星离开地面阶段的使用一直受到强烈的反

① S. de Cordoba, *Changing Basic Space Laws*：*Popularity*，*Pragmatism and Historical Lessons*，Proceedings 36th Colloquium on the Law of Outer Space 330（1993）．

② B. Behrhorst, *Nuclear Rocket Power in Space*：*Generational Legacy*，http：//www. nuclearspace. com，2002 − 5 − 18.

对，人们认为它只能在环地轨道以外的范围使用。只有在人们确有迫切需要的时候，核能系统才能投入运作。而且，在任何情况下都应保持离地面足够远的安全距离，使其对地球的影响减到最低。但是，随着科技的发展，我们不能排除扩大核动力源使用范围的可能性。因此，有必要将这一可能的发展纳入法律框架中，对其在环地轨道范围内的使用是否合法这一问题作出明确的规定。如果确认合法，则必须对其使用制定更高和更严格的标准。

学者们也一直就《原则》是否适用于核动力系统在行星表面应用的情形这一问题产生争议。①《原则》本身对此并未作出清晰的指引。因此，有必要对此加以澄清。根据《外空条约》的目的和宗旨，外层空间应当包括月球和其他天体。采用这一概念可以确保国际空间法律文件用语的一致性。

核动力源的广泛应用无疑也增加了核动力源对人类、动植物和地球上的自然环境的潜在威胁。事实上，广泛使用核动力源的不利因素也正主要基于上述顾虑。因此，为实现核动力源的广泛应用，关键在于从法律和科技的角度提供一个可以确保安全或者降低风险的有说服力的机制。概言之，原则3和4从科技的观点出发，对核动力源的安全使用和评估作出了适当的规定。但是，为了进一步扩大其使用范围，有必要检验该规定的措辞并将扩大后的使用范围纳入这一规定。这一扩充和修改应当加入更高的安全标准，并重新考虑适当的轨道位置，等等。其他原则规定了通知使用核动力源的义务、警告的义务和国际磋商等内容，但是仍有必要对这些内容进行修改，以适应新的发展。

（二）《核动力源原则》中的"合理性"检验标准亟待具体化

由于核动力源的应用将会在地理位置上越来越靠近人类，我们必须采用严格的标准和预防性措施来对抗因此产生的高风险。原则3中规定的合理性检验与此最为紧密相关。随着太阳能的可利用性和可行性得到证实，有必要对这一用语作出清晰的定义。如果不能通过合理性检验，导致损害产生的相关国家则应负更大的责任。

"合理性"一词为定义核动力源的应用范围提供了一个大致的概念。原则3的引言规定核动力源的使用应当仅限于不能以非核动力源操作的空间任务，并应以合理的方式使用。该引言试图排除核动力源在其他情况下的使用。但是"以合理的方式"这一措辞缓和了语气，应当对其含义作出恰当的解释。《核动力源原则》并没有对"合理"一词作出定义，由此可见，《核动力源原则》在承认核动

---

① M. S. Smith, *Legal Aspects of Using Nuclear Reactors on the Moon*, Proceedings 35th Colloquium on the Law of Outer Space 312（1992）.

力源适用于某些空间操作的同时，也试图限制核动力源的某些使用。然而，自从通过了《核动力源原则》后，这一措辞的弹性运用备受指责。而现在正是重新检验这一措辞的时候了。

除了引言的概括性规定以外，原则 3 更进一步规定，可以启用核反应堆和放射性同位素发电机的各种情况。该原则规定，必须通过包括繁复的物理分隔、功能隔离和其组成部分的充分独立等在内的各种手段以保证对安全而言至关重要的系统可靠性。该原则也列出了可以启用核反应堆的几种情况，包括在执行星际任务时或者在足够高的轨道中的情形。核反应堆也可以在近地轨道启动，只要在任务的操作阶段完成后它们会被放入足够高的轨道。根据《原则》的规定，"足够高的轨道"即那些轨道寿命长得足以使核裂变产物充分衰变到接近锕类元素活跃程度的环地轨道。在选取和使用这类轨道时，必须保证其对现有的和未来的空间任务产生的风险最小，也必须保证在该轨道运行时和其他空间物体相撞的风险最小。

然而，由于"充分"（sufficient）、"足够长"（long enough）和"最小"（minimum）等弹性措辞的使用，《原则》用语不明确的问题显得更为严重。虽然《原则》设立了保证核动力源安全使用的基本机制，问题的关键在于如何为核动力源的使用提供一个安全阀，而不仅仅是排除其使用。我们应当注意两个相关问题：适用范围的划定和如何在适用范围内实现安全使用。"合理性"一词的定义应当与上述两个问题直接相关。面对新的发展，应当将核动力源的应用扩展到广泛的空间操作中，并在技术方面规定更高的安全标准。

我们之前已经讨论过扩大适用范围的问题，接下来我们将探讨如何为安全使用制定适当的标准。起草《原则》期间旷日持久的反复审议已经证明，这是一个难题。科技的不断发展使得最新才制定的技术标准可能很快过时。想要保持法律文件中的规则一成不变，几乎是不可能的。正如一些学者所指出的那样，将技术规范纳入法律指引似乎是法律为了科技的利益作出的让步。因为科技并不能解决其自身的问题，于是决定将法律置于从属地位。① 因此，一个可行的办法是将技术性问题从法律问题中区分出来：在修订一个能提供更广泛和更全面指引的条约的同时，联合国应当将订立供各国遵循的标准和推荐规程的任务交由一个国际科技团体负责。② 国际原子能机构（International Atomic Energy Agency，简称

---

① A. A. Cocca, *Are the Principles on the Use of Nuclear Power Sources in Outer Space a Progress in Space Law?*, Proceedings 36th Colloquium on the Law of Outer Space 258（1993）.

② N. Jasentuliyana, *A Survey of Space Law as Developed by the United Nation*, in N. Jasentuliyana（ed.）, Perspectives in International Law 349（Kluwer, 1995）.

IAEA）和国际辐射防护委员会（International Commission on Radiological Protection，简称 ICPR）是从事这一技术任务的适当的团体。① 在提供法律指引的同时，《原则》也可以明确规定，在具体使用中将参照并结合上述两个组织提出的建议和技术规则。这样做可以解决在法律文件中是否应纳入技术性标准的争议。

（三）《核动力源原则》面临空间环境保护问题的挑战

鉴于地球面对的潜在危机，环境保护或可持续发展已成为一个非常重要的议题。多个空间法团体深入研究了空间碎片的问题。② 我们应该注意到《部分禁止核试验条约》③ 中关注的重点问题之一就是环境保护：防止全球核污染，结束人类环境中的放射性物质所造成的污染。④ 该条约甚至可以被视为是一份环境协议而非一份军事协议。⑤ 美国国家宇航局（NASA）在其《卡西尼任务的最终环境影响报告书》中承认，在 1997 年进行的这次最近期核能空间探测器任务中发生的事故产生了严重的危险。⑥ 有人提议，应当将可能对本地或者全球环境产生危害的空间活动作出限制，使其可能产生的负面影响减到尽可能低的程度。⑦ 但是，相关讨论并未针对核动力源在空间操作中的使用。尽管如此，我们仍不能低估因使用核动力源而产生的污染的高危本质。

在规定使用核动力源的安全指引的同时，《核动力源原则》也被认为带有环境保护的意识。然而，这一隐含的意识对于实际执行上并没有起到太大的作用。

---

① A. D. Terekhov, *Review and Revision of the Principles Relevant to the Use of Nuclear Power Sources in Outer Space*, Proceeding 36th Colloquium on the Law of Outer Space 340（1993）；Y. Lodico, *Developing Legal Principles for the Safe Use of Nuclear Power Sources in Outer Space*, Proceedings 34th Colloquium on the Law of Outer Space 134（1991）；E. Galloway, *United Nations Consideration of Nuclear Power for Satellites*, Proceedings 22nd Colloquium on the Law of Outer Space135（1979）.

② J. M. Seymour, *Containing the Comic Crisis：A Proposal for Curbing the Perils of Space Debris*, 10 Georgetown International Environmental Law Review 907（Spring 1998）.

③ 《禁止在大气层、外层空间和水下进行核武器试验条约》（Treaty Banning Nuclear Weapon Tests in the Atmosphere, in Outer Space and under Water）5 August 1963, 14 U. S. T. 1313.

④ Jankowitsch, *Legal Aspects of Military Space Activities*, in N. Jasentuliyana（ed.）, Space Law：Development and Scope 143（1992）.

⑤ G. H. Reynold &R. P Mergers, *Outer Space：Problems of Law and Policy*54（2nd. ed., 1997）.

⑥ *Final Environmental Impact Statement for the Cassini Mission*, National Aeronautics and Space Administration, Solar System Exploration Division, Office of Space Science, June 1995, 第 476 页。如该报告书所述，如果发生了因疏忽而造成的再次进入，卡西尼探测器将坠入地球大气层；它会破裂（它没有隔热罩），从而使世界上 50 亿人口受到百分之九十九甚或更多的辐射暴露。

⑦ *Vienna Declaration on Space and Human Development*, Adopted by UNISPACE III, as it concludes two-week session, Third United Nations Conference on the Exploration and Peaceful Uses of Outer Space, UNISPACE III SPACE/V/9, Final Meeting（AM & PM）and Round-Up, 30 July 1999.

因此，有必要在《核动力源原则》的主体中关于核废物弃置的那部分加入环境保护原则。这样做有助于促使成员国遵守《核动力源原则》的规定，也避免了一些不必要的争论。同时也可以遵循国际外空合作的原则来解决这一问题。

通过在序言中加入环境保护的内容，我们可以有更坚定的立场，并且更有理论依据支持正文中规定的几项措施，包括避开地球上人口密集的区域、安全措施等。至于因使用核动力源而产生的国家责任和法律责任，我们可以参照现有的原则 8 和原则 9。① 这一点非常重要。因为我们注意到在与环境问题有关的解决方案中，现有的国际协定和公约中都没有提及或明确规定国家责任和法律责任问题。可见，过往一直忽略了这些问题。② 考虑到在空间碎片方面取得的成果，有必要在涉及环境保护问题时参考这些成果。总之，只要是与空间规管有关的公约、决议和条约，都应当结合起来，在适用时互相参照。只有这样做，空间操作才能为全人类的共同利益而实行。

（四）《核动力源原则》面临以科学研究为伪装的战争威胁的挑战

应用核动力源带来的高风险是限制使用核动力源的提倡者最关注的问题，但是另一个问题也不可轻视。自"9·11事件"发生后，恐怖主义的严峻挑战使这一问题显得更为重要。除了原有的五个核大国，其他一些国家也声称自己拥有核武器或者具有生产核武器的能力。核能已经不仅仅是一些大国所独自拥有和控制，不再是他们的特权。因此，有关核能的散布问题也应纳入合法使用核动力源这一议题的考虑范围中来。

美国国家宇航局作出的声明在某种程度上和反恐战争相关。布什的预算报告和反恐战争会对美国国家宇航局产生怎样的影响，尚属未知之数。然而，国家或相关团体大可以科学研究为名执行各种空间任务。所谓的在外层空间"和平"使用核动力源可能只是为研制用于空间战武器的能源系统而披上的伪装。核反应堆一旦在空间探索的伪装下启用，便可为危险的太空激光武器提供动力。这方面的顾虑有着充分的依据，只是上述伪装难以识别。在这种背景之下，一些人公开宣称，军队有必要在将来进行核能火箭的测试和部署；负责防御的人员必须掌握

① A. Bianchi, *Environmental Harm Resulting from the Use of Nuclear Power Sources in Outer Space: Some Remarks on State Responsibility and Liability*, in F. Francioni & T. Scovazzi (eds.), International Responsibility for Environmental Harm, 231~272 (Graham & Trotman, 1991).

② M. Benko, G. Gruber & K. Schrogl, *The UN Committee on the Peaceful Uses of Outer Space: Adoption of Principles Relevant to the Use of Nuclear Power Sources in Outer Space*, Proceeding 36th Colloquium on the Law of Outer Space 238 (1993).

并使用先进的核能推进技术在外层空间执行任务，否则国家安全就很难得到保障。① 不过，纵然有种种顾虑，也无碍于将核动力源的使用推广到更多的空间任务中去。

和平使用外层空间一直广受提倡，并且作为法律原则出现在若干国际法律文件中。《空间条约》规定，各成员国承诺不在环地轨道中放置任何载有核武器的物体，……不得在天体上安装这类武器，也不得在外层空间以任何其他方式安置这类武器。② 国际空间站《政府间协议》③ 也规定其使用必须是为和平的目的。④ 然而，核动力源的敏感性质决定了必须在《原则》的序言中重申这一问题。至少从法律的角度而言，这一重申能表明坚决排除在外层空间战争中使用核动力源的可能性。既然考虑到战争的问题，这一重申也可以为追索因在外层空间反恐战争中使用核动力源产生的国际赔偿责任提供一个坚实的法律基础。

（五）《核动力源原则》中的通报、磋商及其他问题

除了上述问题之外，《核动力源原则》的许多其他领域也需要改进和修订。首先，某些措辞应当得到澄清，如"发射国"、"促使发射国"等。⑤

其次，由于核动力源的使用会为人类和环境带来高风险，有必要在正式发射活动之前、之时和之后向相关的当事方通报，并进行磋商。原则5及原则6为通报及磋商提供了基本的架构。随着核动力源使用的进一步推广至更广的空间活动，通知和磋商会显得益发重要。许多学者都曾指出，原则5与国际原子能机构的《及早通报核事故公约》互相矛盾。⑥ 因此，有必要在现阶段对这一问题进行

① B. Behrhorst, *Nuclear Rocket Power in Space*: *Generational Legacy*, http://www.nuclearspace.com, 2002 – 9 – 7.

② 1967 年《空间条约》第 4 条。

③ *Agreement Among the Government of Canada*, *Government of Member States of the European Space Agency*, *The Government of Japan*, *The Government of Russian Federation*, *and The Government of the United States of America Concerning Cooperation on the Civil International Space Station*, 29 January 1998, in S. Gorove (ed.), *United States Space Law*: *National & International Regulation* (*IV*), 98 ~ 1 (1998).

④ 《协议》第 1 条第（1）款要求，国际空间站必须为和平目的而使用。

⑤ C. Q. Christol, *Nuclear Powers Sources* (*NPS*) *for Space Objects*: *A New Challenge for International Law*, Proceedings 36th Colloquium on the Law of Outer Space 248 ~ 251 (1993); E. Molodtsova, *Nuclear Accidents on Space Objects with Nuclear Power Sources*: *Applicable International Law*, Proceedings 34th Colloquium on the Law of Outer Space 142 ~ 144 (1991).

⑥ M. Hoskova, *The Notification Principle in the 1992 NPS Resolution*, Proceedings 36th Colloquium on the Law of Outer Space 304 ~ 311 (Graz, 1993); A. D. Terekhov, *The 1986 IAEA Conventions on Nuclear Accidents and the Consideration of the Use of Nuclear Power Sources in Outer Space in the Legal Subcommittee of COPUOS*, Proceedings 30th Colloquium on the Law of Outer Space 403 (1987).

阐释。可行的解决方法之一，是明确地提出参考该公约，从而确保原则 5 和《公约》在本质上互相补充。①

最后，考虑到某些使用核动力源的空间操作可能会妨害其他国家的安全和利益，在进行这类活动或者实验之前，必须进行国际磋商。这样做也是遵守《外空条约》的相关规定。这类"义务性"的磋商也可以从某种程度上预防或阻却为军事目的而进行的非法空间活动。

三、1992 年《核动力源原则》的法律性质

联合国大会于 1992 年以"决议"的形式通过了《核动力源原则》。考虑到在谈判过程中论及的利与弊，为了迈出第一步，将安全使用核动力源的各项指引和标准固定下来并且通过这样一份决议的做法是十分明智的。显然，从联合国大会以及该份决议的性质可以看出，《原则》适用的对象不仅仅是《外空条约》的成员国，而应包括所有国家。② 联合国大会决议本身的普遍性在某种程度上对主张"《核动力源原则》构成国际习惯法一部分"的观点提供了有力的支持，该立场也有利于《核动力源原则》在政治层面上得到更多国家的支持和接受。③ 但是，《核动力源原则》就其本身而言并非一份正式的法律文书。④ 和现有的各个空间法公约相比，《核动力源原则》最多只能算与核动力源的使用有关的国际公约条文的补充建议。⑤ 尽管各成员国大都从道义上遵守并尊重此类决议，但决议无约束力的本质⑥的确为其进一步实施带来了一些问题。《核动力源原则》仅仅将各国就核动力源在外层空间的使用造成的危害这一问题在国际层面上达成的一致意见用文本形式固定下来；各成员国并没有严格遵守《核动力源原则》规定的义务。一旦产生争端，各成员国就会各执一词。《核动力源原则》的不确定性使其具体的施行完全由各成员国随意决定。

① N. Jasentuliyana, *An Assessment of the United Nations Principles on the Use of Nuclear Power Sources in Outer Space*, Proceedings 36th Colloquium on the Law of Outer Space 318 （Graz, 1993）.

② A. D. Terekhov, *International Responsibility for Using Nuclear Power Sources in Outer Space – Reflections on the text adopted by COPUOS*, Proceedings 34th Colloquium on the Law of Outer Space 147 ~ 149（1991）.

③ M. A. Gary, *The International Crime of Ecocide*, 26 California Western International Law Journal 247（1996）.

④ S. Tai & T. Bissett, 2000 Manfred Lachs Space Law Moot Court Competition：Winning Briefs：Respondent Brief, 13 *Georgetown International Environmental Law Review* 328 ~ 329（Fall, 2000）.

⑤ V. Kopal, *The Use of Nuclear Power Sources in Outer Space：A New Set of United Nations Principles?*, Proceedings 34th Colloquium on the Law of Outer Space 128（1991）.

⑥ M. B. Gerrard, *Asteroids and Comets：U. S. and International Law and the Lowest Probability, Highest Consequence Risk*, 6 New York University Environmental Law Journal 44（1997）.

的确，许多学者都认为该决议中的数条原则构成了国际习惯法的一部分。更详细地说，这些学者认为，涉及外层空间中核动力源的通报和使用规则具有造法的本质，可以被看作形成了法律一般特征的基础，从而构成国际习惯法。① 国际实践也为这一观点提供了进一步的依据。足够的例证（如充分的尊重、承担责任和履行义务等等）表明，国际社会普遍遵守由该决议规定的有关通报等原则。例如，俄罗斯向联合国秘书长汇报其拟发射由钚 – 238 供能的"Mars 96"人造卫星；② 美国通知联合国，其发射的"卡西尼"空间探测器载有 35 公斤的钚 – 238 二氧化物。③

国际习惯法在外空法中占有相当重要的位置。而存在相应的习惯法规则，这些规则就会对所有国家都有约束力，无论他们是否对这些规则表示了明示亦或默示的同意。④ 但是，外空国际习惯法的形成所需的国际实践往往源自极少数几个国家，核动力源的使用更是如此。只有五个国家公开表示它们拥有核能，而对核能的使用率也相对较低。此外，随着国际条约在国际法乃至外层空间法扮演越来越重要的角色，习惯法的重要性远远不能与之相比；习惯法在外层空间活动中各个方面，其重要性也尚未得以很好的确立。⑤ 除了被公认为国际习惯法一部分的那几项原则外，其余原则的地位仍然悬而未决。这一不足之处可能会大大减弱《决议》在成员国实践中的影响力。

10 余年已经过去，现在是时候就这一问题订立条约了。这样做符合联合国逐步发展和将国际法法典化的目标。条约具有约束力这一本质可以为合法利用核动力源提供强大的动力。对于核动力源在上文提及的更广泛的应用，意义更为重大。这份有约束力的条约也可以有助于为国际社会提供一个机制，用以协商核动力源的应用和推广，并曾在一定程度上消除人们的忧虑。

四、结论

1992 年《核动力源原则》为核动力源的利用提供了一个良好的框架。在过去的十几年里，国际社会严格遵守《核动力源原则》的规定，为核动力源在外

---

① 见 North Sea Continental Cases，1969 ICJ 3，第 71 页。

② A. D. Terekhov，*U. N. G. A. Resolutions and Outer Space Law*，Proceedings of the 4oth Colloquium on the Law of Outer Space 101（1998）。

③ *Is Cassini Risky? Look to Facts，Not Emotion*，147 Aviation Week & Space Technology，No. 13，1997 年 9 月 29 日，第 66 页。

④ 这重申了《国际法院规约》第 38 条的关于国际习惯的规定。参见 P. Malanczuk，*Akehurst's Modern Introduction to International Law*，44（Routledge，7thed.，1997）。

⑤ P. Malanczuk，*Space Law as a Branch of International Law*，1994 Netherlands Yearbook of International Law 147（1995）。

层空间的使用创设了有秩序的环境。尽管如此，随着空间科技的迅速发展，各国都认为将核动力源用于其他目的和用途有着合理的依据。美国则引领这一趋势，在其国家宇航局的计划中推广核动力源的应用。上文讨论的有关修改无疑会对《核动力源原则》中建立的法律框架产生重大的影响。有见于将核动力源应用于更广泛的空间操作的优点和必要性，技术人员和空间活动参与者将会主导这场推广核动力源应用的潮流。毫无疑问，关于这种应用推广是否恰当的理论性争议必然要给实用的方法让路，以便后者建立合适的法律框架来应付即将到来的严峻挑战。法律框架的完善不仅包括实体部分，也包括该文件形式上的完善。美国国家宇航局发起的行动也正是顺应了要求修改《核动力源原则》的趋势。通过这次行动，促使该领域产生一部正式的条约，并在空间立法经历了一段空白期后推动了空间法条约的发展。如果能够及早着手进行修订工作并取得相应的成果，相信会大大节约成本，将有限的精力投入更多其他前景可观的项目中去。经过修改的《核动力源原则》有望满足在更广泛的空间活动中使用核动力源这一新的需要，并从整体上促进现代社会的繁荣安定。

第九章

和平利用外层空间与现代国际法

　　人类的空间技术首先应用于军事领域。美国和前苏联分别于 1959 年和 1962 年发射了第一颗军用照相侦察卫星，使外空成为冷战时期美苏竞争的重要领域。现行的国际法虽然确立了"和平探测与利用外层空间原则"，但对于现行的外层空间军事化加剧的趋势缺乏有力的约束。因此，在联合国框架下，和平探测与利用外层空间的国际法律制度亟待进一步完善和发展。

第一节　人类探测与利用外层空间的现状及其发展趋势

　　外层空间的军事化利用是指以军事为目的或具有军事服务性质的各种利用或穿越外空或直接在外空发展和部署外空武器的活动。外层空间的军事化利用主要包括两种方式：一是利用人造卫星支持和增强以地球为基地的武器系统和陆海空军事的作战效能；二是发展和部署以外空为基地的武器系统或从陆海空发射穿越外空的武器，以打击或摧毁对方以地球和外空为基地的各种武器或使其丧失正常的军事功能。因此，美国 1959 年在外空部署第一颗军事卫星就已经标志外空军事化的开始。

　　对于"外空武器"的定义，目前尚无统一认识。一是由于"外空"本身尚无定义；二是目前对外空武器的定义应基于其部署位置还是其目标位置仍存在分歧。一种观点认为，外空武器指部署于外空、目标位置不限的武器；另一种观点认为，除上述武器外，部署地点不限，任何以外空物体为目标的武器都是外空武器。由此可见，两者的主要分歧在于是否将部署于外空之外的其他领域和以外空物体为目标的武器视为外空武器。曾有专家将外空武器定义为：一切以外空（包括月球及其他天体）为基地，打击、破坏外空、大气层、陆地、海洋中的目标或损害其正常功能的任何装置、设置与设施，以及一切以陆地、海洋或大气层为基地，打击、破坏外空物体、损害其正常功能或改变其运行轨道的任何装置与设置。也有专家认为，基于任何物理原理，经专门制造或改造，用来消灭、损害或干扰位于外空、地球表面或大气层物体的正常功能，以及用来消灭人口和对人类生存至关重要的生物圈组成部分或对其造成损害的任何装置（宇航员用于自卫的装置除外)。① 事实上，国际社会对此定义至今没有定论。

20 世纪末，随着美国宣布部署全球导弹防御系统及退出《反弹道导弹条约》，外空武器化的趋势也初露端倪。正如美国一位空军官员皮特·蒂兹所说，武器进入外空只是时间早晚的问题。

当前，外层空间从军事化向武器化发展的趋势主要表现在以下几个方面：

一、遥感卫星与通讯卫星的军事化利用与反卫星武器的发展

在人类进入外层空间的初期，各空间大国主要在外层空间部署军用卫星以增强自己的军事实力。前苏联 1957 年 10 月 4 日发射第一颗人造卫星后，美国便相信苏联具有较强的军事威胁性，从而美国也大力加强军用卫星的发展，1958 年美国发射了 score 军事通讯卫星。从此苏美两个超级大国角逐外空优势的竞赛拉开了帷幕。到目前为止，各主要国家已经建立起了比较齐全和完备的军用卫星体系，军用卫星已成为各国先进武器指挥系统中不可或缺的神经中枢。目前，在所有卫星中，70% 系用于军事目的，其余的一部分可军民两用。② 而且，商业卫星也可用于军事目的的。

目前，用于军事目的的卫星系统主要包括两类。一类是遥感卫星，如美国于 1959 年发射的科罗纳间谍卫星。它可以用来拍摄许多战略性目标，然后通过电影返回舱的方式将其数据传送到地球，用于战略分析。此后，法国、意大利与西班牙 2004 年 12 月 18 号合作发射的太阳神 2A 号卫星也是通过遥感技术，利用高分辨率像素和红外线，可以在白天或黑夜，清晰地进行军事侦察活动。

另一类卫星系统就是通讯卫星，如意大利的情报通讯和预警系统。该系统被放置在地球静止轨道，由一颗卫星、管理控制中心和海基、空基地面终端组成。因此，它可以覆盖地球表面的广阔领域，在国家领土上进行声音、图像和数据传递。

21 世纪初发生的几次局部战争中，军事卫星通过提供战场态势感知、目标定位、攻击引导等方式参与作战，成为了重要的战争支援系统。在两次海湾战争、科索沃战争和阿富汗战争等高技术局部战争中，军事卫星以惊人的速度被推向作战前沿，在战场信息获取、军事指挥决策、武器精确打击和打击效果评估方面发挥了巨大的作用。科索沃战争中，美国及其盟国共使用了三大类 9 个卫星系

---

① 联合国文件：CD/1779：中国和俄罗斯 2006 年 5 月 22 日联合向联合国裁军会议提交的工作文件"关于防止外空武器化法律文书的定义问题"，第 19 段。

② 联合国文件：CD/1779：中国和俄罗斯 2006 年 5 月 22 日联合向联合国裁军会议提交的工作文件"关于防止外空武器化法律文书的定义问题"，第 12 段。

统共约 70 颗卫星，承担着 70% 以上的战场通讯任务、80% 以上的战场侦察任务、90% 以上的导航任务和 100% 的气象保障任务。在阿富汗战争中，美军先后动用了 35 颗侦察卫星，对阿富汗实施全天照相和电子侦察，获取了高清晰的照片。对了解对方兵力，外空军事化早已经成为了事实。①

由于军用卫星系统已成为现代作战指挥和战略武器系统的重要组成部分，这就必然带来了空间防御问题，反卫星武器随之而生。反卫星武器是指用于击毁离地面几百公里以上的轨道卫星或使其丧失正常功能的空间防御武器，主要包括地基反卫星武器和天基反卫星武器。地基反卫星武器是指从陆地、水面（水下）和近地空中发射的拦截器（拦截卫星或导弹）。天基反卫星武器是指从卫星或其他航天器上发射的空间杀伤拦截器。从前苏联发射第一颗人造卫星起，美国陆海空三军先后研制和试验了采用核弹头、动能拦截弹头的共轨式、直接上升式反卫星武器和激光反卫星武器，共进行了 30 多次试验。② 当前，反卫星武器已经达到了实战水平。

二、从陆海空发射穿越外空的武器的发展

由于《反弹道导弹条约》对进攻性战略武器进行了限制，条约第 5 条禁止发展、试验和部署海基、空基、天基和移动反弹道导弹体系，对陆基雷达、拦截导弹并没有禁止，因此，弹道导弹防御武器（BMD）等陆基武器越来越受到相关国家的青睐。目前，一些技术发达的国家正在发展自己的反弹道导弹防御体系，如以色列的箭系统（ARROW）、俄罗斯的 S300/400 以及由美国和西欧联合研发的中程扩大防御系统（MEADS）。

1999 年 7 月 23 日，美国总统比尔·克林顿宣布了 1999 国家导弹防御法案（NMD），这引起了国际社会的轰动。该法案允许美国一旦技术上达到要求，就可以部署国家导弹防御系统，以防止美国领土受到故意的或偶然的弹道导弹的袭击。

美国国家导弹防御系统中的 TMD 高层反导弹防御系统、陆基 NMD 反导弹防御系统、海基 NMD 反导弹防御系统、天基反导弹激光武器等都属于空间武器，这些武器的研发、部署已经付诸行动。在美国的引导下，日本、欧洲部分国家已经在开始部署和建立导弹防御系统。③

① 翟玉成：《还太空以和平——从布什的新空间探索计划谈起》，载于《现代军事》2004 年第 3 期。
② 苑立伟等：《美国反卫星武器综述》，载于《中国航天》2004 年第 4 期。
③ 日本从 2007 年起将引进导弹防御系统，用以拦截以日本为目标的弹道导弹，此外，日本等地可能将追加配备美国的一种高性能移动式新型雷达。参见重庆晨报，《日本开始部署导弹防御系统》，2007 - 1 - 3。

三、发展与部署以外空为基地的武器系统的现状及其发展

尽管《反弹道导弹条约》及《外空条约》对于以外空为基地的武器的部署予以明确禁止，但事实上，美俄等国家已经部署了相当数量的外空武器。如从美国的反导系统来看，有的部署于外空，或以外空目标为打击对象；有的则以外空为基地，为地面武器系统提供目标信息和导引。

随着美国退出《反弹道导弹条约》系统，新一轮外空军备竞赛也是风雨欲来，各国加紧对外空武器的发展和研制。各国对以外空为基地的武器系统的研究与发展已经处于成熟阶段，如美国正在研制的空间天基武器就有五大类：（1）天基拦截器实验床。该计划的主导思路是部署装备有多种杀伤拦截器的卫星，通过高速撞击方式摧毁来袭的弹道导弹。该计划的最初阶段是在太空部署2～3枚拦截器。它们可以击落搭载核生化弹头的弹道导弹；（2）近地红外实验卫星。这种新型卫星还可以携带一种小型的杀伤器。这种杀伤器利用穿行于近地球轨道的物体所产生的动能（其运行的速度是子弹的7倍），摧毁来袭导弹和轨道卫星；（3）实验太空船系统。该系统由一套小卫星系统构成，具有监视、跟踪、干扰和破坏其他国家军事侦察和卫星通信的能力；（4）"护卫者"纳米卫星。这种纳米卫星运行于地球同步轨道，设计寿命为一年，拥有强大的太空监视性能，具备独立提供局部太空态势感知的能力；（5）"恒星之火"激光武器。这种新型激光武器专门用以对付敌方轨道卫星之类的太空设施，其"理发镜"装置直径超过3.4米，能够将强力光束发射至太空，且光束威力极其巨大。

1996年克林顿政府制定了一项新的太空政策，强调"和平利用太空"，即"克制使用间谍卫星支持军事行动，太空武器控制和太空武器不扩散"等。然而，2001年1月的"拉姆斯菲尔德报告"建议加强美国的空间实力，部署太空武器系统，明确否定了"和平利用太空"政策。随后，美国开始不断制定和完善太空战理论和原则。2003年美空军提出《2020年远景规划》，提出"全谱优势"思想，认为只有控制外层空间才能控制地球。2004年8月，美国空军又提出了一个名为"全球打击"的新战略，强调美军要在太空"自由攻击"敌人并免于受到敌人攻击，必须装备能携带精确打击武器的军用航天飞机，在45分钟内对全球的任何目标实施毁灭性的打击。2005年3月，拉姆斯菲尔德签署新的《国防战略》，指出"空间控制"就是"确保自身空间行动的自由，同时防止对手具备这种自由"的能力，进一步明确了今后太空军事化的发展方向。2006年10月6日布什政府公布最新的"国家太空政策"，美国的空间政策开始转向确保美国太空安全和绝对自由，并向着遏制别国的空间开发、维持美国在外层空间领先地位的方向发展。

上述分析表明，外层空间的军事化利用的现状是遥感卫星与通讯卫星的军事化利用已经成为了现实。反卫星武器及从陆海空发射穿越外空的武器的发展也已经成为了主要技术发达国家的正在选择的国家军事政策。随着这些天基空间武器的研制成功，在外空部署空间武器似乎成为了一种必然的趋势。

第二节　防止外空军事化、武器化的国际立法现状

现行的国际法对于外层空间军事化利用的直接法律规制主要有《外空条约》、《月球协定》、《反弹道导弹条约》、《禁止核试验条约》等国际条约及相关国际法律文件。

1963 年《外空原则宣言》，确认和平探索和利用外层空间关系着全人类的共同利益，并规定了各国在探索和利用外层空间时应该遵守的九项原则。尽管这些原则不具有法律上的拘束力，但是它"获得了联合国全体会员国的一致赞同，实际上奠定了国际外空法原则的基础"①。这就为以后空间立法提供了根本的原则性指导。

1967 年的《外空条约》作为空间立法的宪法性文件，对外层空间军事化利用作出了明确的限制性规定。该条约第 4 条第 1 款规定："本条约各缔约国承诺不在环地球的轨道上放置任何载有核武器或任何其他种类大规模毁灭性武器的物体，不在天体上装置这种武器，也不以任何方式在外层空间设置这种武器。"第 4 条第 2 款规定："各缔约国应专为和平目的使用月球和其他天体。禁止在天体上建立军事基地、军事设施和工事，试验任何类型的武器和进行军事演习。不禁止为了科学研究或任何其他和平目的而使用军事人员。为和平探索月球与其他天体所必需的任何装置或设备，也不在禁止之列。"

从《外空条约》对外空军事化利用的规制来看，条约所禁止的是：在外空放置和设置核武器或任何其他种类大规模毁灭性武器；在天体上建立军事基地、军事设施和工事，试验任何类型的武器和进行军事演习。

1979 年《月球协定》在坚持《外空宣言》和《外空条约》的基本原则的基础上，对军事利用月球和其他天体的法律规制问题作出进一步的规定。该协定第 2 条规定："月球上的一切活动，包括其探索和利用在内，应按照国际法，尤其是联合国先前的规定。"第 3 条第 1 款进一步规定："月球应供全体缔约国专为和平目的而加以利用。"为此，协定第 3 条规定了四项禁止令：（1）不得在月球上使用武力，或以武力相威胁，或从事任何其他敌对行为，或以敌对行为相威胁；

---

① 贺其治：《外层空间法》，法律出版社 1992 年，第 34 页。

（2）禁止利用月球对地球、月球、宇航器或人造外空物体的人员使用武力或任何武力威胁；（3）不得在绕月球的轨道上放置载有核武器或其他种类的大规模毁灭性武器的物体，或在月球或月球内放置或使用此类武器；（4）禁止在月球上建立军事基地、军事设施及防御工事，试验任何类型的武器及举行军事演习。但不禁止为科学研究或为任何其他和平目的而使用军事人员，也不禁止使用为和平探索和利用月球所必要的任何装备和设备。根据协定之规定，"月球"一词不仅指月球本身，还包括环绕月球的轨道或其他飞向或围绕月球的轨道；有关月球的规定也不仅适用于月球，还适用于太阳系内除地球以外的其他天体。可以看出，对于月球非军事化的规制，《月球协定》比《外空条约》更加彻底和严格。但遗憾的是，美国等空间大国并没有签署该协定，使该协定的影响大打折扣。

《登记公约》实行强制性的公开的空间物体登记制度，提高了各国空间活动的公开性和透明度，对于防止或抑制外空军事化具有积极的作用。《外空条约》明文禁止在外空携带、配置和安放核武器和其他大规模毁灭性武器，公开的登记制度可以对此进行监督核查。

此外，有关限制或制裁外空军备的多边和双边条约也对军事利用外层空间进行了相关的规制。1963 年《禁止在大气层、外层空间和水下进行核武器试验条约》对外空武器作出了限制性的规定。它规定各国保证在其管辖或控制下的大气层范围、外层空间、水下（包括领海或公海）三个环境内，禁止、防止和不进行任何核武器试验爆炸或其他任何核爆炸，如一国在任何其他环境中进行的核爆炸所引起的放射性尘埃出现于其管辖或控制的领土范围以外时，这种爆炸亦应禁止。

该条约既禁止在外空进行核武器试验，也禁止在外空使用核武器。在《全面禁核试条约》至今尚未生效的情况下，该条款仍有重要的现实意义。但该条约针对的仅是外层空间与核武器相关的活动，不涉及其他武器的问题。

1977 年《禁止为军事目的或其他敌对目的使用改变环境的技术的公约》也对限制外空武器的使用作出了规定。第 1 条第（1）款敦促缔约国不要为军事或敌对方式使用损害环境的手段，因为这些具有毁灭性、有害或有损环境的手段对其他缔约国具有大规模的、持久的或严重的影响。根据第 2 条，公约适用于外层空间，因为环境损害被界定为改变地球的能量、组织或结构，包括其在生物圈、岩石圈、水圈和空气空间或外层空间。显然，该条约只规定禁止使用，而没有规定禁止研究、发展和实验改变环境的技术，使该条约在实际中难以执行。且这一规定只禁止在外空使用改变环境的技术，而并未涉及其他打击、破坏和伤害别国的手段。

在双边条约中，美国与前苏联缔结的一些双边军控协定对在外空使用和部署特殊种类武器也作了一定程度的限制。1979 年《美苏限制进攻性战略武器条约》（SALT－II）第九条第 1 款规定，双方"不研制、试验、部署……；（c）将核武器或其他大规模杀伤性武器送入地球轨道的系统，其中包括部分轨道轰炸系统"。此条款对于禁止在地球轨道上部署、使用核、生、化等大规模杀伤性武器具有积极意义，但未禁止在地球轨道上部署、使用其他种类的武器。但该条约已于 1985 年终止。1972 年《反导条约》规定不研制、试验或部署天基反导系统。该条约也在 2002 年 6 月 13 日美国退约决定正式生效后废止。

第三节　外空军事化、武器化趋势对现行国际空间法的挑战

通过对上述主要条约的法律条文分析，可以看出，现行防止外层空间的军事化、武器化及防止外空军备竞赛的国际法面临诸多挑战。这主要表现在以下三个方面：

第一，面对外空军事化的现实及武器化和外空军备竞赛的趋势，有关防止外空军事化、武器化及外空军备竞赛的现行国际法的不充分性日趋明显。

首先，现行国际空间法似乎并不完全禁止外层空间的军事化利用。如《外空条约》仅仅禁止在外空放置和设置核武器或任何其他种类大规模毁灭性武器，并不明文禁止在外空发展与部署核武器和其他大规模毁灭性武器以外的其他武器，而且，条约对"大规模毁灭性武器"一词也没有进行明确界定。

其次，现行国际法对军用卫星没有作出任何限制性的明确规定，并且就现有的一些条约来看，军用卫星还受到某些多边或双边条约的保护。如军用卫星的无线电业务和通信是按照国际电信联盟所作出的规定进行登记和运行的。根据《国际电信公约》第 35 条规定，各国的无线电业务和通信不得受到有害的干扰。同时，美俄两国之间缔结的若干双边协议也对军用卫星作出了保护性规定。但如果军用卫星未经登记，且双方没有缔结有关协议时，则如果军用卫星受到它方通信干扰，就无法追究对方的法律责任，这就给美俄发展反卫星武器提供了法律漏洞。

再次，现行的国际法对于月球和其他天体主张全部非军事化，不能以任何借口进行军事利用。然而，条约关于禁止在月球和其他天体上建立军事基地、军事设施和工事，试验任何类型的武器和军事演习的规定只是重点列举，对于任何其他与军事有关的活动却没有予以禁止。而且，条约也没有禁止使用军事人员进行科学研究或把军事人员用于任何其他和平目的，也不禁止为和平探索活动使用必需的任何器材设备。①

---

① ［韩国］柳炳华：《国际法》（下卷），中国政法大学出版社 1997 年，第 176 页。

最后，现行国际法条文禁止在月球和其他天体上建立军事基地、军事设施和工事，试验任何类型的武器和军事演习。上述规定似乎并不禁止在月球和其他天体以外的外层空间进行此类活动。

第二，现行防止外空军事化、武器化和外空军备竞赛的国际法律制度正面临各国有关空间活动的国内立法及政策的浸蚀。正是由于现行防止外空军事化、武器化及外空军备竞赛的国际法的不充分性及不具体性，为有关国家军事化利用外层空间甚至向武器化方向发展提供了振振有词的辩护理由，为他们随意曲解"和平目的"利用外层空间提供了机会。这些空间强国通过制定有关开发和利用外层空间的国家政策正逐步浸蚀现行的相关国际法律制度。

在"和平探测与利用外层空间原则"建立之初，对于"和平目的"的解释就存在两种争议。一种观点是中国、前苏联等国家认为，"和平目的"是指非军事活动，禁止在外空从事一切军事活动，不论是进攻性还是防御性。[①] 另一种对立的观点是美国等西方空间强国认为，"和平目的"只是排除侵略性的军事化利用外空，并不排除非侵略性的用于军事目的的利用外空的情形。因为《外空条约》规定"各国在进行探索和利用外层空间的各种活动方面，应遵守国际法和联合国宪章"，而《联合国宪章》并没有绝对禁止一切军事活动，因此，他们主张将军事活动分为"可允许的"和"不允许的"两类，而非侵略性的军事化利用外层空间属于"可允许的"的。甚至有些学者认为，凡有关国际空间法所没有被禁止的军事活动，都属于"为和平目的"利用外空的范畴。[②]

在此理论支持下，美国等西方空间强国纷纷制定各自的空间发展计划，将国家的空间活动用于军事目的，甚至准备在外空部署空间武器。如美国在 1983 年就提出"战略防御计划"，接着在 1989 年提出"智能卵石计划"，2001 年提出"战区导弹防御系统"和"国家导弹防御系统"，2004 年提出"空间探索计划"，2006 年提出"空军准则文件"中的"太空作战"等等。这些空间发展政策皆定位于"防御性"而"非侵略性"，使现行空间法中"和平探测与利用外层空间原则"几乎形同虚设。

实际上，通过对现行国际空间法的立法旨意进行深入分析，我们不难得出结论："为和平目的"利用外层空间不仅排除侵略性的利用外层空间，也排除任何为军事目的利用外层空间。"为和平目的"利用外层空间本身就是要求外层空

[①] B. Jasani, Outer Space: Militarization Outpaces Controls, Maintaining Outer space for Peaceful Uses, the United Nations University 1984, pp. 221~252.

[②] 布里奇：《国际法和外空军事活动》，载于《阿克朗法律评论》（美国），第 13 卷第 4 期，1980年，第 649~664 页。

间非军事化。人类探索与利用外层空间不能用于军事目的，更不能用于侵略目的。

首先，如果现行的国际空间法仅仅只是期望禁止侵略性利用外层空间行为，那么在整个国际空间法法律体系中没有必要多次强调"为和平目的"。因为现行国际法与联合国宪章已经明确规定"不使用武力或武力相威胁"，而各国在利用外层空间时本就应遵守国际法与联合国宪章。

其次，《月球协定》通过禁止在月球和其他天体上建立军事基地、军事设施及防御工事，试验任何类型的武器及举行军事演习，来进一步补充"用于和平目的"。这已经表明现行国际空间法中的"为和平目的"不仅限于排除侵略性利用外层空间，也排除非侵略性的军事防御与军事试验等行为。

最后，《国际原子能机构规约》与《南极条约》对"为和平目的"的解释，进一步表明"和平目的"要与禁止"任何军事性质的措施"、"有利于军事目的"相联系而使用。①

第三，外空军事化利用的国际实践对现行防止外空军事化、武器化和外空军备竞赛的国际法制度正构成严重的冲击和挑战。人类探测与利用外层空间的现实表明，外空军事化已经成为现实，且正朝着武器化方向在发展。国际社会探测与利用外空的实践不仅严重冲击"和平探测与利用外层空间原则"，也对现行的法律制度提出了严峻挑战。

现行的防止外空军事化、武器化及外空军备竞赛的法律制度及其监督机制如果不能尽快完善与发展，外空军事化将进一步加剧，最终导致外层空间的武器化局面，各国外空军备竞赛将无法遏制，现行的防止外空军事化、武器化的法律制度将面临崩溃，国际和平与安全将面临新的威胁。

第四节　防止外空军事化、武器化的国际实践

一、联合国框架下防止外空军事化、武器化的努力

自 1959 年联合国大会成立"和平利用外层空间委员会"以来，联合国大会和"和平利用外层空间委员会"一直都在关注外空军备竞赛问题。1978 年裁军特别联大就曾关注过外空军备竞赛问题。1981 年，联大在第 36 届会议上审议和通过了前苏联提交的"缔结禁止在外层空间部署任何种类武器条约"草案和意大利提交的"防止外层空间的军备竞赛"草案。联合国大会自 1982 年后每年均通过"防止外空军备竞赛"方面的决议，重申防止外层空间的军备竞赛极为重

---

① 参阅《国际原子能机构规约》（1956 年）第 2 条；《南极条约》（1959 年）第 1 条。

要也至为紧迫，而所有国家也愿意按照《关于各国探索和利用包括月球和其他天体在内外层空间活动的原则条约》的规定为此共同目标作出贡献；确认如防止外层空间军备竞赛特设委员会的报告所指出，适用于外层空间的法律制度本身不能保证防止外层空间的军备竞赛，但这个法律制度在防止外层空间军备竞赛方面发挥着重要作用，需要加以巩固和加强并提高其有效性，同时必须严格遵守现有的双边和多边协定；强调有必要采取包括适当和有效核查规定的进一步措施，以防止外层空间的军备竞赛，确认日内瓦"裁军谈判会议"在谈判防止外空军备竞赛多边协议方面负有优先责任。

1999 年联合国第三次外空大会通过的《空间千年：关于空间和人的发展的维也纳宣言》重申全人类对于为和平目的探索和利用外层空间方面的进步所具有的共同利益，并深信有必要将防止外层空间的军备竞赛作为促进这方面国际合作的基本条件。在会议中，不少国家纷纷提出建议，要求尽早就缔结一项防止外空军备竞赛的国际协定的问题进行谈判。

裁军谈判会议是目前唯一的全球性多边裁军谈判机构，也是世界上多边军控与裁军领域唯一的立法机构。裁军会议于 1982 年将"防止外空军备竞赛"列为其议程项目，并于 1985 年就此议程项目设立了特设委员会。该特委会工作计划并非谈判一项条约，而只是一般性地审议以下三个方面：（1）有关防止外空军备竞赛的问题；（2）有关防止外空军备竞赛的现有协议；（3）关于防止外空军备竞赛的提案和未来倡议。外空特委会自成立到 1994 年，年复一年地讨论上述三个问题，但从未进行过实质性谈判。由于多年来未能在"防止外空军备竞赛"议题上取得进展以及为了讨论其他裁军议题，从 1995 年起，在裁谈会一直未能重新建立相关特委会。因而，自此开始，外空问题的焦点集中在要求裁谈会重新设立外空特委会。1995 年至 1998 年，外空议题只在裁谈会年会里进行过讨论，尽管有许多国家（包括中国在内）都要求重新建立特委会，但没达成一致。而从 1999 年起，裁谈会实质上一直陷于瘫痪状态。其原因主要是美国代表坚持要求谈判缔结"禁产条约"，同时以防止外空军备竞赛"并不紧迫"为由，拒绝就此问题举行谈判。

二、中国政府防止外空军事化、武器化的努力

中国作为一个负责任、有影响力的大国，一直在努力支持和推动国际社会就控制和防止外空军备竞赛采取行动，2002 年以来多次联合俄罗斯等国推动外空军备竞赛问题的法律解决。在 2002 年 6 月 28 日，中俄等七国联合向裁军会议提交了《禁止在外空部署武器、禁止对外空物体使用或威胁使用武力的国际法律文书的要点》的议案。2003 年 2 月，中国联合俄罗斯召开外空问题讨论会，征求

各国对中俄外空问题工作文件的意见，并在裁军会议第三期会议上共同散发"各方对 CD/ 1679 的意见汇编"，受到各方重视。此后，中俄两国代表团分别于 2004 年 8 月 26 日及 2005 年 6 月 9 日在裁军会议上分发了"现有国际法律文书与防止外空武器化问题"、"外空法律文书的核查问题"及"防止外空武器化法律文书的定义问题"三个文书，并在 2005 年 9 月 7 日明确向裁军会议提出要继续审议拟议中的防止在外空部署武器、对外空物体使用或威胁使用武力的条约的具体要点。

在"现有国际法律文书与防止外空武器化问题"文书中，认为现有与外空相关的国际法律文书虽然对在某些外空领域部署武器、使用武力及开展军事活动作出一定程度上的禁止或限制，但其中相关条款范围有限，因而不足以防止外空武器化。这主要体现在以下两个方面：第一，这些文书不能有效防止在外空，特别是在绕地球轨道及月球以外的天体上试验、部署和使用除大规模杀伤性武器外的武器；第二，上述所有法律文书均未涉及对外空物体使用或威胁使用武力的问题。面对科技的进步，特别是用于外空武器的研究和发展，以及包括"太空战"概念在内的军事理论的出现，国际社会有必要加强现有外空国际法律体系，弥补其不足与漏洞，切实防止外空武器化和外空军备竞赛。最佳方式是通过谈判，制定防止外空武器化的国际法律文书。[1]

在"外空法律文书的核查问题"文书中，对外空军备竞赛及外空法律文书的核查综合了国际社会提出的一些具体的核查手段的设想，并就其可行性和可能性的选择提出了意见。在"防止外空武器化法律文书的定义问题"文书中，对"外空物体"、"外空武器"及"对外空物体使用武力"等定义进行了探索并提出了建议。

2006 年 5 月 22 日，中俄两国政府再次向裁军会议提出 CD/1778 号工作文件"外空活动透明和建立信任措施与防止在外空部署武器"。在中俄等国的推动下，2006 年 6 月，裁军会议又就外空问题进行了重点讨论，大多数国家都明确表示同意在裁军会议设立适当的工作机制，就防止外空武器化问题开展实质性工作。

中国政府在肯定《外空条约》等法律文书积极作用的同时，也认为由于历史条件的限制和外空科技的发展，现有外空国际法律体系缺陷明显，不足以防止外空武器化和外空军备竞赛。面对这一现实，外空国际法律机制应当与时俱进，不断加以完善。显然，只有谈判缔结新的外空法律文书，有效弥补现有法律机制

---

[1] 联合国文件：CD/1780：中国和俄罗斯 2006 年 5 月 22 日联合向联合国裁军会议提交的工作文件"关于现有国际法律文书与防止外空武器化问题"，第 20、21 段。

的漏洞，才能从根本上防止外空武器化和军备竞赛，维护外空的和平与安宁。为此，2008 年 2 月 12 日，中国与俄罗斯共同向裁谈会提交了"防止在外空放置武器、对外空物体使用或威胁使用武力条约"草案。

该草案共计 14 个条文，对"外空"、"外空物体"、"在外空的武器"及"使用武力"和"威胁使用武力"进行了界定，并明确规定各缔约国承诺不在环绕地球的轨道放置任何携带任何种类武器的物体，不在天体上安置此类武器，不以任何其他方式在外空放置此类武器；不对外空物体使用或威胁使用武力；不协助、鼓励其他国家、国家集团或国际组织参与本条约所禁止的活动。

第五节 重构防止外空军事化加剧的国际法律制度及中国的对策

面对外层空间军事化趋势及外空军备竞赛的现实，为真正实现外空的和平利用，防止外空进一步军事化、武器化，阻止新一轮外空军备竞赛，国际社会必须在联合国框架下完善相应的国际法律规制，加强联合国相应机构的协调能力。

一、防止外空进一步军事化的国际立法亟待重构

从上述外层空间军事化利用的现状来看，遥感卫星与通讯卫星的民用目的与军事用目的难以合法进行界定，对卫星用于军事目的缺乏明确的法律规定予以限制，为此，现行的国际法对于卫星进行了保护性规定。如 1982 年的《国际电信公约》第 35 条规定："第 158 段：一、所有站台的设立和运转方式，不论其目的如何，都不得对其他成员国或被承认的私人运转机构或其他正式认可的从事无线电业务的运转机构依照无线电规则而运转的无线电业务和通信，进行有害干扰。……"军事卫星的无线电业务和通信也是依照国际电信联盟的规定进行登记和运行的，因此，军事卫星也依照该第 35 条不受有害干扰。同时，1971 年美苏关于减少爆发核战争危险的措施的协定和 1973 年美苏关于防止核战争的协定都要求美苏不干预或攻击任一方的预警系统（包括预警卫星）。

因此，通过现行国际空间法律体系来禁止或限制军事卫星显然是十分困难的。从当前外空军事化利用的现状来看，在外空军事化已经成为现实的情况下，禁止在外空部署一切类型的武器是防止外空武器化和防止外空军备竞赛亟待解决的问题。

实际上，国际社会对此已经进行了不少努力。1981 年第 36 届联大会议上前苏联就提出了"缔结禁止在外空部署任何类型武器条约"的议题，意大利也提出了"防止外空军备竞赛"的决议草案，联大对此通过了相应的决议。[1] 加拿大

---

[1] 联合国裁军事务部：《1982 年联合国裁军年鉴（第七卷）》，纽约，1983 年第 364 页。

也在 1998 年和 1999 年提出防止外空武器化的具体设想。在 2000 年和 2001 年的裁军会上，中国政府也提出了防止外空军备竞赛法律文书的要点草案。由于美国政府对外空武器化问题谈判的抵触，特别是 2001 年美国布什政府宣布退出《反弹道导弹条约》，国际社会关于防止外空武器化和外空军备竞赛的国际立法受到严重冲击。

为了防止外空进一步军事化及武器化和外空军备竞赛，必须在联合国框架下重构和完善现行的外空法律制度。

第一，在联合国框架下，国际社会应该就禁止在外空部署一切空间武器进行国际协商，争取通过一项关于禁止在外空部署任何类型武器的国际文件，并在此基础上达成关于禁止外空部署任何类型武器的国际公约。

第二，国际社会也应就禁止对空间物体使用或威胁使用武力问题进行谈判，防止已经出笼的反卫星武器的进一步扩散，最终达成一项关于禁止对空间物体使用或威胁使用武力的国际公约。

第三，国际社会应进一步加强《国际电信公约》与相关外空条约之间的协调。前文已经论及，和平利用与探测外层空间原则是国际空间法的基本原则，"和平利用"意味着外空的利用应建立在非军事化基础上。卫星的军事利用显然有悖于"和平利用"原则。因此，《国际电信公约》不排除对军事卫星的保护，与相关外空法条约相冲突。

基于此，国际社会应加强对《国际电信公约》与相关外空法条约的协调，要么依照 1969 年的《维也纳条约法公约》的规定对《国际电信公约》进行修改，要么由全体缔约方对《国际电信公约》第 35 条进行专门解释，明确排除对军事卫星及民用卫星军事化利用的保护。

第四，国际社会应重新审查现行的《外空条约》、《月球协定》等防止外空武器化相关条约的充分性。外空军事化的现实已经充分证明现行外空法律制度对于防止外空武器化及外空军备竞赛的局限性。为此，各国加快对《月球协定》的签署和批准程序及缔约方进一步完善《外空条约》第 4 条及其相关规定，是国际社会防止外空武器化及外空军备竞赛的根本要求。

第五，进一步加强外空物体的登记制度，完善现行的《登记公约》。由于 1975 年《登记公约》所规定登记国对外空物体的登记内容仅仅是"一般功能性"，从国际实践来看，美苏等国发射的卫星三分之二是军用卫星，但在登记内容中从未体现其军事功能。因此，应对 1975 年的《登记公约》进行完善，明确规定如果外空物体载有任何类型的外空武器，必须立即通知联合国秘书长。此外，还应对卫星军事功能的公布及登记期限等相应规定进行修改。

二、加强联合国框架下外空非武器化及防军备竞赛机制建设

防止外空军事化的进一步加剧，禁止外空武器化，最终实现外空的和平利用，必须在联合国框架下加强各机构的职能及其相互之间的协调，共同完成外空和平利用的目标。

第一，充分发挥联合国和平利用外层空间委员会的协调作用。从联合国外空委的宗旨及其职责来看，外空委的主要职责是研究和审议有关外空和平利用的技术和法律问题，向联合国大会提出报告和建议。① 在实践中，外空委在防止外空武器化及外空军备竞赛方面所起到的作用也十分有限。实际上，目前在协调外空非武器化方面最现实的机构就是外空委，如果外空委不能切实发挥协调作用，外空非武器化及防止外空军备竞赛将会更加步履艰难。因此，在2005年的外空委员会第48届会议上，中国代表就明确提出，外空裁军问题不能仅由裁军谈判会议和联大一委处理，对非和平利用外空的关切是和平利用外空委员会的必然职责，希望外空委员会能在防止外空武器化和外空军备竞赛方面作出更大的努力。

在防止外空武器化及外空军备竞赛方面，联合国外空委的协调作用主要表现在两个方面。一方面，外空委应在加快有关防止外空武器化及外空军备竞赛的国际立法进程中充分发挥作用；另一方面，加强与联合国裁军谈判会议及国际原子能机构等机构之间的协调，将防止外空军备竞赛直接纳入谈判议题并促进谈判进程。

第二，进一步加大联合国大会及裁军谈判会议的政治影响力，通过政治谈判等途径防止外空军备竞赛的进一步发展。从1982年起，日内瓦裁军谈判会议把防止外空军备竞赛问题列入议程，此后每届会议均有该项议程。从1985年～1994年，裁军谈判会议还设有防止外空军备竞赛特设委员会（简称外空特委会），专门审议外空问题。1999年，第54届联合国大会再次以压倒多数的优势通过了防止外空军备竞赛的决议。决议强调，谈判缔结一项或多项防止外空军备竞赛的国际协定仍是裁军谈判会议外空特委会的首要任务。然而，在防止外空军事化、武器化及防止外空军备竞赛方面，裁军谈判会议及其外空特委会至今未能取

---

① 1959年成立的"和平利用外层空间委员会"的宗旨是：制定和平利用外空的原则和规章，促进各国在和平利用外空方面的合作，研究与探索和利用外空有关的科技问题和可能产生的法律问题。外空委员会下设科学技术小组委员会和法律小组委员会，科技小组委员会主要审议和研究与探索及和平利用外空有关的科技问题以及促进空间技术的国际合作和应用问题；法律小组委员会主要审议和研究和平利用外空活动中产生的法律问题，拟订有关的法律文件和公约草案。外空委员会主要审议两个小组委员会的工作报告及不由小组委员会审议的一般性外空问题，就委员会的工作作出决定，并向联合国大会提出报告和建议。

得任何实质性进展。

联合国大会在协调外空武器化及外空军备竞赛方面的主要作用应包括加强对防止外空武器化及外空军备竞赛的国际法的促进和发展，通过国际政治性文件、提请国际法院发表咨询意见等方式进一步完善和丰富相关法律制度；通过对外空武器化及外空军备竞赛问题的关注，提请安理会对危及国际和平与安全的外空武器化行为及军备竞赛行为进行注意；通过联合国大会的政治影响力促进"防止外空军备竞赛"议题在日内瓦裁军会议中的讨论的深入。

第三，加强联合国安理会对防止外空武器化及外空军备竞赛的监督和核查机制。外空武器化及外空军备竞赛是一种对国际和平与安全的新威胁，应将防止外空武器化及外空军备竞赛纳入联合国集体安全机制。加强安理会对国际社会发展空间武器、部署空间武器、使用空间武器的监督和核查机制建设，对于从根本上防止外空武器化及外空军备竞赛具有十分重要的意义。

当然，在当今主要空间强国本身就是安理会成员国的现实中，在现行的空间法对于空间武器化及空间军备竞赛本身就存在严重不充分性的情况下，要真正发挥安理会的监督和核查作用尚存诸多障碍。

第四，充分发挥联合国国际法院对国际法发展的司法作用，通过国际法院的司法机制不断完善和发展现行的国际空间立法。一方面，在相关空间争端解决中，要积极发挥国际法院司法判决的作用，为现行国际空间法的完备及发展奠定司法基础；另一方面，充分发挥国际法院的咨询管辖权的作用，进一步完善现行的国际空间立法。如联合国大会应就外层空间的"和平目的利用"问题请求国际法院发表咨询意见，通过国际法院的咨询意见来对现行国际空间立法中的"和平目的利用"、"大规模杀伤性武器"等问题进行澄清。

三、中国在防止外空军事化、武器化及外空军备竞赛中的立场及对策

作为当今世界上的空间大国，中国在推动空间技术发展方面为人类探测与利用外层空间作出了贡献。针对外空军事化日益升级的趋势，作为一个负责任的大国，中国政府在联大第一委员会、联合国裁军谈判会议及联合国外空委会议等多种国际场合上多次阐述中国政府的观点和立场，积极倡导进一步完善联合国框架下的现行国际法律制度，防止外空非军事化、武器化和阻止外空军备竞赛。

中国政府一贯坚持外空是全人类的共同财富，探索和利用外层空间的最终目的是推进社会发展和人类进步，为人类创造一个更加美好的生存和发展空间。外空的根本目的应服务于各国人民、维护和平、增进福利、谋求发展。确保外空的和平利用、防止外空武器化和军备竞赛是各国的权利和义务，也是国际社会的共识。防止外空武器化和军备竞赛，不能等到外空武器实际成型、产生真正危害；

不能等到一国率先将武器引入外空，其他国家纷纷效仿；更不能等到外空武器扩散时再采取措施。防患于未然是关键。否则，各国和平利用外空的权利和外空资产的安全都将受到损害。①

同时，中国政府认为，早日达成一项防止外空武器化和防止外空军备竞赛的国际法律文书，有利于维护对外空的和平利用，维护外空资产的安全，促进在外空的国际合作，并增进各国的共同安全。中国政府愿与有关各方携起手来，共同缔造一个没有武器、远离战火、安全洁净的外空。

为了进一步实现外空非军事化和非武器化，中国政府认为，作为联合国授权的裁军和军控条约谈判机构，裁军谈判会是谈判和缔结防止外空武器化和军备竞赛法律文书的最佳场合，因此，国际社会应该充分利用联合裁军谈判会这一重要机构，加快完善和发展相关法律制度，弥补现行法律制度的不充分性和不具体性。为此，中国代表团与俄罗斯、越南、印度尼西亚、白俄罗斯、津巴布韦和叙利亚代表团，于 2002 年联合向裁军谈判会提交了《关于未来防止在外空部署武器、对外空物体使用或威胁使用武力国际法律文书要点》的工作文件，并与俄罗斯代表团联合分发了三份专题文件。实际上，早在 1984 年 10 月，中国就向联大一委第一次提交了一项防止外空军备竞赛的决议草案，强调外空只应当被用于和平目的而不应该成为军备竞赛的场所，呼吁所有国家，特别是拥有巨大空间能力的国家采取及时有效措施制止外空军备竞赛。②

然而，由于美国等空间强国态度消极，特别是美国在 2001 年底退出反导条约，国际社会关于防止外空军事化、武器化及外空军备竞赛在法律制度建设及监督机制建立等方面，一直未能取得有效进展。相反，随着美国等国家的导弹防御系统的建立，外空军事化呈现进一步加剧的趋势。

作为当今世界的空间大国和负责任的国家，为实现外空非武器化，中国政府应该在联合国框架下积极倡导和推动防止外空武器化和防止外空军备竞赛体制的建立和完善，一方面要维护自身的国家安全，另一方面要努力引导国际空间活动往非武器化方面发展。

第一，正视外空利用已经军事化的现实，将中国空间活动及空间外交定位于防止外空进一步军事化、防止外空武器化和阻止外空军备竞赛。在外空已经军事化的今天，要全面实现未来外空非军事化，这只能是国际社会的良好愿望。为此，在防止外空军事化、武器化及外空军备竞赛方面，中国政府应审时度势，在

---

① "中国代表胡小笛在联大就神六发射发言强调外空非军事化"，http://www.cnsa.gov.cn/n615708/n942529/n942833/70710.html，2007 - 3 - 8.

② 张爱宁编著：《国际法原理与案例解析》，人民法院出版社 2000 年版，第 434 页。

制定本国空间政策和空间外交中应正视外空已经军事化的现实。为此，在完善和构建新的防止外空军事化机制中，将近期目标一味地定位于追求外空完全非军事化是不现实的。相反，联合国框架下的防止核不扩散机制的形成及发展对构建新的防外空军事化机制具有一定的借鉴作用，也有助于将国际立法及国家空间政策和空间外交的重点引向防止外空进一步军事化、防止外空武器化和阻止外空军备竞赛。

第二，站在维护国家安全的战略高度，努力发展我国的空间技术，跻身世界空间强国行列，提高我国政府在国际空间领域的地位，加强我国政府在国际空间领域的国际话语权。同时，中国空间实力的加强，不仅有助于防止外空进一步军事化，也有助于遏制空间强国正在进行的无节制的军事化利用外层空间活动。

2007年1月，中国进行了第一次外空试验，标志中国空间实力的显著提高。尽管中国政府事后已经通知相关国家，且重申中国的外空试验不针对任何国家，也不对任何国家构成威胁，但是，中国的首次外空试验给现行的空间强国所带来的震惊和紧张却很大。这些空间强国不得不重新审视其对防止外空军事化持反对的态度，也逐步开始考虑反对外空军事化的态度可能引起的后果，也开始重新评估防止外空军事化谈判的重要性。

第三，积极参加联大一委、联合国外空委及联合国裁军会议等国际机构的活动，推动联合国框架下防止外空进一步军事化、武器化及外空军备竞赛机制的逐步完成。作为空间大国，中国应积极推动外空委在完善和促进法律制度方面发挥积极作用，加紧对防止外空军事化、武器化的国际法律制度的立法研究和建议。作为一个负责任的大国，中国应积极引导联合国裁军会议加紧对阻止外空军备竞赛、防止外空武器化的讨论和协商，积极促成相关国家就防止外空进一步军事化、武器化及外空军备竞赛缔结国际条约和国际文件。作为安理会常任理事国，中国应充分利用联合国大会的政治影响力，积极推动联合国外空委及联合国裁军会议等国际机构在关注和防止外空进一步军事化方面发挥着实质性作用。

第十章

空间知识产权保护法律制度

曾经一度被国家垄断的外层空间，如今面临着巨大的转变。越来越多的私营团体开始对外层空间产生兴趣。众所周知，外层空间具有丰富的自然资源、充足的商机和潜在的利润。私营团体正设法开发利用这些利益。空间科技的迅速发展也为私营团体参与空间活动创造了可能性。外层空间商业化的发展已经进入一个新的阶段。①

知识产权遵守"严格地域性"原则。对知识产权的保护，不同国家有自己的国内规则，而这些规则的效力并不延伸到其他国家。然而，规管空间活动的规则中并不包括领土主权的概念。《外空条约》明确规定，外层空间不得由国家据为己有；各国应本着为所有国家谋福利和利益的精神自由利用外层空间。这意味着外层空间不属于任何国家的领土，任何国家都不得对其主张主权。事实证明，要调和这两项原则是一项艰巨的任务。但是，保护空间活动中产生的知识产权对外层空间的可持续发展和商业化至关重要。如果没有适合的知识产权保护制度，私营团体对空间活动产生的兴趣和热情就会减退。这将会给空间发展带来毁灭性的后果。②

第一节　现行空间知识产权保护的法律渊源

一、现行知识产权国际公约与空间知识产权保护

在现有的知识产权保护国际法律体系中，国际公约主要有：①《保护工业产权巴黎公约》（以下简称《巴黎公约》），这是工业产权领域的最基本的公约；②《保护文学和艺术作品伯尔尼公约》（以下简称《伯尔尼公约》），它是重要的国际版权保护公约之一；③《与贸易有关的知识产权协议》（以下简称 TRIPS 协议），这是迄今为止最具综合性的知识产权多边协议；④《世界知识产权组织

---

① 　Dan K. Burk, *Application of US Patent Law to Commercial Activity in Outer Space*, 6 Santa Clara Computer & High Technology Law Journal 307（1991）.

② 　Anna Maria Balsano, *Intellectual Property within Public International Research Organizations: The Example of the European Space Agency*, The Proceedings of the 36[th]Colloquium on the Law of Outer Space, IISL 3（1993）.

版权公约》，该公约增加了一些其他版权公约未明确保护的作品形式。①

以上国际公约均没有明确规定外空中的知识产权的保护问题，但是其所制定的一些基本原则和主要规定是所有缔约国在外空活动中也应予遵守的。与外空知识产权保护相关的基本原则有：国民待遇原则、最惠国待遇原则、优先权原则、自动保护原则和独立保护原则等。

此外，《巴黎公约》第5条所规定的有关交通工具临时过境的规定，即本同盟任何成员国内，下列情况不应认为是侵犯专利权所有者的权利：（a）当本同盟其他成员国的船只暂时或偶然地进入领水，该船的船身、机器、船具、索具及其他附件上所用的器械构成发明人的主题时，只要使用这些器械是专为该船的需要。（b）当本同盟其他成员国的飞机或车辆暂时或偶然进入领域，该飞机或车辆的构造、操纵或其附件上所用器械构成专利权所有者的专利发明主题时；《世界知识产权组织版权公约》第8条有关信息网络传播权的规定，即文学和艺术作品的作者应享有专有权，以授权将其作品以有线或无线方式向公众传播，包括将其作品向公众提供，使公众中的成员在其个人选定的地点和时间获得这些作品；《巴黎公约》第5条有关专利强制许可的规定，规定成员国有权在其国内法中规定强制许可，以防止由于行使专利所赋予的专有权而可能产生的滥用。这些规定对于空间知识产权保护也具有十分重要的意义。

二、现行国际空间条约与空间知识产权保护

联合国框架下的五个外空条约并没有关于保护空间知识产权的直接规定。②相反，《外空条约》确立了任何国家不得对任何外空主张领土主权的基本原则，并确立了人类探测外空"为全人类共同利益"原则、"不得占为己有"原则，这意味着排除了任何国家在外空行使主权。然而，知识产权保护具有严格的地域性，因此，可以说现行的国际空间法为空间知识产权的保护设置了地域性的障碍。

但是，根据《外空条约》第8条的规定，登记国对发射到外空中的物体以及相关人员具有管辖权和控制权，即对空间物体的管辖应视为登记国的领土管辖，因此，现行知识产权保护的国际条约及相关国内立法也同样适用于空间物体中的知识产权保护。然而，对于卫星遥感数据、卫星直播节目等知识产权的保护，现

---

① 郑友德：《论外层空间活动中的知识产权》，载于《法学》2006年第11期。

② 五个外空条约是指1967年《关于各国探测与利用包括月球和其他天体在内的外层空间活动所应遵守的原则条约》、1968年《关于援救宇航员、送回宇宙飞行员及归还射入外空之物体的协定》、1972年《空间物体造成损失的国际责任公约》、1976年《关于登记射入外空物体的公约》和1979年《指导各国在月球和其他天体上活动的协定》。

行的空间法尚无明确规定。

关于空间知识产权保护的直接国际空间法渊源主要有 1998 年关于国际空间站的政府间协定和 2005 年 10 月 28 日签署的《亚太空间合作组织公约》。① 1998 年关于国际空间站的政府间协定第 21 条不仅明确了空间知识产权的概念，还明确授予各成员国方对于以其国籍登记的发射物享有领土主张，对于空间站中级空间站活动中知识产权的保护相关问题进了具体规制。

2005 年 10 月 28 日签署的《亚太空间合作组织公约》第 22 条也专门规定了知识产权的问题，并明确了亚太空间合作组织理事会及其成员国遵守保护知识产权的国际公约。

尽管上述国际公约仅对其成员国产生法律效力，且两个国际公约的缔约方都十分有限，其普遍性有待进一步提高，但是，其有关空间知识产权保护的原则和立场对于空间知识产权保护国际规则的完善和发展具有十分重要的借鉴作用。

三、空间知识产权法律保护的国际实践

关于空间知识产权保护，联合国框架下的外空委、经济合作组织及世界知识产权组织及广大国际社会一直在努力完善相关立法。联合国大会 1996 年通过的《关于探索和利用外层空间的国际合作，促进所有国家的福利和利益，并特别要考虑发展中国家的需要的宣言》就明确提到了知识产权的问题："各国均可在公平和相互可以接受的基础上自行决定参加探索和利用外层空间的国际合作的所有方面。这种合作活动的合同条件应当公平合理，应当完全符合有关各方的合法权利和利益，如知识产权。"这直接规定了空间活动中知识产权应当受到保护。

1997 年，WIPO 在欧洲、日本、美国专家的帮助下，研究了保护在外空中发明或使用的工业产权，特别是发明的规范和原则。专家们尽管特别提出要澄清《巴黎公约》第 5 条声明的原则、在外空活动国家间的国际合作协议中创设或适用保护发明和商业秘密的标准化条款，并讨论 WIPO 的成员国是否应该澄清对一国领土之内的发明适用的法律是否也应该适用于在该国登记的宇宙飞船内的发明，不过，专家们最终认为，目前没有必要就外空中的发明创造或使用的保护进行专门的国际立法。

1999 年 7 月，关于外空中的知识产权的专题研讨会与第三次联合国探索及和平利用外空会议同时进行，由该专题研讨会提出的建议被第三次联合国探索及和平利用外空全体会议经修改后采纳，下述内容被列入了会议报告：（1）鉴于与

---

① 1998 年关于国际空间站的政府间协定是指 1998 年签定的《加拿大政府、欧空局成员国政府、日本政府、俄罗斯政府和美国政府关于民用国际空间站的协定》。

外空相关活动的商业化和私有化越来越强，外空知识产权保护应该引起更多的关注。但是，知识产权保护和实施应该充分考虑联合国确立的国际法原则（如不得将外空据为己有的原则）。（2）在国家与私有部门两个层次的国际合作的扩大，协调国际知识产权标准和外空中知识产权立法的可行性尚需进一步发掘。特别是下列问题的规则亟待发展和澄清：国内立法在外空的适用；外空活动中知识产权的归属与使用；合同和许可规则。（3）所有国家应对知识产权包括与外空相关的技术提供适当的保护，并要鼓励和促进基础科学信息的自由流动。（4）应鼓励与外空相关的知识产权的教育活动。

第三次联合国探索及和平利用外空会议后，和平利用外空委员会的法律小组的一些代表提出，知识产权问题应该列入法律小组的议事日程。由于缺乏成员国的支持，外空知识产权没有作为优先考虑事项。

在国家实践中，中法两国政府1997年5月15日签订《关于研究与和平利用外空合作的协定》的附件中，专门规定了双方或执行机构在专门协议下开展的活动而产生的知识产权的归属、利益分享以及转让等问题。

第二节　空间专利权的法律保护

一、空间专利权的构成

根据世界知识产权组织《发展中国家发明示范法》的规定，"专利"一词被定义为发明人的一种思想，这种思想能在实践中解决技术领域内某一特定问题。[1] 并非所有的发明都可以取得专利。如果一项发明要享有专利权保护，必须满足三个重要的条件：新颖性、创造性和工业应用性。如何将上述三个条件适用于外层空间是一个重要的问题。只要有关发明可以在任何种类的工业中实际地或者有建设性地制造或使用，第三个条件很容易满足。要满足工业实用性这一条件，发明并不需要十全十美，它可以经过进一步完善再投入实际的工业应用。[2] 如果相关发明在提供切实利益方面具有实用性和可操作性，该要求就得到了满足。

我们有必要进一步关注前两个条件。这两个条件之间的联系非常紧密。这涉及两个步骤的分析。首先，和现有技术（prior state of art）相比，如何判断发明

---

① World Intellectual Property Organization, Model Law for Developing Countries on inventions, http://www. wipo. int/eng/general/ipc/manual/manual1. htm, 2006 – 5 – 14.

② 佛罗里达大学技术授权办公室（Office of Technology Licensing, University of Florida）, Invention and Inventorship to Potential Inventors, http://www. rgp. ufl. edu/otl/inventorship. html, 2006 – 5 – 10.

是否具有"新颖性"？其次，为了满足可专利性的条件，创造性应该达到何种程度？

新颖性须参照发明时已有的知识技术水平。香港的专利法就采用了"现有技术"一词来定义新颖性程度：任何发明如不构成现有技术的一部分，则它可被视为具有新颖性。一项发明若要成为专利，必须从未被已有的专利、出版物或者其他公众范围内的知识完全地公开过或者使用过。该条例进一步规定了确定现有技术的时间因素，现有技术的存在必须早于就有关发明提出的标准专利的假定申请提交日；如果有人声称具有优先权，则为优先权的日期。又或者，早于就有关发明提出的短期专利的申请提交日；如果有人声称具有优先权，则为优先权日期。如果上述两种情况同时出现，以较早者为准。

上述规定对于外层空间专利权的保护非常重要。国际空间站的科研人员一般会在国际空间站常驻一段时期。在提交专利权保护的正式申请之前，该发明可能已经被用于外层空间站或者已经被其他驻站人员所得知。在这种情况下，最重要的是确保现有的规则在解释"新颖性"一词时不会产生问题。我们可以就该发明在外层空间的使用或者为多数其他驻站人员得知的事实是否对将来的专利权申请构成障碍制定相关规则。

如果不会对申请构成障碍，那么上述情形在何种范围内才能豁免于一般规则？由于目前尚未有明确的相应规则的情况下，我们可以援引于 2000 年 2 月 4 日由各伙伴国通过的《国际空间站人员行为守则》中的严格保密规则。① 根据这一守则，各个合作的航天局、信息所有者或者信息提供者都应就记录国际空间站内产生的数据向其宇航员作出指示，并随后启动保护措施的申请；② 驻站人员在没有事先书面许可的情况下作出的任何信息披露都会被视为违反保密要求；一旦规定保密要求，驻站人员就必须对相关信息进行记录和保护；这一要求可能会一直持续到任务结束后返回地球的阶段。基于上述严格规则，我们可以看到，对新颖性的要求不会轻易向没有获得事先准许的泄密行为妥协。

一般来说，若要获取专利的资格，一项发明必须包含创造性。这就要求对外层空间中的发明创造是否具有足够的创造性和可专利性作出决定。也就是说，某

---

① 《国际空间站人员行为守则》于 2000 年 9 月 15 日由多边协调委员会这一由《国际空间站协定》（包括 1998 年《国际空间站政府间协定》和美国宇航局分别与 4 个与其合作的国家航天局，亦即俄罗斯航天局、欧洲航天局、加拿大航天局和日本政府之间的 4 份理解备忘录）规定的最高级别的协调团体在美国首府华盛顿批准通过。

② Andre Farand, Head of new initiatives, ESA legal department, *Astronauts' behaviour onboard the International Space Station：Regulatory Framework*, http：//portal. unesco. org/shs/en/file _ download. php/785db0eec4e0cdfc43e1923624154cccFarand. pdf，2006 – 5 – 11.

项发明创造对擅长有关技术的人员而言是并不明显的，或者在作出发明的当时并不属于合资格技术人员普通技巧的范畴。对于不明显性或创造性的要求是专利申请的重要根据之一；它与空间产品（如制药业与生物技术产业的产品）或者发明的关系尤为密切。外层空间可以提供地球上无法获得的零重力和超高真空环境。例如，它可以在某些材料的生产中获得普通条件下无法达到的纯度。纯度可以成为专利申请中的创造性要求的充分依据。

此外，生产的过程或者在独特的环境中进行发明本身也可以成为创造性的另一依据。有人认为，在外层空间进行的过程反应各不相同，这会使生产出来的产品具可专利性。① 如果一个新产品的特征难以用言语描述或者其结构尚未被人们充分理解，尽管该新产品的生产过程已经为人所知，仍然可以提出制法限定物品（product – by process）请求来保护这一过程。通过强调该过程并为其取得专利权，对该产品的保护将会自动扩展到其制作过程。然而，"即使制法限定物品请求受制作过程的限制和定义，可专利性的确定仍基于产品本身"；如果"制法限定物品请求中的产品和现有科技制成品相同或者明显相似，尽管先前制成品的制作过程不同，这一请求也不具可专利性。"② 美国联邦巡回上诉法院最近作出的一个判决再次声明："不论人们如何宽泛或者狭隘地解释制法限定物品请求，有一点是十分明确的，那就是该请求针对的是产品本身，而不是其制作过程。"③ 上述意见对于为外层空间科学实验制成品提出的潜在的制法限定物品请求而言尤具意义。通过指出至少一个属于该产品的新颖特征，相关当事方可以在返回地球后提出制法限定物品请求并成功获得专利权保护。

二、空间专利的使用、转让和所有权

关于空间专利权的所有人，美国在其 1958 年《国家航空航天法案》中对此作出了明确规定：无论一项发明是否由美国宇航局（NASA）的员工在任何工作或者合同的框架下作出，该发明都是美国独有的财产，该专利权所有人为美国宇航局。④

（一）关于专利所有权的现有制度

随着私人团体越来越活跃地参与空间活动，一个用于鉴别某项专利所有权的

① Sa' id Mosteshar（Ed.），*Research and Invention in Outer Space：Liability and Intellectual Property Rights*193（Martinus Nijhoff Publishers：Dordrecht，1995）.

② *The Manual of Patent Examining Procedure of the U. S. Patent and Trademark Office*，s. 2113，quoting *In Re Thorpe*，777 F. 2d 695，698，227 USPQ 964，966（Fed. Cir. 1985）.

③ *SmithKline Beecham Corp. v. Apotex Corp.*，Fed. Cir.，No. 04 – 1522.

④ 修改后的 1958 年《国家航空航天法案》第 305（a）1 – 2 条。

框架就变得越来越重要了。根据 1958 年《国家航空航天法案》，如果任何私营团体与美国宇航局签定合约，产生的专利就会归美国国家所有。这无疑会打击私营团体参与空间活动的积极性，不利于外层空间的商业化进程。迄今为止，由于尚未有政府在这方面制定明晰的政策或是规则，美国主动为与国际空间站专利的产生、使用、转让和所有权及保护构建了一套制度，作为国际空间站的知识产权参考指南。① 在鼓励私营团体向空间活动投资的同时，上述安排也将推动和促进政府开发的空间科技。②

美国宇航局通过两种协定将国际空间站的资源分配给商业用户：《外空法令协定》和《合作研究开发协定》。这两种形式的协定非常相似，但前者更具灵活性，后者也因此不常被美国宇航局使用。《外空法令协定》的形式对外层空间商业化尤具意义。以往，在 1958 年《国家航空航天法案》的规管下，美国宇航局可以缔结和履行合同、租约、合作协定或者可能对执行其工作而有必要的其他交易；美国政府将取得因上述合同或协定而作出的发明的所有权。《外空法令协定》的形式并不属于上述《外空法案》所定义的任何明确的种类，而是被视为其他交易。③《外空法令协定》在这一类别下可以成为美国宇航局的直接利益，在美国宇航局几乎不必参与的情况下设法为其获得产权或服务，因此，美国宇航局可以因应某一特定协定的性质和利益各方作出的贡献来分配各项知识产权。④

有了这种新的协定，美国宇航局就可以进一步精心制定分配的详细方案。根据美国宇航局是否为其提供的商品或者服务收取费用，《外空法令协定》进一步分为有偿协定和无偿协定。无论采用哪种协定形式，各投资方都将保留其各自的发明的权利。由于美国国家宇航局在有偿协定下可以受偿，它也会向另一方授予独占性、免版税和不可撤销的许可。⑤ 无偿协定并不要求专利交易，但是美国宇航局可以考虑授予参加者一项独占商业许可或部分独占的商业许可。⑥

作为空间活动领域最重要的国际组织，欧洲航天局对于上述问题并未作出详

---

① *Intellectual Property and the Internet Space Station*：*Creation*，*Use*，*Transfer*，*and Ownership and Protection*，http：//www. hq. nasa. gov/ogc/iss/index. html，2006 - 4 - 29.

② Jocelyn H. Shoemaker，*The Patent in Space Act*：*Jedi Mind Trick or Real Protection for American Inventors on the International Space Station*，6 Journal of Intellectual Property 395（1999）.

③ 42 U. S. C. section 2473（c）（5）and（6）.

④ *Part II*：*Relationship of Intellectual Property Provisions in the ISS Agreements to NASA's Agreement Authority and Policies*，*in Intellectual Property and the International Space Station*：*Creation*，*Use*，*Transfer*，*Ownership and Protection*，http：//www. hq. nasa. gov/ogc/iss/index. html，2006 - 5 - 3.

⑤《外空法令协定》附件—范例条款 1. 2. e. e. II-III。

⑥《外空法令协定》附件—范例条款 1. 2. d. d。

细的规定。只是在《关于知识产权的一般规定：欧洲航天局合同的一般条款和条件》（简称《一般规定》）① 和欧洲航天局委员会于 2001 年 12 月 19 日通过的《关于信息、数据和知识产权的规则的决议》（简称《ESA 决议》）中才能找到相关的规则。② 这两个法律文件都采纳了相似于由美国国家宇航局提出的观点，但相关阐述则简单得多。《一般规定》中提出，"为合同之目的而进行的工作过程中或因该项工作而作出的发明，订约方是该项发明的所有权人，并可根据适用的相关法律通过行使专利权或其他形式的工业产权对该项发明进行保护。"《ESA 决议》遵循同样的原则，对于为和欧洲航天局签定的合同之目的而产生的信息、数据和知识产权，其所有权仍由设法获得上述信息、数据和知识产权的订约方保留。③

（二）空间专利的共同发明人

在外层空间进行的科学实验通常需要两个或更多团体的参与和通力合作。许多其他的成员也可能参与这一过程；例如，在国际空间站上进行的实验中，驻站人员和宇航员可能会被派往操作某些实验。因此，就产生了谁才是发明者的问题。发明者必须对发明构思和最终结果作出贡献。④ 当然，驻站人员或宇航员也有可能在操作实验之际构思出可以获得专利权的发明。在这种情况下，发明者可以通过上述对发明构思和最终结果所作贡献之标准得以确定。然而这种情况是十分罕见的，迄今为止尚未有驻站人员或者宇航员成为发明者。⑤

第二个问题与每位共同发明者的权利相关。在美国，专利申请中列名的每位共同发明者都拥有该项专利。如果没有任何协定，不论每位共同发明者所作贡献的多少，每位都 100% 拥有该项专利。⑥ 美国宇航局对根据《外空法令协定》而作出的共同发明规定了一般原则：美国宇航局与协定的另一方将对发明进行确认并向对方作出汇报，共同协作取得专利保护；双方将向美国政府征询可能的协助和建议，并就所有权归属、保护和许可条件等达成共识。虽然我们不能在欧洲航

---

① ESA/C/290, rev. 5.

② ESA/C/CLV, Res. 4 (Final).

③ 《欧洲航天局决议》第二章：《与信息、数据和知识产权有关的规则》（Rules concerning Information, Data and Intellectual Property），第一部分。

④ Office of Technology Licensing, University of Florida, *Invention and Inventorship to Potential Inventors*, http: //www. rgp. ufl. edu/otl/inventorship. html, 2006 – 5 – 10.

⑤ Marguerite B. Broadwell, *ISS Commercial Development Manager*, *National Aeronautics and Space Administration*, *Intellectual Property and the Economic Development of the International Space Station*, *Presentation on the Space Technology and Applications International Forum*（*STAIF* – 2000）, Albuquerque, NM, February 2000.

⑥ Stephaniel Paul, *Joint Ownership of Patents: A to Z*, http: //www. legalzoom. com/articles/article_ content/article14005. html , 2006 – 5 – 3.

天局的文件中找到"共同发明"一词，但是我们的确可以找到《ESA 决议》中关于合伙活动的一般原则：合伙协定是在特别的基础上进行谈判磋商的。① 这样，共同发明的问题将通过互动谈判的方式解决；如果没有进行磋商的可能，或者谈判失败，那么就继续遵循现有的专利实践。

三、1998 年关于国际空间站的政府间协定中关于专利权的规定

《政府间协定》是一部"根据国际法"，为和平的目的对常年派驻人员的民用空间站详细的规划、发展、操和利用，在真诚伙伴关系的基础上确立"长期国际合作框架的国际条约。"这一法律文件规定了基本的法律框架，几乎涵盖了国际空间站一般运作过程的各个方面。从这一意义上说，知识产权是该文件中所阐释的最重要的方面之一。该文件的目标之一是让由另一伙伴国或其团体所有的知识产权免受侵害。《政府间协定》的第 21 条特别规定了知识产权的保护。针对"知识产权"一词，《政府间协定》参照世界知识产权组织（WIPO）构建的广泛框架采用了一般的定义。

如上所述，在国际空间站这一地点参与科学实验的科学家和相关人员可以通过与相关当事方订立合同协议来界定其各自的权利义务。但是《政府间协定》还涉及其他重要的方面。首先，对于管辖权问题，它明确规定了基于所有权要素登记的属地原则：对于在国际空间站某特定组成部分进行的一项发明，应当被视为在此特定部分所登记的伙伴国领土内发生。因此，如果该项发明在日本的实验室中进行，该专利最初一定在日本提交申请。② 这一推论是由管辖权原则的适用和登记国对于其登记的空间站组成部件的控制得来的。③ 这一规定类似于公海的船旗国法原则。它同时也符合《外空条约》中由射入外层空间物体的登记国保有对该空间物体的管辖权和控制权的原则。

然而，上述构想并不能影响发明的所有权，也不能阻碍向多个国家提交专利申请的权利。④《政府间协定》进一步规定："如果由不属于登记国国民或者居民的人员在任何空间站作出了一项发明，考虑到伙伴国不应对该发明的机密适用该

---

① 《欧洲航天局决议》，第二章：《与信息、数据和知识产权有关的规则》（Rules concerning Information, Data and Intellectual Property），第四部分。

② Marguerite B. Broadwell, *ISS Commercial Development Manager*, *National Aeronautics and Space Administration*, *Intellectual Property and the Economic Development of the International Space Station*, *Presentation on the Space Technology and Applications International Forum*（*STAIF* – 2000），Albuquerque, NM, February 2000.

③ Leo B. Malagar & Marlo Apalisok Magdoza-Malagar, *International Law of Outer Space and the Protection of Intellectual Property Rights*, 17 Boston University International Law Journal 363 ~ 364（Fall 1999）.

④ *International Space Station Framework*, http：//www. esa. int/esaHS/ESAH700VMOC_iss_0. html, 2006 – 3 – 29.

国法律，以免在其他规定专利权秘密保护的伙伴国提交的专利申请含有属于国家机密或者为国家机密的目的而受保护的内容。"① 因此，《政府间协定》中的属地规定仅仅支持发明开始出现的地点。

《政府间协定》中的属地原则在处理外层空间使用某项专利的问题尤具意义，但它并未指明专利的应用或者侵害活动受何种法律规管。在一般情况下，一旦一项专利的适用发生在美国登记的空间物体中，它将会被等同于在美国领土内进行的其他同类活动。这意味着任何专利的使用行为或者侵害行为将由该空间物体登记伙伴国的国内法单独规管。这一理解也符合关于知识产权保护的一般国内法原则，即其适用范围及于其管辖范围。然而，我们也可以认为，上述活动由专利授予国的法律规管。这一观点可由《政府间协定》的相关规定推论而来。根据第 21（4）条，如果侵害发生于欧洲航天局登记的空间物体，不可能为同一项知识产权的同一侵权向多个欧洲伙伴国索偿，而在对多个欧洲伙伴国的一项共同侵权提起多个诉讼的情况下，法院可以暂停诉讼程序，以等候之前提交诉讼的结果。此外，在其中一次诉讼中满足了损害赔偿之后，受偿方应被禁止在任何待决的或者将来提起的诉讼中就同一侵权行为再次受偿。②

四、空间专利制度的构建

随着各国大幅度地减少其对空间探索和空间活动的垄断，私营团体对空间投资和研究的兴趣日渐浓厚。③ 但是，有见于由数个外层空间概念而产生的现有的模棱两可的所有权制度，尤其是"人类共同继承遗产"一词的不确定性，它们对实际的参与尚有疑虑。空间法学者开始致力于外层空间所有权的研究，试图鼓励私营团体向外层空间投资。这一情况同样适用于外层空间知识产权的保护。

如前所述，我们需要进一步阐释可专利性的三个要件，使其适应外层空间这一特殊环境。尽管《政府间协定》为国际层面的知识产权保护提供了指引，国

---

① 1998 年《政府间协定》第 21（3）条。

② 1998 年《政府间协定》第 21（4）规定："Where a person or entity owns intellectual property which is protected in more than one European Partner State, that person or entity may not recover in more than on such State for the same act of infringement of the same rights in such intellectual property which occurs in or on an ESA-registered element. Where the same act of infringement in or on an ESA-registered element gives rise to actions by different intellectual property partners by virtue of more than one European Partner State's deeming the activity to have occurred in its territory, a court may grant a temporary stay of proceeding in a later-filed action pending the outcome of an earlier-filed action. Where more than one action is brought, satisfaction of a judgment rendered for damages in any of the actions shall bar further recovery of damages in any pending or future action for infringement based upon same act of infringement."

③ Dan L. Burk, Protection of Trade Secrets in Outer Space Activity: A Study in Federal Pre-emption, 23 *Seton Hall Law Review* 563（1993）.

内法在具体的适用过程中有着最终决定权。外层空间环境中对专利权保护并不能很好地与国际背景相协调。冲突可能在两个国家的两项专利都涉及外层空间作出的同一项科学实验的情况下而发生。考虑到空间活动涉及的高昂费用，专门为外层空间环境而规划的缺乏协调性的专利制度势必最终使许多潜在的有兴趣的私营团体失望，并使他们对这一领域望而却步。因此，考虑为空间活动中产生的专利建立一个特殊的国际法律制度就显得十分重要了。①

目前已有的两个重要条约涉及专利申请：《巴黎公约》和《专利合作条约》。现在的问题是我们是否应当订立一个专门的条约来定义新的专利类型。笔者认为，没有必要在专利法领域加入一个新的条约。所有专利在本质上是相同的。如前所述，不同之处在于评估阶段应如何适用现有的要求。为这类专利创建一个新制度的目的，是为了在明确外层空间是进行科学实验的特殊环境的同时，使专利申请的提出变得容易和方便参照。因此，目前的协调工作应当聚焦于程序方面。笔者提议在《专利合作条约》的框架下设立一个名为"空间专利"的新类别。我们可以为空间专利申请建立一个特殊的专利局。②

（一）空间专利

第一个问题是何种发明可以被注册为"空间专利"，或者，我们可以说，"空间专利局"主要处理哪类问题。毫无疑问，空间专利局应当处理与空间有关的专利问题。以下五种发明与空间活动有关：（1）为了应用于外层空间而在地球上作出的发明；（2）作为由空间活动的产物，在地球上作出并运用于地球的发明（包括电子通讯、电信）；（3）为了运用于地球而在外层空间作出的发明；（4）为了运用于空间而在外层空间作出的发明；（5）将已在地球上获得专利权的发明扩展使用到外层空间活动的情形。③ 有些学者将以上的空间活动产生的发明重新分为两类：由地球上完成的工作所产生的空间活动发明（包括上述（1）、（2）和（5）三类）；外层空间作出的与空间相关的发明（包括上述（3）和（4）两类）。④ 由于下文将提到的第（5）类的特殊法律地位，笔者将对其单独

① Chukeat Noichim, *The Protection of Intellectual Property Rights in Outer Space of the EU and Thailand*, http：//www. thailawforum. com/articles/ipspacenoichim. html，2006 – 3 – 15.

② Bryan E. Erickson & Gary C. Fisher, Mars Society Steering Committee, Mar Foundation, Treasurer & Design Team, *Space Patents*：*Intellectual Property in Outer Space*, presentation at the 8th Mars Society Convention, 12 August 2005，http：//www. marshome. org/files2/SPACE-PATENTS-MS2005. ppt，2006 – 5 – 11.

③ 欧洲航天局，Intellectual Property Rights and Space Activities in Europe，欧洲航天局出版署：荷兰，4 – 5（1997）。

④ R. Oosterlinck, *Intellectual Property and Space Activities*, The Proceedings of the 26th Colloquium on the Law of Outer Space, IISL，1983 – 10 – 10.

进行讨论。

（二）空间专利合作

空间活动发明如果由在地球上完成的工作而产生，（也就是上面所说的第1、2类发明），其实与在地球上试验而产生的其他类型的发明并没有太大的差别。唯一不同之处是上述活动的根本目的。因此，我们不需要对现有的专利制度作出大的改动，但是我们的确需要注意，由于空间活动发明对国家利益的敏感性，对于公共政策和国家安全的考虑将在专利制度的适用过程中占有重要地位。另外两类空间专利同样也产生一些问题，这将在下文讨论。

1. 外层空间中对专利保护的延伸

如前所述，知识产权法本质上是具有地域性的。一国不会在国界以外继续提供保护，同样也不会对外层空间这一非主权区域提供保护。于是就产生了在地球上获得专利权的发明是否在适用于外层空间时也享有专利权的保护的问题［参见上面所述的（3）类、（4）类和（5）类］。《政府间协定》在狭义上解决了这一问题：根据知识产权法的目的，国内管辖权应当延伸到国际空间站的在该国登记的某一部分或者其飞行组件。

然而，外层空间更为广阔；在外层空间其他部分的知识产权保护又如何？几乎没有国内立法涉及这一点。关于专利保护的国际协定（亦即《巴黎公约》[①]、《专利合作条约》[②] 和世界贸易组织《与贸易有关的知识产权协定》的规定也非常不明确，对于该问题缺少清晰的措辞。外层空间专利保护的唯一可行的办法，是选取国际协定中的某些词汇或者条文，并对它们进行扩大解释。例如，我们可以将《巴黎公约》[③] 中"船舶"（vessel）一词解释为包括空间物体或者援引TRIPs 中的关于专利的获得和专利权的享有不因发明地点而受到歧视的概要规定。[④] 但是，上述做法仅起次要作用，并且不足以为外层空间的专利保护提供强有力的法律基础。

实际的法律真空和法律地位的不确定性是私营团体最主要的顾虑之一。在解决此不确定性的时候必须考虑采用以下两点：（1）相关国内法的适用应延伸到外层空间；（2）以及在地球上成为专利的发明在用于外层空间时将继续受到保护。虽然各国可以就法律的延伸问题制定明晰的国内法，但是像本文提出的那样

---

① 《保护知识产权巴黎公约》，1882 年 3 月 20 日，于 1967 年 7 月 14 日在斯德哥尔摩进行最后一次修改。21 U. S. T. 1583，828 U. N. T. S. 305。

② 完成于 1970 年 6 月 19 日，28 U. S. T. 7813，T. I. A. S. No. 8733。

③ 《巴黎公约》第 5 条。

④ TRIPs，第 27 条。

在国际协定中制定这些规则则更快速而有效。

有待解决的另一个问题涉及准据法。根据《外空条约》的规定，对于某一空间物体的管辖权和控制权由登记国保有。① 在这里，登记行为解决了管辖权的问题。对于外层空间的专利保护来说，我们同样可以依靠授予专利国这一连接因素。为一项发明授予专利的国家的国内法将继续适用于该专利在外层空间的适用或者侵权问题的解决。

2. 关于主张优先权的合作

参照《专利合作条约》的模式，我们将建立一个集中的"国际申请"程序，在国家或者地区的层面授予空间专利。申请人在申请时，可以附上一项声明，表明其因曾在任一其他缔约国提过的一份或多份申请，或因申请过一份或多份具有其他缔约国保护效力的专利而具有优先权。如前所述，我们将设立空间专利局来审查申请并授予空间专利。一旦该专利局收到申请，完成审查后，就可以在制定的国家生效，这样就免除多次申请的麻烦。我们也应建立一个"国际搜索"系统来加快申请审查过程。现有的《专利合作条约》中关于优先权的规定将继续适用。② 但是，鉴于第（3）和第（4）类空间专利，我们需要考虑优先权期间的问题。

目前存在两种主要的专利制度：发明优先专利制度（first – to – invent）和申请优先专利制度（first – to – file）。③ 在这两种制度中，专利的授予将取决于两个不同的因素：作出一项发明的活动的时间和提交一项申请的行为的时间。在世界贸易组织乌拉圭回合谈判期间达成的 TRIPs，试图统一知识产权制度，尤其是专利制度。其最重要的成果之一是申请优先制度的采用。④ 这意味着最早提交申请文件的申请者将会获得专利，并且这一过程必然会先于其他人在申请提交日获得信息之前完成。⑤ 提交申请这一行为是一个关键点。然而，如上所述，科研人员一般会在国际空间站驻留数月之久。提交申请的行为只有可能在他们回到地球并展示产品或者发明之后才能进行。6 个月的优先期间也许不足以在这一情况下起到保护的作用。因此，有必要为第（3）和第（4）类专利安排一个较长的优先权期间。

---

① 《外空条约》第 8 条。

② 《专利合作条约》第 8 条。

③ Alejandro Piera, *Intellectual Property in Space Activities：An Analysis of the United States Patent Regime*, 29 Air & Space Law, No. 1, 50 ~ 51（February 2004）.

④ *Patent Perspectives*, http：//www. ladas. com/patents/patpers. html, 2006 – 4 – 29.

⑤ Margaret A. Boulware, Jeffery A. Pyle & Frank C. Turner, *An Overview of Intellectual Property Rights Abroad*, 16 Houston Journal of International Law, 12（1994）.

第三节　其他空间知识产权的法律保护

一、卫星遥感数据的知识产权保护

根据 1986 年 12 月由联合国大会通过的 41/ 65 决议即《关于从外空遥感地球的原则》，遥感就是指为了改善自然资源管理、土地利用和环境保护的目的，利用被感测物体所发射、反射或折射的电磁波的性质从空间感测地球表面。卫星遥感地球是指利用在外空中卫星上的传感器观察和探测地球物的一种空间科技方法，广泛适用于资源勘探、环境监测、气象预报、自然灾害预测、海洋勘察、地质测绘等诸多领域。卫星遥感数据是指卫星所载遥感器取得的并用遥测方式以电磁信号，用照相胶卷、磁带或其他手段从空间播送或传送到地面的数据。

随着越来越多的私人团体有能力完成卫星遥感的全过程，使得卫星遥感项目会有更多的私人商业团体投资并利用。保护卫星遥感活动中的知识产权成为发展遥感活动的前提和基础，各国在商业运作的框架下进行遥感活动，无一例外显示出对遥感活动知识产权保护的特殊兴趣。

卫星遥感地球涉及的知识产权保护法律问题主要包括：对一个国家或其他资源进行遥感侦察，应否事先征得他国同意；因遥感侦察取得的资料，是否应公开发表或自由转让给第三国；被侦察的国家对遥感资料的取得是否有优先权，等等。对此，1986 年 12 月联合国大会通过《关于从外空遥感地球的原则》确立了十五条原则，对遥感数据知识产权的保护提供了一些原则性的规定。但并没有直接解决上述法律问题。

在国家实践中，美国政府最初对卫星遥感资料这些数据产品不主张任何财产权利，直到 20 世纪 90 年代初期，美国政府的民用和国家安全的太空部门才完全控制了遥感资料。当外国和商业部门对遥感卫星表现出浓厚兴趣时，使用尖端技术已不再是"陆地卫星"计划的唯一目标了。现在，"陆地卫星"计划更注重于满足民间和科学研究的特殊需求，把陆地卫星遥感数据商业化，向用户出售遥感数据以获取利润。商业公司可通过和美国政府签订合同来出售相关遥感数据。陆地卫星计划赋予商业公司在合同范围内对遥感数据从获得开始之日起 10 年的独占销售权，10 年后，数据进入公有领域。美国起初对这种数据提供类似于著作权的保护，后逐渐转为商业秘密保护。

二、空间植物新品种的知识产权保护

空间育种始于 20 世纪 60 年代初期，是指将植物种子搭载于返回式航天器，利用空间磁场、失重、辐射等环境因素，使种子基因发生突变，在返回地面后，

通过育种专家的精心培育，从中挖掘优良丰产新品种，从而显著提高农作物产量和品质。① 那么利用人类共同所有的空间环境培育的植物新品种是否应该保护以及如何保护呢？

若育种者只是单纯利用外空环境（共享性），则通常不能获得知识产权（排他性）保护。如果在利用太空条件的同时，投入或渗透了自己的智力劳动且其高度达到法律所规定的标准，则能够获得知识产权保护。经过太空"修炼"的种子所以能产生优秀的后代，是因为普通种子在空间微重力作用、强宇宙粒子射线辐射和高真空环境下，诱变出大量植物的新种以及繁多的突变体。空间育种前期的诱变过程，是通过太空环境实现的，而种子经过空间搭载返回地面以后，必须经过专业育种人员至少 3 年至 5 年的筛选、淘汰、稳定化试验等过程，才能最终从中选出有价值的、有推广应用前景的品系。从空间植物新品种产生的过程看，育种者是付出了自己的创造性劳动的。如果该品种符合独特性、同质性和稳定性标准，即达到一定的法定标准和高度，则能获得知识产权保护。无论是发展农业还是保护育种者的权利，保护太空植物新品种都是必要的。

各国基于国情和其他因素的考虑，目前对植物新品种的保护主要有三种方式，即专利法、专门立法（如我国的植物新品种保护条例）以及两者的结合。法律保护是一种利益平衡的艺术，知识产权保护尤其如此。太空植物新品种与一般植物新品种的保护同样面临着如下利益平衡的问题：育种者与其他利益主体（如农民）的利益平衡；育种者与公众之间的利益平衡；发展中国家与发达国家之间的利益平衡；遗传资源的提供者与植物品种权利人之间的利益平衡。对空间植物新品种的知识产权保护不管采取什么模式，均应考虑到利益分配的公正性以及全人类共同发展的需要。②

三、卫星直播电视广播的知识产权保护

卫星广播节目是指通过同步卫星传播载有节目的信号以供特定地面广播组织接收并转播的广播电视节目。根据联合国探索和平利用外层空间大会 1968 年通过的《空间科学和技术：对发展中国家的利益》的规定，卫星广播包括点对点广播、节目分送和卫星直播。其中，点对点广播涉及卫星转播，卫星节目分送涉及到间接卫星转播。这两种是由通讯卫星转发电视信号，由大型地球站接收，再经地面线路送往电视中心，然后向用户播发。

卫星直播是指通过卫星将电视广播直接传达至地面电视机，而不需要通过地

① 郑友德：《论外层空间中的知识产权》，载于《法学》2006 年第 11 期。
② 郑友德：《论外层空间中的知识产权》，载于《法学》2006 年第 11 期。

面电视接收站的电视广播。① 这类电视广播直接引起一系列的知识产权保护法律问题，如卫星直播是否应征得接受国的事先同意，未按照国际法则进行的或为接受国明确禁止的广播是否构成未经许可的非法广播，原始著作权的利益如何保护等。卫星直播中需要解决的最为核心的问题是：大量的潜在观众和无法对广播者进行控制损害了原始著作权人法定利益，谁应承担支付版税的义务。

依据 1974 年《布鲁塞尔卫星公约》第 3 条、《伯尔尼公约》第 11 条及与之相关的《无线电规则》第 1 条第 20 款对无线电分布的定义可得出结论，卫星直播中原始著作权人的权利受保护，但有效的保护需要广泛的国际合作。在不同国家获准对享有著作权作品进行卫星直播，以及对版税的支付和原始著作权人的确定程序是极其复杂的。

1982 年第 37 届联大通过的《各国利用人造地球卫星进行国际直接电视广播所应遵守的原则》中的原则八对此进行了间接的规定，根据该原则的规定，在不妨害国际法有关规定的条件下，各国应当在双边和多边的基础上进行合作以便缔结有关国家（或在其管辖下行事的主管法律实体）之间的适当协定，保障版权和有关权利。各国在进行合作时，对发展中国家利用直接电视广播以加速本国发展的利益，应当予以特别照顾。

从联合国外空委法律小组对该原则的审议历史来看，本条中的"适当协定"不仅包括国家间的双边协定，也包括知识产权国际保护的多边条约。"有关权利"不仅包括著作权，也包括邻接权。显然，对于其知识产权所有人的确定、版税的支付、法律责任等具体保护方法没有明确规定。

---

① 贺其治、黄惠康主编：《外层空间法》，青岛出版社 2000 年版，第 13 页。

第十一章

国际空间合作机制及其新发展

第一节　国际空间合作的基本原则

人类探测与利用外层空间活动的高技术性、高风险性、高投入而收入回报周期长等特点，决定了人类空间活动必然要与国际空间合作一同发展，也正是国际空间合作产生并发展了国际空间立法，而国际空间立法又进一步促进了国际空间合作。在现行国际空间法中，国际空间合作已成为了国际空间法的基本法律原则。联合国大会 1966 年 12 月通过的《关于各国探索和利用包括月球和其他天体在内外层空间活动的原则条约》第一条就明确规定："对外层空间，包括月球与其他天体在内，应有科学调查的自由，各国应在这类调查方面便利并鼓励国际合作。"这为国际空间合作提供了重要的国际法基础。

1996 年 12 月 13 日联合国大会进一步通过第 51/122 号决议"关于开展探索和利用外层空间的国际合作，促进所有国家的福利和利益，并特别要考虑到发展中国家的需要的宣言"（以下简称"国际空间合作宣言"），为国际空间合作提供了基本原则。

一、遵守国际法规定原则

"国际空间合作宣言"第一条明确规定：应根据包括《联合国宪章》和《关于各国探索和利用外层空间包括月球与其他天体活动所应遵守原则的条约》在内的国际法的各项规定开展为和平目的探索和利用外层空间的国际合作。

遵守国际法的规定不仅是开展空间活动应遵循的原则，也是开展国际空间合作应遵循的基本原则。开展国际空间合作要严格遵守国际法基本原则和《联合国宪章》的规定，不得利用国际空间合作危害国际和平与安全。

二、为所有国家谋福利原则

"国际空间合作宣言"第一条还规定：开展这一国际合作应是为了促进所有国家的福利和利益，不论其经济、社会或科学技术的发展程度如何，并应成为全人类的事业，应特别考虑到发展中国家的需要。

外层空间、国际海底及极地属于国家主权管辖范围外，应属于人类共同的财产。因此，对此领域的探索和利用属于全人类的事业，应该为所有国家谋福利。任何国家或机构不得为其私利进行探索和利用。

三、公平合理与自由原则

"国际空间合作宣言"第二、三条分别规定："各国均可在公平和可以相互接受的基础上自行决定参加探索和利用外层空间的国际合作的所有方面。这种合作活动的合同条件应当公平合理，应当完全符合有关各方的合法权利和利益，例如知识产权。""所有国家，特别是具有有关空间能力和正在进行探索和利用外层空间方案的国家，应当在公平和可以相互接受的基础上帮助促进和推动国际合作。在这方面，应当特别注意到发展中国家和空间方案刚起步的国家在与空间能力较先进的国家开展国际合作时所产生的福利和利益。"

国际空间合作是各国自行决定的事项，各国有权自行决定是否开展活动和如何进行合作。由于外层空间属于人类共同财产，因此，空间技术发达国家应该遵循合理原则进行国际合作，在自己获得利益的同时要充分考虑发展中国家和空间技术落后国家的利益。

四、方式有效和适当原则

"国际空间合作宣言"第四条规定，开展国际合作时应当采取有关国家认为最有效和最适当的方式，除其他外，包括政府与非政府的方式；商业与非商业的方式；全球、多边、区域或双边的方式；以及各种发展水平的国家之间的国际合作。

国际空间合作的方式多样，应选择最能实现空间合作目标，且能保护空间环境、避免外空军事化的方式。

五、顾及发展中国家原则

外层空间作为人类共同的财产，发达国家应通过外空国际合作努力提高发展中国家的空间能力，促进空间科学和技术及其应用的发展，促进各国在可以相互接受的基础上交流专业知识和技术。因此，在外空国际合作中，要特别顾及发展中国家需要的同时，应考虑到它们对技术援助的需要和合理有效地分配财政和技术资源。

六、适当发挥空间应用和国际合作的潜力原则

空间应用和国际合作是人类探测和利用外层空间的重要手段，其主要目标是实现外空和平利用，科学探测外空资源和发掘宇宙奥妙。因此，充分且适当地发挥空间应用和国际合作潜力具有十分重要的意义。

"国际空间合作宣言"第六条规定，国家机构和国际机构、研究机构、发展

援助组织以及发达国家和发展中国家，都应当考虑如何适当发挥空间应用和国际合作的潜力，以求实现其发展目标。

七、加强和平利用外层空间委员会的作用

在联合国框架下，外空委应是促进国际空间合作比较恰当的机构，但从联合国外空委的宗旨及其职责来看，外空委的主要职责是研究和审议有关外空和平利用的技术和法律问题，向联合国大会提出报告和建议。[①] 因此，外空委在外空国际合作方面所起到的作用十分有限。

国际机构对于促进国际空间合作具有十分重要的意义，特别是将国际空间合作纳入联合国框架下，对于空间国际合作的进一步发展和深入十分必要。因此，"国际空间合作宣言"第七条规定，应当加强和平利用外层空间委员会的作用，除其他外，应发挥在开展探索和利用外层空间的国际合作领域中作为国家和国际活动交流信息论坛的作用。

八、广泛参与原则

探测和利用外空是全人类共同的事情，国际社会有义务积极参与，为实现联合国空间应用方案和国际合作领域的其他倡议而努力。因此，"国际空间合作宣言"第八条明确鼓励所有国家根据其空间能力及其参与探索和利用外层空间的程度，为联合国空间应用方案和国际合作领域的其他倡议作出贡献。

第二节　国际空间合作机制的现状与发展

现行国际空间合作机制主要包括联合国框架下的空间合作机制、区域空间合作机制、国家间双边及多边合作机制。

一、联合国框架下国际空间合作机制及其发展

（一）联合国和平利用外层空间委员会

由于 1957 年前苏联发射了第一颗人造卫星，国际社会开始重视规制外层空间的活动。1957 年联合国大会通过了第 1148 号决议，强调应和平利用外层空间。1958 年 12 月 13 日，联合国大会又通过了第 1348 号决议，设立了有关外层空间

---

① 1959 年成立的"和平利用外层空间委员会"的宗旨是：制定和平利用外空的原则和规章，促进各国在和平利用外空方面的合作，研究与探索和利用外空有关的科技问题和可能产生的法律问题。外空委员会下设科学技术小组委员会和法律小组委员会，科技小组委员会主要审议和研究与探索及和平利用外空有关的科技问题以及促进空间技术的国际合作和应用问题；法律小组委员会主要审议和研究和平利用外空活动中产生的法律问题，拟订有关的法律文件和公约草案。联合国外空委员会主要审议两个小组委员会的工作报告及两个小组委员会审议的一般性外空问题，就委员会的工作作出决定，并向联合国大会提出报告和建议。

问题的委员会，但东欧国家没有参加。联合国和平利用外层空间委员会（COPU-OS，简称外空委员会）是根据 1959 年联大第 1472 号决议建立的。联合国外空委员会的宗旨是制定和平利用外空的原则和规章，促进各国在和平利用外空领域的合作，研究与探索和利用外空有关的科技问题和可能产生的法律问题。可以说，联合国外空委员会是现行国际空间合作机制的中轴。

联合国外空委员会委员 57 人，受联合国秘书处特别是宇宙科的支持。为履行职责，联合国外空委员会下设科学技术小组委员会和法律小组委员会，由联合国外空委员会全体成员国组成。委员会及两个小组委员会每年各举行一届会议，审议联大提出的有关外空问题、成员国提出的外空报告和问题。会议一般在上半年举行，以便向下半年举行的联合国大会提交报告、建议和决议案。联合国外空委员会及其两个小组委员会以协商一致方式作出决定。科技小组委员会主要审议和研究与探索及和平利用外空有关的科技问题以及促进空间技术的国际合作和应用问题；法律小组委员会主要审议和研究和平利用外空活动中产生的法律问题，拟订有关的法律文件和公约草案。联合国外空委员会主要审议两个小组委员会的工作报告及两个小组委员会审议的一般性外空问题，就委员会的工作作出决定，并向联合国大会提出报告和建议。在联合国秘书处下设有联合国外空事务司，作为联合国外空委员会的秘书处。外空事务司于 1993 年 9 月从纽约移至维也纳联合国办事处。自 1994 年起，联合国外空委员会及其小组委员会届会均在维也纳联合国办事处举行。联合国外空委员会现有成员国 67 个①，现任主席②为阿迪贡·阿德·阿比奥顿（Adigun Ade Abiodun，尼日利亚人）。

1. 外空委员会与国际空间合作的法律机制

"逐步发展和编纂国际法，是联合国在法律领域的主要责任之一。履行这类职责的一个重要领域便是外层空间这一新的环境。而且，通过联合国和平利用外层空间委员会及其法律小组委员会的努力，已为外层空间法作出了一些重要的贡

---

① 这 67 个成员国包括：中国、阿尔巴尼亚、阿尔及利亚、阿根廷、澳大利亚、奥地利、比利时、贝宁、巴西、保加利亚、布基纳法索、喀麦隆、加拿大、乍得、智利、哥伦比亚、古巴、捷克、厄瓜多尔、埃及、法国、德国、希腊、匈牙利、印度、印度尼西亚、伊朗、伊拉克、意大利、日本、哈萨克斯坦、肯尼亚、黎巴嫩、马来西亚、墨西哥、蒙古、摩洛哥、荷兰、尼加拉瓜、尼日尔、尼日利亚、巴基斯坦、秘鲁、菲律宾、波兰、葡萄牙、韩国、罗马尼亚、俄罗斯、沙特阿拉伯、塞内加尔、塞拉利昂、斯洛伐克、南非、西班牙、苏丹、瑞典、叙利亚、泰国、土耳其、乌克兰、英国、美国、乌拉圭、委内瑞拉、越南。

② 第一副主席为希罗·阿雷瓦洛·耶佩斯（Ciro Arevalo Yepes，哥伦比亚人），第二副主席兼报告员为帕尔维兹·塔里希（Parviz Tarikhi，伊朗人）。

献。联合国事实上已成为开展外层空间国际合作和制定必要法律规则的一个联络点。"① 联合国外空委员会自 1959 年成立以来，已拟订了三项宣言、三套原则和五个国际公约，均已提交联合国大会审议通过。三项宣言为《各国探索和利用外层空间活动的法律原则宣言》（1963）、《关于开展探索和利用外层空间的国际合作，促进所有国家的福利和利益，并特别要考虑到发展中国家需要的宣言》（1996）、《空间千年：关于空间和人的发展的维也纳宣言》（1999）；三套原则为《各国利用人造地球卫星进行国际直接电视广播所应遵守的原则》（1982）、《关于从外层空间遥感地球的原则》（1986）、《关于在外层空间使用核动力源的原则》（1992）；五个国际条约为《关于各国探索和利用包括月球和其他天体在内外层空间活动的原则条约》（1967）、《关于援救航天员，送回航天员及送回射入外空之物体之协定》（1968）、《外空物体所造成损害之国际责任公约》（1972）、《关于登记射入外层空间物体的公约》（1975）和《指导各国在月球和其他天体上活动的协定》（1979），上述五个条约均已生效。

"软法"也是联合国外空委员会确立国际合作机制的重要方面。例如，对于载人飞行轨道而言，空间碎片减缓措施由于乘员安全问题而显得非常重要。因此，联合国外空委员会机构间空间碎片协调委员会（IADC）已经拟定了一套减缓指南，这些指南反映了若干国家和国际组织形成的一系列现行做法、标准、规则和手册中的减缓措施基本内容。联合国和平利用外层空间委员会肯定了一套高水平的定性指南在全球航天界得到更为广泛认可会带来的益处。因此，（由委员会科学和技术小组委员会）设立了一个空间碎片工作组，以便在考虑到联合国关于外层空间的各项条约和原则的情况下，以 IADC 空间碎片减缓指南中的技术内容和基本定义为基础，拟定一套推荐指南。会员国和国际组织应通过国家机制或各自适用的机制，自愿采取措施，确保通过空间碎片减缓的做法和程序，在切实可行的最大限度内执行这些指南。这些指南适用于新设计航天器和轨道级的任务规划和操作，如果可能的话，也适用于现有的航天器和轨道级。这些指南不具有国际法的法律约束力。在某些例外情况下，可以不执行个别指南或其中的某些部分。

国际空间合作的法律机制在形成上有其特征。既强调条约的强制性功能，也突出软性文件的引导作用，并且遵循"磋商与研究—确立原则框架—签定国际条约"三部曲，避免了过于唐突的立法，有利于国际合作。"在许多方面都堪称特殊的外层空间，就是从法律角度看也有其独特之处。人类在外层空间的活动及国际交往成为现实只是最近的事情，在开始制定国际规则促进外层空间国际关系方

---

① 《联合国与外层空间有关的条约与原则》，ST/SPACE/11，联合国出版物，编号：C. 02. I. 20.

面也是如此。考虑到外空环境性质十分特殊，将国际法扩展到外层空间领域势必也是逐步演进的，首先是研究与法律方面有关的问题，接着是拟订法律性原则，然后再将这些原则并入一般多边条约之中。"

2. 联合国外空委员会的活动方式

联合国外空委员会的经常性活动有：研究并促进空间减灾、远程医疗、远程教育、气象、通信、导航、直接广播和遥感地球资源等各种卫星的国际合作，举办国际、区域和区域间的研究会议及讨论会和讲习班，促进外空研究的情报交换等。此外，通过联合国空间应用方案同联合国粮农组织、联合国教科文组织、欧洲空间局、国际宇航联合会、国际空间法学会等机构合作，开展技术和学术交流活动；通过联合国开发计划署援助有关国家发展将空间技术应用于经济和社会发展所需要的技术。联合国大会根据联合国外空委员会的建议，于1968年8月在维也纳召开了联合国探索及和平利用外层空间会议（第一次外空大会），于1982年8月在维也纳召开了第二次外空大会，并于1999年7月召开了第三次外空大会。联合国外空委员会近几年的工作重点就是落实第三次外空大会的各项建议。例如，法律小组委员会于2007年3月26日~4月5日在维也纳举行了第46届会议。会议除一般性交换意见之外，还审议了国家和国际组织登记空间物体的做法、联合国五项外空条约的现状和适用情况、外空的定义和定界、地球静止轨道、《移动设备国际权益公约》空间资产议定书草案等议题，会议通过了"登记空间物体做法工作组结论要点"。

（二）联合国外空事务厅

外层空间事务厅最初是作为秘书处内的一个专家小组而建立起来的，向根据大会1958年12月13日第1348（XⅢ）号决议设立的和平利用外层空间特设委员会提供服务。1962年特设和平利用外层空间委员会召开了第一次会议，这年，这个专家组成为政治和安全理事会事务部中的一个单位，并在1968年转为该部的外层空间事务厅。1992年，该厅转为政治事务部内的外层空间事务厅。1993年，外空事务厅迁至联合国维也纳办事处。当时，该厅还担负向法律小组委员会提供实质性秘书处服务的职责，而这一职责原来是由纽约法律事务厅承担的。

外层空间事务厅执行大会及和平利用外层空间委员会的决定，该厅的双重目标是，帮助委员会及其两个小组委员会的政府间讨论，并协助发展中国家将空间技术应用于发展。此外，它还要注意与空间活动、技术和应用有关的法律、科技发展动态，以便向会员国、国际组织和其他联合国办事处提供技术信息和咨询意见。

外空事务厅设有两个科：一个是空间应用科，组织并执行联合国空间应用方案；另一个是委员会事务和研究科，向委员会、委员会两个小组委员会及其工作组提供实质性的秘书处服务。委员会事务和研究科还编写并分发关于国际空间活动的报告和出版物。

1. 空间应用科：联合国空间应用方案

由于重点已从对外层空间的科学探索转变到空间技术的实际运用。因此，外空事务厅越来越多地参与执行委员会及其附属机构为促进空间技术用于经济和社会发展领域的国际合作而作出的各项决定。自 1968 年第一次联合国探索及和平利用外层空间会议开始，外空事务厅执行了一些方案，旨在传播关于实际应用空间技术的资料并在这方面提供培训，特别是针对发展中国家。

1970 年，外层空间事务厅任命了一名空间应用问题专家，这名专家向委员会提出的首批建议之一是提出一个联合国空间应用方案。起初，这一方案的目的是促使决策者和有关的政府机构认识到可能从空间技术的应用中获得的益处，并鼓励执行培训和教育方案，使发展中国家的官员能够获得与这些应用有关的实际经验。

1982 年第二次探索及和平利用外层空间会议后，大会在其 1982 年 12 月 10 日第 37/90 号决议扩大了空间应用方案的任务，使其范围扩大到包括促进发展中国家本地能力的提高。

为了完成其扩大后的任务，空间应用方案每年组织 6 ~ 10 次活动，安排所依据的是提前一年向科学和技术小组委员会提交以供审查和核准的年度活动方案。这些活动是同国家和国际空间机构及东道国合作规划和执行的。方案的活动包括诸如遥感应用、卫星通信和气象卫星以及空间和大气科学等主题。

委员会核准一项活动后，如为国际活动，就向所有发展中国家发出通知；如为区域活动，就向有关区域的所有发展中国家发出通知。通知书通过常驻联合国代表团、开发署国别办事处和具体活动其他适当渠道进行分发，联合国根据参加者的资格及利用以支助其参加的资源的情况选定参加者。

活动的财政支助来源有联合国经常预算、会员国自愿捐款、国际空间组织向联合国空间应用方案信托基金自愿捐款、东道国或本国研究机构对各项活动的捐款、捐助国对具体活动的捐助，有些国家和国际空间组织则为活动提供救员和讲演者。一般来说，每项活动费用约 1/3 是由东道国或组织承担的。

活动进展情况要随时通知小组委员会和委员会，完成时应提交活动报告。除了空间应用方案与东道国政府合作组织和开展的区域和国际活动外，方案还参与赞助或支助其他国际政府组织和非政府组织所组织的活动。自 1971 年成立以来，方案共组织这类活动 150 次以上，共有 7，500 多人参加了活动。

空间应用方案的许多活动往往就可将学员学到的理论技巧付诸实践的后续项目提出宝贵的建议，方案还参与了向一些国家派出的技术咨询工作团的活动，以协助当地的方案规划和区域合作。

根据空间应用方案组织的会议的建议开展的项目往往对会员国具有特殊的价值。这类项目可使发展中国家将参加讲习班、专家会议和会议得到的理论知识和实用技能用于实践。其中包括建立各种空间科技教育中心、在非洲、亚洲和拉丁美洲开展与地球观测数据有关的试点项目、联系非洲科学家、专业人员和决策者的合作信息网项目、援助亚洲太平洋卫星通信理事会项目、厄瓜多尔的科托帕希地面接收站项目、在斯里兰卡建立天文望远镜设施项目、洪都拉斯中美洲天文台落成项目、埃及74英寸科塔米亚观测台整修项目和哥伦比亚射电望远镜运营项目。

2. 委员会事务和研究科

外空事务厅委员会和研究科负责向外空委员会及其科技小组委员会和法律小组委员会和有关工作组提供实质性秘书处服务,并在大会特别政治和非殖民化问题委员会(第四委员会)全体工作组审议和平利用外层空间方面的国际合作项目时为其提供实质性秘书处服务。此外,还召集机构间外层空间活动会议并为会议提供服务。

委员会和研究科编写的报告和研究报告既有背景资料也有空间研究领域的实质性研究报告,包括空间技术的实际应用、空间法和与这些领域中国际合作有关的组织安排问题。该厅为第三次外空会议编写12份背景文件,综合介绍了当前和未来空间科学、技术和应用的状况和促进国际合作的情况,以及联合国与空间活动有关的资料(A/CONE184/BP/1—2)。

根据1982年联合国外空会议,委员会和研究科设立一个国际空间信息服务处。这项服务最初应包括一份信息和数据服务来源名录,并向所有国家,尤其是发展中国家提供。

委员会和研究科的活动主要包括为外空事务厅于1996年建立了主页,该网站有关于外空事务厅的更详细的资料,并收有与联合国在和平利用外层空间方面的工作有关的文件;出版并定期增补《空间科学和技术及其应用方面的教育、培训、研究和研究金机会指南》;自1989年起,每年编写一份科学和技术小组委员会会议期间技术专题介绍的摘要,包括空间研究委员会(空间研委会)和国际宇宙航行联合会(宇航联合会)组织的与会议其他专题有关的专题讨论会期间所作专题介绍和会员国所安排的专题介绍;自1990年起开始编写年刊,名为《联合国空间应用方案讨论会:遥感、空间科学和信息技术问题论文选》,刊载空间应用方案的各种讨论会、讲习班和培训班的部分论文,重点在于发展中国家的空间科学、技术和应用方面;为联合国秘书长保管登记册并建立存有这类信息的电子数据库,并不断予以更新。

3. 联合国外层空间事务厅开展的空间国际合作

根据大会 1961 年 12 月 20 日第 1721（XVI）B 号决议的规定，外空事务厅同各种政府和非政府空间机构和组织保持密切的联系。它定期同有关专门机构联系，尤其是同国际电联、卫生组织、气象组织、教科文组织和粮农组织联系，并同国际天文学联盟、国际摄影测量和遥感学会（摄影测量和遥感学会）、行星协会、空间研委会和宇航联合会等科学组织定期进行联系。外空事务厅代表经常出席这些机构与外空活动有关的会议，以便介绍委员会的活动。

同有关专门机构的合作常常涉及联合举办与空间技术实际应用有关的讨论和讲习班。与这类联合项目及其他彼此关切事项有关的工作安排，每年都要在机构间外层空间活动会议上审议，所有积极从事外空活动的联合国组织都会出席这一会议。空间活动机构间协商的结果应向委员会每年届会提交。

1997 年，外空事务厅同摄影测量和遥感学会签署了发展实质性合作工作关系的谅解备忘录，并正在同一些其他组织争取达成类似安排。外空事务厅继续同空间研委会就促进发展中国家参加两年一次的空间研委会大会开展合作。自 1991 年起，外空事务厅在蒙特利尔宇航联合会大会每年举行前都要组织一系列讲习班，联合国还为一些发展中国家人员出席宇航联合会大会提供财政支助。

4. 联合国外层空间事务厅开展的空间技术教育和研究

外空事务厅负责在每个发展中国家区域设立空间科技教育中心。1995 年 11 月，在印度设立了第一个这样的中心，以便为亚洲和太平洋区域服务。自成立以来，该中心举办了 6 期为期 9 个月的课程，服务对象为来自 25 个国家总共 128 名研究生。1998 年，分别在摩洛哥（法语）和尼日利亚（英语）为非洲国家成立了中心，已就建立由巴西和墨西哥共任东道国的拉丁美洲和加勒比区域中心以及一个联系中东欧和东南欧空间教育和研究机构的七国网络的事宜达成了协议，正在就建立西亚中心的事宜进行进一步讨论。空间技术教育课程的重点放在遥感、气象卫星应用、卫星通信和空间与大气科学方面。各中心的数据管理机构最终将实现同现有和未来全球数据库的联网，并且将向其毕业生提供继续教育方案。另外，还将开展提高决策人员和一般公众认识的方案，以便使空间技术应用的惠益进一步体现于日常生活之中。

联合国外空事务厅出版的主要著作有：《秘书长关于本组织工作的报告：为增强冷战后时代的安全而开展空间活动国际合作》（A/48.221）、《联合国与外层空间有关条约和原则》（A/AC. 105/572/Rev. 2）、《空间法：参考书目》（A/AC. 105/636）及空间科技教育中心的教学课程表（A/AC105/649）、《空间大事记：空间科学、技术和应用、国际合作和空间法的进展》（A/AC. 105/710）（联合国出版物、出售品编号：E. 99. 1. 12)、《联合国空间应用方案讨论会：遥感、空间科学和信息技术论文选》（联合国出版物、出售品编号：E. 99. 1. 13）（A/AC. 105/711）。此外，还有秘书处的"第二次联合国探索及和平利用外层空间会议各项建议的执行情况"、"和平利用外层空间国际合作"、"会员国的活动"（A/AC. 105/679、Add. 1 和 Add. 2），"各国研究空间碎片的情况"、"核动力卫星的安全"、"核动力源同空间碎片碰撞的问题"（A/AC. 105/680 和 Add. 1）、"联合国系统内外层空间活动的协调"、"1998 年和 1999 年及未来年份工作方案"（A/AC. 105/700）、"外层空间活动机构间会议的报告"（A/AC. 105/701）。

（三）联合国专门机构与国际空间合作

1. 国际电信联盟

国际电信联盟的基本文书是在尼斯举行的全权代表会议（1989 年）所通过，并经日内瓦全权代表会议增会（1992 年）和京都全权代表会议（1994 年）修改的章程和公约。到 1998 年 9 月止，国际电联共有成员 188 个。

20 世纪 90 年代期间，人们构想了许多新的卫星系统应用并积极予以开展。国际电联的活动是对这些方面发展的支持，因为它确保了频谱/轨道资源的必要分配以及适当的国际管理制度的实施。国际电信联盟开展的国际空间合作主要通过无线电行政会议和对发展中国家的援助及相关研究活动。

国际电联经常同一些与空间事项有关的国际组织开展合作。国际电联参加联合国和平利用外层空间委员会及其两个小组委员会的会议。国际电联继续同其他专门机构，特别是民航组织、海事组织、气象组织和教科文组织，以及其他区域电信组织合作。

除与其他专门机构建立关系外，国际电联还同许多与空间事项有关的国际组织密切合作，其中包括通信卫星组织、宇宙通信组织、欧洲通信卫星组织、国际流动卫星组织和国际搜索和救援系统，以期交换技术数据和文献。

2. 联合国环境规划署

联合国环境规划署也是国际空间合作的重要机构。其与国际空间活动有关的活动主要包括：建立全球环境监测系统和全球资源信息数据库（全球资源数据库），示范将地理信息系统技术用于资源管理和土地使用规划方面的好处，同时为各国及各机构的参与者提供在岗培训。在阿根廷、哥斯达黎加、马达加斯加、尼日利亚、巴拿马、秘鲁、菲律宾、塞内加尔、乌干达、乌拉圭和西萨摩亚利用卫星数据开展了各项活动；与许多科研机构和组织一道促进应用遥感和地理信息系统尖端技术来解决全球及区域性的环境问题；通过其环境资料来源国际查询系统（环境资料查询系统）与 200 多个注册的资料来源联系，这些来源提供有关遥感的资料，或利用遥感技术开展环境监测活动；通过其全球资源信息数据库（全球资源数据库）网络保持其与许多国家的遥感及信息技术应用的提供者和使用者的联系，支助一个评估框架，对全球环境状况及具有国际意义的环境问题不断进行审查；与美国国家航空和航天局（美国航天局）、美国地质测量局、美国林业局和美国环境保护局（环保局）等部门合作管理环境署和全球资源数据库北美中心站。通过这种合作，环境署可利用美国地质测量局地球资源观测系统数据中心、美国航天局、美国环保局和美国林业局在应用数据和信息技术方面的世界一流的专门知识和特殊设施造福发展中国家。

此外，环境规划署与国际合伙人之间的一系列其他合作活动也在进行之中。其中，包括与国际土壤资料和信息中心和粮农组织合作，促进土壤和地面数据库的工作和覆盖面，已经完成了一个 1：5，000，000 比例的拉丁美洲土壤和地面数字数据库。另外，环境署将继续积极参与地球观测卫星委员会的工作，例如撰写一体化全球观测战略和数据联网举措，加强全球气候观测系统、全球海洋观测系统以及全球地面观测系统等全球观测系统。环境署还将继续积极探索如何与开发署合作将环境署和美国密执安州立大学的卢旺达社会经济和环境综合数据库的成果用于其他国家和分区域。

环境规划署还实施了一项被称为 Mercure 的一个以卫星为基础的电信系统，旨在改善全球利用环境信息的情况。该系统于 1997 年 11 月 5 日在日内瓦正式启用，目前共包括 16 个国际通信卫星组织的地面站，均由欧洲航天局（欧空局）的 6 个成员国（奥地利、比利时、挪威、西班牙、瑞士和联合王国）捐助。Mercure 在印度洋和大西洋上空的地球同步轨道上利用通信卫星组织卫星。在中国、哥斯达黎加、肯尼亚、挪威、瑞士成立了高功率地面站。这些地面站将日益满足国家及区域环境当局和环境署总部及各区域办事处的信息管理方面的需要。分别在奥地利、巴林、玻利维亚、古巴、哈萨克斯坦、尼泊尔、莫桑比克、尼日尔和越南建立了功率较低的地面站，以满足国家环境机构的信息管理需要。目前正在俄罗斯联邦建立与 Mercure 的连接点。

二、国际空间合作的其他组织与机制

1. 国际通讯卫星组织

1964 年 8 月 20 日，由 11 个国家代表签定的《关于设立国际通讯卫星合作组织的暂行协定》成为国际通讯卫星组织（INTELSAT）的由来。最初，国际通讯卫星合作组织是为建立、经营、维护和发展国际商用通讯卫星系统而设立的。国际商业卫星的开发前景乐观，因此有许多国家参加了该合作组织。1969 年 ~ 1971 年国际通讯卫星组织大会决定设立常设机构。接着，于 1973 年 2 月 12 日签定了政府间协定和运营协定。自此，国际通讯卫星组织正式取代了自 1964 年起开始存在的合作组织。1964 年暂行协定缔约国或国际电信联盟的成员国都可以成为国际通讯卫星组织的成员国。国际通讯卫星组织由大会、缔约国会议、理事会和执行机关组成，执行机关设在美国华盛顿。目前，该组织是一家拥有 143 个国家会员的政府间卫星组织。

国际通讯卫星组织拥有并管理一个全球性的卫星系统，提供全球大多数国际电话、录像、数据、互联网以及其他通讯的信号传输服务。作为一个政府间的组织，国际通讯卫星组织不受任何国家的约束。它在特拉华州成立了独资公司 Intelsat LLC，通过它向联邦电信委员会申请许可证管理它的卫星群。通过民营化，国际通讯卫星组织将逐步把它的卫星移交给 Intelsat LLC。2000 年，美国联邦电信委员会（FCC）授权该组织在民营化之后，可以在美国开始运作。此项决定为国际通讯卫星组织通过民营化进入美国市场为用户提供卫星服务铺平了道路。联邦电信委员会认为，民营化能够促进卫星服务市场的竞争。①

2. 《空间和重大灾害国际宪章》

《空间与重大灾害国际宪章》是 1999 年 7 月在奥地利维也纳举行的第三次联合国外层空间会议后由欧洲空间局（ESA）与法国空间局（CNES）着手起草，并于 2000 年 10 月 20 日与加拿大空间局共同签定，自 2000 年 11 月 1 日正式宣布实施的法律文件。该宪章主要包括前言、定义、目的、合作组织机构、成员义务、相关机构、加入程序、生效、终止、退出及实施等内容。该宪章所确立的国际空间合作机制，主要是通过利用其成员机构提供的卫星资源，向遭受重大灾害的国家无偿提供相关的数据和信息，以协助受灾国对灾害进行监测和评估。每一个成员机构都提供了各自相应的资源来支持宪章以减缓灾害对人类生命和财产的影响。目前，该机制的成员包括欧洲空间局（ESA）、法国国家空间研究中心（CNES）、加拿大航天局（CSA）、印度空间研究组织（ISRO）、美国国家海洋与大气管理局（NOAA）、日本宇宙航天研究开发机构（JAXA）、英国国家空间中心（BNSC）以及中国国家航天局等十余个航天机构。②

该宪章机制自 2000 年正式宣布投入运作以来，已经启动百次，向有关受灾国提供了针对洪灾、滑坡、地震、林火、飓风和火山等灾害的数据支持。完整的运行机制包括下列内容：

---

① 洛克希德—马丁公司斥资 20 亿美元收购通讯卫星公司 COMSAT 之后，宣布成为国际通讯卫星组织的最大股东。通讯卫星公司 COMSAT 是经国会特许的公司，在第一个国际通信卫星网中代表美国政府。

② 2006 年 5 月，中国国家航天局局长孙来燕在位于法国巴黎的欧洲空间局总部，签署了《空间和重大灾害国际宪章》。这标志着中国国家航天局成为该国际减灾机制的正式成员。

（1）授权用户（AU）。所谓授权用户，是指经授权可以申请宪章服务的机构，是经验证的宪章相关组织，代表成员国所属国家的民众保护、救援、防御及安全机构，均可收到一个单独的（ODO）电话号码。作为例外，宪章理事会可以允许某些宪章成员及伙伴机构有兴趣与之合作的某些组织，或者"合作机构"请求获得宪章数据。

（2）值班员（ODO）负责每周7天（全天24小时）接听申请空间数据图像和信息的电话，验证致电者是否授权用户（AU），接收并确认授权用户（AU）其需要的信息，将信息传达给紧急事务官员（ECO）（与AU协调），一小时内负责与紧急事务官员（ECO）取得联系。

（3）紧急事务官员（ECO）每周7天（全天24小时）负责处理从值班员（ODO）处收到的信息，核实减灾数据申请的有效性，确定最实时与合适的卫星资源并准备出一份计划草案，取得空间局用户的批准认可，负责AAP（存档和接收计划），即向相关空间局分派任务，提交卫星新图像或存档数据的需求，将所有有关信息汇编成卷，将整理好的材料转交项目经理，通报相关空间机构他们的空间资源的状况。

（4）增值产品深加工者（VA）则在数据被接收时负责将其制成图像，并进一步处理已接收的受灾影响区域的数据，并将处理后的图像交付最终用户。

（5）项目经理（PM）。其职责在宪章开始行动后由执行秘书处确定，主要包括：在通常工作时间内处理事务；确保数据传送到最终用户；确认传给用户的数据的准确性；能够解译数据；根据需要负责协调增值产品和信息的交付；完成要向国际宪章执行秘书处提交的案卷报告。

此外，成员国的主要职责包括：依据ECO提交的申请制定卫星数据接收计划；解决冲突问题并在必要时提出替代的数据接收的建议；计划其各个空间资源（卫星）对受灾影响区域的数据接收；并非所有的空间资源能够提供对各种灾害的相关数据。因此，并非所有空间资源都必需执行每一个宪章需求。

3. 区域性国际空间合作机制

（1）欧洲空间局

欧洲空间局是欧洲国家组织和协调空间科学技术活动的机构。在1975年5月30日由原欧洲空间研究组织（ESRO）和欧洲运载火箭研制组织（ELDO）合并而成。① 欧洲空间局的任务是制定空间政策和计划，确定相应的工业政策，协

---

① 正式成员国有比利时、丹麦、法国、联邦德国、爱尔兰、意大利、荷兰、西班牙、瑞典、瑞士和英国，非正式成员国有奥地利和挪威，加拿大为观察员。

调欧洲国家的空间政策和活动，以保证成员国的充分合作，实现欧洲国家的空间科学技术活动的一体化。欧洲空间局的领导机构是理事会，由各成员国的代表组成，日常工作由管理局负责，理事长是管理局的常务主任和法律代表。欧洲空间局的总部设在巴黎，下属机构主要有设在荷兰的欧洲空间技术研究中心、设在联邦德国的欧洲空间运行操作中心和设在意大利的欧洲空间信息检索中心。欧洲空间局的活动主要包括研制运载火箭、发展卫星和载人航天活动三个方面。

（2）亚太空间合作组织

亚太空间合作组织的前身为"亚太空间技术应用多边合作会议"①。2005 年 10 月 28 日，《亚太空间合作组织公约》（以下简称《公约》）签字仪式在北京举行。来自孟加拉国、中国、印度尼西亚、伊朗、蒙古、巴基斯坦、秘鲁、泰国等八个国家的政府代表正式签署了《公约》。② 根据《公约》规定，至少五个亚太地区的联合国会员国签署，并向东道国政府交存批准书或接受书后《公约》即生效。届时，亚太空间合作组织将正式成立。《公约》的签署标志着亚太空间合作机制的初步形成。亚太空间合作组织作为亚太地区国家（必须是联合国成员国）组成的政府间国际组织，其宗旨是通过推动成员国间开展空间科学、技术及其应用领域的多边合作，并通过在技术研发、应用、人才培训等方面对成员国予以协助，提高成员国空间能力，促进各国经济和社会的持续发展，带动亚太区域的共同繁荣，并为人类和平利用外层空间的事业作出贡献。亚太空间合作组织的合作领域包括空间技术及其应用项目，如对地观测、灾害管理、环境保护、卫星通信和卫星导航定位，以及空间科学研究、空间科学技术教育、培训等。

（3）阿拉伯卫星通讯组织

1976 年 4 月成立的阿拉伯卫星通讯组织（总部设在利雅得），是在阿盟合作框架内的独立营业性组织，成员为除科摩罗外的全体阿盟成员国。旨在向阿国和其他国家用户提供一系列多元化的卫星通讯服务，如电视、电话、互联网、卫星电话设备等，为通讯、新闻、文化、教育等领域提供服务，设计、配置和运行卫星系统，并根据国际标准向阿拉伯国家分配公共和私人卫星电讯服务资源。其运

---

① 1992 年中国、泰国和巴基斯坦共同倡议开展亚太地区空间技术与应用多边合作，并致力于推动区域间空间领域技术和具体合作空间项目。1994 年于泰国曼谷举行亚太空间技术应用多边合作会议第一次会议。根据第一次会议的建议，成立亚太空间合作机构筹备委员会，筹委会由来自十国政府高层官员组成，筹委会秘书处设于北京。筹委会成员国包括澳大利亚、孟加拉国、中国、印度尼西亚、韩国、蒙古国、巴基斯坦、俄罗斯、斯里兰卡和泰国。2003 年 8 月，组织秘书处先后在吉隆坡、曼谷分别举办了章程讨论预备会议和第一次章程起草组会议，并完成章程大部分条款的审议，会议同意将亚太空间合作组织总部设在中国。

② 2006 年 6 月 1 日，土耳其在北京签署《亚太空间合作组织公约》，成为第九个条约签署国。

行方式为：通过建设、拥有和租赁等方式投资、运营阿国的卫星通讯部门，通过阿拉伯通讯网与各成员国通讯部门协调，在成员国间进行电话、传真、电报服务和图像传输，转播电视、广播，提供卫星通讯有偿服务，鼓励成员国制造卫星和设立地面接收、发射设备。会员国大会是最主要的机构，由成员国通讯部长或代表出席，每年5月举行例会。董事会由大会选出，由九个阿拉伯国家组成，每三个月召开一次例会，执行会员国大会通过的决议，对空间产业提供安全保障、投资基金和保养维护。选举原则是：（1）五个大股东；（2）两个充分利用卫星资源和履行财务义务的国家；（3）两个履行财务义务的国家。截至2005年，董事会的五大股东分别是：沙特、科威特、利比亚、卡塔尔、阿联酋。①

三、中国的国际空间合作

（一）中国的空间合作政策

空间活动的国际合作应以和平探测和利用外层空间，为全人类谋福利为宗旨，应严格遵守包括《联合国宪章》和《外空条约》在内的国际法。根据联合国大会1996年的《合作宣言》，在联合国框架下，空间活动国际合作应：遵守国际法规定原则、为所有国家谋福利原则、公平合理与自由原则、方式有效和适当原则、顾及发展中国家原则、适当发挥空间应用和国际合作的潜力原则、加强和平利用外层空间委员会的作用及广泛参与原则。②

《2000年中国的航天》白皮书和《2006年中国的航天》白皮书都以专章的形式阐述了中国空间活动国际合作政策。两个白皮书表明，中国政府在开展国际空间合作中所坚持原则是一致的、稳定的：（1）国际空间合作应以和平开发和利用空间资源，为全人类谋取福利为宗旨；（2）国际空间合作应在平等互利、优势互补、取长补短、共同发展以及公认的国际法原则的基础上进行；（3）国际空间合作的优先目标是共同提高各国，特别是发展中国家的航天能力，享受航天技术的惠益；（4）国际空间合作应采取必要措施保护空间环境和空间资源；

---

① 该组织设主席一名，同时担任其首席执行官和法人代表；三位副主席，分管财务和行政管理部、技术部以及营销和客户服务部。现任首席执行官为哈利德·艾哈迈德·巴尔科尤（Mr. Khalid Ahmed Balkheyour）。该组织资产为1.63亿美元，运行三颗轨道卫星，拥有两个监控站，主控中心设在利雅得，辅控中心设在突尼斯，在17个阿拉伯国家及意大利、英国、法国三国拥有卫星电视上行传输站。使用的卫星主要由法国阿斯特里姆（ASTRIUM）公司和阿尔卡特（ALCATEL）公司生产制造，曾搭载美国挑战者号航天飞机。积极参与主要国际通讯和信息技术会议及展览，与国际卫星组织INTERSAT和环球卫星公司SEC等签有合作协议，借助卫星网络向亚洲、北美、南美和非洲提供阿拉伯语节目。

② 联合国第51届大会文件A/RES/51/122："关于开展探索和利用外层空间的国际合作，促进所有国家的福利和利益，并特别要考虑到发展中国家的需要的宣言"的附件。

（5）支持加强联合国外空委员会的作用，支持联合国的外空应用方案。①

在空间合作中，中国政府的基本政策是：（1）坚持独立自主的方针，根据国家现代化建设的需要，以及国内外航天科技的市场需求，开展积极、务实的国际空间合作；（2）支持联合国系统内开展的和平利用外层空间的多边国际合作；（3）重视亚太地区的区域性空间合作，支持世界其他区域性空间合作；（4）重视与发达国家的空间合作，同时加强与发展中国家的空间合作；（5）鼓励和支持国内外科研机构、工业企业和高等院校，在国家有关政策和法规的指导下，开展多层次、多形式的国际空间交流与合作。②

在开展空间活动国际合作中，中国政府继续支持在空间技术、空间应用和空间科学等领域开展国际交流与合作，将优先开展以下几方面的国际合作：（1）积极推动亚太地区空间技术与应用多边合作，利用空间技术促进区域经济发展以及环境和灾害监测；（2）支持中国航天企业在平等、公平、互利的原则下积极参与国际航天商业发射服务；（3）支持利用中国成熟的空间技术和空间应用技术，在互惠互利的基础上与发展中国家开展合作，为合作国家提供服务；（4）支持开展地球环境监测、空间环境探测、微重力科学、空间物理和空间天文等研究领域的国际交流与合作，特别是微重力流体物理、空间材料科学、空间生命科学与空间生物技术等研究领域的国际交流与合作。③

中国空间国际合作政策表明，中国政府开展空间活动国际合作是在联合国现行国际空间法的框架下进行的。在现行的国际空间法中，和平开发和利用空间资源、为全人类谋取福利及采取必要措施保护空间环境和空间资源，是现行《外空条约》和《外空宣言》的明确规定。中国政府明确将上述规定为空间国际合作的基本原则。

中国空间国际合作政策也表明，中国空间国际合作是全方位、多层次的国际合作。在空间国际合作政策中，既体现了重视政府间的多边、双边合作，又体现了重视与联合国的空间合作及区域空间合作；既重视与发达国家之间的空间合作；又重视与发展中国家之间的空间合作；既重视政府间国际合作，又重视机构间的国际空间合作。

---

① 中国国务院新闻办公室：《2006 年中国的航天》第四部分，www. gov. cn/jrzg/2006 – 10/12/content _ 410811. htm，2009 年 2 月 5 日浏览。

② 中国国务院新闻办公室：《2006 年中国的航天》第四部分，www. gov. cn/jrzg/2006 – 10/12/content _ 410811. htm，2009 年 2 月 5 日浏览。

③ 中国国务院新闻办公室：《2006 年中国的航天》第四部分，www. gov. cn/jrzg/2006 – 10/12/content _ 410811. htm，2009 年 2 月 5 日浏览。

中国空间活动的国际合作政策也表明，中国的国际空间合作是务实的国际合作。在国际空间合作中，中国政府充分认识到了中国仍然是一个发展中国家，中国的空间技术与空间强国的差距是明显的。因此，中国空间合作集中在技术领域，同时，也关注着空间活动商业化的趋势，在国际合作中坚持商业化和市场化的模式的探索。

（二）中国开展的国际空间合作活动

从 20 世纪 70 年代中期开始，中国在空间技术、空间应用和空间科学等领域开展了多种形式的国际合作，取得了广泛的成果。

第一，作为联合国会员国和安理会常任理事国，中国十分重视在联合国框架下开展多边合作。首先，中国积极开展同联合国外空委员会的国际合作。1980 年 6 月，中国首次派出观察员代表团参加了联合国外空委员会第二十三届会议，同年 11 月 3 日，联合国正式接纳中国为该委员会成员国。此后，中国参加了历届联合国外空委员会及其下属的科技和法律小组委员会届会。此后，中国代表团多次出席了联合国外空委员会及其两个小组委员会的届会。中国代表团参加了各项议题的审议，还介绍了中国的重要航天活动，包括为实现载人飞行迈出了坚实的步伐。中国于 1983 年和 1988 年先后加入了联合国制定的《外空条约》、《营救协定》、《责任公约》和《登记公约》，并严格履行有关责任和义务。

其次，中国支持和参与了联合国空间应用方案的实施。1988 年以来，中国每年都向发展中国家提供一定数额、为期一年的长期培训奖学金。1994 年，中国政府与联合国亚太经社会合作在北京召开了首届亚太区域"空间应用促进可持续发展部长级会议"，并发表了具有深远影响的《北京宣言》。1999 年 9 月，中国政府与联合国和欧空局合作，在北京举办了"空间应用促进农业可持续发展研讨会"。2000 年 7 月~8 月，中国政府有关部门与联合国外空司和亚太经社会合作，在北京举办了"亚太地区空间技术与应用卫星技术短期培训班"，来自亚太地区十个发展中国家的学员参加了培训。

再次，空间碎片问题是人类进一步开展航天活动所面临的一个重大挑战。中国有关部门十分重视空间碎片问题，从 20 世纪 80 年代开始与有关国家开展了这方面的研究工作。1995 年 6 月，中国国家航天局正式加入了"机构间空间碎片协调委员会"。中国将继续与各国共同探讨减缓空间碎片的途径和办法，积极推进这一领域的国际合作。在联合国外空委中，中国政府积极推动成立"空间碎片工作组"并起草《空间碎片减缓指南》。2007 年 6 月，中国政府积极支持联合国外空委通过了科技小组提交的《空间碎片减缓指南》。

此外，中国还参加了诸如"国际对地观测委员会"、"世界天气监测"、"联合国减灾十年"、"国际日地能量计划"等多边合作项目。

最后，中国政府积极支持在非政府层面的合作多边空间合作，积极推动非政府机构参加国际宇航联、国际空间法学会的学术合作。特别在 2004 年支持中国空间法学会与国际空间法学会联合在北京举办了 2004 年国际空间法大会。

第二，中国政府一直将积极开展空间双边合作作为中国空间合作的主要形式。1985 年以来，中国先后与美国、意大利、德国、英国、法国、日本、瑞典、阿根廷、巴西、俄罗斯、乌克兰、智利等十多个国家签定了政府间、政府部门间空间科学技术及应用合作协定、议定书或备忘录，建立了长期的合作关系。双边合作的形式多种多样，从制定互利的空间计划、互派专家学者、组织研讨会，到共同研制卫星或卫星部件、进行卫星搭载服务、提供商业发射服务等等。

在与发达国家的空间合作方面，1993 年，中国与德国合资成立了华德宇航技术公司。1995 年中国与德国、法国的宇航公司签定了"鑫诺一号"卫星的研制生产合同，并于 1998 年发射成功。这是中国与欧洲宇航界的首次卫星合作。2007 年 3 月 26 日，在中俄两国元首的见证下，中国国家航天局与俄罗斯联邦航天局在莫斯科共同签署了《中国国家航天局和俄罗斯联邦航天局关于联合探测火星、火卫合作的协议》，确定双方于 2009 年联合对火星及其卫星火卫一起进行探测。

此外，中国与美国在月球探测和地球科学等方面通过了一些合作性的探讨，2006 年 9 月，美国国家航天局局长格瑞芬带领 NASA 代表团访问了中国，但双方的实质性合作仍处于探讨阶段。但是，在国际空间立法合作中，中美两国政府签署的《关于卫星技术安全的协议备忘录》、《关于卫星发射责任的协议备忘录》和《关于商业发射服务的国际贸易问题协议的备忘录》三个协议，为中国火箭进入国际市场奠定了法律基础。

在与发展中国家的空间合作中，中国与巴西开展的地球资源卫星合作树立了发展中国家之间在空间技术领域进行"南南合作"的典范。中国与巴西的空间合作起于 1986 年的中巴地球资源卫星项目，此后，双方在 1988 年签署了《关于核准研制地球资源卫星的议定书》。1999 年 10 月 14 日，中国成功地发射了第一颗中巴地球资源卫星。中巴双方除了整星合作外，在卫星技术、卫星应用以及卫星零部件等方面也开展了多项合作。经过 15 年的双边合作，中巴两国在 2002 年又达成了《关于继续合作研制地球资源卫星的补充议定书》（以下简称《2002 年议定书》），继续两国的空间合作，除研制第二代中巴地球资源卫星外，双方将检验联合研制一枚地球同步气象和电信卫星的可行性和空间商业化的深入合作。

2008 年 1 月 24 日，中国航天局将中巴地球资源卫星 02B 星交付给巴西。①

此外，中国还与尼日利亚、委内瑞拉进行了空间合作。2007 年 5 月，中国成功向尼日利亚出口 NIGCOMSAT – 1 民用通信卫星并发射成功，标志着中国以火箭、卫星及地面发射支持的整体方式为国际用户提供商业卫星服务的首次实践获得圆满成功。2009 年 1 月 11 日，中国正式向委内瑞拉科技部在轨交付委内瑞拉通信卫星一号以及相关地面测控和电信港系统，标志着中国航天对委内瑞拉实现了整星出口。中国不仅与委方进行成功的空间合作，更为委内瑞拉培训了空间技术人员。②

第三，促进区域空间合作。一方面，中国十分重视亚太地区的区域性空间合作。1992 年，中国与泰国、巴基斯坦等国联合倡导并发起了"亚太地区空间技术与应用多边合作研讨会"并倡议建立亚太空间多边合作国际组织，2001 年正式开展亚太空间合作组织的筹建工作，2005 年 10 月 28 日在北京举行了《亚太空间合作组织公约》签字仪式，2008 年 12 月 16 日，亚太空间合作组织在北京正式成立。目前，亚太空间合作组织有中国、孟加拉国、伊朗、蒙古、巴基斯坦、秘鲁、泰国等七个成员国，还有印度尼西亚、土耳其两个签约国，其宗旨是推动成员国间开展空间科学、技术及其应用领域的多边合作，并在技术研发、应用、人才培训等方面相互协助。亚太空间合作组织的成立促进了亚太区域空间技术和应用的发展，也是中国成功开展亚太区域空间合作的范例。

另一方面，中国积极开展与与欧洲航天局的合作。"双星计划"与"星簇计划"的联手形成人类历史上第一次对地球空间的六点立体探测，这是中国与欧洲航天局合作的第一个空间科学探测项目。此后，双方又进行了"龙计划"合作。2007 年 5 月 24 日，中国 – 欧洲空间局航天合作指导委员会第一次会议在位于法国巴黎的欧空局总部举行，中欧双方签署了《中欧航天合作现状和合作计划议定书》，该议定书明确了 2007～2008 年双方合作的领域和方向，并成立了空间科学和探测、微重力、教育、对地观测等四个工作组。双方还就嫦娥一号卫星的地面支持协议达成了一致。双方一致同意通过优势互补，促成更加广泛深入的中欧航天合作。③

① 中巴地球资源卫星 2B 星交付仪式，http://www.cnsa.gov.cn/n615708/n620168/n2259528/167288.html，2009 年 2 月 2 日浏览。

② 我国向委内瑞拉在硅交付委内瑞拉通信卫星，http://www.cnsa.gov.cn/n615708/n620172/n677078/n751578/167206.html，2009 年 2 月 2 日浏览。

③ 中欧签署航天领域协议，双方将更加深入合作，http://www.cnsa.gov.cn/n615708/n620172/n677078/n751578/101684.html，2009 年 2 月 2 日浏览。

国际空间合作是基于空间活动高技术、高投入的特征而产生的，因此，国际空间合作的主要目的就是通过国际空间合作提高空间技术和空间活动能力，通过空间合作或商业化解决高投入带来的资金问题。及与此，30 年的国际空间实践表明，中国积极开展国际空间合作取得了突出的成就。

第一，中国在空间国际合作中既积极推进空间技术在发展中国家中的推广运用，也从国际空间合作机制中受益。在我国四川汶川地区发生重大地震灾害后，在《空间和重大灾害国际宪章》机制下，日本航天局向我国提供了由其 ALOS 遥感卫星拍摄到的受灾地区雷达卫星遥感图片。

第二，在国际空间合作中，中国不断探索出了符合中国国情的空间合作模式。在与发展中国家巴西的合作中，中国成功摸索出了与发展中国家空间合作的"南南合作"模式。在亚太空间合作组织框架下，中国正逐步探索和总结区域空间合作的新模式和新机制。

第三，在国际空间合作中，中国也逐步探索出了中国空间活动商业化的新模式。在中巴《2002 年议定书》中，双方约定了平等分享卫星带来的收益，规定了空间合作中的知识产权保护问题，以及双方关于卫星发射的对销贸易和再飞行保险合同等问题，为空间商业合作探索了新的合作模式。

（三）中国国际空间合作中存在的问题及其对策

30 年来，中国空间国际合作尽管在卫星出口、空间技术、空间商业化等诸多领域取得了骄人的成就，但是，30 年来中国空间国际合作的实践表明，中国在空间国际合作诸多方面有待进一步完善。

第一，中国空间国际合作机制有待进一步深化。在双边合作机制中，尽管我国在与巴西的国际空间合作的《2002 年议定书》中确立了一些关于两国空间合作的利益分配、知识产权保护等合作机制，但该合作机制仅仅是一些原则性的约定，需要进一步深化和完善。如《2002 年议定书》在知识产权保护方面只是第 16 条包含了简单的措词，且缺乏有关法律责任的规定，这就有待于进一步深化和完善。①

在区域合作机制建设中，《亚太空间合作组织条约》虽然对组织的财政安排、知识产权保护、争端解决机制有规定，但是作为一个刚成立的国际组织，其合作机制的实际运作还需要在实践中进一步完善。

第二，中国空间国际合作的范围需要进一步扩大，特别在与空间大国和空间强国的合作上需要加强。一方面，中国空间国际合作尚处于短期的项目合作研究

---

① 赵云：《外空商业化和外空法的新发展》，知识产权出版社 2008 年版，第 209、210 页。

和发射合作的表面层次，其合作领域有待进一步拓展。中国改革开放 30 年来空间国际合作实践表明，我国的空间合作主要限于商业发射卫星、部分合作研究商业卫星及区域空间技术新型的交流合作，在深层次的合作经营领域基本没有起步。即使在合作研究领域，我国空间国际合作也主要限于卫星研发技术，对于其他专门技术的转让和引进及法律领域的合作研究等方面仍然处于初级阶段。

另一方面，在空间国际合作对象上，与我国进行较深层次的合作对象大多是发展中国家，如非洲的尼日利亚、美洲的委内瑞拉等。我国与美国、法国、日本等空间强国的合作力度和深度显然是不够。即使在亚太空间合作组织框架下，我国仍然没有将美国、日本、印度等空间大国纳入合作范围，该组织的未来合作效果是十分有限的。

为此，在未来的国际空间合作中，中国应在以下几个方面进一步完善空间合作政策和空间合作机制：

第一，在国家空间合作政策的完善中，应更多地将空间国际合作定位于通过国际合作来提高空间技术的发展水平、获取重大的经济利益和保障国家安全。空间活动首先起源于空间军事目的，因此，国家的空间技术和空间国际合作服务于维护国家安全则是重要的目的。美国白宫 2006 年 10 月 6 日发布的"航天新政策"第八部分就提出"美国政府将在适当时候，在符合美国国家安全利益的条件下，开展与外国政府及/或国际财团的国际航天合作，这种合作将会使双方受益，并且将促进和平探索和利用太空的发展，以及增强国家安全、国土安全和国外政策目标。"①，明确将国家安全和国家利益作为空间国际合作的主要价值目标。

随着空间活动商业化、私营化的发展，国际空间合作则应更多的是提高空间技术发展水平，推动国家经济发展。美国的航天新政策就是把增强美国的经济竞争力作为美国航天活动的首要目标。2008 年日本通过的《空间基本法》第六条也明确日本的国际空间合作要"积极地推进与航天开发利用有关的国际合作以及与航天开发利用有关的外交活动等，通过航天开发利用积极地发挥我国在国际社会中的作用，同时也为增加我国在国际社会中所应获取利益机会作贡献"。获取利益特别是经济利益，是日本空间国际合作的主要目标。

因此，在未来中国的空间国际合作中，加强同发展中国家的空间合作固然是必要的，但这种合作毕竟是支援型的合作，这是配合国家外交政策实现的需要。

---

① 美国发布新的国家航天政策，http://www.cnsa.gov.cn/n615708/n620172/n620646/n661309/152851.html，2009 年 2 月 6 日浏览。

空间国际合作的主要价值取向应该是通过国际空间合作获取空间技术的提高，获取国家经济利益的提升，获取国家安全利益的保障。

第二，逐步深化空间国际合作的方式和领域，推动我国空间国际合作朝合作经营和合作研究的方向发展。冷战结束后，国际空间领域的合作已不再局限于技术问题，空间产品的市场开拓成为合作主要目标，因此，合作经营和合作开发变得日益重要。空间技术军转民、军转商已经成为航天工业获得长足发展的重要途径，既获得了足够的经费支持，同时又将这些先进技术应用于社会生产和生活的实践中进行检验。美国、俄罗斯、欧洲、日本都把开展国际合作作为推进民用和商业航天发展的一条重要途径。

我国目前的国际空间合作基本上处于项目式的合作开发模式，因此，在未来的空间国际合作中，我国应致力于国际空间合作经营模式的探索，通过合作经营促进我国空间活动的商业化步伐的加快。

第三，进一步发挥我国大型航天产业集团在国际空间合作中的作用。空间高科技产业具有技术发展迅速、产品更新换代快速、开发与研究费用高、风险较大等特点，且各国在空间领域内各有所长。因此，通过合资成立大型跨国航天产业集团加强合作，不仅有助于降低风险，获得更多的利润，也有助于利用和引进对方的技术，也有助于通过合资进入外国市场。

大型跨国航天集团公司已经是空间国际合作的一个重要现象。如俄美之间成立了合资企业 LKEI，利用俄罗斯的质子号火箭为世界各国政府或跨国企业提供许多发射业务，客户包括美国休斯公司、摩托罗拉公司、泛美公司、私营国际通信公司等著名大公司或跨国公司，并且该公司通过把宇宙神和大力神项目与质子号火箭相结合，共同开发重型火箭发射能力。俄德之间也成立了 Eurockot 公司，共同实施 Rockot 计划，发射中小型卫星。

我国尽管与德国在 1993 年合资成立了一个合资公司，但是，离引进资金和技术，抢占外国空间市场的合作目的相距甚远。因此，在未来的国际空间合作中，要进一步发挥我国大型航天产业集团的作用，利用其作为合作主体，通过与空间强国的航天产业的合作，缓解空间产业投资大、风险大的威胁，通过国际合作推动我国空间活动商业化的进程，利用机会进入外国市场。

第四，进一步完善我国空间国际合作管理体制。空间国际合作的深入必须要有科学的管理体制，世界主要空间国家都设立了空间国际合作机构加强空间国际合作。美国早在 1989 年就正式成立了以副总统任主席的空间委员会，负责制定、修订、实施美国空间政策并监督有关部门执行，协调国防部、国家航空航天局、商业航天部门的航天政策及其活动，促进军用、民用、商业空间及协调与其他国家之间的空间技术国际合作。① 通过《日本空间基本法》，日本也设立了空间开发战略本部，负责制定空间开发计划和政策，协调和促进日本参与空间技术的国际合作。

我国也在 1993 年成立了国家航天局，明确其职责为"对航天活动实施行业管理，使其稳定、有序、健康、协调地发展，代表中国政府组织或领导开展航天领域对外交流与合作等活动"②。由于缺乏规范我国空间活动行为的《空间法》，在空间国际合作的国内部门和机构的协调，在对外与国家外交部、国防科技工业局职能的协调等问题上，我国空间国际合作管理体制亟待通过国内立法理顺相应的关系。

第三节　国际空间合作机制的问题与前景

一、国际空间合作机制存在的问题

目前，国际空间合作机制存在一定程度的分散性。大量有关空间合作的组织在职能上相互重叠或冲突，不利于外层空间法更一致和有效地发展。实际上从 20 世纪 50 年代开始，各国的空间法学家们就开始提出建立一个统一的空间组织的主张。最初的建议是要建立一个较为全面的国际组织来研究和协调空间研究和开发中的国际合作。与此不同的是，一些学者强调建立一个以联合国为背景的全面性空间组织和各个局部的国际空间组织并存的空间国际合作格局。同时这些建议大多数都停留在一般问题的探讨阶段，只有很少学者在自己著述中涉及这类组织的目的、任务、结构和权利等问题的研究。由于各个国家在空间活动中相互依赖程度的增加，要求建立一个世界空间研究国际合作中心，作为促进世界各国参与空间活动的国际组织。他们相信，全球性的空间组织可以解决现存的地区性组织想要解决而无法解决的全球性问题。

全球性的国际航天合作已经成为一种潮流呈现在世人面前。为适应这种新局面的出现，早在 1990 年，一些空间问题专家又提出一个建立全球性国际组织的构想，并把它命名为"国际空间"。该组织的活动形式将以"欧洲航天局"为样板，对未来涉及全球范围的航天计划进行从组织、规划到具体执行实施的一系列协调和管理。目前，对这类组织的讨论研究工作已经开始。在不远的将来，一些

①　李志强、李传宝、林镝："国外航天技术国际合作政策分析及对我国的启示"，载于《科技进步与对策》2004 年 10 月号。

②　《国家航天局的主要职能》，http：//www.cnsa.gov.cn/n615708/n620168/n620175/index.html，2009 年 2 月 6 日浏览。

由多国参与的庞大的合作计划，如月球载人基地的建立，火星载人飞行等，可能将最终导致该组织的诞生。联合国曾确定 1992 年为"国际空间年"，主题是"行星地球任务"。事实上，也应看成是为建立这类组织迈出的重要一步。全球性空间组织所应具有的最根本特征就在于，它不仅可以规范所有成员国的空间活动，而且可以直接地参与空间开发与研究事业；所有的国家都可以成为该组织的成员。基于这样的目的，《世界空间组织宪章草案》中规定：世界空间组织可以租用、占有或建立必要的科学工业基地，包括空间飞行器、设备、装置、表面资源、空间站和空间实验室。①

随着航天技术的迅速发展，空间活动越来越频繁，参加空间活动的国家越来越多。载人航天离不开国际合作，国际合作已成为载人航天发展的新趋势。探索与利用外层空间是一项复杂、艰巨、高风险、高投入的事业，单靠一两个国家是难以持久和深入的。广泛的国际合作已成为推动和普及空间科学、技术与应用，使之更好地服务于人类社会的有效途径。可以预料，在国际组织的积极努力下，在广泛的国际空间合作大潮的推动下，空间事业将更加迅猛地发展下去。

二、构建新的国际空间合作机制

要构建一个科学、有效的国际空间合作机制，首先要构建一个国际空间合作机构。从目前的国际实践来看，建立一个将各种相关空间合作组织和机制协调于联合国某个专门性机构是十分理想的。这个联合国专门性机构可以命名为"国际空间组织"，其功能类似于世界卫生组织、粮农组织、环境规划署。

首先，该组织可以设立大会作为最高权力机构，继承联合国外层空间委员会的立法职能，确立外空发展的基本原则和重大事项的法律规则。其次，可设立理事会，按照规定管理组织财务和"世界空间基金"，任命秘书长，向大会及缔约国报告执行情况，制订国际空间标准等。考虑到当前空间技术发展和财力不平衡的格局，可以仿照国际货币基金组织的做法，根据各成员国所缴经费来分配投票权。② 再次，设立秘书长和争端解决机构。"国际空间组织"将通过与被授权在外层空间进行特定活动和开发的私营和公营企业和团体订立合同来运作。"国际空间组织"详细的职权和责任可以遵循海底管理局的范例，并就外层空间的特殊情况作出相关的修改。当然，最为关键的是，"国际空间组织"应该全面梳理已有的在登记、援救、减灾等方面确立的合作机制，确立更加合理、有效的国际法规则。在此基础上发展出外层空间的信息交流、国内立法、技术合作和转让以及

---

① 尹玉海：《空间开发中的国际合作机制问题》，载《郑州航空工业管理学院学报》第 1 期。
② 参见梁西：《国际组织法》（总论），武汉大学出版社 2001 年第 5 版，第 304 页。

争端解决方面的机制，完善国际空间法。

此外，为了进一步促进国际空间合作，还有必要设立一个"世界空间基金"，其最根本目的就是从财政上和技术上帮助发展中国家从事空间事业。"世界空间基金"的55%将要由美国、欧盟、日本、加拿大等积极从事空间活动的发达国家来出资；20%由俄罗斯、中国、巴西、印度等发展中国家中从事空间活动的主要大国出资；15%从世界主要空间商中筹集；剩余的5%由参与空间活动的发展中国家提供；另外5%的资金可以从承包者交纳的费用中征收，包括勘探实体，也可以来源于自愿捐献。此外，发展中国家应当以市场价格获得技术，但该价格必须公平合理。还可以设计其他方法促进对发展中国家的技术转移，如与发达国家成立合资企业。作为一种平衡使开发实体和国家受益的方式，对于发展中国家，尤其是对于那些严重受到外层空间商业活动影响的发展中国家，也应当制定向其实施经济援助的规则。①

---

① 参见赵云：《国际空间管理局：空间商业化体制的管理模式》，转引自中国民商法网 http：// www. civillaw. com. cn／Article／default. asp. id＝37844。

第十二章

中国外层空间立法与发展

第一节　中国的空间政策及其发展

中国的空间事业始于 1956 年。中国也一直重视外空活动及外空规范管理。中国政府一直把空间事业作为国家整体发展战略的重要组成部分，予以鼓励和支持。经过五十多年的发展，中国已经成功跻身世界空间大国的行列，取得了举世瞩目的成就。

中国 1970 年使用长征运载火箭成功发射第一颗人造卫星"东方红一号"（DFH－I），由此中国成为世界上第五个独立自主研制和发射人造地球卫星的国家。目前，中国已初步形成六个卫星系列：返回式遥感卫星系列、"东方红"通信广播卫星系列、"风云"气象卫星系列、"实践"科学探测与技术试验卫星系列、"资源"地球资源卫星系列和"北斗"导航定位卫星系列。中国是世界上第三个掌握卫星回收技术的国家，卫星回收成功率达到国际先进水平。1999 年 11 月 20 日～21 日，中国成功发射并回收第一艘"神舟"号无人试验飞船。

近几年来，中国空间事业实现了持续、平稳及较快的发展。新一代运载火箭两个发动机的研制取得重要进展；"地球空间双星探测计划"顺利完成。新一代通信卫星大平台的研制工作已完成。2003 年 10 月 15 日～16 日，中国发射并回收"神舟"五号载人飞船，成功进行首次载人航天飞行，成为世界上第三个独立开展载人航天的国家，实现了中华民族千年飞天的梦想。2005 年 10 月 12 日～17 日，"神舟"六号载人飞船实现"两人五天"的载人空间飞行，首次进行有人参与的空间试验活动，在载人航天领域取得又一个重大成就。2008 年"神舟"七号实现宇航员太空出仓航行的重大突破。此外，中国在卫星遥感、卫星通信广播、卫星导航定位等领域都取得了重大发展和进步。通过推动空间技术、空间应用和空间科学的统筹规划与发展，带动了相关学科和技术的整体跃升，为中国新时期的经济建设、社会发展和国家安全作出了重要贡献。

2006 年，中国政府制定的《国民经济和社会发展第十一个五年规划纲要》和《国家中长期科学和技术发展规划纲要（2006～2020 年）》，将发展空间事业至于重要地位。按照发展规划，国家将启动并继续实施载人航天、月球探测、高分辨率对地观测系统、新一代运载火箭等重大空间科技工程，以及一批重点领域的优先项目，加强基础研究，超前部署和发展空间领域的若干前沿技术，加快空间科技的进步和创新。

中国积极参与国际空间合作。此类合作始于 20 世纪 70 年代。通过广泛的国际交流与合作，极大地促进了中国空间科技工业的发展。1985 年以来，中国先后与美国、意大利、德国、英国、法国、瑞典、阿根廷、巴西、俄罗斯、乌克兰、智利等十多个国家，空间机构和国际组织签署了政府间、政府部门间国际空间技术及应用合作协定、议定书或谅解备忘录；推动亚太地区空间技术及其应用领域的多边合作及该地区空间合作组织化进程；参与联合国及相关国际组织开展的有关活动；支持国际空间商业化活动，取得积极成果。2005 年 10 月，中国、孟加拉国、印度尼西亚、伊朗、蒙古、巴基斯坦、秘鲁、泰国等八个国家的代表在北京签署了《亚太空间合作组织公约》，标志着亚太空间合作组织向正式成立迈出了重要的一步。

中国一直高度重视外空活动和外空规管。由于历史原因，时至今日，中国仍在很大程度上专注于外层空间的科技发展，外空法的发展与研究仍然十分落后。中国曾在不同场合承认外空法在发展外空探索方面的重要性，并为进入这一领域付出了努力。目前，中国尚未制定国内的外空法。但是，中国已经通过了一些关于空间物体的登记和发射的法规。有关部门正积极地草拟着数个规管国内外空研究和外空活动的立法性文件。

中国外空活动的宗旨是：探索外层空间，扩展对地球和宇宙的认识；和平利用外层空间，促进人类文明和社会进步，造福全人类；满足经济建设、科技发展、国家安全和社会进步等方面的需求，提高全民科学素质，维护国家权益，增强综合国力。[①] 中国发展空间事业贯彻国家科技事业发展的指导方针，即自主创新、重点跨越、支撑发展和引领未来。

在《中国的航天》（2000 年白皮书）中进一步规定，中国按照如下原则开展其外空活动：坚持长期、稳定、持续的发展方针，使空间事业的发展服从和服务于国家整体发展战略；坚持独立自主、自力更生、自主创新，积极推进国际交流与合作；根据国情国力，选择有限目标，重点突破。提高空间活动的社会效益和经济效益，重视技术进步的推动作用；坚持统筹规划、远近结合、天地结合、协

---

① 国务院新闻办公室，《中国的航天》（白皮书），2000 年 11 月，http：//www. spaceref. com/china/china. white. paper. nov. 22. 2000. html，2006 年 8 月 9 日浏览。

调发展。①

中国国务院新闻办公室于 2006 年 10 月发布《2006 年中国的航天》，对中国空间活动的宗旨与原则作出了完善的表述。中国空间事业的发展原则概括如下：（1）坚持服从和服务于国家整体发展战略，满足国家需求，体现国家意志；（2）坚持独立自主、自主创新、实现跨越式发展；（3）坚持全面协调可持续发展，发挥空间科技对国家科技和经济社会发展的带动与支撑作用；（4）坚持对外开放，积极开展空间领域的国际交流与合作。

《2006 年中国的航天》（白皮书）还明确提出中国发展空间事业的主要政策与措施，包括如下：（1）统筹规划、合理部署各种空间活动；（2）集中力量实施重大空间科技工程，加强基础研究，超前部署前沿技术；（3）加强空间应用，推进空间产业化进程；（4）重视空间科技工业基础能力建设；推进空间技术创新体系建设；（5）加强空间活动的科学管理；（6）加强政策法规建设；（7）保障空间活动的经费投入；（8）鼓励社会各界参与空间活动；（9）加强空间人才队伍建设。

《2006 年中国的航天》（白皮书）还明确了在将来一段时期，中国空间事业发展的主要目标和任务有：一是自主创新，重点跨越。国家将启动并继续实施载人航天、月球探测、高分辨率对地观测系统、北斗卫星导航系统以及新一代运载火箭等重大空间科技工程，攻克一批具有全局性、带动性的关键技术和共性技术，掌握一批具有自主知识产权的核心技术，增强自主创新能力，实现中国空间事业跨越式发展。二是服务社会，惠及民生。建立长期稳定运行的卫星对地观测系统、较完善的卫星通信广播系统和满足区域应用需求的卫星导航定位系统，加快发展空间应用，初步实现应用卫星及卫星应用向业务服务型转变，积极构建卫星制造、发射服务、地面设备制造、运营服务的空间产业链，服务经济与社会发展。三是带动科技，支撑发展。以空间科技进步为先导，带动相关学科技术的整体跃升，促进新兴产业的形成和发展；加强空间科学研究，取得重要原创性成果，带动相关基础学科的创新和发展。②

中国政府在开展国际空间交流与合作中，采取以下基本政策：（1）坚持独立自主的方针，根据国家现代化建设的需要，统筹考虑合理利用国内外两个市场和两种资源，开展积极、务实的国际合作；（2）支持联合国系统内开展和平利用外层空间的各项活动，支持政府间或非政府间空间组织为促进空间技术、空间

---

① 国务院新闻办公室，《中国的航天》（白皮书），2000 年 11 月，http：//www. spaceref. com/china/china. white. paper. nov. 22. 2000. html，2006 年 8 月 9 日浏览。

② 国家航天局局长解读《2006 年中国的航天》（白皮书），http：//www. china. com. cn/txt/2006 – 10/12/content_ 7234801. htm，2007 年 10 月 20 日。

应用和空间科学的发展所开展的各项活动；（3）重视亚太地区的区域性空间合作，支持世界其他区域性空间合作；（4）加强与发展中国家的空间合作，重视与发达国家的空间合作；（5）鼓励和支持国内科研机构、工业企业、高等院校和社会团体，在国家有关政策和法规的指导下，开展多层次、多形式的国际空间交流与合作。

考虑到中国的现状，上述宗旨和原则总体上适用于中国的国内空间立法。值得注意的是，上述文件有单独的一部分专门阐述国际合作的问题，这说明中国在各个层面都十分重视国际合作。在中共第十七次代表大会上，提出依法治国的理念，该理念也必然适用到外层空间的活动。就中国的空间科技而言，要成为真正的空间大国和空间强国，就必须加强外层空间法的研究，加强外空的立法，通过一套行之有效的法律制度来实施我国空间科技发展的各项宗旨和目标，这对于我国尤其具有战略的意义。

第二节　中国的空间立法及其发展

于 20 世纪 60 年代和 70 年代之间签定的五部外空条约为外空活动提供了重要的指引；然而，1979 年，也就是《月球协定》的签定，标志着国际外空立法的停滞。在不能迅速通过新的外空条约的情况下，和平利用外层空间委员会鼓励现有条约的施行，并强调国内外空立法的重要性。①

一、国内空间立法的必要性

（一）现行国际空间法有待国内立法完善和补充

现行国际空间条约中的部分原则被公认为国际习惯法，甚至连不是公约成员国的国家也觉得有必要遵守上述条约中规定的各项义务。② 这些原则包括不得将外层空间据为己有，可自由进入外层空间③以及和平使用外层空间。④

国际外空法在规管外空活动方面占重要地位。在多数国家还没有进行国内外空立法的时期，这些条约是人们可以引据的仅有的成文法渊源。毫无疑问，这些

---

① 和平利用外层空间委员会每年都会在不同地区组织研讨会，以促进各国对外层空间进行国内立法。这研讨会从 2002 年起开始在荷兰、韩国、巴西、尼日利亚和乌克兰举办过。

② Vladlen S. Vereshchetin & Gennady M. Danilenko, *Custom as a Source of International Law of Outer Space*, 13 Journal of Space Law 32（1985）.

③ Paul G. Dembling & Daniel M. Arons, *The Evolution of Outer Space Treaty*, 33 Journal of Air Law & Commerce 456（1967）.

④ Barry J. Hurewitz, *Non-Proliferation and Free Access to Outer Space: The Dual-Use Conflict between the Outer Space Treaty and the Missile Technology Control Regime*, 9 High Technology Law Journal 220（1994）.

外空法条约将继续成为外空法最重要的渊源。

上述五个条约在外空探索最初的 25 年里制定。随着近 25 年来外空科技的迅速发展和新的外空活动的出现，创设更多的新规章制度是很自然的事。但实际上，从此以后没有再草拟或者通过任何新条约。这是否意味着现有的条约已经足以解决外空活动中产生的新问题呢？

答案是否定的。我们可以参考关于如何运用"发射国"一词的讨论。由于登记和责任等问题，一枚人造卫星移交给一个非发射国时，"发射国"一词的运用就会产生问题。① 这一问题至今没有定论，但是联合国大会发布了一项决议，建议各国考虑颁布国内法，对有关非政府团体从事的外空活动进行审批，将众多的外空活动纳入国家管辖范围，由国家对这些活动实施监督。② 和平利用外层空间委员会作为外空法发展的主要论坛，有见于越来越多的国家参与外空活动，而且外空活动日益多样化，但是各国之间存在不平衡发展，试图在创设新规则作出突破，但是面临重重困难。在没有其他更好的方法的情况下，空间法学者认为通过国内外空立法，在目前为外空活动提供一个规管架构是可行的。

（二）国内空间立法的目的和宗旨

众所周知，国内空间立法有助于实现法律的确定性和透明度。一个法治社会是受法律支配的，法律对相关活动作出基本指导。潜在的行为人有机会评估他们将要采取的行为，并能完全预见这些行为可能带来的结果。增加法律的确定性和透明度适用于所有的国内立法。然而，对于国内空间立法而言，如果能对其他更具体的目标进行进一步规划就最好不过了。

1. 国内空间立法的目的是构建外空活动的监管体制

正如联合国大会所建议的那样，国内空间立法为外空活动提供了一个监管架构。这对于国内外空立法而言也是极为重要的目的和目标。上文提到的五个条约拟定于冷战时期。那时，国家是唯一开展外空活动的主体。随着私营团体越来越多地参与外空活动，这一局面已经大大改观。《外空条约》规定，缔约国有义务批准并不断地监管该国在外层空间的国内活动（包括由非政府团体进行的活动）。但是，对于"国内活动"一词至今还存在不同的理解。③ 要求缔约国为其

---

① 详见 A/RES/59/115（2005 年 1 月 25 日），第 2 页。Dr. Tennen 认为，包括对各国批准和监管外层空间进行国内外空活动的要求和关于损害责任的规定在内的法律架构将确保私营团体的保护，并将为外空商业的未来提供保障，而不是阻碍它的发展。

② 详见 A/RES/59/115（2005 年 1 月 25 日），第 2 页。

③ Frans G von der Dunk, *Heeding the Public-Private Paradigm: Overview of National Space Litigation around the World*, 2004 Space Law Conference Paper Assemble, Beijing, China April 25～27, 2004, China Institute of Space Law, 第 22 页。

不知情的私营团体的外空活动承担责任是否恰当？如果不恰当，那么缔约国应当为哪种国际活动承担责任？

《外空条约》进一步规定，缔约国应当为另一缔约国或自然人或法人遭受的损害承担国际责任。该缔约国，为了具备控制和管辖的要素，仅限于《责任公约》中的四种国家：发射空间物体的国家、促使发射空间物体的国家、从其领土发射空间物体的国家或者从其设施发射空间物体的国家。目前实践中的做法对上述限制提出了疑问。在一个空间物体的所有权被转让给非原发射国的这种情况下，如果原发射国仍要承担责任，而对该空间物体拥有完全的控制和管辖权的受让方却不需承担责任，那么就太荒谬了。

尽管未就上述问题达成共识，但是成员国都同意，私营团体从事外空活动的初始阶段，都应当向各缔约国登记并取得其许可，他们同时认为，缔约国本身完全可以通过制定许可制度并严格实施许可的审批，使其成为规管私营团体的首个安全阀。在授予私营团体进行外空活动的许可证时，缔约国应该设置许可规则。许可某一团体进行某些外空活动意味着许可国应连续不断地执行其监管职能，并确保上述活动能遵照其国际义务的规定进行，而缔约国不能以不知情为由而免除其对私人外空活动的责任。因此，国内空间立法应当起监管架构的作用，并为国际责任这一议题提供清晰的指引。①

2. 国内空间立法的宗旨是遵守国际条约义务

根据国际法的规定，条约的缔约国有义务在其本国法律系统内贯彻实施该条约的规定。② 五个外空法条约的有关规定已经成为各国国内私营团体在进行外空活动所要考虑的重要内容，这些规定已经成为外空法律体系最重要的法律渊源。如上文所述，除了《月球协定》以外，其余四个条约已为多个国家所承认。国内立法是贯彻实施国际承诺的主要手段之一。按照上述国际条约的规定，缔约国应当为某些由非政府团体进行的国内外空活动承担直接责任。因此，为了说明各国在何种情况下应当承担责任而构建一个可行的框架就显得非常重要了。上述条约并未进一步对其实施作出详细的规定。因此，一个国家无论是否自动将国际条约纳入国内法，它都有必要制定清晰而详细的国内法规。在有必要将国际条约转化成国内法的情况下，缔约国将通过国内立法履行其国际义务。在国际条约直接

① Peter van Fenema, *The Unidroit Space Protocol*, *the Concept of 'Launching State'*, *Space Traffic Management and the Delimitation of Outer Space*: The 41st Session of the UNCOPUS Legal Subcommittee, Vienna, 2~12 April 2002, 28 Air & Space Law 277~279 (September 2002).

② Statement by the Board of Directors of the International Institute of Space Law (IISL) on Claims to Property Rights Regarding the Moon and Other Celestial Bodies, IISL.

适用的情况下，缔约国可以进一步通过国内立法将实施条约的方法进一步具体化。

3. 国内空间立法目的是促进商业化和私营团体的参与

由于外层空间丰富的自然资源和探索外层空间的巨大盈利前景，私营团体对外空活动的兴趣和参与程度也日渐增长。外层空间不再是被国家所垄断的领域。然而，现有的各个外空法条约都是制定于只有国家才是外层空间活动唯一一类参与者的时期。当时，并没有人考虑到外空活动的商业层面。迄今为止，既没有制定任何关于所有权的规章制度，也没有就"人类共同继承遗产"一词的适用达成任何共识。① 潜在的投资者将会因为所有这些法律问题的悬而未决而却步。这将会对外层空间的健康发展带来毁灭性的后果。②

考虑到国际外空立法处于停滞阶段，国内立法是制定规章制度规管新的外空活动的唯一途径。与国际立法相比，国内立法更有弹性，也更易于实施。有见于外空科技的迅速发展和外空商业化这一不可逆转的趋势，各国应当及时采取行动，填补外层空间的法律真空。稳定和合理的法律环境将带来经济上的回报，并为潜在的外空投资者们增加在外层空间进行投资的信心。

4. 国内空间立法目的是对外层空间的最优化利用

外层空间充满机会。然而，缺乏清晰的法律架构，会阻碍潜在的利益方采取实际措施充分实现其经济和科技方面的收益。国际外空立法的过程比国内立法更为复杂。它要求来自各个政治集团的共识；这一立法过程涉及政治、经济、军事和战略等方面的考虑。国内立法则相对较为简单，它可以主动为外层空间的利用创设新规则；此外，国内立法基于其本国的国内背景，创设具体的规则，在符合国际法的基础上努力实现本国利益的最大化。

1998 年澳大利亚《外空活动法案》（2002 年修正案）（以下简称《法案》）提供了一个很好的范例。由于认识到"外层空间"一词的范围并没有得到各国的一致认同，也没有得到明确的界定，该《法案》用"平均海平面以上 100 公里以外的区域"一语取而代之。这一对外层空间边界的主张，其他国家认可与否并不重要，重要的是各国开始在国内的层面上严肃地处理未明确的问题。这一过程可以作为国际立法的试验田。因此，国际立法尽管依然落后，但也不会阻碍对外层空间的利用；国内立法对外层空间的利用起着推动作用，是法律真空和国际规管之间的过渡。

---

① Charles C. Okolie, *International Law of Satellite Remote Sensing & Outer Space* 42（Kendall/Hunt, 1989）.

② Ezra J. Reinstein, *Owning Outer Space*, 20 Journal of International Law & Business 72~74（Fall 1999）.

二、国内空间立法的原则

国内空间立法目前显得空前重要。外空活动的迅速发展以及适用现有外空法条约存在的困境都构成了进行国内立法的合理基础。外空活动的稳定和可持续发展，在很大程度上有赖于在国内层面（如果并非创设于国际层面的话）建立一个可问责的法律架构。

（一）国内外空立法的原则

1. 以现有国际条约作为基础和指导

毫无疑问，国际条约应当作为国内空间立法的起点。这些条约的原则和规则提供了基础和有力的指引。各国无疑有义务贯彻实施上述规则。[1] 构成国际习惯法一部分的规则同样对各成员国有约束力。一些规则虽然不构成国际习惯法，但是也对外空活动有重要的指导作用，在一定程度上能确保各国外空法规的一致性，此时，在国内立法中，我们也应当认真考虑，避免可能的冲突。另外，我们还应当特别参考现有的国内立法文件并借鉴成功的经验，尤其是美国的相关立法和经验，因为它们已经相当先进和完善。

正如外空条约所规定，缔约国应当为国内外空活动承担国际责任。通过将国际条约转化为国内法，缔约国可以表明其对国际条约的承诺，也可以体现其在发生人员伤亡或者相关财物损毁时进行不断监管和赔偿的诚恳保证。

总而言之，国内外空立法应当能够反映载于国际外空条约中的原则，并能使诚信原则具体化。考虑到国际责任的问题，国内立法的内涵应当得到扩展，不再仅仅是国际条约的转化形式，而应当详细阐释如何在国内背景下处理国际问题。

2. 实现国际义务和国内利益的平衡

外空活动在全球的发展极度不平衡。冷战时期，外层空间为两个超级大国所垄断。这种垄断随着越来越多的国家成为外空大国而被打破。[2] 但是，这些国家的发展水平也不同。不同国家在实践中产生的不同需要要求国内立法必须基于各国国内的实际情况。国内的外空立法虽然受统一的国际条约指导，但是必须考虑到国内利益、社会和经济发展的进程、国内法律传统以及有关国家进行外空活动的具体性质等因素；各国的外空立法也应有所不同，根据具体情况，作出适当调整。俄罗斯已经制定了其单行综合法/单行法汇编，以保护其经济发展、国家安全和外层空间优势等利益。正如1993年《俄罗斯联邦外层空间活动法》宣告的

① Antonio Cassese, *International Law*, 2ⁿᵈ Edition, 217～218（Oxford University Press, 2005）.

② Glenn H. Reynolds & Robert P. Merges, *Outer Space: Problems of Law and Policy*231（Boulder: Westview Press, 1989）.

那样，该部法律的目的和宗旨是促进俄罗斯联邦所有公民的福利，发展俄罗斯联邦，确保其安全以及解决人类的全球性问题。

在不违背主要目的和宗旨的同时，国内外空立法应当适应国内的需要。例如，在制定外空活动的国内许可制度时，各国应当考虑对公众的健康和安全，包括有限自然资源在内的财产和环境的保护等因素。

3. 促进国际合作

国际外空立法为外空活动方面的国际合作提供了一个论坛。联合国大会 1996年《有关国际合作的宣言》决议的通过就是充分考虑到国际合作的重要性。双边或者多边合作是近年来外空探索的重要特征之一。国际空间站《政府间协议》就是一个范例。国际空间合作可以为各国互利互助提供一个合适的平台。此外，还有助于实现和平使用外层空间并将利用外层空间所得的利润最大化的目标。

外空合作在发展中国家之间显得更为重要，因为西方国家设立壁垒禁止高科技的出口。因此，发展中国家的国内外空立法者更应牢记国际外空合作的重要性，并尽力为外空合作规划一个高效、可行并易于操作的法律架构。毫无疑问，这一原则应当同样适用于发展中国家的国内外空立法。

外层空间不存在国家主权，因此也不可能由任何国家独占。外空合作对发展中国家和发达国家都有益处。例如，《营救公约》中所规定的营救宇航员时提供的协助就已经清楚地表明，即便是没有能力进行空间活动的国家也可以在外空活动中提供协助。国内外空立法不应仅仅在原则上规定国际合作，更重要的是将外空合作付诸实践，作出详细的规定并将其贯彻到实际行动中。

4. 保持灵活性和不断发展

自 1957 年首枚人造卫星升空以来，外空活动在种类和形式方面都发展得很迅速。随着科技和经济的进一步发展，我们可以预见，更多的外空活动必然也会带来新的法律问题。有见于新的外空活动的产生，国内立法应当敢于召集外空法专家进行研讨并尽快制定新的法律文件，以填补上述法律空白。一方面，国内立法应当特别以已经出现的新的外空活动为调整对象；另一方面，立法应当具有灵活性，足以适应在不久的将来产生新的外空活动的需要。

稳定性和灵活性之间的平衡是交给外空法立法者的新任务。然而，这一问题同样出现于其他高科技领域。例如，互联网的出现需要新的法规监管在线活动。有些学者认为，仅仅因为新科技的产生就制定新的法律，这样做是不合理的。[1]

---

[1] A. L. Shapiro, *The Disappearance of Cyberspace and the Risk of Code*, 8 Seton Hall Constitutional Law Journal 703（1998）.

对现有的法律进行适当的法律解释或者将其某些条文进行修改以适应新情况，这样原有的法律就可以继续规管这些新的外空活动，减少了立法的压力。这一观点对国内外空立法者而言也具有实际的指导意义。

5. 遵循优先顺序的渐进过程

外空活动立法对于多数国内立法者而言仍然是一个新的任务。这些立法者若要完成好他们的立法任务，他们对于外层空间和外空法律系统的一段熟悉期是必不可少的。外层空间对各国而言已经成为一个具有战略重要性的区域。国内外空立法者有必要留意外空立法对国家安全和国家利益所产生的潜在影响。立法活动应当逐步实施。为了这一目的，应当厘定立法的优先顺序。如上文所述，由于外层空间的商业化，同时也为了现有外空法的继续适用这一目的，关于许可制度的国内立法应当摆在第一位。① 其他需要考虑的领域包括空间物体的登记、国家责任（赔偿制度）以及外空活动的融资制度（包括外空保险制度）等。

三、中国的空间立法

（一）中国与国际空间立法

1980 年 6 月，中国首次派出观察员代表团参加了联合国和平利用外层空间委员会（简称外空委）的第 23 届会议，并于同年 11 月 3 日正式成为该委员会成员国。成为外空委的成员国，加快了中国在外空立法方面的步伐。中国政府积极参加联合国外空委及其下属的科技小组委员会和法律小组委员会各项活动。中国政府还派出代表团出席了 1982 年和 1999 年联合国第二次和第三次外空大会，并就有关议题作发言和报告。

根据《2006 年中国的航天》（白皮书），中国积极参与联合国外空委为落实联合国第三次外空会议的各项建议所开展的有关活动，特别是与加拿大和法国一起作为共同主席国，推动了由 40 个联合国外空委成员国和 15 个国际组织参加的"利用天基系统进行减灾和灾害管理行动组（第七行动组）"的工作，并积极参与了联合国外空委"研究建立减灾和灾害管理协调机制可行性特设专家组"的工作。中国已加入由多个国家空间机构组成的《在重大自然或技术灾害中协调利用空间设施的合作宪章》减灾机制。中国与联合国合作，在中国举办了"联合国、欧空局、中国基础空间科学讲习班"和"联合国、中国亚太地区发展远程医疗讲习班"，多次与亚太空间多边合作秘书处和联合国亚洲及太平洋经济社会委员会（简称联合国亚太经社）等合作，在中国举办了有关空间技术应用的

---

① P. P. C. Haanappel, *The Law and Policy of Air Space and Outer Space: A Comparative Approach* 10（Kluwer Law International, 2003）.

培训班和研讨会，为这些活动提供了资金支持。中国参与了联合国亚太经社会组织实施的亚洲及太平洋地区空间应用与可持续发展计划。①

该白皮书还谈及，中国积极参与机构间空间碎片协调委员会的各项活动，启动中国"空间碎片行动计划"，加强空间碎片研究领域的国际交流与合作，参与了国际对地观测卫星委员会的相关活动，并作为东道国于 2004 年 11 月在北京举行了"国际对地观测卫星委员会十八届全会及二十周年庆典"。2005 年 5 月中国正式成为国际对地观测组织成员，并进入执行委员会。2006 年 7 月在中国北京举办了"第三十六届世界空间科学大会"和"第八届国际月球探测与利用大会"。中国还参与了国际电信联盟、世界气象组织、国际宇航联合会、国际空间研究委员会等空间组织的有关活动。②

中国参与的上述活动都对国内外空立法产生了深远的影响。从这些活动中，中国能够借鉴国际的经验并在国际合作与交流中学习和积累立法的经验。当然，对于国内立法而言，更直接的影响在于中国加入了多边条约并承担了国际义务。中国于 1983 年加入了《外空条约》，并于 1988 年加入了其他 3 个外空法条约（不包括《月球协定》）③，并严格履行有关责任和义务。必须指出的是，这些公约都是在国际社会冷战时期订立的，存在特殊的国际背景。随着冷战的结束，国际外空法律体制发生了根本性的变化。商业化潮流方兴未艾，现有公约的一些规则和规定受到了挑战，但是至今仍未能对其作出实质性的修改，因此仍然是国际外空法的重要组成部分。我国依据这些公约的规定，承担相应的国际责任和义务，这也是我国展开国内空间立法的国际化背景。

（二）中国的国内空间立法

在国内外空立法方面做出的努力则始于 1994 年；但是更为重要的立法活动是在 1998 年中国对其工业的行政系统进行改革以后所展开的。中国国防科学技术工业委员会的主要职责之一就是负责研究拟定国家空间政策和法规，研究制定国家空间发展规划、计划和行业标准。它是我国在制定外空法规，为外空工业和外空技术拟定政策、为外空发展制定计划并在该领域设定行业标准的最重要的机构。迄今为止，中国已经制定了两项专门的空间条例。为有效履行中国加入的

---

① 国务院新闻办公室，《中国的航天》（白皮书），2000 年 11 月，http：//www. spaceref. com/china/china. white. paper. nov. 22. 2000. html，2006 年 8 月 9 日浏览。

② 国务院新闻办公室，《中国的航天》（白皮书），2000 年 11 月，http：//www. spaceref. com/china/china. white. paper. nov. 22. 2000. html，2006 年 8 月 9 日浏览。

③ 中国于 1983 年 12 月 30 日加入了《外空条约》，于 1988 年 12 月 14 日加入了《营救协定》，于 1988 年 12 月 12 日加入了《责任公约》，于 1988 年 12 月 12 日加入了《登记公约》。

《登记公约》，中国国防科学技术工业委员会（简称国防科工委）于 2001 年 2 月 8 日和外交部联合发布《空间物体登记管理办法》，建立我国的空间物体登记制度，维护我国作为空间物体发射国的合法权益。2002 年 11 月 21 日国防科工委发布《民用航天发射项目许可证管理暂行办法》，规范民用航天发射项目。上述两个条例已经远远不能满足现在中国空间事业快速发展的需要，尽快制定一套完善的外空活动条例已经成为当前重要的立法任务之一。此外，本节还介绍了中国与巴西在外空合作方面达成的议定书，其中的规定也能从一定程度上体现中国国内外空立法的思路以及在以后立法活动中可以借鉴和考虑的内容。

1. 空间物体的登记

《空间物体登记管理办法》于 2001 年由原国防科学技术工业委员会和外交部发布，是中国关于外空活动的首部国内行政法规。该法规的主要目的是在考虑到中国实际情况的同时履行中国加入《登记公约》的承诺。《管理办法》的适用范围为在中国境内发射的所有空间物体，以及中国作为共同发射国在境外发射的空间物体。而这里的"发射国"则完全采取了《登记公约》的规定，即发射或促使发射空间物体的国家，以及从其领土或设施发射空间物体的国家。因此，《管理办法》充分考虑《登记公约》的内容，采取了尽量一致的规定。

一直以来，"空间物体"的概念备受争议，至今没有定论。《管理办法》专门就此概念作出界定：进入外层空间的人造地球卫星、载人航天器、空间探测器、空间站、运载工具及其部件，以及其他人造物体。短暂穿越外层空间的高空探测火箭和弹道导弹，不属于空间物体。可以看出，此定义没有从概括的角度出发，而是采取了列举的方式，从现阶段来看，这种做法还是可取的。当然，该定义必然要随着外空活动的发展及国际立法的变化而在将来作出调整。例如，航天飞机的性质如何？这就是一个非常棘手的问题。在国际上也不乏这方面的讨论。

国防科工委被指定为负责空间物体的国内登记管理的单位，由原国防科工委国际合作司负责日常业务。[1] 登记的内容包括登记编号、登记者、空间物体所有者、空间物体名称、空间物体基本特征、空间物体发射者、运载器名称、发射日期、发射场名称、空间物体基本轨道参数、空间物体的发射及入轨情况等。[2] 这些内容已经涵盖了国际登记时所需要的信息。所以说，这里的规定也是充分考虑了《登记公约》的要求而制定的。为了明确这一点，《管理办法》还在第 13 条中再次谈及《登记公约》要求登记的主要内容。

---

① 《空间物体登记管理办法》第 5 条第 1 款。
② 《空间物体登记管理办法》第 6 条第 1 款。

国内登记的主体是空间物体的所有者。① 但是如果该所有者是他国政府、法人、其他组织或自然人时，则由承担国际商业发射服务的公司进行国内登记。② 由此可见，登记主体是可以与所有者相分离的。在这方面，登记行为与对空间物体的管辖控制有所脱离。但从国内登记的目的出发，也还是合理的。如果所有者为外国，国际登记的主体则应根据《登记公约》的规定处理，即通过与有关国家协商确定。③ 一般而言，承担发射服务的公司不应就此进行国际登记。如果应该由中国进行国际登记，那么外交部将是登记的主体。

在中国境内发射的或者虽然在国外发射但以中国为共同发射国的所有空间物体，应当在该空间物体发射进入轨道后的 60 日内向国防科学技术工业委员会登记。④ 国防科学技术工业委员会应当保持一份国内登记册。对登记作出的修改应当在情况发生改变后的 60 日内完成，如轨道的改变、分解、操作中止、重返大气层等。这里列举的情况基本属于技术层面的变化，但是，随着外空商业化的发展，所有权的转变也越来越平常，此时有关的修改当然应该包括在内。⑤ 国防科学技术工业委员会应当在国内登记发生的 60 日内向外交部提供相关的登记数据；外交部则会向联合国秘书长登记。⑥ 考虑到香港和澳门的特殊情况，应当建立一本特殊的附属登记册，并另行制定登记程序。

可以看出，《管理办法》的规定都是严格遵守了《登记公约》的内容，严格履行中国作为《登记公约》成员国的义务。从某种意义上说，有些规定比公约的规定还明确，要求更高。例如，公约并没有明确规定进行国际登记的时间，只是运用了含糊的"尽速"等词汇。而《管理办法》则明确规定了时间的限制：60 天。当然，现在仍有一些讨论认为，中国在国际登记方面还不是很到位，一些空间物体还没有被登记或内容不完善。那么这些问题则不属于法律本身的内容，而是具体的实施和履行问题。无论如何，《管理办法》充分体现了中国作为公约成员国高度负责的态度。

2. 外空许可证制度

《民用航天发射项目许可证管理暂行办法》于 2002 年由原国防科学技术工业委员会公布，确立了中国境内发射的所有外空运载器的许可制度，但不包括军用

---

① 《空间物体登记管理办法》第 7 条第 1 款。
② 《空间物体登记管理办法》第 8 条。
③ 《空间物体登记管理办法》第 14 条。
④ 《空间物体登记管理办法》第 9 条第 1 款。
⑤ 《空间物体登记管理办法》第 9 条第 2 款。
⑥ 《空间物体登记管理办法》第 12 条。

外空运载器的发射和中国的自然人、法人或其他组织已拥有产权的或者通过在轨交付方式拥有产权的上述外空运载器在中国境外进入外层空间的行为。① 原国防科学技术工业委员会是负责审查、批准和监督所有民用航天发射项目的机构。项目总承包人应当在项目预定发射月的 9 个月之前，向国防科学技术工业委员会提出申请，并提交相关文件。国防科学技术工业委员会在收到申请材料之日起 30 日内，对申请的项目组织审查，并将审查结果书面通知申请人及相关部门。许可证主要包括下列内容：申请人及法定代表人、申请人注册的住址、项目主要内容、预定发射时间、许可证有效期、发证机关和发证时间。如果许可证内容需要变更或者拟取消的项目，应当在许可证有效期届满之前 90 天提出申请。

许可证持有人必须购买发射空间物体的第三方责任保险和其他相关保险。在国内执行发射场工作阶段的项目，许可证持有人应在预定发射月的 6 个月之前上报项目发射计划，并在进入发射场工作阶段之前上报出厂申请并提交相关材料。

《民用航天发射项目许可证管理暂行办法》还进一步对隐瞒真相、弄虚作假、损害国家利益，未取得许可证擅自从事项目，玩忽职守、滥用职权，给国家造成损失等行为规定了行政处罚和刑事责任。②

3. 其他相关的国内规定

为了在现阶段对中国的外空立法有一个全面的认识，我们也有必要留意关于军用外空活动的某些规章制度。③ 于 1997 年首次颁布并于 2002 年作出修改的《军品出口管理条例》是为加强对军品出口的统一管理和维护正常的军品出口秩序而制定的。④ 军品出口应当遵循下列原则：有助于接受国的正当自卫能力；不损害有关地区和世界的和平、安全与稳定；不干涉接受国的内政。⑤ 遵照该条例的要求，原国防科学技术工业委员会和中国人民解放军总装备部于 2003 年进一步拟定了《军品出口管理清单》。⑥ 该清单包括发射运载装置、导弹武器系统和军用卫星。

为了进一步加强出口控制系统并防止可被用于运载大规模杀伤性武器的导弹及其他运载系统的扩散，国务院于 2002 年公布了《导弹及相关物项和技术出口

---

① 《民用航天发射项目许可证管理暂行办法》第 2 条。
② 《民用航天发射项目许可证管理暂行办法》第 24～26 条。
③ *Space Law: China's Regulations*, World Security Institute, China-US Dialogue on Space, http://www.wischina.org/subprogram.cfm? subprogramid = 2&charid = 1#00008, 2006－6－20.
④ 《军品出口管理条例》第 1 条。
⑤ 《军品出口管理条例》第 5 条。
⑥ 《军品出口管理条例》第 2 条第 2 款规定，军品出口管理清单由国家军品出口主管部门制定、调整并公布。

管制条例》，以及《导弹及相关物项和技术出口管制清单》。根据该条例的规定，火箭、无人驾驶飞行器、导弹（包括弹道导弹和巡航导弹）及其专用物项和技术都受到出口管制。

综上所述，一个规范上述物项和技术出口的许可制度已经确立。出口者应当向国务院对外经济贸易主管部门提出申请，提交出口申请表和相关文件。上述部门应当对申请进行审查（或会同国务院有关部门、中央军事委员会有关部门进行审查），并在收到申请之日起 45 个工作日内作出许可或者不许可的决定。该条例进一步对某些行为规定了可能的行政处罚和刑事责任。

（三）关于中国空间政策及空间立法的几点评价

从上述中国空间立法与空间政策的现状来看，现行的中国空间立法与空间政策体系具有如下特点。

第一，中国建立了比较完善的空间产业发展政策。《2000 年中国航天》、《2006 年中国航天》、《航天发展"十一五"规划》及《国防科技工业产业政策纲要》对于中国航天产业结构的调整、航天产业发展规划及发展方向建立了明确的导向。尽管这些文件是由主管民用航天活动的国防科工委发布，但却是在国务院的批准下通过的，代表了中国政府的集中意见。尽管这些行政文件并不具有法律约束力，但在航天产业由政府主导的情况下其影响力是十分明显的。

第二，在空间碎片减缓方面，中国政府确立了系统的准法规性体系。《空间碎片行动计划（2006～2010）》是国家航天局发布的政策性文件，但《国防科技工业标准体系表》及航天行业标准 QJ3221《空间碎片减缓要求》属于具有准法律约束力的行业标准，在一定程度上具有强制力。中国政府发布的这些文件是落实外空委员会《空间碎片减缓指南》和《IADC 空间碎片减缓指南》的重要国内措施。

第三，中国现行民用空间立法和民用空间政策的制定者主要是国务院下属机构国防科工委、外交部等部门，而现存的军用空间立法则主要由国务院和中央军委制定，相关法规的实施细则及军用空间政策则由国防科工委与解放军总装备部制定。

第四，中国有关规范空间活动的法规或政策基本覆盖了空间活动的基本领域。国家空间立法一般至少应包括以下五个方面：一是空间活动的批准与许可；二是对空间活动的监督；三是空间物体的登记；四是损害责任与赔偿；五是其他规则，如与保险、赔偿有关的问题及知识产权保护等等。尽管中国没有综合性的空间法，其他专门性的法规也数量极少，但上述领域在中国基本上处于有法可依或有政策可依状态。如空间活动的批准与许可及空间物体的登记有明确的行政法规，空间损害赔偿也有规范性的文件，有关保险及知识产权在相关双边条约及国内文件中也逐步确立。

当然，总体来说，中国空间立法的局限性十分明显，与中国空间技术的发展极不匹配，与中国空间大国的形象也极不匹配，因此中国空间立法亟待关注和完善。

首先，中国空间立法中尚无法律、法规层次的空间法，空间立法层次太低，没有形成具有中国特色的空间法律体系。实际上，中国现有直接的空间立法只有《空间物体登记管理办法》和《民用航天发射许可证管理暂行办法》，其他相关法规仅仅是与空间活动有一定的关系，并非专门的空间立法。

而且，这两个规章也仅仅是国务院部门发布的，属于行政规章的范畴。仅《中华人民共和国导弹及相关物项和技术出口管制条例》是由国务院发布，属于行政法规。属于专门性空间立法的行政法规、法律亟待进一步完善。制定综合性的空间法及系统的空间立法体系的构建，是中国空间立法努力发展的方向。

其次，正是由于中国综合性空间法的缺失，中国在现行的空间活动管理和空间立法中出现多部门交叉管理、多部门立法，空间活动管理和空间立法的条块分割必然导致中国空间立法和政策的不协调。

特别是在民用空间活动与军用空间活动领域，由于综合性空间法的缺失，国家缺乏空间活动的统一协调机构，相关空间活动管理的政策与法律必然是各行其是。在军民融合、军民两用的空间活动中，相关部门的政策或立法经常出现多头管理或两不管的现象。

最后，尽管中国空间政策覆盖了空间活动诸多领域，随着中国空间活动和空间技术的发展，中国空间立法在以下方面亟待完善：促进空间活动商业化发展中的空间知识产权保护立法、空间环境保护立法、空间商业保险立法；空间营救的国内立法；空间损害赔偿责任立法；明确空间活动管理体制和机制的国内立法等等。

从中国空间立法的现状我们可以看出，中国空间活动尚处于以行政政策为主导的管理体制，相关立法不完善、低层次的状况在近期也难以改善。即使在全国人大"十一五"立法规划中，中国空间立法仍然没有纳入立法规划。因此，加快空间活动的行政立法和单行立法的步伐，是提高中国空间立法效率的可行办法。实际上，中国相关政府部门在几年前就已经启动了制定《空间活动管理办法》、《空间物体损害赔偿办法》的研究和立法推动工作。

（四）中国与巴西合作的《2002 年议定书》与中国空间法的发展

中国和巴西之间空间合作的历史以 1986 年的中巴地球资源卫星项目的达成

为起点，此后双方又在 1988 年签署了《关于核准研制地球资源卫星的议定书》。这是中国首次与另一个发展中国家进行国际合作，研究空间科技项目。① 在 2002 年，经过了 15 年成功的创造性合作，双方又达成了一个新的议定书（以下简称《2002 年议定书》），为在空间项目方面的进一步合作提供了一个更为具体的架构。

《2002 年议定书》是 1994 年《中华人民共和国和巴西联邦共和国政府关于和平利用外层空间科学技术合作框架协定》的补充议定书。它的开头部分认可了数个以前达成的协定。该议定书的基本目的是继续两国之间的合作，研发第二代中巴地球资源卫星（中巴地球资源三号和四号卫星）。由于之前 15 年的成功合作，两国的合作关系可以更进一步。《2002 年议定书》共有 19 条，对两国之间的合作作出了非常重要的新部署。

《2002 年议定书》秉承以前达成的议定书之精神，继续两国之间的空间合作。除研制第二代中巴地球资源卫星外，该议定书也规定，双方将检验联合研制一枚地球同步气象和电信卫星的可行性。它包含 19 项在外层空间商业化领域极具革新意义的条文。这一双边协定代表着双方的真实努力，并增进了所谓的"南南"关系。

该议定书对于争端解决的问题作出了明确的规定，有关争端解决的规定是十分重要的。的确，各种规则和原则只有真正得到正确与切实的实施，才能对外空商业化进程以及两国的合作产生有益的作用。② 而一个适合的争端解决机制对于上述合作的成功与否事关重大。因此，该议定书创设了一个协调委员会（Coordination Committee），来解决其实施过程中产生的问题。该议定书进一步设置了一个合作研究项目委员会（Joint Project Committee），作为具有更广泛权限的执行机构。③ 涉及解释或执行与该议定书出现的分歧，双方应在合作研究项目委员会框架内通过协商解决。第二个以及最后一个步骤，是经任何一方要求，由协调委员会对协商未决的问题作出最终决定。④ 这一委员会不同于正式的争端解决机构。由于合作日久，当事方已经建立了相互信任的关系。因此，这一非正式的争端机制可以很好地运作，并能保持双方的良好关系。

---

① *China*, *Brazil to Jointly Launch a 2nd Satellite*, *China Daily*, 5 March 2002.

② Bockstiegel, *Proposed Draft Convention on the Settlement of Space Law Disputes*, 12 Journal of Space Law 136 ~ 138（1984）.

③ 根据《2002 年议定书》第 4 条的规定，在该议定书生效之日起 60 日内，巴西航天局和中国国家航天局作为该议定书指定的协调和管理机构，应当成立合作研究项目委员会。

④ 《2002 年议定书》第 17 条。

为了促进实施该合作项目所需的装备和材料在两国进出国境，并为对方在其国土上工作的人员和专家执行与该合作项目有关的任务提供进出国境和居留的必要的文件，该议定书也制定了相关规则。① 这对合作项目的顺利进行十分重要。完成项目所必需的设施、信息和人员的流动是合作的基础。接着，该议定书又进一步提供了便利：一旦承担任务的一方需要另一方提供由原承担方完成任务所需的服务、零部件、元器件或设备，应优先考虑由经另一方确认的该方的公司或机构提供。② 向另一方提供的这一优惠可以促进友好关系和经济发展。这一安排也符合全球经济发展的趋势，因此其意义不仅仅是为空间合作提供了范例——它为双方未来的自由贸易拉开了序幕，并提供了范例。③

　　值得注意的是双方达成了一项协议，承诺双方承担投入该合作项目总投资额的份额相等，④ 这一点至关重要。这不同于以往中国承担总费用的70%的合作模式。这意味着与中巴地球资源三号和四号卫星有关的活动将在平等的基础上由双方各承担50%的费用。⑤ 由这一安排可见，双方将对该合作项目的产品具有同等使用权，授权第三国使用该合作项目的产品须经双方共同认可。⑥ 这一平等的协定对于之前的70-30模式而言是相当大的进步。此外，双方还计划在中国发射中巴地球资源三号卫星，在巴西马拉酿州（Maranhao）的阿坎塔拉（Alcantara）发射中心发射中巴地球资源四号卫星。

　　之前的一次合作无疑获得了巨大的成果。在上次合作中，巴西提供科学家、工程师和占较少百分比的一部分资金以换取占较少百分比的利润。这正确地反映了空间合作应当以互惠互利、共同发展为基础的原则。⑦ 经过了15年的合作，巴西有能力对该空间项目获取更大的控制权，也因此有能力承担更大的责任。这恰恰符合中国的国际合作指导原则和联合国1996年《国际合作原则》的决议。

　　商业化是空间合作项目的最终目的之一。因此，许多文章都致力于对这一问题的探讨。由于巴西负责地球资源四号卫星的发射，这将有助于将其阿坎塔拉发射中心发展成为有竞争力的国际商业发射中心。地球资源四号卫星的发射将成为

---

　　① 《2002年议定书》第7~8条。

　　② 《2002年议定书》第10条。

　　③ 货物和服务贸易可以通过物资和人员的自由流动大大得到促进。日后可以参照这一范例，通过撤销贸易壁垒和提倡贸易的便利化来实现贸易自由化。

　　④ 《2002年议定书》第9条。

　　⑤ 《2002年议定书》第11条。

　　⑥ 《2002年议定书》第12条。

　　⑦ 《联合国关于国际合作的宣言》，G. A. Res. 51/122, U. N. Document, A/AC. 105/572/Rev. 1, 1996.

对该中心作为未来商业发射基地可行性的一次测试。这将对发达国家间的卫星发射产生深远的影响。目前，发射活动很大程度上由少数发达国家所垄断，阿坎塔拉发射中心的任务无疑会有助于提升其发射服务的竞争力。各个发展中国家也将得以享受其"伙伴"提供的优惠条件。

按照《2002 年议定书》的规定，双方将平等地分享卫星带来的收益。每次发射，每一国家均应按照国际商业发射服务规则签署对销贸易和再飞行保险合同。① 同时，双方将研究建立合资企业经营和/或向第三国分发中巴地球资源卫星项目产品的可能性。② 此外，我们应当注意，该议定书首次规定了知识产权的问题。③ 这两项规定涉及了空间商业化中最敏感的问题。

国际空间合作、空间商业化以及正在进行的外层空间科技革新等都要求提供法律框架对空间活动中的所有权进行充分的保护（包括关于技术转让的问题）。④ 正在进行的国际空间站多国合作项目是空间商业化的范例。1998 年《政府间协定》（IGA）与双边《谅解备忘录》一起构建了国际空间站成员国的总体合作模式。但是，从商业化角度出发，国际空间站的情形又是不一样的。《政府间协定》并没有涵盖商业化的内容，而且参与该项目的 16 个成员国都各自有其国内商业化的计划。因此，国际空间站的商业化操作更加复杂，涉及更多方面因素的考虑。对国际空间站商业化的操作构架达成共识需要一段很长的时间。然而，中国和巴西之间的特殊关系为采用不同的做法提供了依据。我们可以预见，未来（尤其是在发达国家继续对技术转让诸多限制的情况下）将会有越来越多的空间合作在与中巴模式相似的框架下实施。

（五）中国空间立法的进一步发展

当今世界，高新技术方兴未艾，经济全球化的进程不可阻挡。就空间活动而言，中国已经成为世界上第三个拥有载人航天技术的国家。因此从技术上而言，已经相当先进，但是法律方面的发展则相对滞后。在综合性空间法未能很快出台之前，外空活动某些方面的规章制度应当成为外空立法优先处理的事项。这些特殊的规章制度可以涉及投资和融资、保险和赔偿制度、商业操作和管理以及国际合作和协调等事宜。一旦这些规则的有效性和实用性得以证实，要拟定并通过一

---

① 《2002 年议定书》第 11 条。

② 《2002 年议定书》第 13 条。

③ 根据《2002 年议定书》第 16 条的规定，有关该合作项目涉及使用知识产权的问题，双方应考虑依据本国的法律和双方均可接受的国际规则作出特别安排。

④ R. Moenter, *The International Space Station: Legal Framework and Current Status*, 64 Journal of Air Law and Commerce 1052 (1999).

部详尽的外层空间法就会变得更为容易。中国的最终目标当然是拥有一部完善的国内外空法，并以一套行政法律法规和部门规章为补充。现在我国许多的空间活动还主要是依赖国家有关政策、国务院的决定、命令和空间主管部门的内部管理规章，这完全不适合我国空间科技和空间活动发展的需要。

抱着这一共识，中国关于责任问题的立法草案已在商讨之中。这一新的立法草案想要将1972年《责任公约》具体化并贯彻实施。原国防科工委起草的《空间活动管理条例》工作已接近尾声，准备上报国务院法制办，列入国务院的立法计划。上述努力充分体现了中国政府在外空问题上履行国际义务和在外层空间实现法律透明度的承诺的坚定立场。

附 录

附录1　联合国与外层空间有关的条约和原则

第一部分　联合国条约

A. 关于各国探索和利用外层空间包括月球与其他天体活动所应遵守原则的条约

B. 营救宇宙航行员、送回宇宙航行员和归还发射到外层空间的物体的协定

C. 空间物体所造成损害的国际责任公约

D. 关于登记射入外层空间物体的公约

E. 关于各国在月球和其他天体上活动的协定

第二部分　大会通过的原则

A. 各国探索和利用外层空间活动的法律原则宣言

B. 各国利用人造地球卫星进行国际直接电视广播所应遵守的原则

C. 关于从外层空间遥感地球的原则

D. 关于在外层空间使用核动力源的原则

E. 关于开展探索和利用外层空间的国际合作，促进所有国家的福利和利益，并特别要考虑到发展中国家的需要的宣言

第一部分　联合国条约

A. 关于各国探索和利用外层空间包括月球与其他天体活动所应遵守原则的条约

本条约各缔约国：

受到由于人类进入外层空间而在人类面前展现的伟大前景的鼓舞；

承认为和平目的而探索和利用外层空间所取得的进展关系到全人类共同的利益；

相信外层空间的探索和利用应造福于各国人民，不论他们的经济或科学发展的程度如何；

愿意在为和平目的而探索和利用外层空间的科学以及法律方面的广泛国际合作作出贡献；

相信这种合作将有助于促进各国和各国人民之间的相互谅解并加强他们之间的友好关系；

回顾联合国大会 1963 年 12 月 13 日一致通过的题为"关于各国探索和利用外层空间活动的法律原则宣言"的第 1962（XVIII）号决议；

回顾联合国大会 1963 年 10 月 17 日一致通过的第 1881（XVIII）号决议，要求各国不要将任何载有核武器或任何其他种类大规模毁灭性武器的物体放置在环绕地球的轨道上，也不要在天体上装置这种武器；

考虑到联合国大会 1947 年 11 月 3 日第 110（II）号决议，谴责旨在或可能煽动或鼓励任何威胁和平、破坏和平或侵略行为的宣传，并认为上述决议也适用于外层空间；

深信缔结关于各国探索和利用外层空间包括月球与其他天体活动所应遵守原则的条约，将促进联合国宪章的宗旨和原则。

议定条款如下：

第一条

探索和利用外层空间，包括月球与其他天体在内，应本着为所有国家谋福利与利益的精神，不论其经济或科学发展的程度如何，这种探索和利用应是全人类的事情。

外层空间，包括月球与其他天体在内，应由各国在平等基础上并按国际法自由探索和利用，不得有任何歧视，天体的所有地区均得自由进入。

对外层空间，包括月球与其他天体在内，应有科学调查的自由，各国应在这类调查方面便利并鼓励国际合作。

第二条

外层空间，包括月球与其他天体在内，不得由国家通过提出主权主张，通过使用或占领，或以任何其他方法，据为己有。

第三条

本条约各缔约国探索和利用外层空间，包括月球与其他天体在内的活动，应按照国际法，包括联合国宪章，并为了维护国际和平与安全及增进国际合作与谅解而进行。

第四条

本条约各缔约国承诺不在环绕地球的轨道上放置任何载有核武器或任何其他种类大规模毁灭性武器的物体，不在天体上装置这种武器，也不以任何其他方式在外层空间设置这种武器。

本条约所有缔约国应专为和平目的使用月球和其他天体。禁止在天体上建立军事基地、军事设施和工事，试验任何类型的武器和进行军事演习。不禁止为了科学研究或任何其他和平目的而使用军事人员。为和平探索月球与其他天体所必需的任何装置或设备，也不在禁止之列。

第五条

本条约各缔约国应把航天员视为人类在外层空间的使者，航天员如遇意外事故、危难或在另一缔约国领土上或公海上紧急降落时，应给予他们一切可能的协助。航天员降落后，应将他们安全和迅速地送回航天器的登记国。

在外层空间及天体上进行活动时，任一缔约国的航天员应给予其他缔约国的航天员一切可能的协助。

本条约各缔约国如发现在包括月球与其他天体在内的外层空间有对航天员的生命或健康可能构成危险的任何现象，应立即通知本条约其他缔约国或联合国秘书长。

第六条

本条约各缔约国对本国在外层空间，包括月球与其他天体在内的活动应负国际责任，不论这类活动是由政府机构或是由非政府团体进行的。它并应负国际责任保证本国的活动符合本条约的规定。非政府团体在外层空间，包括月球与其他天体在内的活动，应经本条约有关缔约国批准并受其不断的监督。一个国际组织在外层空间，包括月球与其他天体在内进行活动时，遵守本条约的责任应由该国际组织和参加该国际组织的本条约各缔约国共同承担。

第七条

凡发射或促使发射物体进入外层空间，包括月球与其他天体在内的缔约国，以及以其领土或设备供发射物体用的缔约国，对于这种物体或其组成部分在地球上、在大气空间或在外层空间，包括月球与其他天体在内，使另一缔约国或其自然人或法人遭受损害时，应负国际责任。

第八条

凡本条约缔约国为射入外层空间物体的登记国者，对于该物体及其所载人员，当其在外层空间或在某一天体上时，应保有管辖权和控制权。向外层空间发射的物体，包括在某一天体上着陆或建筑的物体及其组成部分的所有权，不因其在外层空间或在某一天体上或因其返回地球而受影响。这类物体或组成部分如果在其所登记的缔约国境外发现，应交还该缔约国，如经请求，该缔约国应在交还前提供认证资料。

第九条

本条约各缔约国探索和利用外层空间，包括月球与其他天体在内，应以合作和互助的原则为指导，其在外层空间，包括月球与其他天体在内进行的各种活动，应充分注意本条约所有其他缔约国的相应利益。本条约各缔约国对外层空间，包括月球与其他天体在内进行的研究和探索，应避免使它们受到有害污染以及将地球外物质带入而使地球环境发生不利变化，并应在必要时为此目的采取适当措施。如果本条约某一缔约国有理由认为，该国或其国民在外层空间，包括月球与其他天体在内计划进行的活动或实验可能对其他缔约国和平探索和利用外层空间，包括月球与其他天体在内的活动产生有害干扰时，则该缔约国在开始进行任何这种活动或实验之前，应进行适当的国际磋商。如果本条约某一缔约国有理由认为，另一缔约国在外层空间，包括月球与其他天体在内计划进行的活动或实验，可能对和平探索和利用外层空间，包括月球与其他天体在内的活动产生有害干扰时，则该缔约国可请求就该活动或实验进行磋商。

第十条

为了按照本条约的宗旨促进在探索和利用外层空间，包括月球与其他天体在内的国际合作，本条约各缔约国应在平等基础上，考虑本条约其他缔约国就提供机会对其发射的外层空间物体的飞行进行观察所提出的任何要求。

这种观察机会的性质和提供这种机会的条件，应由有关国家议定。

第十一条

为了促进在和平探索和利用外层空间方面的国际合作，在外层空间，包括月球与其他天体在内进行活动的本条约各缔约国同意，在最大可能和实际可行的范围内，将这类活动的性质、进行情况、地点和结果通知联合国秘书长，并通告公众和国际科学界。联合国秘书长在接到上述情报后，应准备立即作有效传播。

第十二条

在月球与其他天体上的一切站所、设施、装备和航天器，应在对等的基础上对本条约其他缔约国的代表开放。这些代表应将所计划的参观，在合理的时间内提前通知，以便进行适当的磋商和采取最大限度的预防措施，以保证安全并避免干扰所要参观的设备的正常运行。

第十三条

本条约的规定应适用于本条约各缔约国探索和利用外层空间，包括月球与其他天体在内的活动，不论这类活动是由某一缔约国单独进行还是与其他国家联合进行，包括在国际政府间组织的范围内进行的活动在内。

国际政府间组织在进行探索和利用外层空间，包括月球与其他天体在内的活动时所产生的任何实际问题，应由本条约各缔约国与有关国际组织或与该国际组织内本条约一个或一个以上的缔约国成员解决。

第十四条

1. 本条约应开放供所有国家签署。未在本条约按照本条第三款生效之前签署的任何国家，得随时加入本条约。

2. 本条约须经签署国批准。批准书和加入书应交苏维埃社会主义共和国联盟、大不列颠及北爱尔兰联合王国和美利坚合众国三国政府保存，该三国政府经指定为保存国政府。

3. 本条约应自包括经指定为本条约保存国政府的三国政府在内的五国政府交存批准书起生效。

4. 对于在本条约生效后交存批准书或加入书的国家，本条约应自其批准书或加入书交存之日起生效。

5. 保存国政府应将每一签字的日期、本条约每份批准书和加入书的交存日期和本条约生效日期以及其他通知事项，迅速告知所有签署国和加入国。

6. 本条约应由保存国政府遵照联合国宪章第一百零二条办理登记。

第十五条

本条约任何缔约国得对本条约提出修正案。修正案应自本条约多数缔约国接受之日起，对接受修正案的各缔约国生效，其后，对其余各缔约国则应自其接受之日起生效。

第十六条

本条约任何缔约国得在条约生效一年后用书面通知保存国政府退出本条约。这种退出应自接到通知一年后生效。

第十七条

本条约的中文、英文、法文、西班牙文和俄文五种文本具有同等效力；本条约应保存在保存国政府的档案库内。本条约经正式核证的副本应由保存国政府分送签署国和加入国政府。

下列签署人，经正式授权，在本条约上签字，以资证明。

一九六七年一月二十七日订于伦敦、莫斯科和华盛顿，一式三份。

B. 营救宇宙航行员、送回宇宙航行员和归还发射到外层空间的物体的协定

各缔约国：

注意到关于各国探索和利用外层空间包括月球与其他天体活动所应遵守原则的条约 1 的重要意义，该条约呼吁全力营救发生意外、遇难或紧急降落的宇宙航行员，完全迅速地交还宇宙航行员和归还发射到外层空间的物体。

希望发扬承担这种义务的精神，进一步使承担的义务具体化。

希望在和平探索和利用外层空间方面，促进国际合作。

遵循人道的感情。

兹议定条款如下：

第1条

每个缔约国获悉或发现宇宙飞船人员在其管辖的区域、在公海、在不属任何国家管辖的其他任何地方，发生意外，处于灾难状态，进行紧急或非预定的降落时，要立即：

（a）通知发射当局；在不能判明发射当局或不能立即将此情况通知发射当局的情况下，要立即用它所拥有的一切适用的通信手段，公开通报这个情况；

（b）通知联合国秘书长，他要立即动用他所拥有的一切适用的通信手段，传播这个消息。

第2条

宇宙飞船人员如因意外事故、遇难和紧急的或非预定的降落，降落在任一缔约国管辖的区域内，该国应立即采取一切可能的措施营救飞船人员并给他们一切必要的帮助。该国应把它所采取的措施和所取得的结果，通知发射当局和联合国秘书长。如果发射当局的帮助能保证迅速营救，或在很大程度上有助于有效的寻找和营救工作，发射当局应与该缔约国合作，以便有效地实施寻找和营救工作。这项工作将在缔约国的领导和监督下，缔约国与发射当局密切磋商进行。

第3条

如获悉或发现宇宙飞船人员在公海或在不属任何国家管辖的其他任何地方降落，必要时凡力所能及的缔约国，均应协助寻找和营救这些人员。保证他们迅速得救。缔约国得将其所采取的措施和所取得的结果通知发射当局和联合国秘书长。

第4条

宇宙飞船人员如因意外事故、遇难和紧急的或非预定的降落，在任一缔约国管辖的区域内着陆，或在公海、不属于任何国家管辖的其他任何地方被发现，他们的安全应予以保证并立即交还给发射当局的代表。

第5条

1. 每个缔约国获悉或发现空间物体或其组成部分返回地球，并落在它所管辖的区域内、公海、或不属任何国家管辖的其他任何地方时，应通知发射当局和联合国秘书长。

2. 每个缔约国若在它管辖的区域内发现空间物体或其组成部分时，应根据发射当局的要求，并如有请求，在该当局的协助下，采取它认为是切实可行的措施，来保护该空间物体或其组成部分。

3. 射入外层空间的物体或其组成部分若在发射当局管辖的区域外发现，应在发射当局的要求下归还给该发射当局的代表，或交给这些代表支配。如经请求，这些代表应在物体或其组成部分归还前，提出证明资料。

4. 尽管本条第二款和第三款有规定，但如果缔约国有理由认为在其管辖的区域内出现的或在其他地方保护着的空间物体或其组成部分，就其性质来说，是危险的和有害的时候，则可通知发射当局在该缔约国的领导和监督下，立即采取有效措施，消除可能造成危害的危险。

5. 按照本条第二款和第三款的规定，履行保护和归还空间物体或其组成部分义务所花费的费用，应由发射当局支付。

第6条

就本公约的宗旨而言，"发射当局"是指对发射负责的国家，或是指对发射负责的国际政府间组织，但要以该组织声明承担本公约规定的权利和义务，而其大多数成员系本公约和关于各国探索和利用外层空间（包括月球和其他天体）的活动原则条约的缔约国。

第7条

1. 本公约准许一切国家签字。在本公约根据本条第三款生效前，未在本公约上签字的任何国家随时可加入本公约。

2. 本公约须经签字国批准。批准书和加入文件应送交苏维埃社会主义共和国联盟、大不列颠及北爱尔兰联合王国和美利坚合众国政府存放，为此指定这三国政府为交存国政府。

3. 本公约在五国政府，包括本公约交存国政府在内，交存批准书后生效。

4. 对于在本公约生效后，交存批准书或加入文件的国家，本公约应于其交存批准书或加入文件之日起生效。

5. 交存国政府应将每次签字日期、每次批准书及加入文件交存日期、本公约生效日期及其他事项，立即通知所有签字国和加入国。

6. 本公约应由交存国政府根据联合国宪章第一百零二条予以登记。

第8条

本公约的任何缔约国均可对本公约提出修正。对每个要接受这些修正的缔约国来说，修正案在多数缔约国通过后，即可生效；其后，对其余每个加入国来说，修正案应于其接受之日起生效。

第9条

任何缔约国在公约生效一年后，都可书面通知交存国政府，退出公约。退出公约应从接到通知之日起一年后生效。

第 10 条

本公约的中文、英文、法文、俄文及西班牙文文本均具有同等效力，均交交存国政府存档。交存国政府应把经签字的本公约之副本送交各签字国和加入国政府。

为此，下列全权代表在本公约上签字，以昭信守。

一九六八年四月二十二日订于伦敦、莫斯科和华盛顿，一式三份。

C. 空间物体所造成损害的国际责任公约

本公约缔约国：

确认全人类共同关注，并促进和平探索和利用外层空间。

回顾了关于各国探索和利用外层空间包括月球与其他天体活动所应遵守原则的条约。

考虑到从事发射空间物体的国家及国际政府间组织虽将采取种种预防性措施，但这些实体仍会偶然造成损害。

确认极需制定关于空间物体所造成损害的责任的有效国际规则与程序；特别要保证，对这种损害的受害人按本公约规定迅速给予充分公正的赔偿。

深信制定这些规则与程序，有助于加强和平探索和利用外层空间方面的国际合作。

兹议定条款如下：

第一条

就适用本公约而言：

（a）"损害"的概念，是指生命丧失，身体受伤或健康的其他损害；国家、自然人、法人的财产，或国际政府间组织的财产受损失或损害；

（b）"发射"包括发射未成功在内；

（c）"发射国"是指：

（1）发射或促使发射空间物体的国家；

（2）从其领土或设施发射空间物体的国家。

（d）"空间物体"，包括空间物体的组成部分、物体的运载工具和运载工具的部件。

第二条

发射国对其空间物体在地球表面，或给飞行中的飞机造成损害，应负有赔偿的绝对责任。

第三条

任一发射国的空间物体在地球表面以外的其他地方，对另一发射国的空间物体，或其所载人员或财产造成损害时，只有损害是因前者的过失或其负责人员的过失而造成的条件下，该国才对损害负有责任。

第四条

1. 任一发射国的空间物体在地球表面以外的其他地方，对另一发射国的空间物体，或其所载人员或财产造成损害，并因此对第三国，或第三国的自然人或法人造成损害时，前两国应在下述范围内共同和单独对第三国负责任：

（a）若对第三国的地球表面或飞行中的飞机造成损害，前两国应对第三国负绝对责任；

（b）若在地球表面以外的其他地方，对第三国的空间物体，或其所载人员或财产，造成损害，前两国对第三国所负的责任，要根据它们的过失，或所属负责人员的过失而定。

2. 在本条第一款所谈共同及单独承担责任的所有案件中，对损害的赔偿责任应按前两国过失的程度分摊；若前两国的过失程度无法断定，赔偿应由两国平均分摊。但分摊赔偿责任，不得妨碍第三国向共同及单独负有责任的发射国的任何一国或全体，索取根据本公约的规定应予偿付的全部赔偿的权利。

第五条

1. 两个或两个以上的国家共同发射空间物体时，对所造成的任何损害应共同及单独承担责任。

2. 发射国在赔偿损害后，有权向共同参加发射的其他国家要求补偿。参加共同发射的国家应缔结协定，据所负的共同及个别责任分摊财政义务。但这种协定，不得妨碍受害国向承担共同及个别责任的发射国的任何一国或全体，索取根据本公约的规定应予偿付的全部赔偿的权力。

3. 从其领土或设施上发射空间物体的国家，应视为参加共同发射的国家。

第六条

1. 除本条第二款另有规定外，发射国若证明，全部或部分是因为要求赔偿国，或其所代表的自然人或法人的重大疏忽，或因为它（他）采取行动或不采取行动蓄意造成损害时，该发射国对损害的绝对责任，应依证明的程度予以免除。

2. 发射国如果因为进行不符合国际法，特别是不符合联合国宪章及关于各国探索和利用外层空间包括月球与其他天体活动所应遵守原则的条约的活动而造成损害，其责任绝不能予以免除。

第七条

本公约之规定不适用于发射国的空间物体对下列人员所造成的损害：

（a）该发射国的国民；

（b）在空间物体从发射至降落的任何阶段内参加操作的、或在空间物体从发射至降落的任何阶段内，应发射国的邀请而留在紧接预定发射或回收区地带的外国国民。

第八条

1. 遭受损害的国家，或遭受损害的任一国家的自然人或法人，可向发射国提出赔偿损害的要求。

2. 若受害的自然人或法人的原籍国未提出赔偿要求，该自然人或法人的所在国可就其所受的损害，向发射国提出赔偿要求。

3. 若永久居民的原籍国或永久居民在其境内遭受损害的国家，均未提出赔偿要求，或均未通知有意提出赔偿要求，永久居民的居住国得就其所受的损害，向发射国提出赔偿要求。

第九条

赔偿损害的要求，应通过外交途径向发射国提出。要求赔偿国若与发射国无外交关系，可请另一国代其向发射国提出赔偿要求，或以其他方式代表其在本公约内的所有利益。要求赔偿国也可通过联合国秘书长提出赔偿要求，但要以要求赔偿国与发射国均系联合国会员国为条件。

第十条

1. 赔偿损害的要求，须于损害发生之日起，或判明应负责任的发射国之日起一年内向发射国提出。

2. 若不知损害业已发生的国家，或未能判明应负责任的发射国的国家，应于获悉上述事实之日起一年内，提出赔偿要求；若有理由认为，要求赔偿国由于关心留意，已知道了上述事实，提出要求赔偿的时间，从知道上述事实之日起，无论如何不得超过一年。

3. 本条第一款和第二款规定的时间限制，也适用于对损害的程度不完全了解的情况。在这种情况下，要求赔偿国有权从该时限期满起至全部了解损害程度后一年止，修订其要求，提出补充文件。

第十一条

1. 根据本公约向发射国提出赔偿损害要求，无须等到要求赔偿国，或其代表的自然人或法人可能有的一切当地补救办法用完后才提出。

2. 本公约不妨碍一国，或其可能代表的自然人或法人向发射国的法院、行政法庭或机关提出赔偿要求。若一国已在发射国的法院、行政法庭或机关提出了赔偿损害的要求，就不得根据本公约或其他对有关各国均有约束力的国际协定，为同一损害再提出赔偿要求。

第十二条

发射国根据本公约负责偿付的损害赔偿额，应按国际法、公正合理的原则来确定，以使对损害所作的赔偿，能保证提出赔偿要求的自然人或法人、国家或国际组织把损害恢复到未发生前的原有状态。

第十三条

除要求赔偿国与按本公约规定应进行赔偿的国家另就赔偿方式达成协议外，赔偿应付给要求赔偿国的货币；若该国请求时，以赔偿国的货币偿付。

第十四条

若在要求赔偿国通知发射国已提出赔偿要求文件之日起一年内，赔偿要求据第九条规定，通过外交谈判仍未获得解决，有关各方应于任一方提出请求时，成立要求赔偿委员会。

第十五条

1. 要求赔偿委员会应由三人组成：一人由要求赔偿国指派，一人由发射国指派，第三人由双方共同选派，并担任主席。每一方应于请求成立要求赔偿委员会之日起两个月内指派出其人员。

2. 若选派主席未能于请求成立委员会之日起四个月内达成协议，任一方得请联合国秘书长另于两个月内指派。

第十六条

1. 若一方未于规定的期限内指派出其人员，主席应根据另一方的要求，组成仅有一个委员的要求赔偿委员会。

2. 不管委员会由于什么原因，而出现委员空缺时，委员会应按原定的指派程序进行补派。

3. 委员会应自行决定它的程序。

4. 委员会应选定一个或数个开会的地点，并决定其他一切行政事项。

5. 除单一委员的委员会所作的决定和裁决外，委员会的一切决定和裁决均应以过半数的表决通过。

第十七条

要求赔偿委员会的委员人数，不得因有两个或两个以上的要求赔偿国或发射国共同参加委员会处理任一案件，而有所增加。共同参加的要求赔偿国，应按与一个要求赔偿国相同的方式和条件，共同指派一名委员会的委员。两个或两个以上的发射国参加时，应按同样的方式共同指派一名委员会的委员。要求赔偿国或发射国若未在规定期限内指派出人选，主席应组成单一委员的委员会。

第十八条

要求赔偿委员会应决定赔偿的要求是否成立，在需要赔偿的情况下，并确定应付赔偿的总额。

第十九条

1. 要求赔偿委员会应按第十二条的规定行事。

2. 若各方同意，委员会的决定应是最终的，并具有约束力；否则委员会应提出最终的建议性裁决，由各方认真加以考虑。委员会应提出其决定或裁决的理由。

3. 委员会应尽速作出决定或裁决，至迟也要在委员会成立之日起一年内作出，除非委员会认为有必要将此期限加以延长。

4. 委员会应公布其决定或裁决。委员会应将决定或裁决的正式副本送交各方和联合国秘书长。

第二十条

除非委员会另有规定，要求赔偿委员会的经费应由各方平等分担。

第二十一条

若空间物体所造成的损害严重地危及人的生命，或严重干扰人民的生命条件或重要中心的功能，各缔约国，特别是发射国，在受害国请求时应审查能否提供适当与迅速的援助。但本条规定不影响各缔约国按本公约的规定所具有的权利和义务。

第二十二条

1. 若任何从事空间活动的国际政府间组织声明接受本公约所规定的权利和义务，其一半成员系本公约及关于各国探索和利用外层空间包括月球与其他天体活动所应遵守原则的条约的缔约国，本公约，除第二十四条至第二十七条外，对所称国家的一切规定，完全适用于该组织。

2. 凡既是这种组织的成员国，又是本公约的缔约国的国家，应采取一切适当步骤，保证该组织按上款的规定发表声明。

3. 若国际政府间组织根据本公约的规定对损害负有责任，该组织及其成员国中的本公约缔约国，应承担共同及个别责任；但：

（a）对这种损害的任何赔偿要求，应首先向该组织提出；

（b）唯有在该组织于六个月内，未支付经协议或决定规定为赔偿损害而应付的款额时，要求赔偿国才得要求，该组织成员国中的本公约缔约国负责支付该款额。

4. 凡按本条第一款的规定发表了声明的组织，受到损害时，应由该组织内的本公约缔约国根据本公约的规定，提出赔偿要求。

第二十三条

1. 本公约的规定，对现行其他国际协定的缔约国之间的关系，不发生影响。

2. 本公约规定，不妨碍各国缔结国际协定，重申、补充或推广本公约各条款。

第二十四条

1. 本公约应开放供一切国家签字。在本公约根据本条第三款生效之前，没有在本公约上签字的任何国家可随时加入本公约。

2. 本公约应由签字国批准，批准书和加入文件应送交苏维埃社会主义共和国联盟、大不列颠及北爱尔兰联合王国和美利坚合众国政府存放，为此指定这三国政府为交存国政府。

3. 本公约应于第五个批准书交存时生效。

4. 对于在本公约生效后，交存批准书或加入文件的国家，本公约应于其交存批准书或加入文件之日起生效。

5. 交存国政府应将每次签字日期、每次批准书及加入文件交存日期、本公约生效日期及其他事项，迅速通知所有签字国和加入国。

6. 本公约应由交存国政府遵照联合国宪章第一百零二条予以登记。

第二十五条

本公约的任何缔约国均可对本公约提出修正。对每个缔约国来说，每项修正在多数缔约国通过后即可生效，对以后每个加入国来说，修正应于其接受之日起生效。

第二十六条

本公约生效十年后应将审查本公约的问题列入联合国大会临时议程，以便参照公约过去的实施情况，审议是否须作修订。但公约在生效五年后的任何时期内，根据三分之一的公约缔约国的请求并经缔约国过半数同意，应召开本公约缔约国会议审查本公约。

第二十七条

本公约任何缔约国在公约生效一年后，都可以书面通知交存国政府，退出公约。退出公约应从接到通知之日起一年后生效。

第二十八条

本公约的中文、英文、法文、俄文及西班牙文文本均具有同等效力，均交交存国政府存档。交存国政府应把经签字的本公约之副本送交各签字国和加入国政府。

为此，下列全权代表在本公约上签字，以昭信守。

一九七二年三月二十九日订于伦敦、莫斯科和华盛顿，一式三份。

D. 关于登记射入外层空间物体的公约

本公约缔约国：

承认全体人类为和平目的而促进探索及利用外层空间的共同利益；

回顾一九六七年一月二十七日的关于各国探索和利用包括月球和其他天体在内外层空间的活动所应遵守原则的条约内曾确认各国对其本国在外层空间的活动应负国际责任，并提到射入外层空间的物体登记有案的国家；

又回顾一九六八年四月二十二日的营救宇宙飞行员、送回宇宙飞行员和归还发射到外层空间的物体的协定 2 规定，一个发射当局对于其射入外层空间而在发射当局领域界限之外发现的物体，经请求时，应在交还前提供证明的资料；

再回顾一九七二年三月二十九日的外空物体所造成损害的国际责任公约确立了关于发射国家对其外空物体造成的损害所负责任的国际规则和程序；

盼望根据关于各国探索和利用外层空间包括月球与其他天体活动所应遵守原则的条约，拟订由发射国登记其射入外层空间物体的规定；

还盼望在强制的基础上设置一个由联合国秘书长保持的射入外层空间物体总登记册；

也盼望为缔约各国提供另外的方法和程序，借以帮助辨认外空物体；

相信一种强制性的登记射入外层空间物体的制度，将特别可以帮助辨认此等物体，并有助于管理探索和利用外层空间的国际法的施行和发展；

兹协议如下：

第一条

为了本公约的目的：

（a）"发射国"一词是指：

（一）一个发射或促使发射外空物体的国家；

（二）一个从其领土上或设备发射外空物体的国家。

（b）"外空物体"一词包括一个外空物体的组成部分以及外空物体的发射载器及其零件。

（c）"登记国"一词是指一个依照第二条将外空物体登入其登记册的发射国。

第二条

1. 发射国在发射一个外空物体进入或越出地球轨道时，应以登入其所须保持的适当登记册的方式登记该外空物体。每一发射国应将其设置此种登记册情事通知联合国秘书长。

2. 任何此种外空物体有两个以上的发射国时，各该国应共同决定由其中的那一国依照本条第 1 款登记该外空物体，同时注意到关于各国探索和利用外层空间包括月球与其他天体活动所应遵守原则的本条约第八条的规定，并且不妨碍各发射国间就外空物体及外空物体上任何人员的管辖和控制问题所缔结的或日后缔结的适当协定。

3. 每一登记册的内容项目和保持登记册的条件应由有关的登记国决定。

第三条

1. 联合国秘书长应保持一份登记册，记录依照第四条所提供的情报。

2. 这份登记册所载情报应充分公开，听任查阅。

第四条

1. 每一登记国应在切实可行的范围内尽速向联合国秘书长供给有关登入其登记册的每一个外空物体的下列情报：

（a） 发射国或多数发射国的国名；

（b） 外空物体的适当标志或其登记号码；

（c） 发射的日期和地域或地点；

（d） 基本的轨道参数，包括：

（一） 交点周期；

（二） 倾斜角；

（三） 远地点；

（四） 近地点。

（e） 外空物体的一般功能。

2. 每一登记国得随时向联合国秘书长供给有关其登记册内所载外空物体的其他情报。

3. 每一登记国应在切实可行的最大限度内，尽速将其前曾提送情报的原在地球轨道内但现已不复在地球轨道内的外空物体通知联合国秘书长。

第五条

每当发射进入或越出地球轨道的外空物体具有第四条、第（1） 款，（b） 项所述的标志或登记号码，或二者兼有时，登记国在依照第四条提送有关该外空物体的情报时应将此项事实通知秘书长。在此种情形下，联合国秘书长应将此项通知记入登记册。

第六条

本公约各项规定的施行如不能使一个缔约国辨认对该国或对其所辖任何自然

人或法人造成损害、或可能具有危险性或毒性的外空物体时，其他缔约各国，特别包括拥有空间监视和跟踪设备的国家，应在可行的最大限度内响应该缔约国所提出或经由联合国秘书长代其提出，在公允和合理的条件下协助辨认该物体的请求。提出这种请求的缔约国应在可行的最大限度内提供关于引起这项请求的事件的时间、性质及情况等情报。给予这种协助的安排应由有关各方协议商定。

第七条

1. 除本公约第八条至第十二条（连第八条和第十二条在内）外，凡提及国家时，应视为适用于从事外空活动的任何政府间国际组织，但该组织须声明接受本公约规定的权利和义务，并且该组织的多数会员国须为本公约和关于各国探索和利用包括月球和其他天体在内外层空间的活动的原则的条约的缔约国。

2. 为本公约缔约国的任何这种国际组织的会员国，应采取一切适当步骤，保证该组织依照本条第一款规定发表声明。

第八条

1. 本公约应听由所有国家在纽约联合国总部签字。凡在本公约按照本条第3款生效以前尚未签字于本公约的任何国家得随时加入本公约。

2. 本公约应经各签字国批准。批准书和加入书应交存联合国秘书长。

3. 本公约应于向联合国秘书长交存第五件批准书时在已交存批准书的国家间发生效力。

4. 对于在本公约生效后交存批准书或加入书的国家，本公约应自其交存批准书或加入书之日起开始生效。

5. 秘书长应将每一签字日期、交存本公约的每一批准书和加入书日期、本公约生效日期和其他通知事项，迅速告知所有签字国和加入国。

第九条

本公约任何缔约国得对本公约提出修正案。修正案对于每一接受修正案的缔约国应在过半数缔约国接受该修正案时发生效力，嗣后对于其余每个缔约国应在该缔约国接受修正案之日发生效力。

第十条

本公约生效十年以后，应在联合国大会的临时议程内列入复核本公约的问题，以便按照公约过去施行情形，考虑其是否需要修订。但在本公约生效五年以后的任何时期，如经缔约各国三分之一的请求并征得多数缔约国的同意，应即召开缔约国会议复核本公约。此种复核应特别计及任何相关的技术发展情形，包括有关识别外空物体的技术发展情形。

第十一条

本公约任何缔约国得在本公约生效一年以后以书面通知联合国秘书长退出本公约。退出公约应自接获该通知之日起一年后发生效力。

第十二条

本公约原本应交存联合国秘书长，其阿拉伯文、中文、英文、法文、俄文及西班牙文本同样作准。秘书长应将本公约经证明的副本分送所有签字国和加入国。

为此，下列签字人，经各自政府正式授权，签字于本公约，以昭信守。本公约于一九七五年一月十四日在纽约听由各国签署。

E. 关于各国在月球和其他天体上活动的协定

本协定各缔约国：

注意到各国在月球和其他天体的探索和利用方面所获得的成就；

认识到构成地球的天然卫星的月球在探索外层空间方面起着重大的作用；

决心在平等基础上促成各国在探索和利用月球和其他天体方面合作的进一步发展；

切望不使月球成为国际冲突的场所；

铭记着开发月球和其他天体的自然资源所可能带来的利益；

回顾关于各国探索和利用外层空间包括月球与其他天体活动所应遵守原则的条约、营救宇宙航行员、送回宇宙航行员和归还发射到外层空间的物体的协定、空间物体所造成损害的国际责任公约和关于登记射入外层空间物体的公约；

考虑到对于此类有关月球和其他天体的国际文书的各项条款必须参照外层空间的探索和利用的继续进展，加以阐释和发展；

达成协议如下：

第1条

1. 本协定内关于月球的条款也适用于太阳系内地球以外的其他天体，但如任何此类天体已有现已生效的特别法律规则，则不在此限。

2. 为了本协定的目的，"月球"一词包括环绕月球的轨道或其他飞向或飞绕月球的轨道。

3. 本协定不适用于循自然方式到达地球表面的地球外物质。

第2条

月球上的一切活动，包括其探索和利用在内，应按照国际法，尤其是联合国宪章的规定，考虑到一九七〇年十月二十四日大会通过的关于各国依联合国宪章建立友好关系和合作的国际法原则宣言，顾及维持国际和平与安全及促进国际合作与相互谅解的利益并适当顾及所有其他缔约国的相应利益予以进行。

第 3 条

1. 月球应供全体缔约国专为和平目的而加以利用。

2. 在月球上使用武力或以武力相威胁，或从事任何其他敌对行为或以敌对行为相威胁概在禁止之列。利用月球对地球、月球、宇宙飞行器、宇宙飞行器或人造外空物体的人员实施任何此类行为或从事任何此类威胁，也应同样禁止。

3. 缔约各国不得在环绕月球的轨道上或飞向或飞绕月球的轨道上，放置载有核武器或任何其他种类的大规模毁灭性武器的物体，或在月球上或月球内放置或使用此类武器。

4. 禁止在月球上建立军事基地、军事装置及防御工事，试验任何类型的武器及举行军事演习。但不禁止为科学研究或为任何其他和平目的而使用军事人员。也不禁止使用为和平探索和利用月球所必要的任何装备或设备。

第 4 条

1. 月球的探索和利用应是全体人类的事情并应为一切国家谋福利，不问它们的经济或科学发展程度如何。应依照联合国宪章规定，充分注意今世与后代人类的利益、以及提高生活水平与促进经济和社会进步和发展的需要。

2. 缔约各国应遵循合作和互助原则从事一切有关探索和利用月球的活动。按照本协定进行的国际合作，应尽量扩大范围，并可在多边基础上、双边基础上、或通过政府间国际组织进行。

第 5 条

1. 缔约各国应在实际可行的范围内尽量将它们在探索和利用月球方面的活动告知联合国秘书长以及公众和国际科学界。每次飞往月球的任务的时间、目的、位置、轨道参数和期间的情报应在发射后立即公布，而关于每次任务的结果，包括科学结果在内的情报则应在完成任务时公布。如果一次飞行任务的期间超过六十天，应将任务进行情况的情报，包括科学结果在内，每隔三十天公布一次。如飞行任务超过六个月，则在六个月以后，只须将这方面的重要补充情报予以公布。

2. 如一个缔约国获知另一缔约国计划同时在月球上的同一区域、或环绕月球的同一轨道、或飞向或飞绕月球的同一轨道进行活动时，应立即将其自己进行活动的时间和计划通知该缔约国。

3. 缔约各国在进行本协定所规定的活动时，应将其在外层空间，包括月球在内所发现的可能危及人类生命或健康的任何现象以及任何有机生命迹象，通知联合国秘书长、公众、和国际科学界。

第 6 条

1. 所有缔约各国都享有不受任何种类的歧视，在平等基础上，并按照国际法的规定在月球上从事科学研究的自由。

2. 缔约各国为促进本协定各项规定的实施而进行科学研究时，应有权在月球上采集并移走矿物和其他物质的标本。发动采集此类标本的缔约各国可保留其处置权，并可为科学目的而使用这些标本。缔约各国应顾到宜否将此类标本的一部分供给感兴趣的其他缔约国和国际科学界作科学研究之用。缔约各国在进行科学研究时，也可使用适当数量的月球矿物和其他物质以支援它们的任务。

3. 缔约各国同意于派遣人员前往月球或在其上建立装置时，在实际可行的范围内宜尽量交换科学和其他人员。

第 7 条

1. 缔约各国在探索和利用月球时，应采取措施，防止月球环境的现有平衡遭到破坏，不论这种破坏是由于在月球环境中导致不利变化，还是由于引入环境外物质使其环境受到有害污染，或由于其他方式而产生。缔约各国也应采取措施防止地球环境由于引入地球外物质或由于其他方式而受到有害影响。

2. 缔约各国应将它们按照本条第 1 款所采取的措施通知联合国秘书长，并应尽一切可能预先将它们在月球上放置的一切放射性物质以及放置的目的通知秘书长。

3. 缔约各国应就月球上具有特殊科学重要性的地区向其他缔约国和秘书长提出报告，以便在不损害其他缔约国权利的前提下，考虑将这些地区指定为国际科学保护区，并经同联合国各主管机构协商后，对这些地区商定特别保护办法。

第 8 条

1. 缔约各国可在月球的表面或表面之下的任何地点进行其探索和利用的活动，但须遵守本条约的其他规定。

2. 为此目的，缔约各国特别可以：

（a）在月球上降落及从月球发射外空物体；

（b）将它们的人员、外空运载器、装备、设施、站所和装置放置在月球的表面或表面之下的任何地点。人员、外空运载器、装备、设施、站所和装置可在月球表面或表面之下自由移动或自由被移动。

3. 缔约各国依据本条第 1 款和第 2 款进行的活动不应妨碍其他缔约国在月球上的活动。发生此种妨碍时有关缔约各国应依照第十五条第 2 款和第 3 款规定进行协商。

第 9 条

1. 缔约各国可在月球上建立配置人员及不配置人员的站所。建立站所的缔约国应只使用为站所进行业务所需要的地区，并应立即将该站所的位置和目的通知联合国秘书长。以后每隔一年该缔约国应同样将站所是否继续使用，及其目的有无变更通知秘书长。

2. 设置站所应不妨碍依照本协定及关于各国探索和利用外层空间包括月球与其他天体活动所应遵守原则的条约第一条规定在月球上进行活动的其他缔约国的人员、运载器和设备自由进入月球所有地区。

第 10 条

1. 缔约各国应采取一切实际可行的措施，以保护在月球上的人的生命和健康。为此目的，缔约各国应视在月球上的任何人为关于各国探索和利用外层空间包括月球和其他天体活动所应遵守原则的条约第五条所称的宇宙航行员，并视其为营救宇宙航行员、送回宇宙航行员和归还发射到外层空间的物体的协定所称外空飞行器人员的一部分。

2. 缔约各国应以其站所、装置、运载器、及其他设备供月球上遭难人员避难之用。

第 11 条

1. 月球及其自然资源均为全体人类的共同财产，这将在本协定的有关条款，尤其是本条第 5 款中表现出来。

2. 月球不得由国家依据主权要求，通过利用或占领，或以任何其他方法据为己有。

3. 月球的表面或表面下层或其任何部分或其中的自然资源均不应成为任何国家、政府间或非政府国际组织、国家组织或非政府实体或任何自然人的财产。在月球表面或表面下层，包括与月球表面或表面下层相连接的构造物在内，安置人员、外空运载器、装备设施、站所和装置，不应视为对月球或其任何领域的表面或表面下层取得所有权。上述条款不影响本条第 5 款所述的国际制度。

4. 缔约各国有权在平等基础上和按照国际法和本协定的规定探索和利用月球，不得有任何性质的歧视。

5. 本协定缔约各国承诺一俟月球自然资源的开发即将可行时，建立指导此种开发的国际制度，其中包括适当程序在内。本款该按照本协定第十八条的规定予以实施。

6. 为了便利建立本条第 5 款所述的国际制度，缔约各国应在实际可行的范围内尽量将它们在月球上发现的任何自然资源告知联合国秘书长以及公众和国际科学界。

7. 即将建立的国际制度的主要宗旨应为：

（a）有秩序地和安全地开发月球的自然资源；

（b）对这些资源作合理的管理；

（c）扩大使用这些资源的机会；

（d）所有缔约国应公平分享这些资源所带来的惠益，而且应当对发展中国家的利益和需要，以及各个直接或间接对探索月球作出贡献的国家所作的努力，给予特别的照顾。

8. 有关月球自然资源的一切活动均应适当进行，以便符合本条第 7 款所订各项宗旨以及本协定第六条第 2 款的规定。

第 12 条

1. 缔约各国对其在月球上的人员、运载器、装备、设施、站所和装置应保有管辖权和控制权，外空运载器、装备、设备、站所和装置的所有权不因其在月球上而受影响。

2. 凡在预定位置以外的场地发现的运载器，装置及装备或其组成部分应依照营救宇宙航行员、送回宇宙航行员和归还发射到外层空间物体的协定第五条处理。

3. 缔约各国如遇足以威胁人命的紧急情况时，可使用其他缔约国在月球上的装备、运载器、装置、设施或供应品。此种使用应迅速通知联合国秘书长或有关缔约国。

第 13 条

一个缔约国获悉并非其本国所发射的外空物体在月球上坠毁、强迫着陆、或其他非出自本意的着陆时，应迅速通知发射该物体的缔约国和联合国秘书长。

第 14 条

1. 本协定缔约各国对于本国在月球上的各种活动应负国际责任，不论这类活动是由政府机构或非政府团体所进行的，并应负国际责任保证本国活动的进行符合本协定所载的各项规定。缔约各国应保证它们所管辖的非政府团体只有在该缔约国的管辖和不断监督下方可在月球上从事各种活动。

2. 缔约各国承认，由于在月球上的活动的增加，除关于各国探索和利用外层空间包括月球与其他天体活动所应遵守原则的条约和空间物体所造成损害的国际责任公约内的条款以外或许需要有关在月球上引起的损害赔偿责任的细节办法。对任何此类办法的拟订均应依照本协定第十八条所规定的程序。

第 15 条

1. 每一缔约国得查明其他缔约国从事探索及利用月球的活动确是符合本协

定的规定。为此目的，在月球上的一切外空运载器、装备、设施、站所和装置应对其他缔约国开放。这些缔约国应于合理期间事先发出所计划的参观通知，以便举行适当协商和采取最大限度的预防措施，以保证安全和避免干扰被参观设备的正常操作。为实行本条，任何一个缔约国可使用其自己的手段，亦可在任何其他缔约国的全面或局部协助下，或经由联合国体制内的适当国际程序，遵照宪章的规定采取行动。

2. 一个缔约国如有理由相信另一缔约国未能履行依照本协定所负的义务或相信另一缔约国妨害其在本协定规定下所享有的权利时，可要求与该国举行协商。接获此种要求的缔约国应立即开始协商，不得迟延。任何其他缔约国如提出要求，应有权参加协商。每一参加此等磋商的缔约国，应对任何争议寻求可以互相接受的解决办法，并应体念所有缔约各国的权利和利益。上项磋商结果应通知联合国秘书长，并由秘书长将所获情报转送一切有关缔约国。

3. 如果磋商结果未能导致一项可以互相接受而又适当顾及所有缔约国权利和利益的解决办法，有关各国应采取一切措施，以他们所选择的并且适合争端的情况和性质的其他和平方法解决这项争端。如果在开展协商方面发生困难或协商结果未能导致一项可以互相接受的解决办法，任何缔约国可无须征求任何其他有关缔约国的同意要求联合国秘书长协助解决争端。一个缔约国如果没有同另一有关缔约国保持外交关系，则应自行选择由其自己出面参加协商或经由另外的缔约国或秘书长作为中间人参加协商。

第 16 条

除第十七条至第二十一条外，凡在本协定内提及国家时，应视为适用于进行外空活动的任何政府间国际组织，但该组织须声明接受本协定内所规定的权利和义务，并且该组织的多数会员国须为本条约及关于各国探索和利用外层空间包括月球与其他天体活动所应遵守原则的条约的缔约国。为本协定缔约国的任何此等组织的会员国，应采取一切适当步骤，以保证该组织依照上述规定发表声明。

第 17 条

本协定任何缔约国均得对本协定提出修正案。修正案对于每一接受修正案的本协定缔约国在本协定多数缔约国接受修正案时发生效力，其后对于本协定其余每个缔约国，在该缔约国接受修正案之日发生效力。

第 18 条

本协定生效后十年，联合国大会应在临时议程内列入审查本协定的问题，以便参照本协定过去的实施情况，审议是否需加修正。但在本协定生效五年后的任何时候，作为协定保存人的联合国秘书长，经本协定三分之一的缔约国提出要求，并经多数缔约国同意，即应召开缔约国会议，以审查本协定。审查会议还应按照第十一条第 1 款所述原则，并且在特别考虑到任何有关的技术发展的情况下，审议执行第十一条第 5 款的各项规定的问题。

第 19 条

1. 本协定应开放给所有国家在纽约联合国总部签署。

2. 本协定应经各签字国批准。在本协定按照本条第 3 款生效前未在本协定签字的任何国家得随时加入本协定。批准书和加入书应交存联合国秘书长。

3. 本协定应在五国政府交存批准书后第三十天生效。

4. 对于本协定生效后交存批准书或加入书的国家，本协定应自其交存批准书或加入书之日后第三十天开始生效。

5. 秘书长应将每次签字的日期，交存每项批准或加入本协定文书的日期，本协定生效日期，和接得其他通知的情况立即通知所有签字国和加入国。

第 20 条

任何缔约国可在本协定生效后一年书面通知联合国秘书长退出本协定。这种退出应在接得通知后一年生效。

第 21 条

本协定的阿拉伯文、中文、英文、法文、俄文及西班牙文六种文本具有同等效力，并应交存联合国秘书长，由秘书长将本协定正式核证的副本分送各签署国和加入国。

为此，下列签字人，经本国政府正式授权，在本协定上签字，以昭信守。

本公约于一九七九年十二月十八日在纽约开放供各国签署。

第二部分 大会通过的原则

A. 各国探索和利用外层空间活动的法律原则宣言

大会：

鉴于人类进入外层空间展现的宏伟前途，而深受鼓舞；

确认和平探索和利用外层空间的进展，关系着全人类的共同利益；

深信探索和利用外层空间，应为人类造福，各国不论其经济或科学发展程度如何均能受益；

希望对和平探索和利用外层空间的科学和法律方面的广泛国际合作，做出贡献；

深信这种合作有助于促进相互了解，加强各国之间和各民族之间的友好关系；

回顾了一九四七年十一月三日联大（二届）第 110 号决议，曾谴责企图煽动或鼓励任何威胁与破坏和平或侵略行为的宣传，该决议也适用于外层空间；

考虑到联合国各会员国一致通过的大会一九六一年十二月二十日（十六届）第1721 号决议及一九六二年十二月十四日（十七届）第1802 号决议；

现郑重宣告，各国在探索和利用外层空间时，应遵守下列原则：

1. 探索和利用外层空间，必须为全人类谋福利和利益。

2. 各国都可在平等的基础上，根据国际法自由探索和利用外层空间及天体。

3. 外层空间和天体决不能通过主权要求、使用或占领、或其他任何方法，据为一国所有。

4. 各国探索和利用外层空间的活动，必须遵守国际法（包括联合国宪章）的规定，以保持国际和平与安全，增进国际合作与了解。

5. 各国对本国（不管是政府部门或非政府部门）在外层空间的活动，以及对保证本国的活动遵守本宣言所规定的原则，均负有国际责任。非政府部门在外层空间的活动，需经本国批准与经常监督。国际组织在外层空间从事活动时，应由该国际组织及其各成员国承担遵守本宣言所规定原则的责任。

6. 各国在探索和利用外层空间时应遵守合作和互助的原则。各国在外层空间进行各种活动，应妥善考虑其他国家的相应利益。一国若有理由认为该国（或该国的国民）计划在外层空间进行的活动或试验，会对其他国家和平探索和利用外层空间的活动产生妨碍时，应在进行这种活动和试验之前，进行适当的国际磋商。一国若有理由认为，另一国计划在外层空间进行的活动或试验，会妨碍和平探索和利用外层空间的活动时，可要求对这种活动或试验进行磋商。

7. 凡登记把物体射入外层空间的国家，对该物体及所载人员在外层空间期间，仍保持管理及控制权。射入外层空间的物体及其组成部分的所有权，不因其通过外层空间或返回地球，而受影响。这些物体或组成部分若在登记国国境以外被发现，应送还登记国。但在送还之前，根据要求，登记国应提出证明资料。

8. 向外层空间发射物体的国家或向外层空间发射物体的发起国家，以及被利用其国土或设施向外层空间发射物体的国家，对所发射的物体或组成部分在地球、天空或外层空间造成外国，或外国的自然人或法人损害时，应负有国际上的责任。

9. 各国应把宇宙航行员视为人类派往外层空间的使节。在他们如因意外事故、遇难、于外国领土或公海紧急降落时，各国应向他们提供一切可能的援救措施。紧急降落的宇宙航行员，应安全迅速地交还给登记国。

B. 各国利用人造地球卫星进行国际直接电视广播所应遵守的原则

大会：

回顾其 1972 年 11 月 9 日第 2916（XXVII）号决议内强调需要制订各国利用

人造地球卫星进行国际直接电视广播所应遵守的原则，并注意到缔结一项或多项国际协定的重要性；

又回顾其 1973 年 12 月 18 日第 3182 (XXVIII) 号、1974 年 11 月 12 日第 3234 (XXIX) 号、1975 年 11 月 18 日第 3388 (XXX) 号、1976 年 11 月 8 日第 31/8 号、1977 年 12 月 20 日第 32/196 号、1978 年 11 月 10 日第 33/16 号、1979 年 12 月 5 日第 34/66 号、1980 年 11 月 3 日第 35/14 号和 1981 年 11 月 18 日第号决议，其中决定考虑在其第三十七届会议上通过关于各国利用人造地球卫星进行国际直接电视广播所应遵守的一组原则草案。

赞赏地注意到和平利用外层空间委员会及其法律小组委员会作出了种种遵守上述各项决议所载指示的努力；

考虑到直接广播卫星已经进行了一系列的实验，而且若干国家已有一系列的直接广播卫星系统正在运行操作，并且可能在不久的将来进行商业化操作；

考虑到国际直接广播卫星的运行操作将会产生重大的国际政治、经济、社会和文化影响；

相信国际直接电视广播原则的确立将会对加强此一领域内国际合作以及促进《联合国宪章》的宗旨和原则方面作出贡献；

通过本决议附件所载《各国利用人造地球卫星进行国际直接电视广播所应遵守的原则》。

附件：各国利用人造地球卫星进行国际直接电视广播所应遵守的原则

A. 宗旨和目标

1. 利用卫星进行国际直接电视广播活动的进行，不得侵犯各国主权，包括不得违反不干涉原则，并且不得侵犯有关联合国文书所载明的人人有寻求、接受和传递情报和思想的权利。

2. 这类活动应促进文化和科学领域情报和知识的自由传播和相互交流，有助于特别是发展中国家的教育、社会和经济的发展，提高所有人民的生活质量并在适当考虑到各国政治和文化完整的情况下提供娱乐。

3. 因此，这类活动的进行，应促进所有国家和人民之间的相互了解，加强友好关系与合作，以维护国际和平和安全。

B. 国际法律的适用性

4. 利用卫星进行国际直接电视广播领域的活动应遵照国际法，其中包括联合国宪章、1967 年 1 月 27 日关于各国探索和利用包括月球和其他天体的外层空间活动原则的条约，1 国际电信公约及其无线电规则的有关条款，以及关于各国间友好关系与合作及关于人权的国际文书的有关条款。

C. 权利和利益

5. 各国在利用卫星进行国际直接电视广播活动以及授权其管辖范围内的个人和实体从事这种活动方面，权利一律平等。各国和各国人民有权并应当享有这些活动带来的利益各国均可依照有关各方议定的条件，不受歧视地取得这一方面的技术。

D. 国际合作

6. 利用卫星进行国际直接电视广播的活动，应当以国际合作为基础，并应当促进国际合作应当为这种合作订立适当安排。发展中国家利用卫星进行国际直接电视广播以加速其本国发展的需要应特别得到考虑。

E. 和平解决争端

7. 任何可能因为这些原则所包括的活动而引起的国际争端，应根据联合国宪章的规定，通过争端各当事方所同意的、公认的和平解决争端程序来解决。

F. 国家责任

8. 各国应对其本身或其管辖范围内所从事的关于利用卫星进行国际直接电视广播的活动，以及任何这种活动均须符合本文件所载原则，承担国际责任。

9. 如政府间国际组织使用卫星进行国际直接电视广播，则该组织本身及其参加国都应承担上文第 8 段所述责任。

G. 协商的义务和权利

10. 在某一国际直接电视广播卫星服务范围内的任何广播国或收视国如经同一服务范围内的其他任何广播国或收视国要求协商，应当迅速就其利用卫星进行国际直接电视广播的活动同要求国进行协商，但这种协商将不影响这些国家同其他任何国家就此问题可能进行的其他协商。

H. 版权和有关权利

11. 在不妨害国际法有关规定的条件下，各国应当在双边和多边的基础上进行合作以便缔结有关国家（或在其管辖下行事的主管法律实体）之间的适当协定，保障版权和有关权利。各国在进行合作时，对发展中国家利用直接电视广播以加速本国发展的利益，应当予以特别照顾。

I. 对联合国的通知

12. 为了促进和平探索和利用外层空间方面的国际合作，凡利用或授权利用卫星进行国际直接电视广播活动的国家，应当尽量将这些活动的性质通知联合国秘书长。联合国秘书长在接到通知后，应当立即有效地转告联合国各有关专门机构以及公众和国际科学界。

J. 国家间的协商和协议

13. 拟议设立或授权设立国际直接电视广播卫星服务的国家应将此意图立即通知收视国，如有任一收视国提出协商要求，并应迅速与之协商。

14. 国际直接电视广播卫星服务的建立，必须事先满足上文第 13 段规定的条件，并根据国际电信联盟有关文书规定的协议和（或）安排以及遵照本文件各项原则进行。

15. 对于卫星信号无法避免的辐射外溢，国际电信联盟有关文书得暂免适用。

C. 关于从外层空间遥感地球的原则

大会：

回顾其 1974 年 11 月 12 日第 3234（XXIX）号决议，其中建议和平利用外层空间委员会法律小组委员会审议从空间遥感地球所涉的法律问题，以及 1975 年 11 月 18 日第 3388（XXX）号、1976 年 11 月 8 日第 31/8 号、1977 年 12 月 20 日第 32/196A 号、1978 年 11 月 10 日第 33/16 号、1979 年 12 月 5 日第 34/66 号、1980 年 11 月 13 日第 35/14 号、1981 年 11 月 18 日第 36/35 号、1982 年 12 月 10 日第 37/89 号、1983 年 12 月 15 日第 38/80 号、1984 年 12 月 14 日第 39/96 号和 1985 年 12 月 19 日第 40/162 号决议，其中要求详细审议从空间遥感地球所涉法律问题，以期拟订同遥感有关的原则草案。

审议了和平利用外层空间委员会第二十九届会议工作报告 6 及其所附的关于从空间遥感地球的原则草案的案文；

满意地注意到和平利用外层空间委员会已根据在法律小组委员会的审议结果；

核可了关于从空间遥感地球的原则草案案文，相信通过关于从空间遥感地球的原则将有助于加强在此领域的国际合作，通过本决议附件所载关于从空间遥感地球的原则。

附件：关于从外层空间遥感地球的原则

原则一

就有关遥感活动的这些原则而言：

（a）"遥感"一词是指为了改善自然资源管理、土地利用和环境保护的目的，利用被感测物体所发射、反射或衍射的电磁波的性质从空间感测地球表面；

（b）"原始数据"一词是指空间物体所载遥感器取得的并从空间以遥测方式用电磁信号播送或以照相胶卷、磁带或任何其他手段传送到地面的粗泛数据；

（c）"处理过的数据"一词是指为了能利用原始数据而对这种数据进行处理所得到的产物；

（d）"分析过的资料"一词是指对处理过的数据和从其他来源获得的数据和知识进行解释所得到的资料；

（e）"遥感活动"一词是指遥感空间系统、原始数据收集和储存站的操作，以及处理、解释和传播处理过的数据的活动。

原则二

遥感活动应为所有国家谋福利和利益，不论它们的经济、社会或科学和技术发展程度如何，并应特别考虑到发展中国家的需要。

原则三

进行遥感活动应遵守国际法，包括联合国宪章、关于各国探索和利用外层空间包括月球与其他天体活动所应遵守原则的条约 1 和国际电信联盟的有关文书。

原则四

进行遥感活动应遵守关于各国探索和利用外层空间包括月球与其他天体活动所应遵守原则的条约第一条所载的原则，该条特别规定探索和利用外层空间应为所有国家谋福利和利益，而不论其经济或科学发展程度如何，并订明在平等基础上自由探索和利用外层空间的原则。进行这些活动时应尊重所有国家和人民对其财富和自然资源享有完全和永久主权的原则，同时应适当顾及其他国家及其管辖下的实体依照国际法享有的权利和利益。这种活动的进行不得损及被感测国家的合法权利和利益。

原则五

进行遥感活动的国家应促进遥感活动方面的国际合作。为此目的，它们应向其他国家提供参与其事的机会。每项这种参与都应基于公平和彼此接受的条件。

原则六

为使遥感活动所带来的惠益在最大范围内得到享用，应通过协定或其他安排，鼓励各国设立和操作数据收集和储存站以及处理和解释设施，尤其是可行时在区域协定或安排的范围内进行。

原则七

参加遥感活动的国家应按照彼此同意的条件向其他有兴趣的国家提供技术援助。

原则八

联合国和联合国系统内有关机构应促进遥感方面的国际合作，包括技术援助和协调。

原则九

按照关于登记射入外层空间物体的公约 4 第四条和关于各国探索和利用外层

空间包括月球与其他天体活动的所应遵守原则的条约第十一条的规定，进行遥感计划的国家应通知联合国秘书长。经任何其他国家请求，尤其是受该计划影响的任何发展中国家请求，该国还应在切实可行的最大限度内提供任何其他有关资料。

原则十

遥感应促进地球自然环境的保护。为此目的，参加遥感活动并确定其拥有的资料能防止有害于地球自然环境的任何现象的国家应将此类资料提供给有关国家。

原则十一

遥感应促进保护人类免受自然灾害侵袭。为此目的，参加遥感活动并确定其拥有的处理过的数据和分析过的资料对受到自然灾害侵袭或很可能受到即将发生的自然灾害侵袭的国家也许有助益的国家，应尽快将这种数据和资料送交有关国家。

原则十二

有关被感测国管辖下领土的原始数据和处理过的数据一经制就，该国即得在不受歧视的基础上依照合理费用条件取得这些数据。被感测国亦得按同样基础和条件取得任何参与遥感活动的国家所拥有的关于其管辖下领土的分析过的资料，在这方面，应特别考虑到发展中国家的需要和利益。

原则十三

为促进和加强国际合作，尤其是照顾到发展中国家的需要，从外层空间遥感地球的国家经请求应同领土被感测的国家举行协商，以提供参与机会和增进双方由此得到的惠益。

原则十四

根据关于各国探索和利用外层空间包括月球与其他天体活动所应遵守原则的条约第六条，操作遥感卫星的国家应对其活动承担国际责任，并确保此类活动的实施符合这些原则和国际法规范，不论此类活动是由政府实体或非政府实体进行的还是通过该国所参加的国际组织进行的。这条原则不妨碍国际法关于遥感活动的国家责任的规范的适用。

原则十五

这些原则的适用所产生的任何争端应通过既定的和平解决争端程序予以解决。

D. 关于在外层空间使用核动力源的原则

大会：

审议了和平利用外层空间委员会第三十五届会议的工作报告 7 及委员会所核

可并附在其报告的关于在外层空间使用核动力源的原则的案文；

认识到核动力源由于体积小、寿命长及其他特性，特别适用于甚至必须用于在外层空间的某些任务；

还认识到核动力源在外层空间的使用应当集中于能够利用核动力源特性的那些用途；

又认识到在外层空间使用核动力源应当以包括或然风险分析在内的彻底安全评价为基础，特别应着重减少公众意外地接触到有害辐射或放射物质的危险；

确认在这方面需要一组含有目标和准则的原则，以确保在外层空间安全使用核动力源；

申明这组原则适用于专门在空间物体上为非推进目的发电的、其特性大体上与原则通过时所使用的系统和执行的任务相似的外层空间核动力源；

认识到这组原则将来需要参照新的核动力用途和国际上对辐射防护提出的新建议而进行订正；

通过下列关于在外层空间使用核动力源的原则。

原则 1．国际法的适用性

涉及在外层空间使用核动力源的活动应按照国际法进行，尤其是《联合国宪章》和《关于各国探索与利用包括月球和其他天体在内外层空间活动的原则条约》。

原则 2．用语

1．为这些原则的目的，"发射国"和"发射……的国家"两词是指，在与有关原则相关的某一时刻对载有核动力源的空间物体实施管辖和控制的国家。

2．为原则 9 的目的，其中所载"发射国"一词的定义适用于该原则。

3．为原则 3 的目的，"可预见的"和"一切可能的"两词是用来形容其实际发生的总体可能性到达了据认为对安全分析来说是有可信可能性的程度的一类事件或情况。"深入防范总概念"一词在适用于外层空间核动力源时是指用各种设计形式和航天操作代替或补充运转的系统，以防止系统发生故障或减轻其后果。实现这一目的并非一定要求每个单一部件都有冗余的安全系统。鉴于空间使用和各种航天任务的特殊要求，不可能把任何一套特定的系统或特点规定为实现这一目的所必须的。为原则 3 第 2（d）段的目的，"使其进入临界状态"不包括诸如零功率测试这类确保系统安全所必需的行动。

原则 3．安全使用的准则和标准

为了尽量减少空间放射性物质的数量和所涉的危险，核动力源在外层空间的使用应限于用非核动力源无法合理执行的航天任务。

1. 关于放射性防护和核安全的一般目标

（a）发射载有核动力源的空间物体的国家应力求保护个人、人口和生物圈免受辐射危害。载有核动力源的空间物体的设计和使用应极有把握地确保使危害在可预见的操作情况下或事故情况下均低于第 1（b）和（c）段界定的可接受水平。这种设计和使用还应极可靠地确保放射性材料不会显著地污染外层空间。

（b）在载有核动力源的空间物体正常操作期间，包括从第 2（b）段界定的足够高的轨道重返之时，应遵守国际辐射防护委员会建议的对公众的适当辐射防护目标。在此种正常操作期间，不得产生显著的辐照；

（c）为限制事故造成的辐照，核动力源系统的设计和构造应考虑到国际上有关的和普遍接受的辐照防护准则。除发生具有潜在严重放射性后果之事故的或然率极低的情况外，核动力源系统的设计应极有把握地将辐照限于有限的地理区域，对于个人的辐照量则应限于不超过每年 1mSv 的主剂量限度。允许采用若干年内每年 5mSv 的辐照副剂量限度，但整个生命期间的平均年有效剂量当量不得超过每年 1mSv 的主剂量限度。应通过系统设计使发生上述具有潜在严重放射后果的事故的或然率非常小。本段提及的准则今后若有修改，应尽快适用；

（d）应根据深入防范总概念设计、建造和操作对安全十分重要的系统。根据这一概念，可预见的与安全有关的故障都必须可用另一种可能是自动的行动或程序加以纠正或抵销。应确保对安全十分重要的系统的可靠性，办法除其他外包括使这些系统的部件具有冗余配备、实际分离、功能隔离和适当的独立。还应采取其他措施提高安全水平。

2. 核反应堆

（a）核反应堆可用于：

（一）行星际航天任务；

（二）第 2（b）段界定的足够高的轨道；

（三）低地球轨道，条件是航天任务执行完毕后核反应堆须存放在足够高的轨道上；

（b）足够高的轨道是指轨寿命足够长，足以使裂变产物衰变到大约为锕系元素活性的轨道。足够高轨道必须能够使对现有和未来外空航天任务构成的危险和与其他空间物体相撞的危险降至最低限度。在确定足够高的轨道的高度时还应考虑到毁损反应堆的部件在再入地球大气层之前也须经过规定的衰变时间。

（c）核反应堆只能用高浓缩铀 235 燃料。核反应堆的设计应考虑到裂变和活化产物的放射性衰变。

（d）核反应堆在达到工作轨道或行星际飞行轨道前不得使其进入临界状态。

（e）核反应堆的设计和建造应确保在达到工作轨道前发生一切可能事件时均不能进入临界状态，此种事件包括火箭爆炸、再入、撞击地面或水面、沉入水下或水进入堆芯。

（f）为显著减少载有核反应堆的卫星在其寿命低于足够高轨道的轨道上操作期间（包括在转入足够高轨道的操作期间）发生故障的可能性，应有一个极可靠的操作系统，以确保有效地和有控制地处理反应堆。

3. 放射性同位素发电机

（a）行星际航天任务和其他脱离地球引力场的航天任务可使用放射性同位素发电机。如航天任务执行完毕后将发电机存入在高轨道上，则也可用于地球轨道。在任何情况下都须作出最终的处理。

（b）放射性同位素发电机应用封闭系统加以保护，该系统的设计和构造应保证在可预见的轨道条件下在再入高层大气时承受热力和空气动力，轨道运行条件在有关时包括高椭圆轨道或双曲线轨道。一旦发生撞击，封闭系统和同位素的物理形态应确保没有放射性物质散入环境，以便可以通过一次回收作业完全清除撞击区的放射性。

原则 4. 安全评价

1. 在发射时符合原则 2 第 1 段定义的发射国，应在发射之前在适用情况下与设计、建造或制造核动力源者，或将操作该空间物体者、或将从其领土或设施发射该空间物体者合作，确保进行彻底和全面的安全评价。这一评价还应涉及航天任务的所有有关阶段，并应顾及所涉一切系统，包括发射手段、空间平台、核动力源及其设备、以及地面与空间之间的控制和通信手段。

2. 这一评价应遵守原则 3 所载关于安全使用的指导方针和标准。

3. 根据关于各国探索和利用外层空间包括月球与其他天体活动所应遵守原则的条约第十一条，应在每一次发射之前公布这一安全评价的结果同时在可行的范围内说明打算进行发射的大约时间，并应通知联合国秘书长，各国如何能够在发射前尽早获得这种安全评价结果。

原则 5. 重返时的通知

1. 发射载有核动力源的空间物体的任何国家在该空间物体发生故障而产生放射性物质重返地球的危险时，应及时通知有关国家。通知应按照下列格式：

（a）系统参数：

（一）发射国的名称，包括在发生意外事故时可以与其接触以索取更多资料或得到援助的有关当局的地址；

（二）国际称号；

（三）发射日期和发射地区或地点；

（四）对轨道寿命、轨迹和撞击地区作出最佳预测所需的资料；

（五）航天器的一般功能。

（b）关于核动力源的放射危险性的资料：

（一）动力源的类型：放射性同位素/反应堆；

（二）可能落到地面的燃料与受沾染和/或活化组件的可能物理状态、数量和一般放射特性。"燃料"一词是指作为热源或动力源的核材料。这份资料也应当送交给联合国秘书长。

2. 一旦知道发生故障，发射国即应提供符合上述格式的资料。资料应尽可能频密地加以更新，并且在预计重返地球大气稠密层的时刻接近时，增加提供最新资料的频率，以便国际社会了解情况并有充分时间计划任何被认为是必要的国家应变措施。

3. 还应以同样的频率将最新的资料提供给联合国秘书长。

原则6. 协商

根据原则5提供资料的国家，应尽量在合理可行的情况下，对其他国家的索取进一步资料的要求或协商的要求迅速予以答复。

原则7. 对各国提供的协助

1. 在接到关于载有核动力源的空间物体及其组件预计将重返地球大气层的通知以后，拥有空间监测和跟踪设施的所有国家均应本着国际合作精神，尽早向联合国秘书长和有关国家提供它们可能拥有的关于载有核动力源的空间物体发生故障的有关情报，以便使可能受到影响的各国能够对情况作估计，并采取任何被认为是必要的预防措施。

2. 在载有核动力源的空间物体及其组件重返地球大气层之后：

（a）发射国应根据受影响国家的要求，迅速提供必要的协助，以消除实际的和可能的影响，包括协助查明核动力源撞击地球表面的地点，侦测重返的物质和进行回收或清理活动。

（b）除发射国以外的所有拥有有关技术能力的国家、及拥有这种技术能力的国际组织，均应在可能的情况下，根据受影响国家的要求，提供必要的协助。

在根据上述（a）、（b）分段提供协助时，应考虑发展中国家的特别需要。

原则8. 责任

按照关于各国探索和利用外层空间包括月球与其他天体活动所应遵守原则的条约第六条，各国应为本国在外层空间涉及使用核动力源的活动承担国际责任，而不论这些活动是由政府机构或非政府实体进行，并应承担国际责任，保证本国所进行的此类活动符合该条约和这些原则中的建议。如果涉及使用核动力源的外层空间活动是由一个国际组织进行，则应由该国际组织和参加该组织的国家承担遵守上述条约和这些原则中所载建议的责任。

原则 9. 赔偿责任和赔偿

1. 按照关于各国探索和利用外层空间包括月球与其他天体活动所应遵守原则的条约第七条和空间物体所造成损害的国际责任公约的各项规定，发射或请人代国发射空间物体的每一国家，以及从其领土或设施发射空间物体的每一国家对此种空间物体或其构成部分所造成的损害应承担国际赔偿责任。这完全适用于此种空间物体载有核动力源的情况。两个或两个以上国家共同发射空间物体时，各发射国应按照上述公约第五条对任何损害共同及单独承担责任。

2. 此类国家按照上述公约所应承担的损害赔偿，应按照国际法和公平合理的原则确定，以便提供的损害赔偿使以其名义提出索赔的自然人或法人、国家或国际组织能够恢复至损害发生前的状态。

3. 为了本原则的目的，所作的赔偿应包括偿还有适足依据的搜索、回收和清理工作的费用，其中包括第三方提供援助的费用。

原则 10. 解决争端

由于执行这些原则所引起任何争端将按照联合国宪章的规定，通过谈判或其他既有的和平解决争端程序来解决。

原则 11. 审查和修订

这些原则应由和平利用外层空间委员会审查和修订，时间不应迟于原则通过后二年。

E. 关于开展探索和利用外层空间的国际合作，促进所有国家的福利和利益，并特别要考虑到发展中国家的需要的宣言

大会：

审议了和平利用外层空间委员会第三十九届会议工作报告 9 以及该报告所附经委员会核准的《关于开展探索和利用外层空间的国际合作，促进所有国家的福利和利益，并特别要考虑到发展中国家的需要的宣言》案文；

铭记《联合国宪章》的有关规定；

特别回顾《关于各国探索和利用外层空间包括月球与其他天体活动所应遵守原则的条约》的各项规定；

并回顾其关于外层空间活动的各项有关决议；

铭记第二次联合国探索及和平利用外层空间会议 11 和其他与此领域有关的国际会议的建议；

认识到国家间及国家与国际组织间在为和平目的探索和利用外层空间方面开展国际合作的范围和意义日益增大；

考虑到在国际合作活动中取得的经验；

深信进一步加强国际合作以便为了互利和所有有关各方利益而在该领域实现广泛有效协作的必要性和意义；

期望促进下述原则的实施，即探索和利用包括月球和其他天体在内的外层空间，应是为了所国家的福利和利益，无论其经济或科学发展程度如何，并应成为全人类的事业；

通过本决议附件所载《关于开展探索和利用外层空间的国际合作，促进所有国家的福利和利益，并特别要考虑到发展中国家的需要的宣言》。

附件：关于开展探索和利用外层空间的国际合作，促进所有国家的福利和利益，并特别要考虑到发展中国家的需要的宣言

1. 应根据包括《联合国宪章》和《关于各国探索和利用外层空间包括月球与其他天体活动所应遵守原则的条约》4 在内的国际法的各项规定开展为和平目的探索和利用外层空间的国际合作（下称"国际合作"）。开展这一国际合作应是为了促进所有国家的福利和利益，不论其经济、社会或科学技术的发展程度如何，并应成为全人类的事业。应特别考虑到发展中国家的需要。

2. 各国均可在公平和可以相互接受的基础上自行决定参加探索和利用外层空间的国际合作的所有方面。这种合作活动的合同条件应当公平合理，应当完全符合有关各方的合法权利和利益，例如知识产权。

3. 所有国家，特别是具有有关空间能力和正在进行探索和利用外层空间方案的国家，应当在公平和可以相互接受的基础上帮助促进和推动国际合作。在这方面，应当特别注意到发展中国家和空间方案刚起步的国家在与空间能力较先进的国家开展国际合作时所产生的福利和利益。

4. 开展国际合作时应当采取有关国家认为最有效和适当的方式，除其他外，包括政府与非政府的方式；商业与非商业的方式；全球、多边、区域或双边的方式；以及各种发展水平的国家之间的国际合作。

5. 国际合作在特别顾及发展中国家需要的同时，应考虑到它们对技术援助的需要和合理有效地分配财政和技术资源，尤其应当致力达到下列目标：

（a）促进空间科学和技术及其应用的发展；

（b）推动有关国家的实用和适当空间能力的发展；

（c）促进各国在可以相互接受的基础上交流专业知识和技术。

6. 国家机构和国际机构、研究机构、发展援助组织以及发达国家和发展中

国家，都应当考虑如何适当发挥空间应用和国际合作的潜力，以求实现其发展目标。

7. 应当加强和平利用外层空间委员会的作用，除其他外，应发挥在开展探索和利用外层空间的国际合作领域中作为国家和国际活动交流信息论坛的作用。

8. 应当鼓励所有国家根据其空间能力及其参与探索和利用外层空间的程度，为联合国空间应用方案和国际合作领域的其他倡议作出贡献。

附录 2　移动设备国际利益公约及其议定书

一、移动设备国际利益公约

本公约各缔约国：

知悉获得和使用高价值或具有特别经济意义的移动设备的需要和促进有效率地获得和使用此中设备的融资需要；

认识到为此目的进行资产担保融资和租赁的益处，并希望建立明确的规范以推动此类交易，铭记确保此种设备上的利益得到普遍承认和保护的需要，希望给利益各方带来广泛和相互的经济利益；

认为此种规范必须反映资产担保融资和租赁的原则，并须促进此类交易中当事各方所必需的意思自治；

意识到为此种设备的国际利益建立法律框架的需要和为此目的建立国际登记制度以保护的需要；

考虑到有关此种设备的各现行公约所载的目标和原则。

兹协议如下：

第一章　适用范围和总则

第一条　定义

除非文中另有规定，本公约所用术语含义如下：

（a）"协议"，是指担保协议、产权保留协议或租赁协议；

（b）"转让"，是指通过担保或其他方式将相关权利让渡给受让人的合同，而有关国际利益可随之转移，也可不转移；

（c）"相关利益"，是指根据由标的物担保或与其有关的协议，应由债务人给付或做出其他履行的全部权利；

（d）"破产程序的开始"，是指破产程序依据破产准据法被视为开始启动之时；

（e）"附条件的买方"，是指产权保留协议中的买方；

（f）"附条件的卖方"，是指产权保留协议中的卖方；

（g）"销售合同"，是指卖方将标的物销售给买方的合同，但并非上述（a）款定义所指的协议；

（h）"法院"，是指缔约国设立的法院、行政裁判庭或仲裁庭；

（i）"债权人"，是指担保协议的担保利益人，产权保留协议的附条件卖方，或租赁协议的出租人；

（j）"债务人"，是指担保协议的担保人，产权保留协议的附条件买方或者租赁协议的承租人或者其在标的物上的利益是受某项可登记的非约定权利或利益制约的人；

（k）"破产管理人"，是指经授权实施重组或清算的人，包括获得临时授权的人；如果破产准据法准许，也包括资产在其占有下的债务人；

（l）"破产程序"，是指为改组或清算目的，将债务人的资产和事务置于法庭控制或监督之下的破产、清算或其他索偿性司法或行政程序，包括临时程序；

（m）"利害关系人"，是指：

（i）债务人；

（ii）为确保债权人利益之相对义务得到履行，而出具或签发担保书、即付保证、备付信用证或任何其他形式的信用保证的任何人；

（iii）对标的物享有权利的任何其他人。

（n）"国内交易"，是指属于第二条第2款第（a）~（c）项中所列类型的交易，在缔结合同时：

其所涉各方的主要利益中心和（依据议定书确定的）相关标的物的所在地都位于同一个缔约国内，该交易所产生的利益已在该缔约国的国家登记处登记，且该缔约国已根据第五十条第1款做出声明；

（o）"国际利益"，是指第二条适用的债权人拥有的利益；

（p）"国际登记处"，是指为本公约或议定书的目的而设立的国际登记机构；

（q）"租赁协议"，是指某人（出租人）将标的物的占有权或控制权（附带或不附带购买选择权）授予另一人（承租人）以换取租金或其他给付的协议；

（r）"国家利益"，是指由根据第五十条所作声明中涵盖的国内交易产生的债权人对标的物拥有的利益；

（s）"非约定权利或利益"，是指为确保义务，包括对国家、国家实体或政府间组织或私人组织的义务，得到履行而由根据第三十九条做出声明的缔约国的法律赋予的权利或利益；

（t）"国家利益通知"，是指已在国际登记处登记或将要登记的关于已经设立某项国家利益的通知；

（u）"标的物"，是指属于第二条适用的类别的标的物；

（v）"先前存在的权利或利益"，是指在本公约根据第六十条规定的生效日期之前，已经产生或发生的标的物上任何种类的权利或利益；

（w）"收益"，是指因标的物全部或部分损毁、灭失或者全部或部分充公、征用或者调拨而取得的金钱或非金钱利益；

（x）"预期转让"，是指基于特定事件的发生而意欲在将来进行的转让，不论该事件的发生确定与否；

（y）"预期国际利益"，是指基于特定事件的发生（包括债务人取得标的物上的利益）而意欲在将来在标的物上设立或者设定为国际利益的利益，不论该事件的发生确定与否；

（z）"预期销售"，是指基于特定事件的发生而意欲在将来进行的销售，不论该事件的发生确定与否；

（aa）"议定书"，就本公约适用的任何类别的标的物及其相关权利而言，是指关于该等类别的标的物及其相关权利的议定书；

（bb）"已登记"，是指已经按照第五章在国际登记处办理登记；

（cc）"已登记利益"，是指已经按照第五章办理登记的国际利益、可登记的非约定权利或利益、或者在国家利益通知中指明的国家利益；

（dd）"可登记的非约定权利或利益"，是指根据第四十条交存的声明，可以办理登记的非约定权利或利益；

（ee）"登记官"，就议定书而言，是指由议定书指定或者根据第十七条第 2 款（b）项任命的个人或机构；

（ff）"规章"，是指监管机关根据议定书制定或批准的规章；

（gg）"销售"，是指根据销售合同进行的标的物所有权的转让；

（hh）"担保债务"，是指担保利益所担保的债务；

（ii）"担保协议"，是指担保人为确保本人或者第三人为履行既有债务或预期债务而赋予或者承诺赋予担保权益人标的物上利益（包括所有权利益）的协议；

（jj）"担保利益"，是指担保协议设定的利益；

（kk）"监管机关"，就议定书而言，是指第十七条第 1 款所指的监管机关；

（ll）"产权保留协议"，是指在协议规定的一项或多项条件未实现之前所有权不发生转移的标的物销售协议；

（mm）"未登记利益"，是指没有办理登记的约定利益或者非约定权利或利益（适用第三十九条的利益除外），不论其依照本公约是否可以办理登记；

（nn）"书面"，是指以有形形态或其他形态存在并能够在今后以有形形态复制而且以合理方式表明经某人核准的信息（包括以电子方式传输的信息）纪录。

第二条　国际利益

1. 本公约规定某些种类的移动设备上的国际利益和相关权利的构成极其效力。

2. 为本公约之目的，移动设备上的国际利益是指根据第七条构成、属于第3款所列并由议定书指定之种类的某个可识别标的物上的利益，包括：

（a）担保协议的担保人赋予的利益；

（b）产权保留协议的附条件卖方享有的利益；或者

（c）租赁协议的出租人享有的利益；

凡属于第（a）项的利益不能同时又属于第（b）向或第（c）项。

3. 前款所述的种类是：

（a）航空器机身、航空器发动机和直升机；

（b）铁路车辆；和

（c）空间资产。

4. 对于适用第2款的利益是否属于该款的（a）项、（b）项或（c）项，由准据法判定。

5. 标的物上的国际利益延及该标的物的收益。

第三条　适用范围

1. 在设立或设立国际利益的协议缔结之时，债务人位于缔约国境内的，本公约得予适用。

2. 债权人位于非缔约国之事实不影响本公约的适用。

第四条　债务人所在地

1. 为第三条第1款之目的，债务人的所在地可以是任何缔约国，只要：

（a）债务人是依照该国法律注册成立或设立；

（b）其在该国有注册办公机构或法定住所；

（c）其在该国有管理中心；或者

（d）其在该国有营业场所。

2. 债务人有一个以上营业场所的，前款（d）项所指债务人营业场所是指其主要营业场所；没有营业场所的，则指其惯常住所。

第五条　解释与准据法

1. 在解释本公约时。应当滤及公约序言中阐明的宗旨、公约的国际性质以及促进公约在适用上的统一性和可预见性的需要。

2. 属于本公约规范但公约未予明确规定的事项，应当按照作为本公约基础的一般原则处理；没有此类原则的，则按照准据法处理。

3. 准据法是指根据法院地国国际私法规则所指应予适用的国内法律规则。

4. 若一国由若干个领土单位组成，各领土单位对应予决定的事项均有各自的法律规则，且没有指明相关的领土单位的，由该国的法律决定哪一个领土单位的规则应予适用。如果没有这样的规则，则与案件有最密切关系的领土单位的法律应予适用。

第六条　公约与议定书的关系

1. 本公约和议定书应作为单一文书一体研读和解释。

2. 在本公约和议定书任何不一致的限度内，以议定书为准。

第二章　国际利益的构成

第七条　形式要求如果设立或设定

一项利益的协议符合下列条件，该利益当即构成本公约所指的国际利益：

（a）是以书面形式订立；

（b）其所涉及的标的物是担保人、附条件的卖方或出租人有权处置的；

（c）可以按照议定书的规定是该标的物得到识别；和

（d）若属于担保协议，可以使得被担保的义务得到确定，但无须说明所担保的金额或最大金额。

第三章　不履行的救济

第八条　担保权益人的救济

1. 如果发生第十一条规定的不履行情况，在不违反缔约国可能根据第五十四条所作声明的情况下，担保权益人可以按照担保人过去任何时候已经同意的限度实施下述任一种或多种救济：

（a）占有或者控制作为担保物的任何标的物；

（b）出售或者出租任何此类标的物；

（c）收取或者领受因管理或使用任何此类标的物而产生的收入或盈利。

2. 担保权益人也可选择申请法院令状授权或者指令实施前款所述的任一行为。

3. 前第1款（a）、（b）或（c）项或第十三条规定的任何救济均须以商业上合理的方式施行。根据担保协议条款施行救济的，除非有关条款明显不合理，否则得视为在商业上是合理的。

4. 拟议按第1款的规定而非按照法院令状出售或者出租标的物的担保权益人，必须将拟议的出售或出租以书面形式合理地预先通知：

（a）第一条（m）款第（i）、（ii）项规定的利害关系人；和

（b）第一条（m）款第（iii）项规定的、而且已在出售或出租前的合理期间内将其权利通知了担保权益人的利害关系人。

5. 担保权益人因施行第1款规定的救济而收取或领受的款项得用于抵偿被担保债务的金额。

6. 担保权益人因施行第1款项规定的救济而收取或者领受的款额超过该项担保利益所担保的金额以及在施行救济中产生的合理费用的，除法院另有指令外，担保权益人必须按先后顺序将超过部分分配给优先受偿地位紧随其后的已登记利益的各持有人或已向担保权益人通知其利益的各持有人，然后将任何剩余部分交付给担保人。

第九条　以标的物清偿、赎回

1. 在发生第十一条规定的不履行情况之后的任何时候，担保权益人和全体利害关系人可以约定将担保利益项下的任何标的物的所有权（或者担保人对该标的物享有的任何其他权利）授予担保权益人，以清偿或用于清偿担保的债务。

2. 法院可以根据担保权益人的申请发出令状，将担保权益项下任何标的物的所有权（或者担保人对该标的物享有的任何其他权利）授予担保权益人，以清偿或用于清偿担保的债务。

3. 法院须在考虑应由担保权益人向利害关系人支付的金额之后，认为通过此种授权得以清偿的担保债务金额与标的物价值相当的，始得依据前款规定准许担保权益人的申请。

4. 在发生第十一条规定的不履行情况之后和用于担保的标的物被出售或者依据第2款的规定发出令状之前的任何时候，担保人或者任何利害关系人可以通过全额支付被担保的金额解除担保利益，但不得对抗担保权益人根据第八条第1款（b）项签订的租赁协议。在发生此种不履行的情况之后，如果全额支付被担保金额的是债务人以外的利害关系人，则该利害关系人即行代位取得担保权益人的各项权利。

5. 担保人的所有权或任何其他利益根据第八条第1款（b）项或者根据本条第1款或第2款规定的销售发生转移之后，即与担保权益人依据第二十九条的规定其担保权益享有优先受偿权的任何其他利益再无干系。

第十条　附条件的卖方或出租人的救济

如果在产权保留协议或租赁协议下发生第十一条规定的不履行情况，附条件的卖方或者是出租人各按所属可以：

（a）在不违反缔约国可能根据第五十四条所作声明的情况下，终止协议并占

有或控制与该协议相关的任何标的物；

（b）申请法院令状授权或指令实施上述任一行为。

第十一条　不履行的含义

1. 债务人和债权人可以于任何时候以书面形式约定构成不履行或者导致产生第八条至第十条和第十三条规定的权利和救济的事件。

2. 如果债务人和债权人没有如此约定，第八条至第十条和第十三条所谓的"不履行"是指严重剥夺债权人根据约定有权享有的期望的不履行。

第十二条　附加救济

任何为准据法所准许的附加救济，包括当事各方约定的任何救济，可以在不违背本章第十五条的强制性规定的限度内行使。

第十三条　最终裁决前的救济

1. 在不违反缔约国可能根据第五十五条所作声明的情况下，缔约国必须保证，已举出证据证明债务人不履行债务的债权人，在其权利主张获得最终裁决之前并按债务人此前任何时候同意的限度，可以申请法院依其所请，通过下列一种或几种令状的形式获得紧急救济：

（a）保全有关的标的物及其价值；

（b）占有、控制或者监管该标的物；

（c）闲置该标的物；和/或

（d）出租或者在（a）至（c）项未涵盖的情况下管理该标的物和由此产生的收益。

2. 法院在按照前款做出任何令状时，可以施加其认为必要的条件以保护利害关系人，如果债权人：

（a）在执行授予此种救济的任何令状时，未能履行本公约或议定书规定的其对债务人的任何义务；或者

（b）在最终裁决其所偿请求时，未能使其请求全部或部分成立。

3. 法院在根据第 1 款做出任何令状之前，可以要求将有关请求通知任何利害关系人。

4. 本条规定不影响第八条第 3 款的适用，亦不限制第 1 款规定以外的他种临时救济的施行。

第十四条　程序要求

以第五十四条第 2 款为准，本章规定的任何救济均须根据救济施行地的法定程序施行。

第十五条　减损

本章所述的当事双方或各方在其相互关系中可以在任何时候通过书面协议减损或者变更本章前述条款的效力，但第八条第 3～6 款、第九条第 3 和 4 款、第十三条第 2 款和第十四条除外。

第四章　国际登记制度

第十六条　国际登记处

1. 应当设立国际登记处，就下列事项办理登记：

（a）国际利益、预期国际利益和可登记的非约定权利和利益；

（b）国际利益的转让和预期转让；

（c）依照法律或者准据法的合同代位取得国际利益；

（d）国家利益通知；和

（e）前述各项所述利益的从属利益。

2. 针对不同种类的标的物及相关权利可以设立不同的国际登记处。

3. 为本章和第五章之目的，"登记"一词分别包括修订、续延或者注销登记。

第十七条　监管机关和登记官

1. 根据议定书规定应当设立监管机关。

2. 监管机关履行下列职责：

（a）设立或者指示设立国际登记处；

（b）除非议定书令有规定，任命和罢免登记管；

（c）确保在登记官人选发生变化时将国际登记处持续有效运作所必需的各项权利授予或者转让给新登记官；

（d）经与缔约国协商后，依照议定书指定或者批准并且保证颁布有关国际登记处运作的规章；

（e）建立管理程序，使对有关国际登记处运作的投诉能通过此种程序送达监管机关；

（f）监督登记官和国际登记处的运作；

（g）根据登记官的请求，向登记官提供监管机关认为适当的指导；

（h）制定并定期复审国际登记处提供服务和便利的收费结构；

（i）做出一切必要的安排，确保建立一个高效率的、以通知为基础的电子登记系统，以执行本公约和议定书的各项目标；和

（j）定期向缔约国报告其履行本公约和议定书项下义务的情况。

3. 监管机关可以缔结履行其职责所必需的任何协议，包括第二十七条第 3 款所述的任何协议。

4. 监管机关是国际登记处的数据库和档案上一切专有权利的所有人。

5. 登记官应当保证国际登记处高效运作，履行本公约、议定书和规章所赋予的各项职责。

第五章　有关登记的其他事项

第十八条　登记要求

1. 议定书和规章应对下列事项，包括标的物的识别标准，规定要求：

（a）登记的生效（应包括事先以电子形式发送已从某人获得的同意书的有关规定，根据第二十条的要求，需征得此人的同意）；

（b）进行查证和出具查证书及相关事宜；

（c）保证国际登记处资料和文书的保密性，但并非登记资料和文书的保密性。

2. 登记官没有义务查询事实上是否已按照第二十条同意进行登记或该同意是否有效。

3. 如果作为预期国际利益登记的利益成为国际利益，在登记资料足以满足国际利益登记的要求的情况下，不许在另行登记。

4. 登记官应做出安排，将登记情况输入国际登记处数据库，并可按接受的时间顺序查证，档案中应纪录收到的日期和时间。

5. 议定书可以规定：缔约国可以指定其境内的某个或多个实体作为一个或多个接头点，并通过接头点将登记所需的资料报送或选送给国际登记处。做出此种指定的缔约国可以规定在向国际登记处发送此种资料前得满足的任何要求。

第十九条　登记的有效性和时间

1. 登记必须依照第二十条的规定办理始得有效。

2. 只有在规定的资料已经输入国际登记处数据库因而可供查证之时起有效的登记始算完毕。

3. 为前款之目的，一项登记在经过下述程序后即是可供查证的：

（a）国际登记处已经排定了该项登记的档案序号；和

（b）登记资料连同档案序号已作永久性存储并可在国际登记处检索查询。

4. 一项利益作为预期国际利益登记后成为国际利益的，该项国际利益应当按登记预期国际利益时即已登记论处，但条件是该项登记在根据第七条的规定构成国际利益之前仍然现行有效。

5. 前款经必要调整后适用于国际利益预期转让的登记。

6. 登记应当按照议定书规定的标准在国际登记处资料库提供查询。

第二十条　同意办理登记

1. 一项国际利益、预期国际利益或者国际利益的转让或预期转让，可以由当事一方在征得另一方书面同意的情况下对其进行登记，并可在任何此类登记期满前对其进行修改或延长。

2. 一项国际利益从属于另一项国际利益的，可以由从属利益人在任何时候办理登记后经其书面同意后予以登记。

3. 一项登记可以由其收益方撤销或经其书面同意后予以撤销。

4. 依照法律或者合同代位取得的国际利益可以由代位人办理登记。

5. 一项可登记的非约定权利或者利益可以由其持有人办理登记。

6. 一项国家利益通知可以由该项利益的持有/办理登记。

第二十一条　登记的时效

一项国家利益的登记在被撤销或登记规定期气届满前，始终有效。

第二十二条　查证

1. 任何人均可按照议定书或规章规定的方式．通过电子手段向国际登记处查证或要求查证在此登记的利益或预期国际利益。

2. 登记官收到查证要求后应当按照议定书或规章规定的方式，通过电子手段就任何标的物出具登记处查证证明书：

（a）说明与之有关的全部在册资料，并附加说明此种资料登记的日期和时间；或者

（b）说明国际登记处差无有关资料。

3. 依照前款出具的查证证明书应说明登记资料中列明的债权人已获得或准备获得标的物的国际利益，但不应说明所登记的是国际利益或是预期国际利益，即使这可从有关登记资料中查明。

第二十三条　宙明和声明的非约定权利或利益清单

登记官应当保有一份关于声明、声明的撤销、经公约保存人通知登记官缔约国依据第三十九和第四十条已经做出声明的非约定权利或利益的类别，以及每项此种声明或撤回声明的日期之清单。此项清单应当按照声明国的名称纪录在案并提供查证，并须按议定书和规章的规定提供给要求查证的任何人。

第二十四条　证明书的证据价值

国际登记处出具的、作为证明之用并符合规章规定格式的文件，构成对下列事项的初步证据：

（a）已经按此出具该文件；和

（b）其所述内容属实，包括登记的日期和时间。

第二十五条　登记的注销

1. 已登记担保利益所担保的债务或者产生已登记非约定权利或利益的债务已经解除，或者已登记产权保留协议中的所有权转移条件已经成就的，该项利益的持有人应当在债务人的书面要求按其在登记时指明的地址送达或收到后，无不适当延误地办理注销登记。

2. 二项预期国际利益或国际利益的预期转让已经办理登记，预期债权人或者预期受让人没有支付价金或者承诺支付价金的，其预期债权人或预期受计人府当在预期债务人或预期转让人的书面请求按登记中指明的地址送达或收到后，无不适当延误地办理注销登记。

3. 在一项已登记的国际利益通知中规定的国际利益所担保的债务已经解除的，该项利益的持有人应当在债务人的书面要求按登记中指明的地址送达或收到后，无不适当延误地办理注销登记。

4. 一项登记本不应办理或不正确的，所办理登记的受益人应在债务人的书面要求按登记中指明的地址送达或收到后，无不适当延误地办理注销登记或修正。

第二十六条　国际登记设施的准入

除未能遵守本章规定的程序者外，不得以任何理由拒绝任何人使用国际登记处的登记和查证设施。

第六章　监管机关和登记官的特权与豁免权

第二十七条　法人人格；豁免

1. 监管机关尚不具有国际法人人格的，应具有国际法人人格。

2. 监管机关及其主管和雇员享有议定书中规定的法律或行政程序的豁免权：

3. （a）监管机关依据与东道国的协议享受税务豁免及其他约定的特权。

（b）为本款之目的，"东道国"是指登记机关的所在地国。

4. 国际登记处的资产、文件、数据库和档案不可侵犯，并且免于没收或其他法律或行政程序。

5. 为根据第二十八条第一款或第四十四条的规定对登记官提起索赔的目的，索赔^麻有权获取使其能够提起索赔所必要的资料和文件。

6. 监管机关可以放弃第四款授予的不可侵犯权和豁免权。

第七章　登记官的赔偿责任

第二十八条　赔偿责任和金融保险

1. 由于登记官及其下属主管和雇员的过失或不行为或者由于国际登记系统发生故障而直接造成他人损失的，登记官应当承担赔偿损失的责任，除非故障是由于不可避免和不可抗性质的事件引起，即使使用电子登记设计和操作领域的现行最佳做法，包括有关备份、系统安全和网络连接在内的做法，也无法防止。

2. 对于登记官收到的登记资料的事实性不准确，或登记官以收到该资料的原始形式发送的登记资料的事实性不确定，登记官不应承担前款的责任，对于国际登记处收到登记资料之前产生的、且不在登记官及其下属主管和雇员责任范围内的行为或情况，登记官亦不承担责任。

3. 第1款规定的赔偿可以依照蒙受损失的人造成或促成此种损失的程度予以降低。

4. 登记官应办理保险或金融担保，以在监管犷关按照议定书所确定的范围内承担本条所述的赔偿责任。

第八章　国际利益对抗第三人的效力

第二十九条　对抗利益间的优先受偿权

1. 一项已登记的利益对在其后登记的任何其他利益和未登记的利益享有优先受偿权。

2. 前款最先提及的利益的优先权在下列情况下亦得适用：

（a）即使最先提及的利益是在实际知道存在其他利益的情况下取得或登记的；和

（b）即使是涉及最先提及利益的知情持有人所给付的价金的。

3. 标得物的买方取得的对标的物的利益：

（a）不能对抗取得该利益时已登记的利益；和

（b）不受未登记利益的影响，即使实际知道存在此种利益。

4. 附条件买方或承租人取得的对标的物的利益或权利：

（a）不能对抗在附条件买方或出租^L持有的国际利益登记之前已登记的利益；和

（b）不受当时未登记利益的影响，即使实际知道存在该项利益。

5. 本条规定的对抗利益或权利间的优先次序，可以通过此种利益持有人之间的协议加以变更，但是，一项从属利益的受让人不受将该项利益置于从属地位的协议约束，除非在转让时已在该项协议下登记该项从属利益。

6. 本条对标的物上利益给予的优先延及其收益。

7. 本公约：

（a）不影响他人对标的物之外的某一物件的权利，只要此人在即已对该物件拥有此权利，而且根据准据法那些权利在安装完毕之后继续存在；和

（b）不妨碍对标的物之外的某一物件的权利的设置，只要该物件此前已被安装到根据准据法设置那些权利的标的物上。

第三十条　破产的效力

1. 在针对债务人的破产程序中，如果一项国际利益在破产程序开始之前即已遵照本公约办理登记，则该项国际利益有效。

2. 一项国际利益根据其准据法是有效的，本条规定并不减损其在破产程序中的有效性。

3. 本条不影响：

（a）破产程序适用的法律中关于防止诈欺债权人的优先权交易或转让交易的任何规则；或

（b）关于破产管理人控制或监督下的财产权的执行的任何程序规则。

第九章　相关权利和国际利益的转让；代位受偿权

第三十一条　转让的效力

1. 除非当事方另有约定，符合第三十二条规定的相关权利的转让将下列权益转移给受让人：

（a）有关国际利益；和

（b）转让人依据本公约享有的全部利益和优先权。

2. 本公约不妨碍转让人相关权利的部分转让。在此种部分转让的情况下，转让人和受让人可以约定依照前款转让的有关国际利益方面其各自的权利，但不应在未取得债务人同意的情况下对债务人产生不利影响。

3. 以第 4 款为限，债务人对抗受让人的抗辩权和反诉权由准据法确定。

4. 债务人可以于任何时候以书面同意放弃前款所述的全部或任何抗辩权和反诉权，但由于受让人的炸欺行为而产生的抗辩权除外。

5. 作为担保而进行转让，由转让所担保的债务已经解除，并且所转让的权利依然存在的，转让的相关权利重新归于转让人。

第三十二条　转让的形式要求

1. 相关权利的转让须符合下列条件方能转让有关国际利益：

（a）书面订立；

（b）能够使相关权利依照产生此种权利的合同得到识别；和

（c）作为担保进行转让的，能够依据议定书确定该项转让所担保的债务，但无须说明担保的金额或最大金额。

2. 由担保协议设立或设定的国际利益的转让是无效的，除非某些或一切相关权利也予以转让。

3. 相关权利的转让对有关国际利益转让无效的，本公约不适用。

第三十三条　债务人对受让人的义务

1. 就根据第三十一条和第三十二条规定所作的相关权利和有关国际利益转让而言，与那些权利和该项利益有关的债务人受该项转让的约束，并且有义务向受让人做出给付或者做出其他旅行，但条件必须是：

（a）该债务人已经收到转让人或经其授权者关于该项转让的书面通知；和

（b）该通知指明了相关权利。

2. 不论债务人以何种其他理由通过给付或履行解除其债务，为本条之目的，其给付或履行只要是根据前款做出即为有效。

3. 本条规定不影响对抗性转让间的优先次序。

第三十四条　相保性转让不履行的救济

作为担保方式转让相关权利和有关国际利益转让人不履行义务的，转让人与受让人之间的关系适用第八条、第九条和第十一条至十四条的规定（对于相关权利，则在那些规定可以适用于无形财产的范围内予以适用），在适用时：

（a）所指担保债务和担保利益分别视为是相关权利和有关国际利益转让所担保的债务和转让所产生的担保利益；

（b）所指担保权益人和担保人分别视为是指受让人和转让人；

（c）所指国际利益的持有人视为是指跛卜人；

（d）所指标的物视为是被转让的相关权力和有关国际利益。

第三十五条　对抗性转让的优先受偿权

1. 如果发生相关权利的对抗性转让，而且其中至少有一项转让包括有关国际利益且已经登记的，适用第二十九条的规定，其中所指已登记利益现为是指相关权利和有关的已登记利益的转让，所指已登记或未登记利益视为是指已登记或未登记的转让。

2. 相关权利的转让适用第三十条的规定，其中所指国际利益视为是指相关权利和有关国际利益的转让。

第三十六条　受让人在相关权利上的优先受偿权

1. 相关权利和有关国际利益的受让人，其转让已经登记的，只有在下列情况下比另一相关权利的受计人享有第三十五条第一款规定的优先权：

（a）在产生相关权利的合同中说明这些权利由标的物担保或与标的物有关；和

（b）在相关权利与标的物有关的限度以内。

2. 为前款（b）项之目的，相关权利仅在包含与以下各项有关的给付权或做出其他履行的权利的限度内才与标的物有关：

（a）为购买标的物支付并加以利用的预付款；

（b）为购买标的物支付并加以利用的预付款，若转让人将另一国际利益转让给受让人，且转让是已经登记的，则转让人对此标的物拥有该国际利益；

（c）标的物的应付价金；

（d）标的物上的应付租金；或

（e）前述任何一项所述的交易所产生的其他义务。

3. 在所有其他情况下，相关权利的对抗性转让的优先受偿权应根据准据法确定。

第三十七条　转让人破产的效力

针对转让人的破产程序适用第三十条的规定，其中所指债务人视为是指转让人。

第三十八条　代位受偿权

1. 以第二款的规定为准，本公约不影响根据准据法依法或依合同代位取得相关权利和有关国际利益。

2. 属于前款范围的任何利益与一项对抗性利益之间的优先顺序可以由各相关利益的持有人以书面协议予以变更，但是，一项从属利益的受让人不受将该项利益置于从属地位的协议约束，除非在转让时已在该项协议下登记该项从属利益。

第十章　缔约国可作出声明的权利或利益

第三十九条　具有优先受偿权的未登记的权利

1. 缔约国可以于任何时候在向议定书保存人交存的声明中，一般地或具体地声明：

（a）那些类别的非约定权利或利益（适用第四十条者除外），依其本国法律优先于标的物上与登记的国际利益持有人的利益等同的利益的，应优先于已登记的国际利益，而不论其是否属于破产程序的范围；

（b）本公约不影响国家或国家实体、政府间组织或其他公共服务的私有提供者依照该国法律扣留或扣押标的物的权利，以向此种实体、组织或提供者支付与使用该标的物或另一标的物的服务直接有关的欠款。

2. 依据前款所作的声明可以明示包括该项声明交存之后产生的类别。

3. 如果，而且只有在非约定权利或利益属于国际利益登记之前交存的声明中所包括的类别时，该项一权利或利益优先于国际利益。

4. 尽管有前款的规定，缔约国在批准、接受、核准或加入议定书时。可以声明根据第1款（a）项所作出的声明中所含种类的权利或利益，应优先于此种批准、接受、核准或加入日期之前已登记的国际利益。

第四十条　可登记的非约定权利或利益

缔约国可以随时向议定书保存人交存声明，列明根据本公约有关标的物类别的规定可予登记的非约定权利或利益的类别，该项权利或利益可视为国际利益而相应加以规范。此种声明可以不时修改。

第十一章　本公约对销售的适用

第四十一条　销售和预期销售

以议定书的规定和任何更改为准，本公约适用于标的物的销售和预期销售。

第十二章　管辖权

第四十二条　法院的选择

1. 以第四十三条和第四十四条为准，交易当事方选定的缔约国法院对根据本公约提起的任何主张拥有管辖权．而不论所选定的法院与当事方或者与所燕多交易有无关联。除非当事方另有协议，此种管辖权应为专属管辖权。

2. 任何此种协议应以书面形式或按照所选定的法院的法律所要求的形式缔结。

第四十三条　根据第十三条第一款的管辖权

1. 当事方选定的缔约国法院和标的物所在地缔约国法院享有管辖权，就所涉标的物授予第十三条第一款（a）、（b）、（c）项和第十三条第四款下之救济。

2. 以下任一法院可以行使管辖权，授予第十三条第一款（d）项之下的救济和第十三条第四款之下的其他临时救济：

（a）当事方选定的法院；或

（b）债务人所在地缔约国法院，但根据授予救济的令状的条件，救济只能在该缔约国领土内执行。

3. 即使如第十三条第一款所述，一项权利主张的最终裁决将由或可能由另一个缔约国的法院或通过仲裁作出，有关法院仍可根据前几款享有管辖权。

第四十四条　针对登记官发出令状的管辖权

1. 登记官管理中心所在地法院拥有对登记官做出损害赔偿裁决或出具令状的专属管辖权。

2. 根据第二十五条第一款或第二款提出要求后当事人没有做出反应，而且该人已经不复存在或者下落不明，因而无法针对其人发出令状令其注销登记的，第一款所指的法院得拥有专属管辖权，根据债务人或预期债务人的申请向登记官发出令状令其注销登记。

3. 根据本公约拥有管辖权的法院发出令状后，或者，若属国家利益案件，有管辖权的法院颁发要求当事人修改或注销登记的令状后，当事人不遵守命令的，第一款所指的法院可以指示登记官采取步骤执行令状。

4. 除以上各款作出的规定外，任何法院均不得针对或者以约束登记官为目的颁发令状，作出判决或裁定。

第四十五条　关于破产程序的管辖权

本章规定对破产程序不适用。

第十三章　与其他公约的关系

第四十六条　与国际统一司法协会《国际融资租赁公约》的关系

本公约于 1988 年 5 月 28 日在渥太华签订的国际统一司法协会《国际融资租赁公约》的关系可以由议定书确定。

第十四章　最后条款

第四十七条　签署、批准、接受、核准或加入

1. 本公约于 2001 年 11 月 16 13 在开普敦向参加于 2001 年 10 月 29 日至 11 月 16 13 在开普敦举行的关于通过移动设备公约和航空器议定书的外交会议的国家开放签字。2001 年 11 月 16 日之后，公约应在国际统一私法协会（UNIDROIT）总部所在地罗马向所有国际开放签字，直至公约依照第四十九条生效。

2. 本公约须由已经签署的国家批准、接受或核准。

3. 未签署本公约的任何国家可随时加入公约。

4. 在向保存人交存有关正式文书后，批准、接受、核准或加入即行生效。

第四十八条　地区经济一体化组织

1. 由主权国家组成的地区经济一体化组织，对本公约所规范的某些事项具有权能的，可同样签署、接受、核准或加入本公约。在此情况下，该地区经济一体化组织在其对本公约所规范的事项具有权能的限度内，应享有缔约国的权力和义务。本公约中涉及缔约国数目之处，在已计算地区经济一体化组织中属于缔约国的成员国数目之外，该组织不应计为一缔约国。

2. 地区经济一体化组织在签署、接受、核准或加入本公约时，应向保存人做出声明，说明对本公约所规范的哪些事项的权能已由成员国转移给该组织。地区经济一体化组织应及时通知保存人依据本款做出的声明中所说明的权能分配的任何变更，包括新的权能转移。

3. 在有此需要的情况下，凡本公约中提及"缔约国"或"各缔约国"或"缔约方"或"各缔约方"之处，均同样适用于地区经济一体化组织。

第四十九条　生效

1. 本公约自第三份批准、接受、核准或者加入书交存之日起三个月届满后的第一个月第一天生效，但仅对适用某项议定书的种类的标的物生效，而且：

（a）其生效日期为该项议定书的生效日期；

（b）其适用以该项议定书的条款为准；和

（c）仅在该公约和议定书的缔约国之间生效。

2. 对于其他国家，本公约自其批准、接受、核准或者加入书交存之日起三个月届满后的第一个月第一天生效，但仅对适用某项议定书的种类的标的物生效，而且就该议定书而言，其适用以前款（a）、（b）和（c）项的要求为准。

第五十一条　未来的议定书

1. 保存人可以设立工作小组，通过与保存人认为适当的有关非政府组织合作，研究通过制定一个或多个议定书的方式，将本公约的适用扩大到除第二条第3款所述种类以外的任何其他种类的高价值移动设备标的物的可行性，而构成此种种类的每一个标的物的特征及其相关权利都应当是明晰可辨的。

2. 保存人应将此种工作小组所编写的某一种类标的物的议定书的初步草案文本，发送给本公约的全体缔约国、保存人的全体成员国、不属于保存人成员国的联合国成员国以及有关政府间组织，并邀请这些国家和组织参加政府间谈判，以在此种议定书的初步草案的基础上拟订出议定书草案。

3. 保存人还应将此种工作小组所编写的议定书的初步草案文本，发送给保存人认为适当的有关非政府组织，请其及时向保存人提交对议定书的初步草案文本的意见，并作为观察员参加议定书草案的编写。

4. 当保存人主管机构判定此种议定书草案已酝酿成熟可供通过时，保存人应召集关于通过议定书的外交会议。

5. 一旦此种议定书获得通过，在不违反第六款的情况下，该公约应适用于议定书所涵盖的标的物种类。

6. 本公约附件仅在此种议定书做出如此具体规定的情况下才适用于那项议定书。

第五十二条　领土单位

1. 有领土单位的缔约国，在涉及本公约处理的事项时适用不同法律制度的，该缔约国可以在批准、接受、核准或者加入本公约时声明本公约的适用延伸至其所有的领土单位，或者仅适用于其中的一个或几个领土单位，并可随时提交另一声明以修改其声明。

2. 任何此种声明应明确说明本公约适用的领土单位。

3. 缔约国未按第一款做出声明的，本公约应适用于该缔约国的所有领土单位。

4. 缔约国将本公约延伸至其一个或几个领土单位的，依照本公约可允许其就每个此种领土单位做出声明，而且就某个领土单位做出的声明可以不同于就另一领土单位做出的声明。

5. 根据第一款的声明，本公约和议定书延伸至缔约国一个或几个领土单位的情况下：

（a）债务人仅在以下情况下才被视作位于缔约国内：债务人是根据可适用本公约和议定书的领土单位现行有效的法律注册或组建的，或其登记的办事处或法定所在地、管理中心、营业场所或惯常住所位于可适用本公约和议定书的领土单位内；

（b）任何提及标的物在缔约国的位置之处，即是指标的物在可适用本公约和议定书的领土单位内的位置；和

（c）任何提及在该缔约国的管理机关之处，应被解释为是指在可适用本公约和议定书的领土单位内具有管辖权的管理机关，任何提及在该缔约国的国家登记处或登记机关之处，应被解释为是指在可适用本公约和议定书的一个或几个领土单位内的现行有效的登记处或具有管辖权的登记机关。

第五十三条　法院的确定

为本公约第一条和第十二章之目的，缔约国可以在批准、接受、核准或者加入议定书时声明主管的一个或多个"法院"。

第五十四条　关于救济的声明

1. 缔约国可以在批准、接受、核准或者加入议定书时声明，担保用的标的物位于或者受控于该国领土内的，担保权益人不得在该国领土内出租该标的物。

2. 缔约国应当在批准、接受、核准或者加入议定书时声明，债权人依据本公约任何条款可以获得、但条款中并未明示要求必须向法院申请的任何救济，是否必须经过法院同意后方可施行。

第五十五条　关于最终裁决前的救济的声明

缔约国可以在批准、接受、核准或者加入议定书时声明，其将全部或部分不适用第十三条或第四十三条的规定或该两条的规定。声明应说明在部分适用的情况下，有关条款将在何种条件下适用，或将适用何种其他形式的临时救济。

第五十六条　保留和声明

1. 不可对本公约做出保留，但是，可以按照第三十九、四十、五十、五十二、五十三、五十四、五十五、五十七、五十八和六十条的规定，准许做出声明。

2. 依照本公约做出的任何声明或后续声明或任何声明知保存人。

第五十七条　后续声明

1. 缔约国可以在本公约对其生效后的任何时候，通过向保存人提交通知的方式，做出第六十条准许的声明以外的后续声明。

2. 任何此种后续声明应于保存人收到通知之日后六个月届满后的第一个月第一天生效。通知中对声明的生效期限规定较长的，按保存人收到通知之日后较长的期限届满后生效。

3. 尽管有前款的规定，在任何此种后续声明生效日期之前，本公约视同没有作出此种声明，继续适用于此前产生的所有权利和利益。

第五十八条　宙明的撤销

对本公约作出第六十条准许的声明以外的声明的任何缔约国，均可于任何时候通过向保存人提交通知的方式将其撤销。此种撤销于保存人收到通知之日后六个月届满后的第一个月第一天生效。

第五十九条　退出

1. 任何缔约国均可通过向保存人提交书面通知的方式退出本公约。

2. 任何此种退出应于保存人收到通知之日后十二个月届满后的第一个月第一天生效。

3. 尽管有前款的规定，在任何此种退出生效日期之前，本公约视同没有做出推约声明，继续适用于此前产生的所有权利和利益。

第六十条　过渡条款

1. 除非缔约国在任何时候另作声明，本公约不适用于先前已经存在的权利或利益，该项权利或利益仍享有公约生效日期之前准据法所规定的优先受偿权。

2. 为第一条第（v）款的目的，以及为确定本公约所规定的优先受偿权的目的：

（a）"本公约的生效日期"就债务人而言，是指本公约生效的时间，或债务人所在国成为缔约国的时间，以较晚者为准；和

（b）债务人的所在国是指其管理中心所在地国家，或无管理中心的，则是指其营业场所所在国，或有一处以上营业场所的，则是指其主要营业场所所在国，或无营业场所的，则是指其惯常住所地所在国。

3. 缔约国可在根据第一款所做出的声明中，指明比生效日期更晚的日期，而在此日期后，议定书将适用于根据债务人在前款（b）项所述的所在国时缔结的协议所产生的先前已经存在的权利或利益，但仅以其声明中指明的范围和方式为限。

第六十一条　复审大会、修正案及有关事项

1. 保存人应每年或在视情所需的其他时间为缔约国编制年度报告，介绍有关本公约设立的国际制度的实际运作方式。在编制此种报告时，保存人应考虑到监管机关编制的关于国际登记系统运行情况的报告。

2. 根据不少于 25% 的缔约国的要求，保存人应与监管机关磋商后，不时召开缔约国复审大会，以审议：

（a）本公约的实际运作及其在促进其条款中所涵盖的标的物资产抵押融资和租赁方面的成效；

（b）对本公约条款所作的司法解释以及条款的适用情况；

（c）国际登记系统的运行情况、登记官的效绩，以及监管机关对登记官的监督，在审议时应考虑到监管机关的报告；和

（d）是否应对本公约或者有关国际登记处的安排做出变更。

3. 在符合第四款的情况下，对本公约的任何修正，须经出席前款所述大会的至少 2/3 的多数国家核准，并在根据第四十九条有关生效的规定经三个国家批准、接受或核准后，对已经批准、接受或核准此种修正的国家生效。

4. 对公约的拟议修正案旨在适用于一种以上的设备的，此种修正案也应经出席第 2 款所述大会的至少 2/3 的每项议定书的多数缔约国核准。

第六十二条　保存人及其职能

1. 批准书、接受书、核准属或加入书应交存于国际统一司法协会（UNIDROTT），该协会被指定为保存人。

2. 保存人应：

（a）向全体缔约国通报下列情况：

（i）每一项新的签署或者批准书、接受书、核准书或加入书的交存，及其日期；

（ii）本公约生效的日期；

（iii）依据本公约所作的每一项声明，及其日期；

（iv）任何声明的撤销或修正，及其日期；和

（v）任何退出本公约的通知，以及通知日期和生效日期。

（b）将核证无误的公约副本分送全体缔约国；

（c）向监管机关和登记官提供每份批准书、接受书、核准书或加入书的副本及其交存日期，每项声明或撤销声明或修正声明的副本，以及每份退约通知的副本及其通知日期，以便易于完全获得其中所载资料；和

（d）履行保存人惯有的其他职责。

下列全权代表经正式授权，在本公约上签字，以资证明。

本公约于 2001 年 11 月 16 日以中文、阿拉伯文、英文、法文、俄文和西班牙文的单一原件订于开普敦，各文本同等作准，经大会主席授权由大会联合秘书处在此后九十天内对各文本相互间的一致性予以验证后，此种作准即生效。

二、移动设备国际利益公约关于航空器设备特定问题的议定书

本议定书各缔约国：

考虑到需要按照《移动设备国际利益公约》（以下称为"公约"）序言中阐明的宗旨，实施公约中与航空器设备有关的规定，认识到有必要使公约适应航空器融资的特殊要求并将公约的适用范围涵盖航空其设备的销售合同。

铭记 1944 年 12 月 7 日在芝加哥签署的《国际民用航空公约》的原则和宗旨。

兹就航空器设备达成协议如下：

第一章　适用范围和总则

第一条　定义

1. 除非文中另有规定，本议定书所用术语含义依从公约规定。

2. 本议定书所用术语含义如下：

（a）"航空器"，是指为《芝加哥公约》之目的所定义的航空器，即已安装航空器发动机的航空器机身或直升机；

（b）"航空器发动机"，是指靠喷气推力、涡轮或活塞技术提供动力的航空器发动机（用于军事、海关或警察部门的除外），并且：

（i）如属喷气推动的航空器发动机，至少应有 1,750 磅或等值推力；和

（ii）如属涡轮或活塞推动的航空器发动机，至少应由 550 额定的起飞轴马力或等值马力，并连同所有的组件和安装、配备或附加的其他附件、零部件和设备，以及所有相关的数据、手册和记录。

（c）"航空器标的物"，是指航空器机身、航空器发动机和直升机；

（d）"航空器登记薄"，是指为《芝加哥公约》之目的，由一国或共同标志登记机关保管的登记薄；

（e）"航空器机身"，是指在安装合适的航空器发动机后，经航空主管机关型号合格审定的机身（用于军事、海关或警察部门的除外），可以运载：

（i）包括机组成员在内至少 A（8）人；或

（ii）2,750 公斤以上货物，并连同所有的组件和安装、配备或附加的其他附件、零部件和设备（航空器发动机除外），以及所有相关的数据、手册和记录；

（f）"被许可人"，是指第十三条第三款所指的当事人；

（g）"芝加哥公约"，是指 l944 年 l2 月 7 日在芝加哥签署的《国际民用航空公约》以其各项修订和附件；

（h）"共同标志登记机关"，是指根据《芝加哥公约》第七十七条的规定和国际民用航空组织理事会为执行该条规定于 1967 年 12 月 14 日就国际经营机构经营的航空器的国籍和登记通过的决议而保管登记簿的机关；

（i）"航空器登记的注销"，是指根据《芝加哥公约》的规定从航空器登记簿上删除或取消航空器的登记；

（j）"保证合同"，是指一方作为保证人订立的合同；

（k）"保证人"，是指为确保经担保协议或其他协议担保的债权人利益之相对义务得到履行，而出具或签发担保书、即付保证、备付信用证或任何其他形式的信用保险之人；

（l）"直升机"，是指主要通过空气对基本垂直轴上的一个或几个动力驱动旋翼的反作用而在飞行中得到支持的、重于空气的飞行器（用于军事、海关或警察部门的除外），经航空主管机关型号合格审定可以运载：

（i）包括机组成员在内至少 5 人；或

（ii）450 公斤以上货物，并连同所有安装、配备或附加的附件、零部件和设备（包括旋翼），以及所有相关的数据、手册和记录。

（m）"与破产有关的事件"，是指：

（i）破产程序的开始；或

（ii）债权人向债务人提起破产程序或实施公约项下的救济的权利受到法律或国家行为阻止或中止时，债务人声明中止支付的意图或实际中止支付。

（n）"主要破产管辖地"，是指债务人主要利益中心所在地的缔约国，为此目的该国应被视为是债务人的法定住所地；没有法定住所地的，应被视为是债务人的注册第或设立地，但另有证明者除外；

（o）"登记机关"，是指根据《芝加哥公约》在某缔约国保存航空器登记簿并负责办理航空器登记和注销登记的国家机关或共同标志登记机关；

（P）"登记国"，就航空器而言，是指航空器在其国家登记簿上登记的国家，或保存航空器登记簿的共同标志登记机关所在地国。

第二条　公约对航空器标的物的适用

1. 公约应当按照本议定书规定的条款适用于航空器标的物。

2. 公约和本议定书应被视为适用于航空器标的物的移动设备国际利益公约。

第三条　公约对销售的适用

1. 适用公约下列条款时，设定或规定国际利益的协议是指销售合同，国际利益、预期国际利益、债务人和债权人分别是指销售、预期销售、卖方和买方：

第三条和第四条；

第十六条第一款（a）项；

第十九条第4款；

第二十条第一款（关于销售合同或预期销售的登记）；

第二十五条第二款（关于预期销售）；

第三十条。

此外，公约第一条、第五条、第四至第七章、第二十九条（被议定书第十四条第一款和第二款代替的第二十九条第三款除外）、第十章、第十二章（第四十三条除外）、第十三章和第十四章（第六十条除外）的一般规定适用于销售和预期销售合同。

第四条 适用范围

1. 在不妨碍公约第三条第一款的情况下，公约亦适用于在作为登记国的缔约国的航空器登记簿上登记的直升机或航空器机身。登记是根据航空器的登记协议办理的，应被视为在订立协议时生效。

2. 为适用公约第一条"国内交易"定义之目的，设立或规定有关利益的协议订立时：

（a）作为航空器一部分的机身位于该航空器的登记国；

（b）安装在航空器上的航空器发动机位于该航空器的登记国，或者如果没有安装在航空器上，则位于其实际所在地；和

（c）直升机位于其登记国。

3. 当事各方可以通过书面协议排除第十一条的适用，减损或者变更除第九条第二款至第四款外的本议定书其他条款在他们之间的效力。

第五条 销售合同的形式、效力和登记

1. 为本议定书之目的，销售合同：

（a）须以书面形式订立；

（b）涉及卖方有权处置的航空器标的物；和

（c）使航空器标的物能够按照本议定书加以识别。

2. 销售合同按其条件将航空器标的物卖方的利益转移给买方。

3. 销售合同的登记长期有效，除非被撤销或登记中规定了期限且该期限届满，预期销售的登记有效。

第六条 代表身份

一个人可以以代理、信托或其他代表身份订立协议或达成销售，或者对航空

器标的物上的国际利益或航空器标的物的销售办理登记。在此情况下，该人有权主张公约项下的各项权利和利益。

第七条　航空器标的物的描述

航空器标的物的描述含有制造商序号、制造商名称和航空气型别，是为公约第七条（c）项和本议定书第五条第一款（c）项之目的识别航空器标的物的必要且充分的条件。

第八条　法律选择

1. 本条仅在缔约国根据第三十条第一款作出声明的情况下适用。

2. 协议、销售合同、有关的担保合同或附属协议的当事方可以约定用以规范其在公约项下全部或部分合同权利与义务的法律。

3. 除非另有协议，前款所指当事方选择的法律是指所选定国家的国内法律规则；如果该国由若干领土单位组成，则是指所选定领土单位的法律。

第二章　不履行的救济，优先权和转让

第九条　不履行救济条款的修订

1. 除公约第三章规定的救济外，在债务人已经同意的限度内并且在该章规定的情形下，债权人可以：

（a）办理航空器的注销登记；和

（b）办理航空器标的物从其所在地的出口和实体转移。

2. 未经享有优先权的已登记利益持有人预先书面同意，债权人不得形式前款规定的救济。

3. 公约第八条第三款不适用于航空器标的物。公约规定的与航空器标的物有关的救济均须以商业上合理的方式实施。除非协议有关条款明显不合理，根据该条款实施的救济应视为以商业上合理的方式实施。

4. 担保权人将拟议的出售或租赁提前十个或十个以上工作日书面通知利害关系人，则视为满足了公约第八条第四款关于"合理的预先通知"的要求。前述规定并不妨碍担保权人与担保人或保证人约定更长的预先通知时间。

5. 缔约国的登记机关应当根据适用的航空安全法律和规章，准许注销登记和出口请求，如果：

（a）该请求由被许可人合理提交且其根据是有记录的不可撤销的注销登记和出口请求许可书；和

（b）应登记机关的要求，被许可人向该机关证明，优先于作为许可受益人的债权人的已登记利益的所有已登记利益已得清偿，或者该利益持有人已同意该注销和出口。

6. 拟按照第一款的规定而非法院令状办理航空器注销登记和出口的担保权人，必须将拟议的注销登记和出口以书面形式合理地预先通知：

（a）公约第1条（m）项（i）、（ii）目规定的利害关系人；和

（b）公约中第1条（m）项（iii）目规定的，且已在注销登记和出口前的合理期间内将其权利通知了担保权人的利害关系人。

第十条　最终裁决前的救济条款的修订

1. 本条仅在缔约国依照第三十条第2款所作声明的效力和范围内适用。

2. 为公约第十三条第一款之目的，就获得救济而言，"快速"是指从呈报救济申请之日起算，在申请提出地缔约国所作的声明中予以规定的若干个工作日内。

3. 公约第十三条第一款在（d）项之后增加下述条款后适用：

"（e）如果债务人和债权人在任何时间专门同意，销售和使用销售收益"。公约第四十三条第二款在"第十三条第一款（d）后加上"和（e）"后适用。

4. 根据前款的销售转移的债务人的所有权或其他利益，不受依照公约第二十九条规定债权人的国际利益优先于其他利益的制约。

5. 债权人和债务人或其他利害关系人可以书面约定排除公约第十三条第2款的使用；

6. 关于第九条第一款规定的救济：

（a）债权人通知缔约国登记机关和其他管理机关第九条第一款规定救济已经授予，或者如救济由外国法院授予而该缔约国法院承认，以及其有权依照公约获得此类救济之后，上述机关，依其所属，应在不迟于五个工作日内提供此类救济；和

（b）相应主管机关应当根据适当的航空安全法律和规章迅速配合并协助债权人实施此类救济。

7. 第一款和第六款不影响任何航空安全法律和规章的适用。

第十一条　破产时的救济

1. 作为主要破产管辖地的缔约国依照第三十条第三款作出声明的，适用本条。

方案A

2. 一旦发生与破产有关的事件，在不影响第七款适用的情况下，破产管理人或者债务人，依其所属，应至迟于下述日期中较早的日期将航空器标的物交由债权人占有：

（a）等待期终止之日；和

（b）若未适用本条，债权人有权占有航空器标的物的日期。

3. 就本条而言，"等待期"为主要破产管辖地缔约国在声明中指明的期间。

4. 本条提及的"破产管理人"，是指此人的职务而非个人身份。

5. 除非并直到债权人依据第二款被给予取得占有的机会：

（a）破产管理人或债务人，依其所属，应根据协议保全、维护航空器标的物并保持其价值；和

（b）债权人有权申请根据准据法可获得的任何其他形式的临时救济。

6. 前款（a）项不排除为保全、维护航空器标的物并保持其价值而安排使用该航空器标的物。

7. 破产管理人或者债务人，依其所属，在第二款规定的时间之前消除了除因破产程序开始而产生的不履行之外的所有的不履行情况，并同意按照协议履行全部未来义务的，可以保留对航空器标的物的占有。在履行此种未来义务时发生了不履行的，第二个等待期不得适用。

8. 关于第九条第一款规定的救济：

（a）此类救济须由缔约国登记机关和管理局机关，依其所属，在债权人通知该机关其根据公约有权获得此类救济的日期之后，不迟于五个工作日内提供；和

（b）相应主管机关应当根据适用的航空安全法律和规章迅速配合并协助债权人实施此类救济。

9. 在第二款规定的日期之后，公约或本议定书准许的各项救济一律不得被阻止或拖延实施。

10. 未经债权人同意，协议项下债务人的义务一律不得变更。

11. 前款规定不得被推定为影响破产管理人根据准据法可能拥有的终止协议的权力。

12. 除根据第三十九条第一款所做声明中包含的某类非约定权利或利益之外，其他权利或利益在破产程序中一律不得优先于已登记的利益。

13. 经本议定书第九条修订的公约适用于本条项下任何救济的实施。

方案 B

2. 一旦发生与破产有关的事件，应债权人的要求，破产管理人或者债权人，依其所属，应在缔约国根据第三十条第三款所做声明中指明的期间内通知债权人，其是否准备：

（a）按照协议及相关交易文件消除除因破产程序开始而产生的不履行以外的所有的不履行情况，并且同意履行所有未来义务；或

（b）根据准据法给予债权人占有航空器标的物的机会。

3. 前款（b）项提及的准据法可以准许法院要求采取任何附加措施或者提供任何附加保证。

4. 债权人必须为其主张提供证据并证明其国际利益已经登记。

5. 如果破产管理人或者债务人，依其所属，没有根据第二款发出通知，或者破产管理人或债务人已经宣布要给予债权人占有航空器标的物的机会，但未施行，法院可以准许债权人按照法院酌情指定的条件取得对航空器标的物的战友，并可以要求采取任何附加措施或者提供任何附加保证。

6. 在法院对有关请求和国际利益做出判决之前，不得出售航空器标的物。

第十二条　破产协助

1. 本条仅在缔约国根据第三十条第一款作出声明的情况下适用。

2. 航空器标的物所在地缔约国的法院，应根据该缔约国的法律尽最大可能与外国法院和外国破产管理人合作，以执行第十一条的规定。

第十三条　注销登记和出口请求许可书

1. 本条仅在缔约国根据第十三条第一款做出声明的情况下适用。

2. 债务人已经实质上按照本议定书附件所附的格式出具不可撤销的注销登记和出 IZ：l 请求许可书并且邑将该项许可提交登记机关备案，该项许可应予备案。

3. 已对其发出许可的受益人（"被许可人"）或者经证明的其指定的人是唯一有权行使第九条第一款规定的救济的人，行使救济的方式必须符合该项许可和适用的航空安全法律及规章。未经被许可人书面同意，债务人不得撤销此种许可。应被许可人要求，登记机关应当删除有关许可。

4. 缔约国的登记机关和其他管理机关应当迅速配合并协助被许可人实施第九条规定的各项救济。

第十四条　优先权条款的修订

1. 已登记销售的航空器标的物的买方取得该标的物之利益，不受在其后登记的利益和未登记利益的约束，即使买方事实上知道存在未登记的利益。

2. 航空器标的物买方所取得的该标的物之利益受购买时已登记利益的制约。

3. 航空器发动机的所有权或另一权利和利益，不因其在航空器上的安装或拆除而受影响。

4. 公约第二十九条第七款的规定适用于安装在航空器机身、发动机或直升机上的某一物件而非标的物本身。

第十五条　转让条款的修订

公约第三十三条第一款（b）项之后增加以下内容后适用：

"（c）该债务人书面同意转让，不论此种同意是否在转让前做出或是否指明受让人。"

第十六条　债务人条款

1. 如果不存在公约第十一条意义上的不履行，债务人有权根据协议不受干扰地占有和使用标的物以对抗：

（a）根据公约第二十九条第四款或者以买方的身份本议定书第十四条第一款债务人不受其利益制约的债权人和任何利益的持有人，但债务人另作同意并在此同意限度内的除外；和

（b）根据公约第二十九条第四款或者以买方的身份本议定书第十四条第二款，债务人的权利或利益受其制约的任何利益的持有人，但仅在

该持有人同意的限度内。

2. 只要所涉及的协议与航空器标的物有关，公约和本议定书不影响准据法下债权人的违约责任。

第三章　航空器标的物国际利益登记处条款

第十七条　监管机关和登记官

1. 监管机关是由通过移动设备公约和航空器议定书的外交会议通过的决议所指定的国际实体。

2. 如果前款所指的国际实体不能和不愿作为监管机关，签字国和缔约国应召开大会指定另一监管机关。

3. 作为国际实体或以其他身份，监管机关以及其官员和雇员应享有对他们适用的规则所规定的法律和行政程序的豁免。

4. 监管机关可建立由签字国和缔约国提名的专家委员会。专家应具备必要的资格和经历。监管机关可委托专家委员会协助该机关履行职责。

5. 首任登记官白本议定书生效之日起负责国际登记处的运作，任期五年。此后，登记官由监管机关每隔五年任命或再任命。

第十八条　首部规章

监管机关应当制定首部规章，以便与本议定书同时生效。

第十九条　指定接入点

1. 在不影响第二款适用的情况下，缔约国可在任何时间指定其境内的一个或多个实体作为接入点并通过其将登记所需资料报送给国际登记处。这种登记不是根据另一国家的法律产生的国家利益的登记或第四十条规定的权利或利益的登记。

2. 根据前款作出的指定，可以允许，但不得强迫，使用指定接入点将航空

器发动机所需的登记资料报送给国际登记处。

第二十条　登记处条款的补充修订

1. 为公约第十九条第六款之目的，航空器标的物的查询标准应当是经过必要补充以确保其特性的制造商名称、制造商序号和航空器型别。规章应就此种补充信息作出规定。

2. 为公约第二十五条第二款之目的并在其规定的情形下，已登记预期国际利益或已登记国际利益预期转让的受让人或已为其登记了预期销售的人，应当在收到该款所指的要求之后五个工作日内，在其权力范围内采取措施注销登记。

3. 公约第十七条第二款（h）项所提及的收费标准的确定，应当能够收回建立、运营和管理国际登记处的合理费用，以及监管机关依照本公约第十七条第 2 款履行相关的职能、行使相关权力和执行相关职责所产生的合理费用。

4. 国际登记处的核心职能由登记官每天 24 小时进行运作和管理。各接入点应至少在其各自境内的工作时间内保持运作。

5. 公约第二十八条第四款所指的保险和财务保证的数额，应不少于由监管机关所判定的航空器标的物的最大价值。

6. 公约和本议定书中的任何条款都不能妨碍登记官为公约第二十八条中规定的登记官不承担责任的事件提供保险和财务保证。

第四章　管辖权

第二十一条　管辖权条款的修订

为公约第四十三条之目的，且在不影响第四十二条适用的情况下，标的物是直升机或航空器机身的，作为直升机或航空器机身所属航空器的登记国的缔约国法院亦拥有管辖权。

第二十二条　主权豁免的放弃

1. 在不违背第二款的情况下，对本公约第四十二条或第四十三条规定的法院管辖权放弃主权豁免，或者对涉及公约项下航空器标的物上权利和利益的执行放弃主权豁免的，此种放弃具有约束力；满足了此种管辖权或此种执行所需的其他条件的，此种放弃即行生效，视情形分别授予管辖权或者准予执行。

2. 根据前款放弃的豁免必须以书面形式作出，并包括对航空器标的物的描述。

第五章　与其他公约的关系

第二十三条　与《国际承认航空器权利公约》的关系对属于 1948 年 6 月 19 日在日内瓦签署的《国际承认航空器权利公约》缔约方的缔约国而言，凡涉及本议定书所定义的航空器以及航空器标的物的，公约应取代日内瓦公约。但是，凡涉及公约没有包括在内或者不受公约影响的权利或利益的，则不取代日内瓦公约。

第二十四条　与《关于统一预防性扣押航空器的某些规则的公约》的关系

1. 对数于 1933 年 5 月 29 日在罗马签署的《关于统一预防性扣押航空器的某些规则的公约》缔约方的缔约国而言，按照本议定书的规定，由于罗马公约与航空器有关，因此应被公约取代。

2. 罗马公约的缔约国可以在批准、接受、核准或者加入本议定书时声明不适用本条。

第二十五条　与《国际统一私法协会国际融资租赁公约》的关系由于 1988 年 5 月 28 日在渥太华签署的《国际统一私法协会国际融资租赁公约》与航空器标的物有关，本公约将取代之。

第六章　最后条款

第二十六条　签字、批准、接受、核准或加入

1. 本议定书于 2001 年 11 月 16 日在开普敦向参加于 2001 年 10 月 29 日至 11 月 16 日在开普敦举行的关于通过移动设备公约和航空器议定书的外交会议的国家开放签字。2001 年 11 月 16 E1 之后，本议定书应在国际统一私法协会（unmnorr）总部所在地罗马向所有国家开放签字，直至议定书依照第二十八条生效。

2. 本议定书须由已经签署的国家批准、接受或核准。

3. 未签署本议定书的任何国家可随时加入。

4. 在向保存机关交存有关正式文书后，批准、接受、核准或加入即行生效。

5. 只有公约的缔约方才能成为本议定书的缔约方。

第二十七条　地区经济一体化组织

1. 由主权国家组成的地区经济一体化组织，对本议定书所规范的某些事项具有权能的，可同样签署、接受、核准或加入本议定书。在此情况下，该地区经济一体化组织在其对本议定书所规范的事项具有权能的限度内，享有缔约国的权力和义务。本议定书涉及缔约国数目之处，在已计算地区经济一体化组织中属于缔约国的成员国数目之外，该组织不应计为一缔约国。

2. 地区经济一体化组织在签署、接受、核准或加入本议定书时，应向保存机关做出声明，说明对本议定书所规范的哪些事项的权能已由成员国转移给该组织。地区经济一体化组织应及时通知保存机关根据本款做出的声明中所说明的权能分配的任何变更，包括新的权能转移。

3. 在有此需要的情况下，凡本议定书中提及"缔约国"或"各缔约国"或"缔约方"或"各缔约方"之处，均同样适用于地区经济一体化组织。

第二十八条　生效

1. 本议定书自第八份批准书、接受书、核准书或者加入书交存之日后三个月届满后的第一个月的第一天在交存了此等文书的缔约国之间生效。

2. 对于其他国家，本议定书自其批准书、接受书、核准书或者加入书交存之日后三个月届满后的第一个月的第一天生效。

第二十九条　领土单位

1. 有领土单位的缔约国，在涉及本议定书处理的事项时适用不同法律制度的，该缔约国可以在批准、接受、核准或者加入本议定书时声明本议定书适用于其所有的领土单位，或者其一个或几个领土单位，并可随时提交另一声明以修改其声明。

2. 任何此种声明应明确说明本议定书适用的领土单位。

3. 缔约国未按第一款做出声明的，本议定书适用于该缔约国的所有领土单位。

4. 缔约国将本议定书适用于其一个或几个领土单位的，可依照本议定书就每个领土单位做出声明，而且就某个领土单位做出的声明可以不同于就另一领土单位做出的声明。

5. 根据第1款的声明，本议定书适用于缔约国一个或几个领土单位的：

（a）债务人仅在以下情况下才被视为位于缔约国内：债务人根据可适用公约和本议定书的领土单位现行有效的法律组成或设立，或其注册办公机构或法定住所、管理中心、营业场所或惯常住所位于可适用公约和本议定书的领土单位内；

（b）标的物位于缔约国，是指标的物位于适用公约和本议定书的领土单位内；

（c）在缔约国的管理机关，应解释为是指在适用公约和本议定书的领土单位内具有管辖权的管理机关，在缔约国的国家登记或登记处或机关，应解释为是指在适用公约和本议定书的一个或几个领土单位内的有权的航空器登记处或具有管辖权的登记机关。

第三十条　关于某些条款的声明

1. 缔约国可以在批准、接受、核准或者加入本议定书时声明，适用本议定书第八条、第十二条和第十三条中的任何一条或几条。

2. 缔约国可以在批准、接受、核准或者加入本议定书时声明，全部或部分适用本议定书第十条。对第十条第二款做此种声明的，必须指明该款所要求的期间。

3. 缔约国可以在批准、接受、核准或者加入本议定书时声明，全部适用第十一条方案 A，或者全部适用方案 B。作出此种声明的，须说明适用方案 A 或方案 B 时所要采用的破产程序的类型。根据本款作出声明的缔约国必须指明第十一条所要求的期间。

4. 缔约国各法院必须按照主要破产管辖地缔约国所做的声明适用第十一条。

5. 缔约国可以在批准、接受、核准或者加入本议定书时声明，该国将全部或部分不适用第二十一条的规定。声明部分适用的，应说明有关条款在何种条件下适用，或将适用何种其他形式的临时救济。

第三十一条　公约下的声明

除非另有说明，在公约下包括根据公约第三十九、四十、五十、五十三、五十四、五十五、五十七、五十八和六十条所作的声明，亦被视为是在本议定书下所做的声明。

第三十二条　保留和声明

1. 除可依照第二十四、二十九、三十、三十一、三十三和三十四条的规定作出声明外，不可对本议定书做出保留。

2. 依照本议定书作出的声明、后续声明或声明的撤销，应书面通知保存机关。

第三十三条　后续声明

1. 缔约国可以在本议定书对其生效后，在第三十一条规定的公约第六十条下的声明之外，通过向保存机关提交通知的方式，作出后续声明。

2. 此种后续声明于保存机关收到通知之日后六个月届满后的第一个月的第一天生效。通知中对声明规定较长生效期限的，于保存机关收到通知之日后较长的期限届满后生效。

3. 尽管有前述各款的规定，在此种后续声明生效之前，视同没有做出此种声明，本议定书继续适用于此前产生的所有权利和利益。

第三十四条　声明的撤销

1. 除第三十一条规定的公约第六十条下的声明外，在议定书下做出声明的缔约国可于任何时候通知保存机关撤销其声明。此种撤销于保存机关收到通知之日后六个月届满后的第一个月的第一天生效。

2. 尽管有前款的规定，在此种撤销声明生效之前，视同没有作出此种声明，本议定书继续适用于此前产生的所有权利和利益。

第三十五条 退出

1. 缔约国可书面通知保存机关退出本议定书。

2. 此种退出应于保存机关收到通知之后十二个月届满后的第一个月的第一天生效。

3. 尽管有前述各款的规定，在此种退出生效前，视同没有作出退出声明，本议定书继续适用于此前产生的所有权利和利益。

第三十六条 复审大会、修正案及有关事项

1. 保存机关应与监管机美磋商，每年或在视情况所需的其他时间为缔约国编制报告，介绍有关公约设立并经本议定书修订的国际制度的实际运作方式。在编制此种报告时，保存机关应考虑监管机关编制的关于国际登记系统运行情况的报告。

2. 应不少于25％的缔约国的要求，保存机关应与监管机关磋商后，随时召开缔约国复审大会，以审议：

（a）经本议定书修订的公约的实际运作及其在促进其条款中所涵盖的标的物资产抵押融资和租赁方面的成效；

（b）对本议定书和规章的条款所做的司法解释以及条款的适用情况；

（c）国际登记系统的运行情况、登记官的表现，以及监管机关对登记官的监督。在审议时应考虑监管机关的报告；和

（d）是否应修订本议定书或者变更有关国际登记处的安排。

3. 对本议定书的修订，须经出席前款所述大会的至少2/3的多数缔约国核准，并在根据第二十八条中有关生效的规定绎八个国家批准、接受、核准后，对已批准、接受、核准该修订的国家生效。

第三十七条 保存机关及其职能

1. 批准书、接受书、核准书或加入书应交存于国际统一私法协会（UNIDROTT）。该协会被指定为保存机关。

2. 保存机关应：

（a）向全体缔约国通报下列情况：

（i）每项新的签署或者批准书、接受书、核准书或加入书的交存及其日期；

（ii）本议定书生效的日期；

（iii）依照本议定书所做的每项声明及其日期；

（iv）声明的撤销或变更及其日期；和

（v）退出本议定书的通知及其日期和退出的生效日期。

（b）将核证无误的议定书副本分送全体缔约国；

（c）向监管机关和登记官提供每份批准书、接受书、核准书或加入书的副本及其交存日期；每项声明、撤销声明或变更声明的副本；每份退出通知的副本及其日期，以使其易于完全获得其中所载资料；和

（d）履行保存机关例行的其他职责。

本议定书于 2001 年 11 月 16 日在开普敦签订，正本一份，以中文、阿拉伯文、英文、法文、俄文和西班牙文写成。各种文本同等作准。经大会主席授权，由大会联合秘书处在此后九十天内对各种文本相互间的一致性予以验证后，此种作准即行生效。

不可撤销的注销登记和出口请求许可书的格式。

第十三条中提到的附件

［填入日期］

呈报：［填入登记机关的名称］

事由：不可撤销的注销登记和出口请求许可书下方签字人是［填入机身/直升机制造商名称和型号），制造商序号为［填入制造商序号］，登记（号码）［标志］为［填入登记号码/标志］（"航空器"，连同安装、配备或附加的所有附件、部件和设备）的经登记的［经营人］［所有人］。

本文书是下方签字人根据《移动设备国际利益公约关于航空器设备特定问题的议定书》第十三条的规定，为［填入债权人名称］（"被许可人"）之利益而签发的不可撤销的注销登记和出口请求许可书。根据该条规定，下方签字人特此请求：

（i）承认被许可人或其正式指定之人是唯一可以采取事下列行动的人：

（a）为 1944 年 12 月 7 日在芝加哥签署的《国际民用航空公约》第三章之目的，在由［填入登记机关的名称］管理的［填入航空器登记系统的名称］办理航空器注销登记；和

（b）办理航空器从（填入国家名称）出口及实体转移；和

（ii）确认被许可人或其正式指定之人可以依据书面要求不经下方签字人同意自行采取上述第（i）条规定的行动。而且，根据此种要求，［填入国家名称］的机关应当与被许可人合作，以便迅速完成此种行动。未经被许可人同意，下方签字人不可撤销本文件为被许可人设立的权利。

请在下面空栏处以适当签批表示同意此项请求及其条件，并将本文书提交［填入登记机关的名称］备案。

［填入经营人/所有人名称］

附录3　亚太空间合作组织公约

本公约缔约国：

认识到和平利用空间技术以促进亚太地区经济和社会的持续发展，带动区域共同繁荣的重要性；

期望以和平利用空间科学和空间技术为前提，加强亚太地区各国之间在空间领域的多边合作；

意识到由于开发空间科技应用所需投入巨大的技术、资金以及人力资源的事实，集中亚太地区的资源来从事那些活动是明智的办法；

认识到通过汇聚本地区技术、财政和人力资源，开展区域空间科学、技术及其和平应用的多边合作，使各成员国能够共同发展与那些领域相关的项目和活动，将使本地区各成员国受益；

相信建立一个独立的亚太空间合作组织，在亚太地区以和平利用外层空间、互利互补、平等协商和发展为原则，在和平利用空间科技方面开展区域多边合作，将有效地增强各成员国空间科学、空间技术及其和平应用能力，使各成员国获得更多社会经济惠益。

兹达成协议如下：

第一章　总则

第一条　建立亚太空间合作组织

一、"亚太空间合作组织"据此建立（以下简称本组织）。

二、本组织总部将设在中华人民共和国（以下简称东道国）。

三、经东道国政府协商，本组织可在东道国境内设立分支机构及相关设施。

四、经与其他成员国协商，本组织可在其他成员国境内设立分支机构和相关设施。

第二条　定义

为本公约的目的：

一、"本组织"是指亚太空间合作组织；

二、"东道国政府"是指中华人民共和国政府；

三、"成员国"是指本组织的成员国；

四、"理事会"是指由成员国授权的代表组成的亚太空间合作组织的最高决策机构；

五、"主席"是指理事会的主席；

六、"秘书处"是指本组织设在中华人民共和国的执行机构；

七、"秘书长"是指本组织的首席执行官和法定代表。

第三条　法律地位

本组织为政府间国际组织。它是一个具有完全的国际法律地位的非营利性的独立机构。

第四条　宗旨

本组织的宗旨如下：

一、通过建立和平利用空间科学和技术合作的基础，促进和加强成员国间的空间合作项目的发展；

二、通过制定和贯彻区域空间发展政策，采取有效行动，在空间技术研发、应用、人才培训等领域协助各成员国；

三、发挥本地区合作的潜力，促进各成员国在空间技术及其应用、空间科学研究领域的相互合作，共同开发及成果共享；

四、促进各成员国相关企业和机构之间的合作，推进空间技术和应用的产业化；

五、参与空间技术及其应用的国际合作，为和平利用外层空间作出贡献。

第五条　工业政策

一、理事会应制定工业政策，以优化效益的方式满足其项目和活动以及协作项目的要求；

二、所有成员国的工业应在可能的最大程度上得以优先参与实施本组织的项目或活动，或获得此类机会；

三、在实施本组织的项目和活动及联合开发空间技术和产品的过程中，本组织应确保所有成员国根据其各自的财政投入，也可包括技术投入，平等参与项目和活动；

四、成员国的"投资返还"的概念是本组织工业政策的基本原则。本组织应通过首先利用现有的成员国的工业潜能，通过发展并继续保持空间技术及产品，通过鼓励开发适用于市场需求的工业结构，努力提高成员国工业的竞争力；

五、工业政策的主要目标是：

（一）通过自由竞争发展亚太工业的竞争力；

（二）在成员国中推广相关的技术，为本组织的项目和活动创造专门技能。

六、为落实工业政策，理事会主席应根据理事会的指示行事。

第二章　合作领域及合作活动

第六条　合作领域

本组织应在以下合作领域开展活动：

一、空间技术及其应用项目；

二、对地观测、灾害管理、环境保护、卫星通信和卫星导航定位；

三、空间科学研究；

四、教育、培训和科学家或技术专家的交流；

五、为本组织开展项目及传播与本组织项目和活动有关的技术和其它信息，建立数据中心；

六、成员国同意的其他合作项目。

第七条　基本活动

一、本组织的基本活动包括：

（一）制定本组织空间活动和发展规划；

（二）开展空间技术及其应用的基础性研究；

（三）推广成熟空间技术的应用；

（四）进行空间科学技术及其应用的教育和培训；

（五）管理和维护本组织的分支机构、相关设施以及网络系统；

（六）从事为达成本组织宗旨所必需的其他活动。

二、本条第一款所列基本活动，所有成员国均应参加。

第八条　任择活动

一、除第七条规定的基本活动外，本组织应建议并组织适当的空间科学、技术及其应用项目，由选择参与这类项目的成员国共同实施。

二、此类项目根据投资返还原则加以实施。从一任择活动中获得的回报应按该项目各参与成员国的投资比例返还。

第三章　成员资格

第九条　成员

一、本组织对亚太地区所有联合国会员国开放。

二、成员国享有完全投票权。

三、所有成员国都有资格参加本组织的合作项目和活动。

四、所有成员国都应为本组织的运作缴纳会费。

五、成员国参加本组织的活动不影响其已有的或将来的双边和多边合作。

六、任何从事空间活动的联合国会员国或国际组织经理事会成员一致同意，可取得观察员地位。观察员在理事会会议上无投票权。

七、亚太地区以外的国家和联合国会员国可以申请准成员地位。经理事会协商一致，可决定其加入本组织。理事会还可经协商一致决定其参与本组织活动的条件（缴纳会费，参加本组织的基本活动和合作活动等）。准成员在理事会会议上无投票权。

第四章　职能机构

第十条　组织的机构

一、本组织的主要机构包括：

（一）由理事会主席领导的理事会；和

（二）由秘书长领导的秘书处。

二、为实现其宗旨，本组织可在其认为必要时设立辅助机构。

第五章　理事会

第十一条　理事会的组成

一、理事会是本组织的最高决策机构。

二、理事会由本组织成员国负责空间事务的部长或部长级代表组成。每个成员国应提名一名部长或部长级代表作为其在理事会的代表。

三、理事会设主席一名，副主席两名，任期为两年。

第十二条　理事会的职责理事会应：

一、制定和批准本组织为实现其宗旨所应遵循的政策，包括规则、规章、法律；

二、批准加入、取消和终止成员资格、决定吸收观察员和准成员；

三、通过和批准其议事规则；

四、通过和批准本组织的年度报告和工作计划；

五、通过和批准合作项目及其财政预算；

六、通过和批准本组织成员国的会费分摊比例和本组织的年度财政预算；

七、根据财务资源状况和下一个五年期的可利用资源，批准本组织五年的预算计划；

八、批准本组织的年度开支和财务明细；

九、批准本组织的其他所有管理规定；

十、批准并公布本组织年度审计报告；

十一、任命秘书长，批准其他需要理事会任命的人员。理事会对秘书长的任命可在任何时候推迟六个月。在秘书长空缺的情况下，理事会应任命一个合适的人选在此期间担任代理秘书长，负责执行有关任务，其权力和职责由理事会确定；

十二、决定设立机构和分支机构以及批准其结构，包括秘书处的结构及其人员编制；

十三、为有效实施本组织的活动任命其它官员；

十四、应成员国的请求，解释本公约。

第十三条　理事会的会议

一、理事会每年至少举行一次会议，也可根据需要召开临时会议。会议应在总部举行，除非理事会另有决定。

二、理事会会议的法定人数应为成员国三分之二多数。

第十四条　投票

一、理事会每一成员国享有一票表决权。

二、除非理事会一致同意其它方式，理事会应尽最大努力以协商一致的方式做出决定。

第六章　秘书处

第十五条　秘书处的组成

一、秘书处是本组织的执行机构。

二、由秘书长和秘书处职员组成。

第十六条　秘书长

一、秘书长是本组织的首席执行官和法定代表。他或她将全权负责本组织秘书处的运作。

二、秘书长由理事会任命，任期五年，可以连任一届。经参加理事会会议的成员国四分之三多数同意后，理事会可在秘书长的有效任期内解除其职务。

三、秘书长应参加理事会会议，但无投票权。

第十七条　秘书长的职责

一、根据理事会的指示，秘书长应向理事会报告并应负责：

（一）贯彻实施本组织理事会制定的所有政策；

（二）实现本组织的宗旨；

（三）本组织的管理和运作；

（四）起草本组织的年度报告、工作计划和财政预算，报理事会批准；

（五）拟定并实施秘书处内部管理规定；

（六）提交项目和活动的建议以及为完成本组织的项目和活动需采取的措施；

（七）根据理事会确定的服务条例，从成员国招聘内部部门的职员并加以管理；

（八）在合同基础上任命科学家、技术专家和其他专家等非正式职员，从事本组织委派的工作；

（九）经理事会批准，谈判和签署国际合作协议。

二、秘书长和职员与本组织有关的职责，无论常规或依据合同，应具有完全的国际性，在本组织任职期间，不得寻求或接受任何政府及本组织以外任何机构的指示。每个成员国还应尊重秘书长和职员的国际性，不应在其履行本组织职务期间以任何方式或任何形式对其施加影响。

第七章　财务

第十八条　财政安排

一、本组织的经费来源于成员国的会费、东道国政府和其他成员国的自愿捐助、其他组织的捐赠或补助以及向他方提供服务的收益。

二、每个成员国应根据理事会确定的财政安排缴纳本组织会费。

三、每个成员国的会费分摊比例将由理事会协商一致决定。每三年将对会费分摊比例进行审查。

四、每个成员国的会费分摊比例应根据其经济发展水平和人均国内生产总值的平均值加以确定。

五、每个成员国应向本组织缴纳最低限额的会费，称为"低限"。"低限"由理事会成员三分之二多数投票决定。

六、成员国缴纳的会费不应超过本组织批准的预算的百分之十八。

七、依据理事会的指示，秘书长可接受给本组织的捐赠、礼物或遗赠，条件是这些捐赠、礼物或遗赠没有附带任何违背本组织宗旨的条件。

第八章　争端

第十九条　争端的解决

任何两个或两个以上成员国之间或任何成员国与本组织在本公约的解释或适用方面产生的争端，应在理事会以友好协商的方式予以解决。若争端无法解决，应根据理事会经协商一致通过的附加规则通过仲裁予以解决。

第九章　其他规定

第二十条　人员交流

应本组织要求，成员国应向与本组织承担的工作相关并在本组织职能范围内的人员交流提供便利。这类人员交流应遵循成员国与入境、停留或出境有关的法律法规。

第二十一条　信息交流

一、本组织与成员国应在与空间科学、空间技术及其应用相关的领域为科学和技术信息交流提供便利。成员国可不向本组织提供有关信息，如其认为这样做将违反其与第三方的协议或危及其安全利益，反之亦然。

二、在进行本组织的活动时，本组织应确保由一项科学技术研究取得的科学成果只有在负责本组织所支持的实验的成员国的科学家或工程师使用后方可公开或发表。这类科学成果和经处理的数据应为本组织所有，本组织对其享有排他性权利。

第二十二条　知识产权

一、在本组织的项目和活动中或利用本组织拥有的资源取得的发明、产品、技术数据或技术，应为本组织所有。

二、理事会应就成员国使用本组织所拥有的技术、产品、技术数据或技术及其它知识产权制定和通过指导原则和程序。

三、理事会应就本组织及成员国通过适当的协定或合同使用一成员国所拥有的发明、产品、技术数据或技术及其它知识产权，通过指导原则和程序。本组织应遵守有关保护知识产权的国际公约。

第二十三条　技术保护和出口管制

一、为确保成员国代表和有关人员履行其职责，本组织不允许任何人未经授权接触受保护的信息、项目及有关技术或措施。上述代表和人员指那些有资格处理这些受保护的项目或产品、并有资格为保护这些项目或产品及监测其处理过程而采取适当措施的人；这些人还具有制定和执行特定的技术安全计划的资格。

二、为开展本组织的合作活动、方案和项目，成员国应订立有关技术保护措施的协定，并在特殊情况下推动有资格的组织及其它指定的组织订立此类协定，以制定并执行具体的技术安全计划。

三、成员国应依各自有关出口管制清单中所列物项和服务的国内法规和出口管制立法行事。

第二十四条　与其他实体的合作

一、本组织应与联合国系统内的机构，特别是和平利用外层空间委员会，进行合作。

二、经理事会成员一致同意，本组织为实现其宗旨可与非本组织成员国、其他国际组织和机构建立合作伙伴关系，理事会应为此类合作制定适当的指导原则和程序。

第二十五条　特权和豁免权

一、本组织、其职员和专家以及其成员国代表在本组织总部所在地国境内享有的特权与豁免应由本组织和总部所在地国订立的特定协定加以确定。

二、本组织、其职员和专家以及其成员国代表在每一成员国境内应享有为行使本组织或与本组织职能有关的职能所必要的特权与豁免。除非另有协议，此等特权与豁免应与各该成员国给予类似政府间国际组织和相关人员相同。

第二十六条　设施的使用

在不妨碍本组织为其项目和活动使用其建立或拥有的设施的情况下，本组织应向任何要求使用有关设施的成员国开放这些设施。理事会应就向成员国开放有关设施制定指导原则、程序和实际安排。

第十章　修正

第二十七条　公约的修正

一、任何欲就本公约提出修正案的成员国应将其修正案书面通知秘书长，秘书长应在理事会讨论前至少三个月将该修正案通知成员国。理事会可就修正本公约向成员国提出建议。

二、本公约的修正应由理事会协商一致通过。

三、理事会通过修正案后，秘书长应正式通知所有成员国，并要求各成员国通过其国内程序正式核准该修正案。

四、在收到所有成员国的正式接受之后，秘书长应将各成员国的接受告知理事会和东道国政府。东道国政府在收到所有成员国的接受通知三十天内应将修正案的生效日期通知所有成员国。

第十一章　批准、生效等条款

第二十八条　签署和批准

一、本公约签署期将开放至二〇〇六年七月三十一日。

二、本公约须由本公约第九条第一款所指的国家批准或接受。

三、批准书和接受书应由东道国政府保存。

第二十九条　生效

一、本公约在至少五个亚太地区的联合国会员国签署并向东道国政府交存批准书或接受书后即生效。

二、本公约生效后，已签署公约但尚未交存其批准书或接受书的国家可以根据理事会议定的指导原则和程序参加本组织的公开会议但没有投票权。

第三十条　加入

一、本公约生效后或开放签署期终止后，以日期较晚者为准，凡符合第九条第一款规定的国家，经理事会成员一致同意后均可加入。

二、希望加入本组织的国家应向秘书长提出正式申请。秘书长应在提交理事会做出决定前至少三个月将该国的请求通知所有成员国。

三、加入书将由东道国政府保存。

第三十一条　通告

东道国政府将通知所有签署国和加入国：

一、批准书、接受书或加入书交存的日期；

二、本公约生效的日期以及本公约修正案生效的日期；

三、成员国退出本公约的日期。

第三十二条　取消成员资格

任何成员国未履行本公约规定的义务，经理事会成员三分之二多数投票决定，其成员资格将被取消。

第三十三条　退出

一、在本公约生效五年后，任何有意退出本公约的成员国应至少提前一个公历年向秘书长提出书面申请。

二、秘书长应将该成员国的退出申请迅速通知理事会主席和所有成员国。理事会主席将在九十天内召集理事会审议是否接受该申请。

三、在退出得到正式批准后，该成员国应继续承担其在已批准项目或活动中的财政义务，以及退出获得正式批准当年所应缴纳的会费。

四、此类退出不应影响该成员国在退出前与本组织所约定的合同义务或协议的履行。

五、一国根据其成员资格所享有的权利保留至其退出生效之日终止。

第三十四条　解散

一、经所有成员国协商一致同意本组织将解散。

二、成员国减少至不足四个时，本组织也将解散。

三、解散时，应由理事会指定清算机构与总部所在地国以及清算时本组织设施所在地国进行谈判。本组织的法律顾问将参与清算的全部过程。

四、解散程序完成后，剩余财产将在成员国之间按照各国实际缴纳会费的比例进行分配。如果发生亏空由成员国按照清算时该财政年度的会费分摊比例承担。

第三十五条　登记

本公约一经生效，东道国政府应依联合国宪章第一百零二条向联合国秘书处登记本公约。

为此，下列全权代表，各依本国正式授权，谨签署本公约，以昭信守。

本公约于二〇〇五年十月二十八日在中华人民共和国北京签署，正本一份，用英文写成。

以本组织成员国的官方语言拟定的公约文本经本组织成员国协商一致确定为作准文本。该文本由东道国政府保存，经核准的副本应分送所有签署国和加入国。

附录4　和平利用外层空间委员会空间碎片缓减准则和平利用外层空间委员会空间碎片缓减准则

1. 背景

自从和平利用外层空间委员会 1999 年发表《关于空间碎片的技术报告》以来，人们已经达成了一项共识，认识到当前的空间碎片环境对地球轨道上的航天器构成了危险。在本文件中，空间碎片系指地球轨道上的或重返大气层的所有不起作用的人造物体，包括其残块和组合单元。由于碎片的总数不断增加，发生有可能导致潜在损害的碰撞概率也将随之增加。此外，如果碎片在重返地球大气层后继续存在，那么还会发生对地面造成损害的危险。因此，立即执行一些适当的碎片缓减措施被认为是有助于为子孙后代维护空间环境的审慎而必要的步骤。

地球轨道空间碎片历来有两个主要来源：（a）意外解体和有意自毁产生长期存在的碎片；（b）运载火箭轨道级和航天器运行过程中有意分离的碎片。今后，预计碰撞产生的残块将会成为空间碎片的一个重要来源。

空间碎片缓减措施可以分为两大类：一类是近期内减少生成具有潜在危害性的空间碎片；另一类是从长远上限制此类碎片的生成。前一类措施包括减少产生与飞行任务有关的空间碎片和避免分裂解体。后一类措施涉及寿终程序，从航天器运行区域中清除退役的航天器和运载火箭的轨道级。

2. 理由

之所以建议采取空间碎片缓减措施，是因为有些空间碎片可能会损害航天器，从而导致飞行任务的损失，或者，在载人航天器情况下导致生命的丧失。对于载人飞行轨道而言，空间碎片缓减措施由于乘员安全问题而显得非常重要。

机构间空间碎片协调委员会（空间碎片协委会）已经拟定了一套缓减准则，这些准则反映了若干国家和国际组织形成的一系列现行做法、标准、规则和手册中的缓减措施基本内容。和平利用外层空间委员会承认在全球空间界得到更加广泛认可的一套高水平的定性准则所带来的惠益。因此，（由委员会科学和技术小组委员会）设立了一个空间碎片工作组，以便在考虑到联合国关于外层空间的各项条约和原则的情况下，以空间碎片协委会空间碎片缓减准则中的技术内容和基本定义为基础，拟定一套推荐准则。

3. 适用

会员国和国际组织应通过国家机制或其各自的有关机制，自愿采取措施，确保通过空间碎片缓减做法和程序，在切实可行的最大限度内执行这些准则。

这些准则适用于新设计的航天器和轨道级飞行任务规划和操作，如果可能的话，也适用于现有的航天器和轨道级。这些准则不具有国际法的法律约束力。

此外还认识到，在某些例外情况下，可以不执行个别准则或其中的某些部分。

4. 空间碎片缓减准则

在航天器和运载火箭轨道级的飞行任务规划、设计、制造和操作（发射、运行和处置）阶段，应考虑以下准则：

准则1：限制在正常运作期间分离碎片

空间系统应当设计成不在正常运作中分离碎片。如果这样做不可行，则应尽可能降低分离的任何碎片对外层空间环境的影响。

在航天时代早期的几十年中，运载火箭和航天器的设计者允许有意分离与飞行任务有关的大量物体，使之进入地球轨道，其中主要包括传感器罩、分离装置和伸展装置。由于认识到此类物体所造成的威胁，专门设计上的努力已有效减少了空间碎片的这一来源。

准则2：最大限度地减少操作阶段可能发生的分裂解体

航天器和运载火箭轨道级的设计应当避免可能导致意外分裂解体的故障形式。如果检测到将会导致发生此类故障的状况，则应计划并执行加以处置和钝化的措施，以避免分裂解体。

从历史上看，有些分裂解体是由空间系统故障引起的，如推进系统和动力系统的灾难性故障。通过将可能发生的分裂解体情况纳入故障模式分析，可以减少这些灾难事故的发生。

准则3：限制轨道中意外碰撞的可能性

在航天器和运载火箭级的设计和飞行任务规划期间，应当估算并限制系统发射阶段和轨道寿命期内发生意外碰撞的可能性。如果现有的轨道数据表明可能会发生碰撞，则应考虑调整发射时间或者进行在轨避撞机动。

已经发现了一些意外碰撞。大量的研究表明，随着空间碎片数量和质量的增加，碰撞可能会成为新空间碎片的主要来源。有些会员国和国际组织已经采取了避免碰撞的措施。

准则4：避免故意自毁和其他有害活动

由于碰撞风险的增加可能会对空间操作造成威胁，应当避免任何在轨航天器和运载火箭轨道级的故意自毁和可产生长期存在的碎片的其他有害活动。

如果有必要进行有意分裂解体，则应在足够低的高空进行，以缩短所产生的残块的轨道寿命。

准则5：最大限度地降低剩存能源导致的任务后分裂解体的可能性

　　为了限制意外分裂解体对其他航天器和运载火箭轨道级所造成的危险，所有随载储存能源，凡不再需要用于飞行任务操作或任务后处置的，均应作耗尽或安全处理。

　　迄今为止，在所编目的空间碎片中，由航天器和运载火箭轨道级分裂解体造成的空间碎片最多。这些分裂解体大多是意外形成的，其中许多是由于废弃那些携载大量剩存能源的航天器和运载火箭级所造成的。最有效的缓减措施是在飞行任务结束时对航天器和运载火箭轨道级做钝化处理。钝化处理需要清除包括剩余推进剂和压缩液体在内的各种剩存能源，并对储电装置实施放电处理。

　　准则6：限制航天器和运载火箭轨道级在任务结束后长期存在于低地轨道区域

　　对于已经结束轨道操作阶段而穿越低地轨道区域的航天器和运载火箭轨道级，应当在控制下将其从轨道中清除。如果这不可能，则应在轨道中对其进行处置，以避免它们在低地轨道区域长期存在。

　　对于从低地轨道清除物体的可能方法作出决定时，应予以适当注意，确保那些持续存在而到达地球表面的碎片不会对人员或财产造成不应有的危险，包括有害物质所造成的环境污染。

　　准则7：限制航天器和运载火箭轨道级在任务结束后对地球同步区域的长期干扰

　　对于已经结束轨道操作阶段而穿越地球同步区域的航天器和运载火箭轨道级，应当将其留在轨道内，以避免它们对地球同步区域的长期干扰。

　　对于地球同步区域内或附近的物体，可以通过将任务结束后的物体留在地球同步区域上空的轨道来减少未来碰撞的可能性，从而使之不会干扰或返回地球同步区域。

　　5．更新

　　会员国和空间碎片领域的国际组织应继续本着国际合作精神，最大限度地扩大空间碎片缓减措施所带来的惠益。将对本文件进行审查，并可能在获得新发现的情况下对文件进行必要的修改。